송자대전

한국고전번역원 한국문집번역총서

송자대전 12

宋子大全

송시열 지음
宋時烈

정문채 옮김
김정기
하승현

일러두기

1. 이 책《송자대전》은《국역 송자대전》(1981~1988)의 미번역 부분을 포함하여 수정·번역한 완역서이다.
2. 이 책의 번역 대본은 한국고전번역원에서 간행한 한국문집총간 108~116집 소재《송자대전(宋子大全)》으로 하였다. 번역 대본의 원문 텍스트와 원문 이미지는 한국고전종합DB(http://db.itkc.or.kr)에서 확인할 수 있다.
3. 역주는 내용이 간단하면 간주(間註)로, 길면 각주(脚註)로 처리하였다.
4. 한자는 필요한 경우 이해를 돕기 위하여 넣었으며, 운문(韻文)은 원문을 병기하였다.
5. 원문의 오류를 수정하였거나 오류가 의심되는 경우, 교감자료와 중요한 자구(字句)에서 차이가 있는 경우에는 그 내용을 각주로 밝혔다.
6. '한글 맞춤법'의 용법과 다르거나 새로 만든 문장 부호는 다음과 같다.

   「 」: ' ' 안의 재인용을 나타낼 때 사용한다.

   『 』: 「 」 안의 재인용을 나타낼 때 사용한다.

   …… : 원문의 '云云'을 처리할 때, 각주에서 긴 인용문을 처리할 때, 각주의 표제어가 네 어절 이상일 경우 생략되는 말을 처리할 때 사용한다.

   - - : 본문에서 소자(小字) 원문 주(註)의 처음과 끝에 사용한다.

   □ : 원문의 글자가 빠진 빈 난을 표기하거나 '결락과 판독 불가 글자에 대한 지침'에 따라 번역할 때 사용한다.

   ▨ : 훼손 등으로 인해 판독이 불가능한 원문을 표기할 때 사용한다.

차례

송자대전 제54권

서 書

송자대전 제55권

서 書

송자대전 제56권

서 書

송자대전 제57권

서 書

송자대전

제54권

書서

김구지[1] 수항 에게 보냄 신묘년(1651, 효종2) 11월 7일

與金久之 壽恒○辛卯十一月七日

과거 급제는 단지 빨리 되느냐 늦게 되느냐의 문제에 불과하므로 족히 축하할 만한 일도 아니겠지만, 벼슬길에 나가 임금을 섬기는 것은 그 일로 말미암아 시작하니, 곧 세도(世道)와 생민(生民)에 뜻을 둔다면 저 왕 문정(王文正)이야 족히 말할 것이 있겠습니까.[2] 만약 그렇지 않다면 족히 축하할 것도 없을 뿐만 아니라 도리어 근심이 되기에 충분할 것입니다. 삼가 생각건대 고명한 그대는 이미 그 일에 대해 능히 미리부터 내심의 결심을 굳혀 아무런 문제가 없을 것입니다.

지난번 회덕(懷德)에 이르렀을 때 만나지 못하여 아쉬웠는데, 남겨 놓고 간 편지를 그 후에 전해 받고는 마치 직접 얼굴을 대한 것 같아 감격스럽고 후련한 심정을 누를 수 없었습니다. 나는 그럭저럭 예전 모습 그대로 지내고 있는데, 다만 섣달그믐날[3]이 얼마나 남았는지 알지

1 김구지(金久之) : 김수항(金壽恒, 1629~1689)으로, 본관은 안동(安東), 자는 구지, 호는 문곡(文谷)이다.

2 벼슬길에……있겠습니까 : 왕 문정은 북송(北宋)의 재상인 왕증(王曾)으로, 문정(文正)은 시호(諡號)이다. 왕증이 삼장(三場)에서 내리 장원을 하자 한림학사 유자의(劉子儀)가 장난삼아 "삼장에서 시험을 보아 장원을 하였으니, 일생토록 입고 먹는 것이 끝이 없겠네."라고 하였는데, 이에 왕증은 정색하며 "나는 평생의 뜻이 따뜻하게 옷 입고 배불리 밥 먹는 데 있지 않다."라고 하였다. 《小學 善行》 이때 김수항 역시 삼장에서 모두 장원을 하였으므로 왕증을 거론하면서 세도와 생민에 뜻을 둔 정치를 하도록 권면한 것이다.

3 섣달그믐날 : 불교에서 즐겨 쓰는 말로, 임종을 뜻한다.

못하겠으니, 한평생을 돌이켜 보건대 참으로 가소롭기만 합니다.

별지(別紙)는 오랫동안 보내고자 하였으나 적당한 인편을 만나지 못하여 지금까지 미루어졌습니다. 이것이 관계되는 바가 작지 않으니, 부디 모름지기 잘 헤아려 주는 것이 어떻겠습니까?

김구지에게 답함 임진년(1652, 효종3) 2월 8일
答金久之 壬辰二月八日

노선생(老先生)[4]께서 지으신 중봉(重峰 조헌(趙憲)) 선생의 신도비문(神道碑文)을 가까운 시일에 바위에 새기려고 합니다. 이곳 사우(士友)들이 선생께 그중 한두 구절을 여쭈어 바로잡고자 간절히 바라는데 감히 번거롭게 청하기 어려운지라, 나로 하여금 집사(執事)를 통하여 대신 틈날 때 차분히 아뢰게 해 달라고 하였습니다.

비문(碑文)에 조 선생(趙先生)께서 양현(兩賢 성혼(成渾)과 이이(李珥))을 변호한 소장(疏章)을 실은 다음에 이르기를,

"선생은 우계(牛溪)와 율곡(栗谷)을 독실하게 믿어서 그분들을 배척하는 자는 모두 소인이라 여기고 그분들을 존숭하는 자는 모두 군자라고 여겼다. 그리하여 발분하여 논의하는 가운데 가끔 중도를 잃는 때가 있어 원수로 여기는 자들이 담처럼 빙 둘러서는 지경까지 이르게 되었다.……"

하였습니다.

○ 이곳의 여러 논의에서는,

"노선생의 이 글은 비단 조 선생의 일만을 염두에 둔 것이 아니라 장차 그것으로 양현에 관한 논의까지 결정지으려는 것인데, 대뜸

4 노선생(老先生) : 김수항의 종조부인 김상헌(金尙憲, 1570~1652)에 대한 경칭으로, 본관은 안동(安東), 자는 숙도(叔度), 호는 청음(淸陰)・석실산인(石室山人)・서간노인(西磵老人), 시호는 문정(文正)이다.

'중도를 잃는 때가 있다.〔不中〕'라는 말로 단정한다면 이는 곧 아직 결정짓지 못한 논의가 되는 것이며, 또 과연 중도를 잃는 때가 있었다면 원수로 여기는 자들이 꼭 그른 것이 아니게 됩니다. '가끔 중도를 잃는 때가 있어〔時有不中〕'라는 문장을 '시휘를 격하게 범하여〔激犯時諱〕'로 고치는 것이 어떻겠습니까? 이와 같이 한다면 아래 문장의 '원수로 여기는 자〔讎怨〕'와도 서로 부합될 것입니다. '모두 소인이라 여기고〔盡爲小人〕'와 '모두 군자라고 여겼다.〔盡爲君子〕'에서도 '모두〔盡〕'라는 글자를 둘 다 삭제하는 것이 어떻겠습니까?" 하였습니다.

비문에 조 선생의 〈청절왜사소(請絶倭使疏)〉를 싣고 중간에 사실을 서술한 조목 하나를 삽입하여 "임진년(1592, 선조25)에 이르러……어찌 애통하지 않겠는가."라고 하고, 그 밑에 또 원래의 소장 내용으로 이어서 "왜적이 우리에 대하여……"라고 하였습니다.

○ 이곳의 여러 논의에서는 "원래의 소장 내용과 사실에 대한 서술이 하나로 뒤섞여 몹시도 분명하지 않으니, '왜적이 우리에 대하여' 위에 '또 말하기를'이란 문장을 끼워 넣는다면 사실에 대한 서술과 원래의 소장의 내용이 절로 단락이 지어져 혼동되지 않을 것입니다. 그렇게 하면 어떻겠습니까?"라고 하였습니다.

이러한 부분들을 개정하는 데 굳이 노선생께서 손수 헤아리고 수정하느라 심신을 번거롭게 할 필요가 없습니다. 다만 바라건대 집사 형제분들께서 직접 말씀드리고 허락을 받으면 이 또한 정론이 되기에 충분할 것입니다. 다시 바라건대 늦어지는 일이 없게 해 주면 몹시 다행이고 다행이겠습니다.

김구지에게 답함 계사년(1653, 효종4) 7월 7일
答金久之 癸巳七月七日

지난달 역마 편으로 멀리서 보내 준 편지를 받고서 삼가 무더위에 벼슬하며 지내는 가운데 체후가 평안하다는 것을 확인하게 되니, 감격스럽고 위로되는 마음을 말로 형용할 수가 없습니다.

노선생(김상헌(金尙憲))의 첫 기일이 돌아오니 슬픔과 그리움의 감정이 한층 새삼스럽습니다. 당초에는 이때가 되면 꼭 조촐한 제수로 무덤 앞에 제를 올리러 가야겠다고 작정하였으나, 뜻하지 않게 지난날에 앓던 병이 미치 약속이라도 한 듯 다시 도져서 바야흐로 이렇게 애만 태우며 근심하고 있습니다. 만에 하나 혹시 죽지 않는다 하더라도 정성을 지극히 하여 신(神)을 이르게 하는 일도 역시 어긋날 터이니 어찌하면 좋겠습니까. 이 때문에 실의에 빠져서 병든 와중의 마음이 몹시도 좋지 않습니다.

시사(時事)는 현재 어떤 상황입니까? 나라 걱정으로 하찮은 내 사정 일랑은 전혀 신경 쓸 겨를이 없습니다. 삼가 듣건대 그대가 대부분 간원(諫院)에 있으면서 지위가 낮아 말을 행한다고 하니,[5] 눈을 비비며 간절히 기대합니다.

5 지위가……하니 : 북송(北宋)의 문인 구양수(歐陽脩)의 〈상범사간서(上范司諫書)〉에 "재상은 지위가 높아 그 도를 행하고 간관(諫官)은 지위가 낮아 그 말을 행하니, 말이 행해지면 도(道) 또한 행해지는 것이다."라고 한 데서 유래하였다. 《文忠集 卷66》 김수항이 지위가 낮은 간관으로서 임금을 바로잡는 말을 한다는 뜻이다.

지난번 한 후생(後生)의 질문으로 인하여 함부로 양주(楊州)의 향사(享事) 문제[6]를 논하다가 뜻하지 않게 공연한 갈등만 야기하였습니다. 게다가 "선옹(仙翁 김상용(金尙容))을 살짝 깎아내렸다."라고도 하였는데, 나의 병은 정신이 나간 지경까지는 가지 않았으니 어찌 그렇게 하였겠습니까. 다만 이 혀가 가벼운 것이 한스러울 뿐입니다.

문집은 과연 판각에 들어갔습니까? 일전에 기억하기로, 회옹(晦翁)께서 《이정문집(二程文集)》을 논하면서 "교정에 오류가 많다."라고 하셨으니, 이 일은 참으로 쉽지 않은 것입니다. 무자년(1648, 인조26) 9월에 받은 유찰(遺札)을 추록(追錄)하여 올림으로써 산정(刪定)하는 일에 대비하는 바입니다.

하고 싶은 말이 몹시 많으나 병으로 극히 괴로운 상태라 겨우 엉성히 써서 제 모양을 갖추지 못합니다. 그대의 큰형과 작은형께 모두 나의 상황을 열거하지 못하였으니, 삼가 살펴 주기를 바랍니다.

6 양주(楊州)의 향사(享事) 문제 : 김상헌(金尙憲) 사후에 양주에 따로 향사(鄕祠)를 건립하여 그를 제향하는 문제를 가리킨다. 이에 대해 송시열은, 김상헌은 병자호란 당시 화이(華夷)의 구분을 분명하게 천명하여 인인(仁人)의 공을 수립하였으므로 따로 향사를 건립하는 것보다 차라리 조광조(趙光祖)의 도봉서원(道峯書院)에 함께 배향하는 것이 더 낫고, 김상용은 별묘(別廟)에 따로 제향해야 한다고 주장하였다. 《宋子大全 卷52 與金起之(癸巳四月十四日), 卷120 答定平院儒》

김구지에게 보냄 계사년(1653, 효종4) 9월 11일
與金久之 癸巳九月十一日

장차 사행(使行)을 간다는 말을 얼핏 들었습니다. 선생께서 계신 무덤의 흙이 채 마르지도 않았는데 그 손자로 하여금 저쪽에서 허리를 굽히는 일을 하도록 만들었으니, 이를 이상하게 여기지 않는 것이 진정 이상한 일입니까, 아니면 이상하게 여기는 사람이 참으로 이상한 것입니까? 이미 결정되어 버린 일이라 아무 말 않겠거니와, 저쪽에 당도하였을 때 그자들로 하여금 감히 성인(聖人)을 가지고 공 참정(孔參政)을 희롱하고 모욕하는 짓을 못 하게 만든다면[7] 나의 마음이 조금 흡족해질 것입니다. 그 외에는 오직 일행을 압도하여 저쪽으로 하여금 털끝만큼도 압록강을 건너 평안도의 경계를 통과하지 못하게 하고 돌아가 선생의 묘소에 참배해 주기를 바랍니다. 또 식사를 잘하여 몸을 보중(保重)하기를 천만 바랍니다.

나는 병으로 인한 괴로움이 날로 더해지니, 오직 바라는 일은 노모께서 조금이나마 편안하게 지내시는 것뿐입니다. 나머지 할 말은 너무도

7 그자들로……만든다면 : 공 참정은 북송(北宋)의 명신이자 공자(孔子)의 45대손인 공도보(孔道輔)를 가리킨다. 인종(仁宗) 때 공도보가 거란(契丹)에 사신으로 갔는데 거란에서 연회를 베풀 때 배우가 공자에 관한 연극을 하였다. 이에 공도보가 정색하고 화를 내면서 "중국과 북조(北朝)가 통호(通好)를 할 때는 예의로 서로 접하는 법인데, 지금 배우 따위가 선성(先聖)을 모욕하는데도 금지하지 않았으니, 이것은 북조에서 잘못한 것이다. 내가 어찌 사과하겠는가."라고 하자 거란의 군신들이 아무 말도 못 하였다. 《宋史 孔道輔列傳》

많지만 병을 무릅쓰는 형편이라 일일이 다 적지 못합니다.

별지

저쪽의 형세에 대해서는 아직 그 실정을 파악한 자가 없습니다. 이는 정말 파악해 내기 어려운 점이 있어서 그런 것입니까, 아니면 생각이 거기에 미치는 사람이 없어서 그런 것입니까?

○ 황조(皇朝)의 정삭(正朔)은 반드시 함의하는 바가 있으니, 우리가 의리상 반드시 알아야 합니다. 아울러 바라건대 은밀하게 함께 탐문하여 살펴보고 돌아오는 것이 어떻겠습니까?

○ 황조의 문물이 아직 다 변하지는 않았으리라 생각합니다. 그 가운데 좋은 법도와 좋은 풍속을 끝까지 함께 찾고 조사하는 것이 어떻겠습니까? 주자(周子), 정자(程子), 장자(張子), 소옹(邵雍), 사마광(司馬光), 회옹(晦翁)의 관복 제도를 본떠 그려서 와 준다면 몹시 다행이겠습니다. 이렇게 하면 아직 주(周)나라를 관찰하는 남은 뜻[8]이 있게 되는 것입니다. 아아, 이 어찌 다른 사람에게 말할 것이겠습니까.

○《의례경전통해(儀禮經傳通解)》[9]가 서점에 있는지 살펴보도록 해 주기를 바랍니다. 혹 남은 자금으로 한 본을 구매해 온다면 실로

8 주(周)나라를……뜻 : 사신으로서 옛 중화의 문물을 관찰하는 것을 가리킨다. 춘추시대 오(吳)나라 공자 계찰(季札)이 노(魯)나라에 사신으로 왔다가, 옛 주나라 시절 각국의 음악을 모두 듣고는 열국(列國)의 치란 흥쇠(治亂興衰)를 알았다고 한다.《春秋左氏傳 襄公29年》

9 의례경전통해(儀禮經傳通解) : 주희(朱熹)가《의례(儀禮)》를 중심으로《예기(禮記)》와 경사(經史)에 있는 예설(禮說), 선유(先儒)들의 학설을 모아 편찬한 책이다.

혹독한 여진(呂秦)의 분서(焚書) 이후 공자의 옛집 벽에서 서책이 나온 격[10]이 될 것입니다. 우리 동국(東國)에는 단지 두 본만이 있는데 훼손이 되었고 우옹(牛翁 성혼(成渾))이 남긴 한 질은 이미 전서(全書)가 아닙니다.

10 혹독한……격 : 여진은 진(秦)나라를 일컫는 말로, 여불위(呂不韋)가 미희(美姬)와 동거할 때 진 시황(秦始皇)을 수태시켰다고 하여 부르는 명칭이다. 진 시황의 분서갱유(焚書坑儒) 이후 한 무제(漢武帝) 말년에 노 공왕(魯恭王) 유여(劉餘)가 궁실을 확장하던 중에 우연히 공자가 살던 옛집의 벽 속에서 《고문상서(古文尙書)》, 《예기》, 《논어》, 《효경(孝經)》 등 수십 편의 서책을 얻었다고 한다.

김구지에게 답함 갑오년(1654, 효종5) 8월 26일
答金久之 甲午八月二十六日

지난번 젊은 종인(宗人)에게 부탁하여 답장을 올리도록 하였으니, 필시 막힘없이 전달되었을 것입니다. 방금 전 손수 써 준 편지를 받았는데 정성스럽고 두터운 뜻이 지극하였으니, 스스로 돌아보건대 못난 내가 어찌 감당할 수 있겠습니까.

현재 부모님을 모시는 여가에 벼슬하며 지내는 가운데 체후는 평안합니까? 노선생(김상헌)의 궤연(几筵)이 이미 거두어졌으니 애통해한들 소용없는지라 어떡하면 좋겠습니까.

분의(分義)와 관련하여 한 말씀은 오히려 성상의 앞에 가까이 있는 까닭으로 걱정된다고 하여 말씀해 준 것입니다.

저쪽의 사정을 기록한 편지는 아직 받아 보지 못하였습니다. 듣건대 물러나 숨는 일이 발생하였다고 하니, 우리에게는 그것이 물론 더욱 두려운 일이지만 천하의 일에는 도리어 가망이 있는 것입니다.[11] 그러나 노선생께서 이를 미처 목도하지 못하신 것이 안타깝습니다. 이는 회옹(晦翁)께서 좌도(左徒)의 사(辭)를 외면서 죽고 싶어 하지 않으셨던 경우[12]에 해당하지 않겠습니까.

11 듣건대……것입니다 : 청(淸)나라가 러시아와 국경 분쟁의 과정에서 일시 퇴각한 일을 두고 한 말인 듯하다. 청나라가 숨는다면 조선의 강역을 거쳐 청나라의 발상지인 영고탑(寧古塔)으로 진입할 것이므로 두렵다고 한 것이다. 《孝宗實錄 5年 7月 2日》《宋子大全隨箚 卷6》

12 회옹(晦翁)께서……경우 : 좌도는 전국 시대 초(楚)나라 사람인 굴원(屈原)을 가

일찍이 모친이 병환을 앓았는데 지금은 다행히 몸이 회복되셨습니다. 그 외에는 말할 만한 것이 없습니다.

보내 준 부채와 붓은 감사하는 심정으로 애완하고 있습니다.

날씨가 추워지는데 오직 몸을 보중함으로써 그리워하는 이 정성에 부응해 주기를 바랍니다. 마침 한질에 걸려 겨우 적느라 할 말을 일일이 다 적지 못합니다.

별지

사대부가 한번 변고를 겪으면 곧 나아갈 방향을 상실하는 것은 예로부터 그러하였습니다. 진식(陳寔)과 순숙(荀淑)은 실로 한 시대의 종장이었으나 당고(黨錮)가 일어난 이후로 논의할 때 머뭇거리고 영합하는 모습이 나타나 결국 그것이 풍습으로 굳어졌습니다. 그러한 까닭에 그 자손들이 마침내 당형(唐衡)의 사위와 조조(曹操)의 신하가 되어 한(漢)나라의 정권이 참람하게 바뀌어 버린 것입니다. 이러므로 국가의 화는 사대부의 변절보다 참혹한 것이 없는바, 이 일은 회옹께서도 이미 말씀하셨습니다.[13] 그러나 한나라가 그래도

리키는 말로, 그가 지낸 관직 이름이다. 《회암집(晦庵集)》 속집(續集) 권4 〈답유덕수(答劉德修)〉에 "굴원이 과거의 일은 미치지 못하고 미래는 또 들을 수가 없어서 선인처럼 불로장생하기를 바랐으니, 이것 역시 당시 사람들의 망녕된 행태를 견디지 못한 나머지 그들의 종말이 어떻게 결판날지 보고 싶어서 그런 것일 터인데, 내가 매번 읽다가 여기에 이르면 나도 모르게 웃음이 크게 터져 나오곤 하였다."라고 한 주희의 말을 인용한 것으로, 청나라가 결딴나는 모습을 보기 위해 얼른 죽기를 바라지 않는다는 뜻이다.

13 이……말씀하셨습니다 : 주희가 문인 유청지(劉淸之)에 보낸 편지에서 "순숙은 양씨(梁氏)가 용사(用事)하던 날에 바른말을 하였으나, 그의 아들 순상(荀爽)은 이미

수십 년을 부지한 것은 실로 제현(諸賢)들의 여운이 아직 남아 있었던 덕분입니다. 이는 지금의 제현들이 응당 알아야 할 사실인데, 누가 이러한 내용을 우리 성상께 말씀드릴 수 있겠습니까. 우연히 주서(朱書)를 읽다가 깊은 감회가 일어 애오라지 지기(知己)에게 그것을 펼쳐 내는 바입니다.

동탁(董卓)이 전횡하던 조정에 몸담았고, 그의 손자 순욱(荀彧)은 마침내 당형의 사위가 되고 조조의 신하가 되었는데도 그것이 잘못인 줄 몰랐습니다.……"라고 하였고, 문인 손응시(孫應時)에게 보낸 편지에서 "순숙이 능히 양씨를 비판하였으나 순상이 이미 감히 동탁을 거스르지 못하였고, 순욱에 이르러서는 마침내 당형의 사위가 되었으며 조조의 신하가 되었습니다. 사람의 집안에 아버지와 할아버지가 천 길 높이의 절벽처럼 서 있어도 그 자손들이 오히려 스스로 이리 갔다 저리 갔다 갈팡질팡하는데, 하물며 태구(太丘)의 제행(制行)이 이와 같으니 그 말류의 폐단으로서, 도적을 위하여 좌명공신(佐命功臣)이 된 것이 또한 어찌 족히 괴이할 것이 있겠습니까."라고 하였다. 《晦庵集 卷35 答劉子澄, 卷54 答孫季和》

김구지에게 답함 정유년(1657, 효종8) 5월 27일

答金久之 丁酉五月二十七日

역마 편으로 편지 두 통을 아울러 받으니 위로되고 감사하는 마음이 교차합니다. 나는 죄지은 몸으로 미욱하여 구차히 죽음을 피하였다가 지금은 이미 일반 사람과 똑같은 신세입니다.[14] 목숨을 해치지 않도록 경계해 준 말씀은 의당 실로 효자들이나 들을 법한 이야기인데 지금 더욱 정중하게 그것을 말씀해 주니 한층 더 감사드립니다.

슬프고 괴로운 일을 당한 이래로 성상으로부터 깊고 후한 은혜를 받았으니, 또한 백번 죽더라도 그 은혜는 보답하기가 어렵겠다는 사실을 잘 알겠는바, 이 소명(召命)이 내려진 것을 계기 삼아 달려가 감사드리고 싶은 마음이 어찌 없겠습니까. 다만 상을 지내며 목숨을 부지한 나머지 거듭 위병(胃病)에 걸려서 미음이 조금이라도 걸쭉하면 목구멍에 닿을 때마다 구역질을 하니, 오직 끓인 물에 온평(溫平)하게 하는 약 가루를 타서 마시면서 아침저녁을 보내고 있습니다. 이에 갑자기 눈 감고 생을 마감하는 것은 그저 아차 하면 벌어지는 일인데, 이러한 기력으로 어찌 먼 길에 오를 가망이 있겠습니까. 북편을 바라보며 눈물을 떨구면서 다만 스스로의 처지를 애달파할 뿐입니다.

보내 준 납약(臘藥)을 서둘러 개봉하여 청심원(淸心元) 한 알을 삼켰는데, 실로 생기가 갑자기 도는 것을 느꼈습니다. 이에 비로소 알게

14 나는……신세입니다 : 모친상을 당한 후 끝내 죽지 않고 상기를 마쳤다는 말이다. 《宋子大全 附錄 卷2 年譜》《尤菴先生書節要集解 卷4》

된 사실은, 망설이거나 기다리기만 하면서 구급약을 투여하지 않아 많은 사람을 죽게 만드는 것은 진실로 고집스러운 의원의 쓸모없는 방법이라는 것입니다. 참으로 감사하고 감사하며, 또한 이를 통해서 큰일을 비유할 수 있습니다.[15]

뵐 길이 없는지라 편지를 앞에 두고 더욱 한탄합니다. 병을 무릅쓰고 쓰느라 하고 싶은 말을 일일이 다 적지 못합니다.

15 이를……있습니다 : 학문의 방향과 사정(邪正)의 분변이 모두 이와 같다는 말이다.《尤菴先生書節要集解 卷4》

김구지에게 답함 무술년(1658, 효종9) 4월 4일

答金久之 戊戌四月四日

조례(曹隷)가 전해 준 편지를 받고서, 지내는 체후가 신명의 도움으로 평안하고 부모님을 모시는 생활도 아울러 건승하다는 사실을 멀리서 알게 되었으니, 기쁘고 위로되며 또 감격스러워 어떻게 감사드려야 할지 모르겠습니다.

미천한 나의 질병이 한 해가 가도록 낫지 않아 지금까지 달려가 사은(謝恩)하지 못하고 있으니 그것만으로도 이미 스스로 황공한 심정인데, 지금 이 갑작스러운 승진 소식이 전혀 예상치도 못한 상황에서 나왔으니, 밤낮 걱정과 근심으로 지내다 병증 하나가 바로 더해지고 말았는바, 이는 허언이 아닙니다.

노선생(김상헌)에 대한 글은 내가 감당할 수 없다는 사실을 극히 잘 알고 있으나 또한 감히 사양할 수가 없었습니다. 삼가 스스로 생각건대 요즘 세상에 뛰어난 대문장가가 없지는 않을 텐데 기필코 부족한 나에게 부탁한 이유는, 아마도 나의 성품이 편협하여 언어를 구차스럽게 구사하지 않으리라고 여겨서일 것입니다. 그러한 까닭에 글을 짓는 즈음에 감히 지극히 삼가지 않을 수 없어서 '차라리 소박하게 할지언정 과장하지는 않겠다.'라고 생각하였습니다. 그러나 일전에 노선생의 공을 제대로 드러내지 못하였다는 두려움으로 불안해하고 있었는데, 지금 이렇게 칭찬과 격려를 해 주니 극히 부끄러운 심정을 견딜 수 없습니다. 돌아가는 심부름꾼이 바쁘다고 알려 오니, 삼가 하고 싶은 말을 일일이 적지 못합니다.

김구지에게 답함 무술년(1658, 효종9) 8월 3일

答金久之 戊戌八月三日

편지를 받고서 부모님이 병환을 앓고 있음을 알게 되니 걱정되는 마음이 실로 깊습니다. 다만 이는 우연히 조섭이 잘못된 것일 뿐이니 저절로 응당 완쾌될 것인바, 오직 이를 기원할 뿐입니다.

시호(諡號)를 정하는 법도에 대해 질문한 것은 누차 생각해 봐도 끝내 마음에 편치 못한 점이 있습니다. 대개 자손은 본디부터 신하의 경우와 차이가 있는 법입니다. 오랑캐가 글자의 편방(偏旁)을 모두 휘(諱)한 것은 주자(朱子)께서 실로 너무 심하다고 하셨으며, 성과 이름이 모두 같은 것으로 말하자면 휘법(諱法)이 생겨난 이래로 그러한 경우는 없었습니다. 지금의 일은 아마도 그대의 견해가 옳을 듯합니다만, 감히 딱 잘라 말할 수 없으므로 재차 자문을 구하고서 처리하는 것이 어떻겠습니까? 나머지 할 말은 등잔불 밑에서 바삐 쓰다 보니 일일이 다 쓰지 못합니다.

김구지에게 보냄 무술년(1658, 효종9) 11월 25일

與金久之 戊戌十一月二十五日

삼가 생각건대 부모님의 체후가 한결같이 평안하고 건강할 터이니, 두 손 모아 경하드리는 마음 그지없습니다. 백씨(伯氏)는 벌써 남쪽으로 내려갔는지요?

사문(師門)의 시호(諡號)는 소원대로 이루어졌으니,[16] 사림(士林)이 다 같이 기뻐하는 바입니다.

나는 입만 열면 기휘에 저촉되는데 다시 또 경계할 줄 모르니, 스스로 탄식한들 어찌겠습니까. 그런데 나를 후히 대해 주는 집사 같은 분들이 끝내 한마디로 가르침을 내려 주지 않는 것 역시 이상한 일입니다.

드릴 말씀은 다음과 같습니다. 지난번 물어보았던 홍석(洪錫)[17]의 뜻과 행실에 대해서는 이미 자세히 알았거니와, 그의 문학(文學)의 경우는 이상(李翔)[18]의 무리와 서로 비슷한 수준입니까? 인천 부사(仁川府使) 이석망(李碩望) 씨의 인품은 어떠합니까? 아울러 말씀해 주는

16 사문(師門)의……이루어졌으니 : 사계(沙溪) 김장생(金長生)의 시망(諡望)이 문경(文敬)과 문원(文元) 두 가지로 정해졌는데, 그중에서 송준길(宋浚吉)의 주장대로 문원으로 결정된 것을 가리킨다. 《宋子大全隨箚 卷6》

17 홍석(洪錫) : 1604~1675. 본관은 남양(南陽), 자는 공서(公敍)·군서(君敍), 호는 손우(遜愚)로, 김상헌(金尙憲)의 문인이다. 《陶菴集 卷32 司饔遜愚洪公墓碣》

18 이상(李翔) : 1620~1690. 본관은 우봉(牛峯), 자는 운거(雲擧)·숙우(叔羽), 호는 타우(打愚)로, 김집(金集)과 송시열의 문인이다. 《陶菴集 卷46 從祖打愚先生墓誌》

것이 어떻겠습니까? 빈 뜰의 참새와는 함께 산공계사(山公啓事)[19]를 논할 수 없습니다. 하고 싶은 말을 일일이 다 적지 못합니다.

19 산공계사(山公啓事) : 인물에 대한 품평을 뜻한다. 산공은 진(晉)나라 때의 명신(名臣) 산도(山濤)를 가리킨다. 산도가 일찍이 이부 상서(吏部尙書)로 있을 때 결원이 생기면 여러 명의 명단을 올렸는데, 그 인물에 대한 품평이 매우 정확하여 당시 사람들이 이를 '산공계사'라 일컬었던 고사가 전한다. 《晉書 山濤列傳》

김구지에게 보냄 기해년(1659, 효종10) 3월 5일

與金久之 己亥三月五日

오랫동안 모습을 보지 못하니, 그립고 울적한 심정을 말로 표현할 수 있겠습니까. 어제 중씨(仲氏)를 만나 대신 근황을 물어보았기에 조금이나마 마음에 위안이 되었습니다.

나는 휴가 중에 있은 지 이미 오래인데, 삼가 듣건대 영감(令監)께서 사직 단자를 올린 것이 실로 나 때문이라고 하니, 극히 경악스러운 심정을 이기지 못하겠습니다. 설사 내가 집사께 죄를 얻었더라도 어찌 먼저 사적으로 경계를 하지 않고 갑자기 공격(公格)을 가지고 서로 버티기까지 하겠습니까. 할 말을 마음에 숨기는 것은 단연코 집사께서 뜻한 바가 아니라고 여깁니다. 그러나 남들의 비난이 이미 이와 같으니, 내가 염치를 무릅쓰고 나가는 것은 의리상 감히 편안할 바가 아니고, 마음에 두면서 말하지 않는 것은 마음으로 차마 못 할 바이며, 속에 숨겨 두었다가 오히려 입 밖으로 꺼내는 것은 죄이니, 오직 집사께서 해량해 주기를 바랍니다. 하고 싶은 말을 일일이 다 적지 못합니다.

김구지에게 보냄 경자년(1660, 현종1) 9월 15일

與金久之 庚子九月十五日

추위가 찾아오려 하는데, 논사(論思)하는 여가에 부모님을 모시며 지내는 체후는 어떠합니까? 그리운 마음이 날로 간절합니다. 한양에 들어가는 인편이 없지는 않으나 병들고 쇠약한 몸을 억지로 움직이기가 힘들어 번번이 편지로 문후를 묻지 못하니, 불민함을 스스로 잘 알고 있습니다.

드릴 말씀은 다음과 같습니다. 규암(圭菴) 선생[20]은 나에게 종증조(從曾祖)가 되는 분입니다. 당시 큰 화가 휩쓸고 간 나머지 감히 남아 있는 사적(事跡)을 수습하지도 못한 데다 그 후에 또 공적인 기록도 이루어지지 못한 형편이어서 아무것도 증명할 거리가 없는 가운데 사적이 거의 민멸될 지경에 처하였습니다. 저 이기(李芑)와 정순붕(鄭順朋)의 무리가 '경박한 자들의 영수(領袖)'라고 하였는데, 사류(士類)가 도리어 감히 '유현(儒賢)의 영수'라고 하지 못하는 것은 어째서입니까. 우선 급히 요청에 부응하여 엉성하게나마 장문(狀文)[21]을 지었는데, 퇴계(退溪)의 문집과 《해동야언(海東野言)》 등의 서적에서 상고할 수

20 규암(圭菴) 선생 : 송인수(宋麟壽, 1499~1547)로, 본관은 은진(恩津), 자는 미수(眉叟), 호는 규암이다. 인종이 즉위한 뒤 윤원형(尹元衡)을 탄핵하였다가 1545년(인종1) 이기와 정순붕 등에 의해 을사사화가 일어나자 파직당하여 청주에 은거하던 중 사사(賜死)되었다. 《圭菴集 卷3 諡狀》

21 장문(狀文) : 송인수의 시장(諡狀)을 가리키며, 이 글은 《송자대전》 권202에 〈규암 송 선생 시장(圭菴宋先生諡狀)〉이라는 제명으로 실려 있다.

있었습니다. 영감께서 이러한 시기에 마침 옥당(玉堂)의 장(長)으로 있으니 시호를 내리는 일을 반드시 유감이 없도록 할 것인바, 지극히 축원하는 마음을 이길 수 없습니다. 이 일은 예전부터 유형(兪兄)[22]과 상의해 왔으니, 한번 서로 증험해 본다면 몹시 다행이겠습니다.

○ 산속 개울에 임한 곳에 작은 집을 지은 뒤, 그 실제 광경으로 인하여 '하천(下泉)'이라고 이름 짓고자 합니다. 이는 대개 그곳으로부터 아래로 열 걸음 정도 되는 위치에 바위 구멍에서 흘러나와 아래로 떨어지는 차가운 샘물이 있는데, 그 아래 물줄기가 떨어지는 바위에 자연적으로 구덩이가 형성되어 손으로 물을 떠서 마실 수 있기 때문입니다. 원컨대 영감께서 붓글씨로 쓰신 '하천서재(下泉書齋)'라는 네 글자를 얻어 벽 사이에 걸어 두고자 합니다. 부디 바라건대 붓 가는 대로 일필휘지하고서 내 아이를 통하여 부쳐 보내 주는 것이 어떻겠습니까?

22 유형(兪兄) : 유계(兪棨, 1607~1664)를 가리키는 듯하다.

김구지에게 보냄 계묘년(1663, 현종4) 4월 11일

與金久之 癸卯四月十一日

이전에 보낸 편지가 아직 전달되지 않았는데, 예조의 낭관이 중도에 돌아왔습니다.[23] 월국공(越國公 이동(李侗))을 문묘에 종사해야 한다는 지금 이 의론은 실로 사문(斯文)의 더할 수 없이 큰 다행입니다. 그러나 병을 이유로 앞서 요구한 헌의(獻議)를 막 사양한 처지라서 지금 또 대번에 그와 다르게 행동하기 어렵기에 감히 파계할 수도 없었습니다. 다만 생각해 보니, 이 일은 이미 주자(朱子)의 정론이 있습니다. 그러므로 중봉(重峰) 선생께서 연경(燕京)에 갔을 때 당시의 주사(主事)와 논의하는 과정에서 전적으로 주자의 설을 들어 증거로 삼았던 것이니, 만약 《주자대전(朱子大全)》과 《주자어류(朱子語類)》를 상고한다면 어찌 달리 쓸데없는 말을 덧붙일 필요가 있겠습니까. 당초 도헌(都憲 송준길(宋浚吉))이 소장을 올릴 때 중봉의 고사를 상고하기를 청한 것은 대개 주자의 정론(定論)을 원용하고자 한 것이고 또 민마보(閔馬父)의 의리[24]를 따르고자 한 것인데 그와 같이 될 수 없었습니다.

23 예조의……돌아왔습니다 : 1663년 4월 대사헌 송준길이 상소하여 북송의 학자 이동을 문묘에 종사하기를 청하자 이에 대한 의견을 구하기 위하여 예조의 낭관이 송시열을 찾아왔는데, 송시열이 병을 이유로 사양하였다. 그 후 떠났던 예조 낭관이 중도에 다시 돌아와 재차 의견을 물은 것이다. 《宋子大全 附錄 卷5 年譜》

24 민마보(閔馬父)의 의리 : 어떤 합당한 주장이나 행동의 시작을 언제나 옛 선인에게 돌리는 의리를 가리킨다. 민마보는 춘추 시대 노(魯)나라의 대부(大夫)이다. 《시경》 〈상송(商頌) 나(那)〉에 "예로부터 옛적에, 선민들이 공경한 일을 하였으니, 아침저녁으

이에 그것을 근거로 삼지 않는다면 사람들 각자의 견해가 있는 가운데 만에 하나 다른 의론이 발생할까 내심 염려되기에 예조 낭관에게 대략 그러한 내용을 언급하였으니, 예조 낭관이 장차 회계(回啓)를 할 것입니다.

앞선 묘의(廟議)에 대해서는 대략 엉성하게 답하였는데, 뒤늦게나마 몹시도 한스럽습니다. 나는 비록 영녕전(永寧殿)의 제도를 태묘(太廟)보다 지나치게 하더라도 또한 근거할 만한 설이 있다고 여기는데, 어떻게 생각합니까?

○ 별지에서 해 준 말씀에서 나를 하찮게 여기지 않는 은혜에 특히나 감사하였습니다. 내 생각에 영녕전은 애당초 목조(穆祖)께서 거한 곳인데 도리어 치우친 곳에 있으니, 이는 대단히 편치 못한 부분입니다. 이 점을 바로잡지 못한다면 오늘날 사소한 것을 변경한다 하더라도 끝내 모전지과(茅纏紙裹)[25]를 면치 못할 것이니, 어떻게 생각합니까?

로 온화하고 공손하여, 일을 집행할 때 공경히 하였다.〔自古在昔, 先民有作. 溫恭朝夕, 執事有恪.〕"라고 하였는데, 민마보는 이 시를 설명하면서 "옛 성인들은 전해 내려오는 공경의 도리를 감히 오로지하지 못하여 일컫기를 '옛날부터〔自古〕'라고 하였고, 옛날을 '재석(在昔)'이라 하였고, 예전을 '선민(先民)'이라 하였다."라고 하였다. 《詩經集傳 那》

25 모전지과(茅纏紙裹) : 띠풀로 감고 종이로 싼다는 말로, 구차히 예를 행하는 자가 가짜를 진짜로 여기는 행위를 이른다. 《退溪集 卷27 答鄭子中別紙》

김구지에게 보냄 계묘년(1663, 현종4) 10월 29일

與金久之 癸卯十月二十九日

근자에 죄명으로 인하여 스스로 두려운 나머지, 오랜 시간 동안 집사께 나의 소식을 알리지 않았으나 집사의 의리를 사모하는 정성만큼은 얕지 않습니다. 현재 박복(剝復)의 사이[26]에 부모님을 모시며 벼슬하는 가운데 체후가 평안한지요? 일전에 맞닥뜨린 일은 내버려 두고 더 이상 거론하지 않겠거니와, 근자에 황산서원(黃山書院)의 일[27]이 있었는데 들었는지요? 그 일의 전말이 몹시도 기니, 자세히 말하려고 하면 번쇄해집니다.

대개 장차 올겨울에 중수(重修)하는 일이 완료되는 것을 계기로, 정암(靜菴)과 퇴계(退溪) 두 선생까지 아울러 세 선생의 곁에 배향함으로써 양호(兩湖)의 선비들이 우러르고 의지할 곳으로 만들려고 하는데,[28] 이는 신로(愼老 김집(金集))께서 무탈하셨을 때 결정하신 일입니

26 박복(剝復)의 사이 : 《주역》에서 아래 다섯 효(爻)가 모두 음(陰)인 박괘(剝卦)는 음력 9월에 해당하고, 모두 음효(陰爻)인 곤괘(坤卦) 상태에서 아래에 양효(陽爻)가 하나 생긴 복괘(復卦)는 11월에 해당하는바, 9월에서 11월 사이를 가리킨다.

27 황산서원(黃山書院)의 일 : 송시열이 충청남도 연기군(燕岐郡)에 있는 황산서원에서 유계(兪棨), 윤선거(尹宣擧) 등과 모여 뱃놀이를 하면서 술을 마시고 시를 읊었는데, 그때에 송시열이 윤휴(尹鑴)가 《중용장구》의 일부를 고친 것에 대하여 윤선거와 극렬히 논쟁한 일을 말한다. 《宋子大全 附錄 卷5 年譜》

28 올겨울에……하는데 : 1663년 12월 이이(李珥), 성혼(成渾), 김장생(金長生)의 위패를 모신 전라도 여산(礪山)의 죽림서원(竹林書院)에 조광조(趙光祖), 이황(李滉)을 함께 배향하려 한 것을 가리킨다. 《宋子大全 附錄 卷5 年譜》

다. 봉안할 때의 제문을 여러 선비가 기다리고 있으니, 부디 바라건대 속히 글을 지어 시일을 앞두고 허둥지둥하는 폐단이 일어나지 않도록 해 주는 것이 어떻겠습니까? 제생(諸生)이 실로 직접 찾아가 요청을 드리고자 하지만 일을 도맡아 진행하느라 겨를이 나지 않습니다. 그러나 그 간절한 뜻은 더할 나위 없이 깊습니다. 재차 바라건대 지체하지 않는 것이 어떻겠습니까? 나머지 드릴 말은 한 해가 저무는 가운데 더욱 몸을 보중하라는 것입니다. 하고 싶은 말을 일일이 다 적지 못합니다.

김구지에게 보냄 을사년(1665, 현종6) 2월 20일

與金久之 乙巳二月二十日

불초한 나는 요즘 몹시도 두려워 감히 짧은 편지도 남에게 보내지 못하는 실정이기 때문에 여러 해 동안 안부를 묻지 못하였습니다. 노선생(김상헌)의 연보를 수정하여 올린 일도 그 가운데 제법 상의해야 할 만한 부분이 있는데도 감히 그럴 마음을 내지 못하였으니, 죄송할 뿐만 아니라 스스로의 처지 또한 몹시도 딱합니다. 현재 즐겁게 부모님을 모시며 지내는 가운데 체후는 평안한지요? 구구히 축원하는 마음 간절하지 않은 날이 없습니다. 나는 불행하여 지난겨울 며느리가 요절하였는데, 그 연고를 차마 묻지 못하겠으니 더욱 깊이 비통한 심정이며, 지금까지 놀란 그 마음이 진정되지 않습니다.

연보는 지난겨울 겨우겨우 다른 종이에 옮겨 적었는데, 그야말로 먼지를 쓸듯이 교정을 보는데도 곳곳마다 다시 모르는 부분이 나옵니다. 그 가운데 오류가 많을 터인데 직접 가르침을 받지 못하니, 다만 스스로 그리운 마음만 들 뿐입니다.

부탁한 서문은 감히 분부대로 하지 않을 수 있겠습니까. 글을 기초하여 보낸 뒤로 교정을 받아 커다란 질책에서 벗어나도록 해 주기를 날마다 바라고 있습니다. 만일 가르침을 내려 주기에 부족하다고 여긴다면 또한 바라건대 한결같이 단본(端本)[29]이 명도(明道) 선생의 유사(遺事)에서 한 것처럼 일필(一筆)로 구절을 잘라 내고 대감의 글로 바꾼다

29 단본(端本) : 북송의 학자 정호(程顥)의 아들이다.《二程文集 卷12 明道先生行狀》

면 좋을 것입니다. 이는 다만 대감의 판단에 달린 일일 뿐입니다.

'이산(尼山)'의 한 항목에 대해서는 지금 집안 아우가 전해 준 말씀을 듣고서 비로소 '이사(尼士)'가 잘못 전해진 것이라는 사실을 알았습니다. 그러나 이사 역시 존경하는 지극한 뜻에서 나온 것이니, 그 지나침이 또한 마땅합니다.

봄철도 벌써 저물어 가는 이때에, 삼가 시대를 위하여 자중자애함으로써 멀리 있는 나의 정성에 부응해 주기를 바랍니다.

김구지에게 답함 병오년(1666, 현종7) 4월 10일
答金久之 丙午四月十日

종질손(從姪孫)이 돌아와 편지를 전해 주고 아울러 비액(碑額)까지 받았는데, 질손이 또 매우 온화한 안색으로 대해 주었다고 스스로 말을 하니, 감격스럽고 다행한 마음 지금까지 그치지 않습니다. 이번에 또 이달 2일에 보내 준 편지를 받았는데 거기에서 양전(兩殿)의 안부에 대해 상세히 말씀해 주니, 기뻐하고 감사하는 마음 말로 다 표현할 수 없습니다.

영남(嶺南)의 일[30]에 대해서는, 비록 밝은 성상께서 변석해 주긴 하셨지만 천신(賤臣)의 죄명이 극히 무거운 데다 불초한 연고로 고금에 보기 드문 변고를 초래하는 바람에 또다시 1500명이나 되는 유생으로 하여금 삿되고 방탕한 죄에 빠지게 하고 그것을 중외(中外)에 반포하는 일까지 있도록 만들었습니다. 외인(外人)들은 필시 내가 다행스럽게 여기리라고 생각할 것이나 나의 마음은 실로 심히 부끄러움과 두려움을 견딜 수 없습니다. 이에 다만 잔뜩 움츠린 채 자책하기만을 생각하고 있으니, 어찌 감히 갑자기 성상의 뜻을 받들 수 있겠습니까.

청주(淸州)는 선산이 있는 곳이며 또 깊고 외진 곳에 있는 작은 정자

30 영남(嶺南)의 일 : 1666년 3월에 유세철(柳世哲) 등 영남 유생 1000여 명이 소장을 올려, 기해년(1659) 효종의 상에 자의대비(慈懿大妃)의 상복을 기년복(朞年服)으로 주장한 송시열 등을 효종의 정통성을 부정했다는 이유로 비판하고 윤휴(尹鑴), 허목(許穆) 등이 주장한 삼년복을 지지한 것을 가리킨다. 《顯宗實錄 7年 3月 20日》

를 주인이 빌려주었기 때문에 이곳으로 몸을 의탁하러 와서 잠시 숨을 붙이고 있는데, 청산이 보내는 꾸지람은 실로 감히 사양할 수 없습니다. 만날 길은 없는데, 경계와 호위를 삼가고 여유롭게 하길 바랍니다. 하고 싶은 말을 일일이 다 적지 못합니다.

별지

수부(水部)[31]에 대해서는 개탄을 금할 수 없습니다. 예를 논한 일 자체는 물론 아무 문제가 없으나 강빈(姜嬪)에 대한 이야기로 하나의 함정을 만들기까지 하였으니,[32] 강빈이 만약 옛날에 죽지 않았다면 이번에 영남인들은 반드시 강빈에 대한 이야기까지 아울러 사용하였을 것인바, 그 떨리고 두려운 심정은 온몸이 새파랗게 질릴 뿐만이 아닙니다. 그러나 수부는 미약한 처지이므로 두루 존중받기 위해 영남인들이 서로 창도할 때에 과연 집사로부터 그 설이 나왔다고 하였습니다. 그러나 먼 지역에 있는 모르는 자들은 '중후한 사람도 그렇게 한다.'라고 자못 믿으면서 마침내 발을 싸매고 앞다투어 나아갔으니, 이는 점쟁이 왕랑(王郞)의 하찮은 계략[33]입니다. 그 당시

31 수부(水部) : 공조(工曹)의 이칭으로, 당시 공조 정랑(工曹正郞)을 지낸 김수홍(金壽弘, 1601~1681)을 가리킨다. 《宋子大全隨箚 卷6》

32 예를……하였으니 : 1666년 2월 김수홍이 송시열에게 편지를 보내어 서인인데도 남인의 편에 서서 송시열의 기년설(朞年說)을 비판하는 예론을 폈는데, 그 과정에서 소현세자(昭顯世子)의 적통이 끊어진 것을 강조하면서 강빈의 죄상을 언급한 것을 가리킨다. 《宋子大全隨箚 卷6》《顯宗實錄 7年 2月 21日》

33 점쟁이……계략 : 왕망(王莽)이 신(新)나라의 황제로 즉위할 무렵에 한(漢)나라 성제(成帝)의 아들 자여(子輿)라고 칭하는 자가 장안(長安)에 나타나자 왕망이 그를

마침 동춘(同春 송준길(宋浚吉))에게 그 이야기를 하고 이어 말하기를 "영남인은 비답(批答)을 위조한 일[34]에 대해 경계하는 마음을 가지지 않는다."라고 하였습니다. 그런데 지금 집사께서는 도리어 스스로 반성하는 뜻을 보이시니, 만약 그렇다면 이는 증자(曾子)께서 정말로 사람을 죽인 셈[35]이 됩니다. 이 어찌 정당한 도리이겠습니까. 노선생(김상헌)까지 추악한 그 입에 올랐으니 더욱 분통을 금할 수 없으나, 다만 근거를 댈 만한 문서가 없기 때문에 끝내 감히 드러내 놓고 비판할 수 없으니 더욱 답답함만 더합니다.

죽인 일이 있었다. 얼마 뒤에 왕랑이라는 점쟁이가 자신이 진짜 자여라고 칭하였고, 많은 백성이 그것을 진짜로 믿은 결과 세력이 커져 스스로 황제에 올랐다. 《後漢書 王昌列傳, 王霸列傳》

34 비답(批答)을 위조한 일 : 1650년(효종1)에 성혼(成渾)과 이이(李珥)를 문묘에 종사하자는 의론이 제기되었을 때 이도장(李道長)이 유직(柳稷) 등을 사주하여 성혼과 이이를 무함하는 내용으로 비답을 위조하도록 한 일을 가리킨다. 《宋子大全隨箚 卷2》《記言 別集 卷20 魯淵沈公墓碣銘》

35 증자(曾子)께서……셈 : 사실이 아닌 것이 사실로 둔갑하는 것을 가리킨다. 증삼(曾參)과 동명이인인 사람이 살인을 저지르자, 어떤 사람이 증삼의 모친을 찾아가 증삼이 살인을 저질렀다고 말하였는데, 증삼의 어머니는 믿지 않았으나 연달아 세 사람이 똑같은 말을 전하자 결국 담을 넘어 도망치고 말았다는 고사에서 유래하였다. 《戰國策 秦策2》

김구지에게 답함 무신년(1668, 현종9)

答金久之 戊申

일찍이 대감께서 오래도록 부모님의 병환으로 걱정하고 있다는 소식을 듣고서 매양 편지 한 통으로 안부를 묻고 싶었지만, 나는 병이 오래 낫지 않을 뿐만 아니라 다른 사람에게 비교하기 어려울 정도로 죄를 지은 처지이기에, 지금까지 망설이고만 있었습니다. 그런데 홀연 함열현(咸悅縣) 새 현감의 행차를 통해 은혜로운 편지와 아름다운 시 1편을 보내 주니, 펼쳐 읽은 뒤로 나도 모르게 깊은 통증이 문득 사라졌습니다. 이때의 즐겁고 후련한 마음을 어떻게 말로 표현할 수 있겠습니까.

근래 부모님을 모시는 여가에 밤낮 공무에 힘쓰는 상황은 어떠합니까? 어제 어떤 이가 대감께서 대사헌을 사직하며 쓰신 글 한 통을 적어 와서 주었는데, 참으로 손바닥으로 내리쳐서 핏빛의 손자국이 선명하게 남고 몽둥이로 내리쳐서 한 줄기의 몽둥이 자국이 뚜렷이 남는 것과 같은 절실함이 있었으며, 또한 위태로운 조정에서 벼슬하는 기상에서 저절로 남몰래 눈물이 맺혔습니다. 다만 만일 조정에 있는 제현 모두가 대감처럼 성실하고 간절한 마음을 지니고서, 집이 불타는 줄도 모르는 채 재재거리며 서로 즐거워하기만 하는 제비와 참새같이 있지 않는다면 아마도 만분의 일이나마 가망이 있을 것입니다. 일전에 무지개가 태양을 범한 일만으로도 이미 심히 놀랍고 근심스러운데, 지금 어두워질 무렵 남쪽 지역에 나타나는 것이 또 극히 두렵고 놀라게 하니, 장차 무슨 징험이 있을지 알 수 없습니다. 한밤중에 이를 생각하자니 정말 살고 싶지가 않습니다.

기 상국(沂相國)[36]은 국가와 기쁨과 슬픔을 함께하는 정성을 지닌 분이고 사류도 그분을 몹시 의지하는데 이렇게 갑자기 세상을 떠나니, 애통한 심정 어찌 끝이 있겠습니까. 그러나 이 또한 시운(時運)에 관계된 일이니 어떡하겠습니까. 하고 싶은 말이 몹시도 많으나 그중 십분의 일도 말씀드리지 못하였으니, 오직 묵묵히 이해해 주기를 바랍니다.

보내 준 시를 감히 흉내 내 보았으니, 부디 한번 웃어 주기를 바랍니다. 나머지 할 말은 오직 몸과 마음을 다 바쳐 국사에 진력함으로써 만분의 일이나마 나라를 부지할 터전으로 삼기를 천만 바란다는 것입니다.

36 기 상국(沂相國) : 영의정을 지낸 기천(沂川) 홍명하(洪命夏, 1607～1667)를 가리킨다.

김구지에게 답함 기유년(1669, 현종10) 1월
答金久之 己酉正月

〔문〕 퇴계(退溪) 선생이 말하기를 "연제(練祭) 뒤에 비록 아침저녁의 곡(哭)을 그치더라도 새벽과 저녁에 마땅히 궤연(几筵)에 전배(展拜)해야 한다."라고 하였는데, 이 한 대목은 《신증상례비요(新增喪禮備要)》 소상조(小祥條)에 들어가 있습니다. 그런데 사계(沙溪) 선생은 어떤 사람의 질문에 답하면서 또 "주자(朱子)의 설로 보자면 삼 년 안에는 '항상 모신다.'라는 의리가 있으므로 아침저녁으로 참배하는 것 또한 어떠할지 모르겠네. 다시 상세히 보게.……"라고 하셨습니다.[37] 두 설이 조금 차이가 있으니 의당 어디를 따라야 하겠습니까?

〔답〕 연제 뒤에 아침저녁으로 배알하는 문제에 대해서 두 선생의 설이 과연 차이가 있습니다. 그러나 연제 전에 아침저녁의 곡이 있고 부묘(祔廟) 후에 이른 아침의 배알이 있는데, 연제 후에서 부묘 전까지 동안에 오히려 아무런 일도 없는 것은 이해하기 어려운 대목입니다. 이 선생의 설을 따르는 편이 아마 잘못이 적을 듯합니다.

37 사계(沙溪)……하셨습니다 : 송준길(宋浚吉)이 김수항과 마찬가지로 퇴계 이황의 견해를 가지고 김장생에게 물었을 때 했던 답변이다. 《同春堂集 別集 卷1 上沙溪金先生》 주희의 설은 《가례》 소상조(小祥條)에 "아침저녁의 곡을 그친다."라고 하고, 별다른 예를 명기하지 않은 것을 말한다.

〔문〕 삼 년 안에 무덤에 올라가면 곡을 하는 것은 그만둘 수 없는 인정에서 나온 것이기에, 저희 고애자(孤哀子)들은 매양 묘소의 여막(廬幕)에 이를 때마다 아침저녁으로 묘소에 올라 곡림(哭臨)하는 것을 날마다 상례로 삼았습니다. 이는 대개 집에 있으면서 궤연을 모시면 아침저녁의 곡과 아침저녁 상식(上食)의 곡이 있는데 유독 묘소에서만 아침저녁으로 전성(展省)하는 예절이 없는 것은 인정상 차마 하지 못할 바가 있기 때문입니다. 근래 《퇴계집(退溪集)》을 보니, 문인이 묻기를 "소상(小祥)에 아침저녁의 곡을 그치면 여묘(廬墓)에 있는 사람이 혹시 소상 뒤에는 새벽과 저녁에 무덤에 올라 곡림하는 것도 그칩니까?"라고 하자, 퇴계가 대답하기를 "새벽과 저녁에 무덤에 곡하는 것은 본래 예가 아니다. 더구나 이것(아침저녁의 곡)도 그만두었는데 오히려 그것을 하겠는가. 이런 일은 군자가 귀하게 여기지 않는다.……"라고 하였으니, 이를 읽고 나서 저도 모르게 두려운 마음이 들었습니다. 아침저녁으로 잣나무를 붙잡고 울부짖는 것은 《소학(小學)》에 실려 있는데,[38] 퇴계가 이렇게 엄격히 배척한 것은 무슨 의도입니까?

〔답〕 《예기(禮記)》에 이르기를 "붕우의 묘소에 묵은 풀이 있으면 곡하지 않는다."라고 하였습니다. 부모의 묘소는 마땅히 붕우와 다른 점이 있습니다.

38 아침저녁으로 잣나무를……있는데 : 《소학》 〈선행(善行)〉에 나온다. 진(晉)나라의 왕부(王裒)가 부친이 사마소(司馬昭)에게 죽음을 당하자 무덤 옆에 여막을 짓고 아침저녁으로 무덤에 엎드려 절을 하고는 옆의 잣나무에 매달려 울부짖었는데, 나무에 흐른 눈물 때문에 그 나무가 말라 죽었다고 한다.

〔문〕《예기》에 이르기를 "삼년상을 치르면서 조문하고 곡한다면 또한 허례가 아니겠는가."라고 하였으니, 이는 중상(重喪)에 있으면서 다른 사람에게 조문하고 곡할 때에 저쪽을 슬퍼하면 우리 부모를 망각한 것이고, 우리 부모를 슬퍼하면 조문하는 것이 가식이라는 뜻입니다. 조문하고 곡하는 것은 참으로 그렇습니다만, 친구가 상을 당했을 경우 편지를 보내 위로하는 것도 이런 혐의가 있습니까?

〔답〕증자(曾子)는 어머니 상중(喪中)에 있었는데도 자장(子張)에게 가서 곡을 하면서 "내가 조문한 것인가?"라고 하였으니, 이에 근거하면 응당 정의(情義)가 어떠한지를 보아야 할 것입니다.

〔문〕《가례(家禮)》에 "음식을 진설할 때 밥은 오른쪽에 국은 왼쪽에 놓는다."라고 했는데, 실로 그 의미를 이해하지 못하겠습니다. 중봉(重峰) 선생은 생사에 따라 다르게 진설하는 것은 근거가 없다고 말씀하고 사계 선생께서도 그렇게 말씀하셨지만 또 마땅히 《가례》에 따라 좌설(左設)해야 하니 이론이 있어서는 안 된다고 한 것은 왜 그렇습니까? 퇴계가 말하기를 "시제(時祭)를 지낼 때 오른쪽에 진설하는 것은 신도(神道)가 오른쪽을 높이기 때문이다."라고 하였는데, 요즘 사람들은 밥을 오른쪽에 놓고 국을 왼쪽에 놓는 것을 좌설이라고 하고, 밥을 왼쪽에 놓고 국을 오른쪽에 놓는 것을 우설(右設)이라고 합니다. 사계께서 말씀한 좌설도 이와 같지만, 퇴계가 오른쪽에 진설한다고 한 것은 밥을 오른쪽에 놓는다는 점을 위주로 말했기 때문에 그런 것입니까?

〔답〕중봉의 설은 《예기》를 위주로 하고 사계의 설은 《가례》를 위주로 하였는데, 《가례》는 바로 고금의 제도를 더하고 덜어서 제도를 정한

것이므로 사계께서 이론이 있어서는 안 된다고 말한 것일 뿐입니다. 또 좌설, 우설 운운하는 것에 대해 말하자면, 요즘 사람들이 살았을 때는 오른쪽을 높이고 죽어서 변했으므로 왼쪽으로 한다고 하지만, 퇴계는 밥을 위주로 말했기 때문에 밥을 오른쪽에 두는 것을 "오른쪽에 진설한다."라고 말한 것입니다.

김구지에게 답함 기유년(1669, 현종10) 2월 12일
答金久之 己酉二月十二日

〔문〕 연제(練祭) 후 참배는 이 선생(李先生 이황(李滉))의 설에 따라야 한다는 가르침은 삼가 잘 들었습니다. 다만 생각건대 아침저녁의 곡에 본디 배례(拜禮)가 없지만 대개 삼 년 안에는 궤연을 항상 모시는 것은 효자가 차마 부모를 돌아가신 것으로 여길 수 없다는 뜻 때문입니다. 사계(沙溪) 선생께서 인용한 주자(朱子)의 설은 그 뜻 역시 여기에서 나왔으므로 궤연을 항상 모시는 것은 연제 전이나 연제 후나 한가지입니다. 그렇지만 아침저녁의 곡을 그치기에 이르러 갑자기 참배의 예를 행한다면 이는 사당에 들인 뒤에 하는 이른 아침의 배알과는 다른 듯하고, 또한 부모를 돌아가신 것으로 여길 수 없다는 주자의 가르침과 어긋나니 어떻게 하면 좋겠습니까?

〔답〕《가례(家禮)》에 자식이 평소에 아침저녁으로 하는 예는, 남자는 창야(唱喏)[39]를 하고 부인은 '만복안치(萬福安置)'라고 말하는 것으로 되어 있으니, 이에 근거하면 평상시에 아무런 예절이 없다고 할 수 없습니다. 더구나 연제 뒤에 참배하는 의례가 없다면 이는 아무것도 하는 일이 없는 것이므로, 나는 늘 퇴계(退溪)의 설이 인정과 예법에 맞는다고 생각합니다.

〔문〕 또 일찍이 들으니, 퇴계는 아침저녁의 곡과 아침저녁의 전(奠)

39 창야(唱喏) : 손을 맞잡고 읍(揖)을 하면서 소리 내어 공경히 인사하는 것이다.

을 한가지 일로 여겨, '졸곡(卒哭) 후에 하는 아침저녁의 곡'과 '소상(小祥) 후에 아침저녁의 곡을 그친다'고 할 때의 곡은 모두 상식곡(上食哭)으로 인식된다고 하였습니다. 이에 근거하면 "연제 뒤에 아침저녁의 곡을 그치더라도 새벽과 저녁에 궤연에 전배(展拜)한다." 라고 한 것은 현격한 차이가 있음을 면치 못하니, 의혹이 없을 수 없습니다. 삼가 바라건대 분명히 다시 깨우쳐 주십시오.

〔답〕《가례》에 따르면, 초상(初喪)에는 아침저녁의 곡, 아침저녁의 전(奠), 아침저녁의 상식(上食), 무시로 하는 곡 등 네 가지 절목이 있는데 초우제(初虞祭) 후에는 아침저녁의 전을 파하더라도 여전히 슬픔이 느껴지면 곡을 하고, 졸곡에 이르러서는 슬픔이 느껴져도 곡을 하지 않지만 여전히 아침저녁의 곡은 하게 되어 있습니다. 그런데 소상에는 단지 아침저녁의 곡을 그친다고만 하고 아침저녁의 상식을 파한다는 문장이 없으니, 이 네 가지 큰 절목을 파하는 것이 논리적으로 정연하게 되는 것입니다. 그러하니 퇴계의 설은 따를 수 없을 듯한데, 어떻게 생각합니까?

〔문〕《가례》에는 "졸곡에 거친 음식을 먹고 물만 마신다."라고 하고 《예기(禮記)》에는 "소상에 수장(水漿)을 먹는다."라고 하였는데, 이른바 '물을 마신다.'라는 것과 '수장'이 차이가 있습니까?

〔답〕'수장(水漿)'의 '장(漿)'은 혹 '식초〔醋〕'라고도 합니다.

김구지에게 답함 신해년(1671, 현종12) 6월 22일

答金久之 辛亥六月二十二日

오랫동안 소식을 듣지 못하여 그리운 마음 더욱 간절하였는데, 그러한 때 자식 놈을 통하여 대신 안부를 듣게 되어 이미 그것만으로 충분히 위로되고 다행스러운 일이었습니다. 그런데 지금 두 차례에 걸쳐 보낸 편지를 받으니, 그 말씀한 뜻이 간절하고 정중하여 읽은 뒤로 감사하는 마음을 주체하지 못하였습니다.

국운이 불행하여 국가의 전복이 코앞에 닥친 상황이니, 주상께서 비록 현명하고 덕 있는 이를 오매불망 기다림으로써 명을 이어 가고자 하더라도 오히려 제대로 못 해내실까 두렵거늘, 도리어 이미 한번 시험해 보았으나 낭패를 본 우매하고 졸렬하여 이 사람을 그 자리에 구차하게 충원하셨는바, 이 어찌 꼭 지혜로운 자라야 그 일이 부당한 줄을 극히 잘 알겠습니까. 이에 날마다 두려워하면서 다만 담장을 따라 조심스레 도망칠 생각만 하였는데 지금 하교에서 도리어 이와 같이 말씀하시니, 만약 농담을 잘하여 하는 발언이 아니라면 필시 스스로 주제를 얼마나 잘 아는지 한번 시험해 보시고자 해서일 것입니다. 실로 무어라 답해야 할지 모르겠습니다.

부탁한 당(堂)의 기문에 대해 말해 보자면, 노쇠하고 병든지라 정신이 황폐하여 오래도록 글을 쓰지 못하였는데, 이제 보내 준 편지에서 언급한 것으로 말미암아 심부름꾼을 머물게 하고서 기초하여 올립니다. 취사선택의 기준은 삼가 판단하여 처리해 주기를 기다립니다.

국사가 이 지경에 이른 상황에서 밤낮으로 고생하는 어진 이들은 이미 떠나갈 만한 의리가 없으니, 계책을 장차 어떻게 내야 할지요? 실로 물어보고 싶으나 거리가 멀어 그렇게 할 수도 없으니, 스스로 답답할 뿐입니다.

○ 두 집사에 대한 비방은 나 역시 대략 들었습니다. 처음 들었을 때에는 나도 모르게 경악하면서 자리에서 일어났는데, 이윽고 생각해 보니 일을 잘 다스리면 비방이 일어나고 덕이 높으면 훼방이 찾아오는 것은 예로부터 있어 왔던 일입니다. 더구나 지금 이 말세에 그것이 어찌 이상한 일이겠습니까. 오직 바라건대 두 집사께서 "변명하지 않고 스스로를 수양하라."라고 하는 하분(河汾)의 격언[40]을 덕을 높이고 도를 진전시키는 실질적인 바탕으로 삼는다면, 저 수천수백 마리의 모기 떼 같은 자들은 그저 두 집사를 고명하고 광대하게 만드는 자양분이 될 뿐일 것입니다. 깊이 아껴 주는 은혜에 감사한 나머지 나도 모르게 속에 있는 말을 다 쏟아 내었으니, 실로 지극히 송구스럽습니다.

40 변명하지……격언 : 하분은 수(隋)나라 경학가인 왕통(王通)의 거주지이다. 어떤 사람이 왕통에게 비방을 종식시키는 방법을 묻자 왕통이 대답하기를 "자신을 수양하는 것만 한 것이 없다."라고 하였다. 더 말해 달라고 하자 "변명하지 않는 것이다."라고 하였다. 《明文海 卷199 憂讒答郭慶守》

김구지에게 답함 신해년(1671, 현종12) 10월 19일
答金久之 辛亥十月十九日

안부 편지를 보내 주니, 감사하는 마음 이길 수 없습니다. 실낱같은 숨을 지금까지 이어 오고 있는 것은 모두 성상께서 보내 주신 의원과 약물의 효험 덕분이니, 성상의 두터운 그 은덕에 대해 수만 번 죽는다 한들 어찌 보답할 수 있겠습니까. 언제나 스스로 감격의 눈물을 흘릴 뿐입니다.

국사가 이 지경에 이른 것만도 이미 늘 두려운데, 겨울 우레가 연거푸 발생함으로써 내년의 걱정을 더하게 될 줄은 어찌 생각이나 했겠습니까. 밤낮 고생하고 있는 제현을 멀리서 생각하노라니 더욱 두려움에 휩싸입니다.

일전에 도원(道源)이 도리어 더럽힌 것은 그 죄가 크다는 것을 너무도 잘 알고 있습니다.

물어 온 '동기(童羈)'란 말은 한유(韓愈)의 글에서 나온 것이니, 대개 "어린 나이에 객지 생활을 한다."라는 뜻입니다. 당시의 졸문(拙文)을 끝내 기억해 주는 은혜를 입으니, 심히 외람되매 부끄럽고 송구합니다.

김구지에게 답함 임자년(1672, 현종13) 8월 3일

答金久之 壬子八月三日

근심하고 걱정하던 여가에 이렇게 안부 편지를 보내 주니, 정말 깊이 감사드립니다.

근래의 일[41]이 점점 더 커지고 있는 실정인데, 만약 집사께서 차분하게 인도하여 성상의 마음을 깨우치지 않는다면 더 이상 어찌해 볼 가망이 없을 것입니다. 기억하건대 옛날 선조(宣祖) 연간에는 율곡(栗谷)에게 말이 미치면 일체 통렬히 그것을 끊어 내었고 그 뒤에 이산해(李山海)에게도 그렇게 하여 흥망의 기미가 판가름이 났었습니다. 오늘날 그 누가 그 사람[42]이 율곡이 아님을 판별하겠습니까. 비록 혹 그것을 판별한다 하더라도 성상께서는 끝내 아첨을 잘하여 자신의 사적인 것에 해를 입히지 않는 사람을 선호하시니, 비록 한 사람을 제거하더라도 그 뒤를 이어 나타날 자는 끝이 없을 것입니다. 그러므로 임금을 보필하는 도리는 임금 마음의 그른 점을 바로잡는 일보다 시급한 것이 없는

41 근래의 일 : 영의정 허적(許積)에 대한 서인들의 비판으로 촉발된 조정의 갈등 상황을 가리킨다. 1671년 12월 5일에 헌납 윤경교(尹敬教)가 상소하여, 유현(儒賢)인 송시열의 건의는 받아들이지 않고 백성에게 해가 되는 영의정 허적의 말만 따라 주면서 날로 국사를 망치고 있다고 아뢰자, 현종이 진노하여 윤경교를 체직시켰다. 이후 송준길(宋浚吉), 이상(李翔) 등 서인들이 잇달아 상소하여 윤경교를 옹호하고 허적을 재차 비판하였으며, 오정창(吳挺昌)을 비롯한 남인들은 그에 맞서 허적을 변호하였다. 이 일로 윤경교는 극변에 안치되고 허적은 영의정에서 물러나 김수항이 그 자리를 대신하였다. 《宋子大全 附錄 卷6 年譜》

42 그 사람 : 허적을 가리킨다. 《宋子大全隨箚 卷6》

것입니다. 이 말이 비록 오활한 것처럼 보여도 가장 빨리 효과를 얻는 길입니다. 지금 그러한 책임을 맡은 자가 어찌 다른 사람이겠습니까. 만약 그것이 불가능하다면 서둘러 그 자리에서 물러나는 것보다 좋은 방책은 없을 듯합니다. 나를 깊이 허여해 주는 은혜에 감사한 나머지 이렇게까지 속마음을 다 털어놓았으니 송구하고 송구합니다.

○ 근래 순창(淳昌)의 일[43] 같은 경우는 비록 사소하지만 마음의 본원(本源)이 병든 부분은 확인해 볼 수 있습니다. 이 병통이 상존한다면 비록 공자(孔子)와 맹자(孟子)께서 날마다 곁에서 모신다 하더라도 끝내 어쩔 도리가 없을 것이니, 어떡하면 좋겠습니까.

43 순창(淳昌)의 일 : 《현종실록》 13년 윤7월 1일 기사를 보면, 사간 조원기(趙遠期)가 순창군(淳昌郡)의 주인 없는 땅을 궁가(宮家)가 점유한 일을 고발하면서 그 땅을 백성에게 돌려주기를 청하였으나 현종은 따르지 않았는데, 이 일을 가리키는 것으로 보인다.

김구지에게 답함 계축년(1673, 현종14) 1월 25일
答金久之 癸丑正月二十五日

지난 12월 26일에 보낸 편지가 오늘 호남(湖南)에서부터 이르렀으니, 받은 것은 비록 늦었지만 감사하는 마음은 끝이 없습니다.

동춘(同春 송준길(宋浚吉))이 결국 고인이 되었는데, 그에게 어찌 좋은 일이 아니겠습니까마는 아직 살아 있는 나는 어떤 심정이겠습니까. 회옹(晦翁)의 당시 일을 가지고 해 준 말씀[44]은 비록 감히 받들 수 없지만 "병통을 누가 규계해 주며 과오를 누가 바로잡아 주겠는가."라는 슬픔은 실로 스스로 견딜 수 없는 점이 있습니다.

성상의 체후가 평안하다고 하니, 이는 그저 종묘가 묵묵히 보우해 준 결과일 뿐만이 아닙니다. 또한 어찌 집사께서 보살피고 지켜 주신 공이 아니겠습니까. 그러나 이 위의 차원에는 참으로 헤아려 볼 만한 부분이 있습니다. 율곡 선생께서 일찍이 석담(石潭)에서 소명에 응해 나아갈 때 말씀하기를 "성상께서 큰 병환을 앓으신 뒤로 선(善)의 단서가 필시 싹텄을 것으로 생각한다."라고 하였으니, 이 말씀을 가지고 인도하는 일이 어찌 오늘날 집사의 책임이 아니겠습니까. 임금의 마음이란 대번에 바로잡을 수 없다는 것은 참으로 보내온 편지에서 인용한 말씀대로입니다만, 회옹께서는 반드시 "급급하게 하면서 감히 게을리 하지 말라."라는 말을 "천천히 하면서 빨리하려고 하지 말라."라는 말과

44 회옹(晦翁)의……말씀 : 주희가 여조겸(呂祖謙)의 제문에서 한 말을 가지고 절친한 벗인 송준길을 잃은 송시열의 슬픔을 달랜 것을 가리킨다. 《宋子大全隨箚 卷6》

짝을 지어 함께 말씀하셨으니, 정히 어느 한쪽 설만 치우치게 주장하면 안 되는 것입니다.

지난 편지에서 망녕되게 인퇴(引退) 운운한 것은, 바로 대신의 주장이 받아들여지지 못하는데도 물러나지 않는다면 주상께서 반드시 '이 무리는 가히 소나 말처럼 잡아매어 두고 종처럼 간주하며 돼지한테 하듯 꾸짖어 마음대로 부릴 만하다.'라고 여기실 것이라는 의미로 말한 것입니다. 이와 같다면 임금의 도가 날로 높아져서 더욱 아무도 감히 건들지 못할 터인바, 어찌 매우 두렵지 않겠습니까. 이 의리는 오직 집사만 살펴봐야 할 문제가 아니라 새로 임명된 재상[45]도 특히 알지 않으면 안 될 것인데, 다만 그 재상께서 장차 어떻게 하실지 모르겠습니다.

나는 지난 12월 큰 병을 앓을 때 필시 죽을 것이라고 스스로 여겼습니다. 지금 비록 조금 차도가 있긴 하지만 여전히 죽음의 문턱에서 완전히 벗어난 것은 아니라 하루아침에 눈을 감을 것이니, 동춘이 꼭 심히 부럽지는 않습니다.

세 가지 진귀한 선물은 잘 받아서 궁벽한 골짜기에 두었으니, 비록 여기와 어울리지는 않으나 애완하는 것은 끝이 없습니다.

영민하다는 말씀은 과거를 보는 자식을 위하여 특히나 기뻐하는 바입니다.

나머지 할 말은 병석에 누워 남의 손을 빌려 적느라 초솔하니, 황공하고 황공합니다.

45 새로 임명된 재상 : 김수흥(金壽興)이다. 《宋子大全隨箚 卷6》

김구지에게 답함 계축년(1673, 현종14) 9월 9일
答金久之 癸丑九月九日

먼 지방에서 온 신하는 돌아가고 임금의 측근에 있는 신하는 쫓겨나서[46] 근심으로 객지에 머물러 있는 동안 그리운 마음만 공연히 간절하였습니다. 그러다 홀연히 손수 써 준 편지를 받았는데 몹시도 따뜻한 말씀으로 위로해 주니, 기쁘고 감격스러운 나의 마음을 이루 말로 다 표현할 수 없습니다. 다만 지난번 왕명에 따른 일[47]로 인하여 스스로 갇혀 있다가 얼마 뒤 머물러 있기 어려운 처지가 되어 곧바로 서쪽으로 선영에 있는 암자에 나아가고, 또 자리를 옮겨 동쪽으로 가서 선릉(先陵)에 가까이 머물면서 능묘를 바라보니 슬픔과 그리움이 더욱 심하였습니다. 이렇게 대개 10여 일 동안 한 번도 한가한 틈이 없어서 보내 준 안부 편지에 여태껏 답장을 하지 못하였으니, 이내 가슴에 서운함이 맺혀 참으로 음식이 목에 걸린 것 같은 정도입니다.

서리가 내리는 추위에 기거는 평안합니까? 죄명이 내린 뒤로 두려운

46 먼……쫓겨나서 : 1673년 5월 종실인 영림부령(靈林副令) 이익수(李翼秀)가 상소하여, 영릉(寧陵)의 석물(石物)에 틈이 생겨서 빗물이 스며들 염려가 있고 봉분의 제도도 매우 소루하기에 천릉(遷陵)이나 개봉(改封)이 필요하다고 주장하였는데, 이 과정에서 영릉을 조성하는 데 주된 역할을 하였던 송시열에게 책임 추궁이 집중되었다. 이때 효종의 천릉지문(遷陵誌文)을 짓기 위해 한양으로 온 송시열은 일을 마친 뒤 도성을 나갔고, 김수항은 영릉을 제대로 살피지 못했다며 탄핵당하고 삭탈관직이 되어 반계(盤溪)에 우거하고 있는 상황이었다. 《宋子大全隨箚 卷6》《顯宗實錄 14年 4月 11日, 5月 1日》

47 왕명에 따른 일 : 효종의 천릉지문을 지은 일을 가리킨다. 《宋子大全隨箚 卷6》

마음이 비록 깊겠으나 교외에 거처하고 있는 곳이 맑게 탁 트여 있으매 처지는 험악하나 마음만은 형통할 것이니, 친구의 마음으로 충분히 기쁜 점이 있습니다.

나는 상황상 장차 공손히 엎드린 채로 머뭇거리면서 신릉(新陵)의 복토(復土)가 이루어질 때를 기다린 뒤 강을 거슬러 올라가 고향에 돌아갈 작정입니다. 집사께서는 필시 도중에서 남은 슬픔을 사사로이 펼 것이니, 혹 만나 정담을 나눌 기회가 있겠습니까? 생각건대 나의 처지는 더 이상 서울에 -원문 결락- 아니니, 맑은 기품을 지닌 집사와 영원히 멀어지매 슬픈 감정을 견딜 수 없습니다. 기억건대 옛날 신로(愼老 김집(金集))께서 고향으로 돌아가실 때 노선생(김상헌)께서는 극히 아쉬워한 나머지 주위의 부축을 받고 문밖으로 나와 전송하기까지 하셨는데, 그로부터 20여 년이 지난 이후 그날의 일이 홀연 우리 곁에 놓이게 될 줄 어찌 생각이나 했겠습니까. 옛날과 지금을 생각하자니 한번 눈물이 흐릅니다.

김구지에게 보냄 갑인년(1674, 현종15) 4월 2일

與金久之 甲寅四月二日

오(吳)의 일[48]이 과연 뒤의 주장처럼 된다면 본조(本朝)의 거취에 대한 계책을 비록 일찌감치 결정해야겠지만, 포은(圃隱)의 뜻[49] 역시도 대번에 펼치기 난감합니다. 다만 문을 닫아걸고 스스로를 굳게 지키면서 어떻게 결정될지 지켜봐야 할 것인데, 이 또한 쉬이 판별할 수 없는 일입니다. 그러나 어찌 끝내 눈 속에서 얼어 죽은 채 남에게 큰 대접의 수제비를 넘겨줄 수 있겠습니까.[50] 강호에서 부질없는 걱정을 하는 구구한 심정을 이길 수 없습니다.

48 오(吳)의 일 : 오삼계(吳三桂)의 난을 두고 하는 말이다. 오삼계는 본래 명(明)나라의 무장으로, 산해관(山海關)의 진장(鎭將)으로서 청나라 군대를 방어하다가 이자성(李自成)이 이끄는 반란군의 공격으로 북경이 함락되자 산해관을 열고 청나라에 투항한 인물이다. 이후 청나라의 중원 정벌에 협력한 공으로 운남(雲南)을 봉지로 평서친왕(平西親王)에 봉해져 광동(廣東)의 상가희(尙可喜), 복주(福州)의 경정충(耿精忠)과 함께 삼번(三藩)으로 불리면서 변방에서 막강한 영향력을 행사하다가, 1673년 강희제(康熙帝)로부터 삼번을 철폐하라는 명이 내려지자 상가희, 경정충과 함께 반란을 일으켰다. 1674년 3월 2일 사은사(謝恩使)로 청나라에 갔던 김수항(金壽恒)이 이러한 사실을 장계하였다. 《淸史稿 吳三桂列傳》《顯宗實錄 15年 3月 2日》

49 포은(圃隱)의 뜻 : 포은은 정몽주(鄭夢周, 1337~1392)의 호이다. 정몽주는 원나라를 배척하고 명나라에 귀의하였으니, 곧 청나라를 배척하는 뜻을 가리킨다. 《宋子大全隨箚 卷6》

50 어찌……있겠습니까 : 성의를 축적하고 때가 오기를 기다려 의견을 표명하고자 한다면 끝내 적절한 시기를 놓쳐 결국 스스로는 파멸을 맞이하고, 그 후에는 공연히 다른 사람만 호시절의 영광을 볼 뿐이라는 말이다.

김구지에게 답함 갑인년(1674, 현종15) 6월 12일
答金久之 甲寅六月十二日

일찍이 용문산(龍門山)에 있을 때 손수 써 준 편지를 받았는데 기쁘고 후련한 마음은 이루 다 표현할 수 없을 정도였습니다. 그러나 그때 바쁜 사정으로 말미암아 답장을 보낼 겨를이 없었기에 단지 스스로 두려운 마음만 가질 뿐이었습니다. 현재의 무더운 날씨에 삼가 한가롭게 지내는 기거가 평안하여 날마다 남들은 알 수 없는 뛰어난 흥취가 있으리라 생각하니, 지극히 부럽고 그리운 마음을 견딜 수 없습니다.

나는 일전에 죽음을 무릅쓰고 길을 나섰는데, 법도와 의리가 정연하여 감히 널길에 가까이 다가설 수 없었기에 끝내 집사께 한번 인사드리지 못하였으니, 극히 서글프고 한탄스럽습니다.

둘째 아드님[51]이 며칠 동안 나와 함께 지내면서 다행히 학문을 강마하는 보탬이 있는데, 정작 스스로 보기에도 마음에 차지 않아 거의 〈귤송(橘頌)〉을 짓게 될 판입니다.[52] 다만 오늘날은 깊은 시름이 하늘에까지 사무친 상황인데, 중씨(仲氏) 집사께서 때마침 온갖 책임이 한 몸에 모인 처지가 되었으니,[53] 비록 믿음직하여 두렵지 않지만 깊은

51 둘째 아드님 : 김수항의 둘째 아들인 김창협(金昌協, 1651~1708)이다.

52 거의……판입니다 : 김창협이 비록 어린 나이이지만 스승으로 삼을 만한 인물이란 말이다. 〈귤송〉은 초나라 굴원(屈原)이 지은 《구장(九章)》 가운데 제8편으로, "나이는 비록 적지만 스승으로 삼을 만하네."라는 구절이 있다.

53 중씨(仲氏)……되었으니 : 김수항의 둘째 형인 김수흥(金壽興)이 영의정의 직임을 맡은 것을 가리킨다.

불안과 염려 또한 이길 수 없습니다. 나머지 할 말은 오직 몸을 보중함으로써 세도(世道)의 중한 존재가 되기를 바란다는 것뿐입니다. 할 말을 일일이 다 적지 못합니다.

김구지에게 답함 갑인년(1674, 현종15) 7월 29일

答金久之 甲寅七月二十九日

사흘 전에야 비로소 6월 29일에 보내 준 편지를 받았는데 마치 집사의 얼굴을 뵙는 것 같은 기분이 들었으니, 그리워하고 감사하는 마음을 말로 다 표현할 수 없습니다. 현재 교외에 머무는 동안 대감의 기거는 더욱 평안합니까? 그리운 마음 날마다 더욱 간절하고 지극합니다.

나는 함부로 대례(大禮)를 논하다가 남들에게 허점을 보여 요즘의 일을 초래하고 말았으니, 비록 머리털을 다 뽑아 그 수만큼 죄를 뉘우친다 하더라도 조금도 속죄할 수 없습니다. 이에 의리상 혼자만 집에서 편안히 있을 수 없어 죽음을 무릅쓰고 길을 나섰는데, 도중에 병이 나는 바람에 곧장 성 밖에서 머리를 조아리고 사죄할 수 없게 되었으니 더욱 황공합니다.

삼가 동교(東郊)에서의 생활은 어떠합니까? 삼가 태연히 아무런 부끄러움 없이 지내다가 생로병사의 이치 속에서 저승의 부절이 이르면 곧바로 떠나리라고 생각합니다. 삼가 듣건대 집사께서 다시 정승의 자리에 들어갔다고 하는데, 그 형에게는 죄주고 죄를 함께하는 아우에게는 직임을 맡기니,[54] 집사께서 더욱 편안할 수 없으실 것임을 실로

54 그……맡기니 : 1674년 7월 효종의 비인 인선왕후(仁宣王后)의 상에 효종의 모후인 자의대비(慈懿大妃)가 어떤 복을 입을 것인지를 두고 남인과 서인 간에 벌어진 논쟁에서 서인이 패배하여 김수항의 형인 영의정 김수흥은 춘천(春川)에 부처(付處)되었으나 정작 김수항은 좌의정에 임명되었다. 《顯宗實錄 15年 7月 14日, 16日, 21日, 26日》

잘 알겠습니다. 장차 어떻게 할 것인지요? 물을 길이 없어 공연히 답답함만 더합니다. 음산한 흙비가 걷히지 않고 있으니, 삼가 시대를 위하여 몸을 보중함으로써 사림의 여망(輿望)을 위로하기를 바랍니다.

김구지에게 답함 갑인년(1674, 현종15) 8월 9일

答金久之 甲寅八月九日

보내 준 편지에서 한 말씀을 다 읽어 보니 마치 직접 보고 말씀을 듣는 것 같은 기분인지라 기쁘고 후련한 마음을 견딜 수 없습니다.

요즈음 밤중에 조용히 생각해 보기를 '돼지처럼 보고 노비처럼 꾸짖었던 일에 대해서 주자(朱子)께서는 한밤중에 눈물을 흘리기까지 하셨으나,[55] 이 어찌 오직 군상(君上)의 잘못일 뿐이겠는가. 신자(臣子)가 실로 스스로 초래한 일인 것이다.'라고 하였는데, 이번에 삼가 집사께서 생각하시는 바를 살펴보니 나도 모르게 시원하게 마음이 깨어남을 느꼈습니다. 이로 인하여 삼가 뒤미처 생각해 보건대 문정(文正 김상헌(金尙憲)) 노선생께서 병자년(1636, 인조14)에 물러나셨을 때 만일 남한산성의 난리가 없었다면 분명히 분수령(分水嶺)을 한 걸음도 지나지 않으셨을 것입니다.[56] 참람한 말이 이에 이르니, 황공하고 황공합니다.

55 돼지처럼……하셨으나 : 1167년 송 효종(宋孝宗)이 천변(天變)의 발생으로 인하여 재상을 파직한다는 조서를 내렸는데, 주희가 당시 한림학사 지제고(翰林學士知制誥)로 있던 유공(劉珙)에게 보낸 편지에 "삼가 11월 5일 임금이 내린 조서를 읽어 보니, 대신을 노비처럼 꾸짖고 신하들을 돼지처럼 본 것이 너무 심하였습니다. …… 장사(長沙)에 있을 때 근간의 조서를 보지 못하였으나 이미 우려를 금치 못하여 날마다 흠부(欽夫)와 이에 대해 이야기하며 거의 눈물이 흐르는 지경에 이르렀습니다."라고 하였다. 《晦庵集 別集 卷1 劉共甫》

56 분수령(分水嶺)을……것입니다 : 끝내 관직에 나아가지 않았을 것이라는 말이다. 분수령은 양자강 남쪽의 임안(臨安)으로 갈 때 거치는 고개인데, 《회암집》 속집 권3 〈답유회백(答劉晦伯)〉에 "다만 힘써 사양할 뿐이니 죄를 얻더라도 어찌할 수 없습니다.

나는 가는 곳마다 면전에 한 움큼의 황토가 펼쳐져 있어서 이미 한가하게 상량해 볼 수 없습니다.

○ 둘째 아드님과 함께 주자의 글 여러 판을 읽고 이어 담제옹(啖薺翁)[57]의 율수(律數)에 대해 논하니, 실로 만년의 즐거운 일입니다.

다만 이 두 다리가 분수령을 한 걸음도 지나지 못할 뿐입니다."라고 한 데서 유래한 표현이다.

57 담제옹(啖薺翁) : 남송(南宋)의 학자 채원정(蔡元定)으로, 자는 계통(季通), 호는 서산(西山), 시호는 문절(文節)이고, 복건성(福建省) 건양(建陽) 사람이다. 악률(樂律)에 조예가 깊어, 12율에 6개의 변률(變律)을 첨가해서 18악률을 개발하였다. 저서로는《황극경세지요(皇極經世指要)》,《율려신서(律呂新書)》,《연악원변(燕樂原辨)》 등이 있다.

김구지에게 답함 갑인년(1674, 숙종 즉위년) 8월

答金久之 甲寅八月

편지를 읽고 눈물이 흘러 무슨 말을 해야 할지 모르겠습니다. 하문한 뜻을 통해서 겸손의 덕이 빛남을 우러러 알겠습니다. 삼가 생각건대 집사께서는 본디부터 천신(賤臣)과는 몹시도 다릅니다. 대행 성고(大行聖考)께서 이미 집사를 불러 정성스럽고 두터이 타이르셨으니, 어찌 또 혐의를 갖고 피할 의리가 있겠습니까. 천신은 또한 중씨(仲氏) 대감과도 같지 않으니, 죄가 이미 감처되거나 아직 감처되지 않은 차이에다 또 편안하거나 편안하지 않은 현격한 차이가 있습니다.

나는 한질이 발작하여 바야흐로 묶어 놓은 섶 같은 신세입니다. 처음에는 오늘 강을 건너 내일 성복(成服)함으로써 하읍(下邑)에 내려온 공문의 내용에 부응하려고 하였는데, 이제는 몸을 일으킬 방법이 없으니 형편상 모름지기 병세가 가라앉기를 기다려야 하겠습니다.

김구지에게 답함 갑인년(1674, 숙종 즉위년) 9월 4일
答金久之 甲寅九月四日

병으로 엎드려 신음하고 아파하는 와중에 삼가 정성스럽고 간절한 말씀이 담긴 편지를 받으니, 지극한 뜻인 줄 우러러 알면서 깊은 근심이 듭니다.

사성(嗣聖)께서 그동안 은혜로운 유지(諭旨)를 내리셨으니, 어찌 감격하면서 받들어 부응할 줄 모르겠습니까. 다만 복제(服制)에 관한 죄안(罪案)이 본디 이 몸에서부터 시작하여 조정의 신하들에게까지 광범위하게 미쳤습니다. 그리하여 현재 영상(領相)은 중도부처(中途付處)되어 있고 간신(諫臣)은 유배형에 처해졌으며 감옥은 가득 차서 사태가 끝날 기약이 없습니다. 이러한 시기에 경솔히 조정에 나아간다면, 그 어찌 체면을 크게 손상함으로써 처음 행하는 정사에 누가 되는 일이 아니겠습니까. 또 정리(情理)로 말해 보건대 선왕께서 승하하신 날이 얼마나 지났다고 잠깐 고개 돌리는 사이에 스스로의 처신을 곧장 다르게 한다면, 그 어찌 신자로서 차마 할 수 있는 일이겠습니까. 이러한 이유로 누차 융숭한 유지를 어겼으니, 그저 황공함만 더할 뿐입니다.

편지에서 권도(權道)를 따르라는 청을 이미 윤허하셨다고 하니, 기쁘고 다행한 심정 어찌 끝이 있겠습니까. "죽은 사람을 보내고 산 사람을 섬긴다."라는 의리에 대해서는 오직 집사를 우러르고 의지할 뿐입니다.

나는 한열(寒熱)의 증상이 날마다 심해지니, 그저 죽을 날만 기다리고 있습니다. 병상에 엎드려 남의 손을 빌려 적느라 엉성하니 황송합니다. 하고 싶은 말을 일일이 다 적지 못합니다.

김구지에게 답함 갑인년(1674, 숙종 즉위년) 9월 17일
答金久之 甲寅九月十七日

그저 조보(朝報)에만 기대어 멀리서 집사의 음성과 모습을 접할 뿐이었는데, 이번에 손수 쓴 편지를 받게 되니, 기뻐하고 감사하는 마음 한량이 없습니다.

산속에 있은 뒤로부터 병이 그칠 때가 없었지만, 정자(程子)의 서감(西監)의 의리[58]가 내 마음에 깊은 깨우침을 준 데다 또 엄한 소명이 누차 내렸기에 부득불 죽음을 무릅쓰고 길에 오를 수밖에 없었습니다. 그런데 병의 발작에 내몰린 나머지 겨우 강 입구에 이르렀고, 또한 감옥에 갇힌 여러 사람이 아직도 나오지 못하였기에 구애되는 점이 있습니다. 그러나 끝내는 나아가야 할 뿐입니다. 다만 병세가 날로 심해지니 걱정스럽고 괴로운 심정을 말로 표현할 수 없습니다. 나머지 할 말은 병을 무릅쓰면서 겨우 편지를 쓰느라 일일이 다 적지 못합니다.

58 정자(程子)의 서감(西監)의 의리 : 서감은 서경 국자감 교수(西京國子監教授)의 약칭이다. 북송의 정이(程頤)가 송나라 휘종(徽宗)이 즉위한 1100년에 귀양지인 부주(涪州)로부터 풀려나 곧바로 서경 국자감의 관직에 취임하자 정이의 문인인 화정(和靖) 윤돈(尹焞)이 나아가지 않을 자리에 나아갔다고 스승을 의심하였는데, 이에 정이는 "주상이 즉위하여 맨 먼저 큰 은혜를 입었으니, 이렇게 하지 않으면 무엇으로 덕의(德義)를 우러러 받들겠는가."라고 하였다. 《二程全書 卷50 伊川年譜》 이때는 숙종이 막 즉위한 시기이므로 정이가 국자감 교수로 나아간 의리를 취한 것이다.

김구지에게 답함 갑인년(1674, 숙종 즉위년) 9월 25일

答金久之 甲寅九月二十五日

답장을 삼가 다 읽어 보았습니다. 말씀한 뜻은 정말 그러하고 정말 그러합니다. "너희의 의론이 정해질 때에 우리는 이미 하수를 건넜을 것이다."라는 상황[59]을 어떡하면 좋겠습니까. 포부를 거두어 마음에 감추고서 물러나 강 밖에 이르렀는데, 신선 같은 집사의 의표를 멀리서 바라보매 침울한 감정이 들 뿐만이 아닙니다.

일찍이 초공(草公 이유태(李惟泰))과 동숙할 때 초공이 나에게 머물면서 성상의 계책을 도우라고 권면하였는데, 그때 그 말이 몹시도 일리가 있었습니다. 초공의 처지는 나처럼 심한 지경까지는 이르지 않았고 그 의사가 이와 같으니, 부디 그분을 모셔 와서 머물러 있게 하는 것이 어떻겠습니까? 하고 싶은 말을 만분의 일도 하지 못합니다.

59 너희의……상황 : 논의가 일치되지 않은 상황을 가리킨다. 송나라 흠종(欽宗) 정강(靖康) 원년(1126) 1월에 금(金)나라의 알리불(斡離不)이 수도 개봉(開封)을 공격하였는데, 이때 충사도(种師道)와 이강(李綱)은 전쟁을 주장하고, 이방언(李邦彦)과 오민(吳敏)은 화의(和議)를 주장하여 논의가 일치되지 않았다. 이를 보고 금나라가 "너희의 의론이 정해질 때에 우리는 이미 하수를 건넜을 것이다."라고 하며 송나라를 조롱하였다.《古今歷代標題註釋十九史略通攷 卷6 宋 欽宗 靖康元年》

김구지에게 보냄 갑인년(1674, 숙종 즉위년) 11월 22일
與金久之 甲寅十一月二十二日

이러한 때에 기거가 어떠한지 또한 감히 묻지 못하고 다만 길을 잃고 헤매는 처지에 대해 가르침을 청합니다. 흠위(廞衛)[60] 때 교외의 곡반(哭班)에 감히 나아갈 수 없다는 주장과 감히 나아가지 않을 수 없다는 주장이 서로 엇갈립니다. 또 감히 대죄하지 않을 수 없는데 대죄를 궐 아래나 의금부에서 해야 한다는 것이 하나의 주장이며, 곽(郭)의 소장에서 이미 근기(近畿) 지역에서 노니는 것을 비판하였으니[61] 다만 본 고을로 나아가야 한다는 것이 또 하나의 주장입니다. 또 한 후생이 말하기를 "채서산(蔡西山)이 유배 갈 적에 심계조(沈繼祖)가 주 선생(朱先生)을 극도로 비판하였으나 선생은 또한 대죄하신 적이 없으니, 이 어찌 오늘날 본받아야 할 일이 아니겠는가."라고 하였습니다. 무릇 이 몇 가지 사항에 대해 어떻게 해야 마땅한지를[62] 부디 헤아려 보고 가르침을 주기를 지극히 바라고 바랍니다.

○ 경원당화(慶元黨禍)[63]가 일어났을 때 주 선생께서 말씀하기를 "사

60 흠위(廞衛) : 국상의 장례 행렬에 쓰던 여러 가지 도구이다. 여기서는 현종의 장례 행렬을 말한다.

61 곽(郭)의……비판하였으니 : 1674년 9월 25일 진주(晉州) 유생 곽세건(郭世楗)이 소장을 올려, 송시열에게 현종의 지문(誌文)을 짓게 해서는 안 된다고 하면서 송시열이 경기 지역에서 노닐고 있다고 비판하였다. 《宋子大全隨箚 卷6》

62 어떻게 해야 마땅한지를 : 두주에는 '其宜上下恐脫'로 되어 있다.

63 경원당화(慶元黨禍) : 송 영종(宋寧宗) 경원(慶元) 연간에 한탁주(韓侂胄) 등이

람들이 당화가 일어난 것을 두려워하지만 지금 정히 아무것도 할 수 없음이 이와 같다."라고 하였는데, 이는 대개 당시 여러 사람이 모두 이해(利害)에 관해 두려워하는 마음을 가진 것을 개탄하신 것입니다. 또 말씀하기를 "사람들이 나에게 화를 피하라고 권하는 것은 물론 나를 아끼는 마음에서 나온 것이지만, 만일 내가 만 길 높이의 절벽같이 설 수 있다면 어찌 우리 도를 밝히는 데 도움이 되지 않겠는가."라고 하였습니다. 오늘날 이러한 말씀을 가지고 집사께 기대하지 않을 수 없습니다.

주희의 학문을 위학(僞學)으로 규정하고 그 일파들을 탄압한 일을 가리킨다.《朱子年譜 卷4》

김구지에게 답함 갑인년(1674, 숙종 즉위년) 12월 4일
答金久之 甲寅十二月四日

지난번 보낸 편지에 해 준 말씀이 간절하고도 상세하였으니, 가슴 깊이 새기는 고마움 한량이 없습니다. 생각건대 옛날 파옹(坡翁)께서는 그 이름이 천부(天府)에 기록되었는데도[64] 오히려 죄인으로 자처하여 국난에 나아가지 않으셨으니, 그 당시 죄명이 '당간(黨姦)'일 뿐인데도 오히려 그와 같이 하셨습니다. 하물며 지금 죄를 지은 것이 어떠하며 또 어떠한 글에 이름이 적혀 있습니까.[65] 이러한 이유로 다만 11일과 13일에 거적을 깐 자리에서 북편을 바라보며 통곡하기만 할 것입니다

집사께서는 언제 의원을 찾아갈 것입니까? 심 청양(沈靑陽)[66]이 일찍이 말하기를 "요즘 무리는 나를 비록 젖은 땔나무를 묶듯 엄하게 단속하지만 만약 화숙(和叔)[67] 등 여러 사람을 머물러 두어 함께 일을

64 옛날……기록되었는데도 : 파옹은 성혼(成渾)이다. 1585년(선조18) 9월에 성혼이 양사의 탄핵을 받아 자책하는 상소에서 "삼가 들으니, 대간들이 신이 심의겸(沈義謙)과 서로 결탁했다고 논하고 신을 그의 당여(黨與)에 나열하여 이름을 천부에 썼다 합니다."라고 하였는데, 이는 1585년 9월 2일 선조가 심의겸의 파직 전교를 내리면서, 이이와 성혼이 심의겸과 당을 만들었다는 내용으로 방문(榜文)을 써서 보이라고 명한 것을 가리킨다. 《牛溪集 年譜 卷1》《宋子大全隨箚 卷6》

65 어떠한……있습니까 : 〈현종대왕숭릉지문(顯宗大王崇陵誌文)〉에 기해복제(己亥服制)에 관한 내용이 실려 있는데, 거기에 송시열이 예를 잘못 정한 것으로 기재되어 있기 때문에 이렇게 말한 것이다. 《宋子大全隨箚 卷6》

66 심 청양(沈靑陽) : 심의겸(1535~1587)으로, 청양은 그의 봉호이다.

67 화숙(和叔) : 박순(朴淳, 1523~1589)의 자이다.

할 수 있다면 나는 유감이 없을 것이다."라고 하였습니다. 이 말을 일찍이 옛 책에서 본 적이 있는데 오늘날 그 말이 의미가 있음을 더욱 알게 될 줄은 생각지 못하였습니다. 다만 하찮은 일개 젊은 놈이 집사를 이렇게까지 심하게 욕보였으니,[68] 비록 저들일지라도 체통을 무너뜨리는 일을 역시 어찌 능히 한단 말입니까.

나는 현재 호남 경계의 끝자락에 와서 한 작은 절에 투숙하고는 가족이 단란하게 모여 조만간 고개를 지날 계획을 하고 있으니, 원성(元城)이 말한 "죽기가 어렵지 않다."라는 것[69]이 바로 이런 경우입니다. 마침 확실한 인편을 만나 대략 이렇게만 말합니다. 이후로는 다시는 이와 같이 할 수 없을 것임을 알고 있습니다. 하고 싶은 말을 일일이 다 적지 못합니다.

68 하찮은……욕보였으니 : 1674년 11월 20일 장령(掌令) 남천한(南天漢)이 상소하여, 민신(閔愼)이 광증을 앓고 있는 부친 민세익(閔世益)을 대신하여 조부의 승중복(承重服)을 입었던 사건에 대해 박세채(朴世采)가 논한 복제가 잘못이라고 비판하였는데, 이때 김수항에게도 비판을 가한 것을 가리킨다.《宋子大全隨箚 卷6》《肅宗實錄 卽位年 11月 20日》

69 원성(元城)이……것 : 원성은 북송(北宋)의 직신(直臣) 유안세(劉安世)를 가리킨다. 유안세가 일찍이 간의대부(諫議大夫)로서 간신(奸臣)인 장돈(章惇) 등을 탄핵하였는데, 뒤에 장돈, 채경(蔡京) 등이 다시 득세하자 유안세를 영주(英州)로 귀양 보냈다가 다시 매주(梅州)로 옮겨 놓고는 한 토호(土豪)를 시켜 유안세를 죽이게 하였다. 이에 매주의 태수(太守)가 그것을 알아차리고 유안세에게 피신할 것을 권유하였으나, 유안세는 조금도 동요하지 않고 "죽기가 어렵지 않다."라고까지 말하며 태연자약하였는데, 결국 그 토호가 유안세가 있는 곳을 20리쯤 남겨 둔 채 피를 토하고 죽음으로써 끝내 유안세는 화를 면하였다.《宋史 劉安世列傳》

김구지에게 답함 을묘년(1675, 숙종1) 1월 19일

答金久之 乙卯正月十九日

회옹(晦翁)께서 이천(伊川)의 《역전(易傳)》에 대해 말씀하기를 "부주(涪州)에서의 기력을 얻은 것이다."라고 하셨는데,[70] 애석하게도 나는 용렬한 데다 너무 늙고 병들어 헛되이 이 걸음을 하게 되었으니, 이 점이 개탄스럽습니다.

보내 준 편지를 삼가 다 읽어 보았습니다. 때때로 북쪽으로 가는 인편을 통하여 편지를 보내 주기 바랍니다. 하고 싶은 말을 일일이 다 적지 못합니다.

70 회옹(晦翁)께서……하셨는데 : 이천은 북송의 학자 정이(程頤)의 호이다. 정이는 1097년에 부주로 귀양을 가 《주역》 연구에 몰두하였는데, 그러한 바탕으로 《역전》을 저술하였다. 후일 지남강군사(知南康軍事)로 부임한 주희는 공무로 학문에 침잠할 수 없는 사정을 고민하면서 "이에 이천 선생이 《역전》을 지을 수 있었던 것은 부주로 한 번 귀양 갔던 기력을 얻은 것임을 알겠다."라고 하였다. 이때 송시열이 갑인예송(甲寅禮訟)으로 인하여 덕원(德源)으로 유배되었기에 이 고사를 거론한 것이다. 《晦庵集 別集 卷6 林擇之》《宋子大全 附錄 卷6 年譜》

김구지에게 답함 을묘년(1675, 숙종1) 3월 7일
答金久之 乙卯三月七日

삼가 이번 달 1일에 보내 준 편지를 받으니, 이 위로되는 마음을 어찌 헤아릴 수 있겠습니까.

노선생에 대한 글[71]에 대해서 우선 천천히 보내 달라고 하였으니, 간절히 염려해 주는 은혜에 깊이 감사드립니다. 다만 스스로 생각건대 나의 질병이 점점 고질이 되어 언제 죽을지 알 수 없기에 삼가 집사의 당부를 결국 저버리게 될까 두려웠습니다. 그러한 까닭에 삼가 급한 요구에 부응하여 지은 뒤 무협(巫峽)[72]으로 가는 인편에 전달해 달라고 부탁하였으니, 부디 교정하여 돌려줌으로써 나의 부족한 일을 끝맺도록 해 주는 것이 어떻겠습니까? 다만 끝 단락의 연월을 쓰는 곳에 난처한 부분이 있습니다. 주자(朱子)께서는 당화(黨禍)가 일어났을 당시 때때로 남을 위해 글을 지으면서 그 연월을 뒤로 늦추고자 하다가 곧 성실하지 못한 점을 곤란하게 여겨서 결국 결정짓는 의론을 내지는 않으셨습니다. 부디 이 문제까지 생각하여 가르침을 주기를 바랍니다.

약이(藥餌)를 보내 주니, 감사하기 그지없습니다. 나는 설사병이 점점 심해져 수없이 하혈을 하니, 이는 대개 풍토병에 걸린 것입니다.

71 노선생에 대한 글 : 김상헌(金尙憲)의 묘지명을 가리키며, 《송자대전》 권182에 〈석실 김 선생 묘지명(石室金先生墓誌銘)〉이란 제명으로 실려 있다.

72 무협(巫峽) : 당시 김수항의 형인 김수증(金壽增)이 부사(府使)로 있던 성천(成川)을 가리킨다. 무협은 성천의 산 이름이다. 《宋子大全隨箚 卷6》

서산(西山)은 태어날 때부터 이미 도주(道州)의 기한이 정해져 있었으니,[73] 이른바 명(命)을 어찌 어길 수 있겠습니까. 집사께서 근래 겪고 있는 곤욕도 어찌 자후(子厚)[74]가 한 짓이 아니겠습니까. 병을 무릅쓰느라 할 말을 일일이 다 적지 못합니다.

73 서산(西山)은……있었으니 : 서산은 송나라 채원정(蔡元定)의 호이다. 채원정은 한탁주(韓侂冑)에 의해 위학(僞學)으로 몰려 호남(湖南) 도주로 귀양 가 죽었는데, 채원정은 이미 나면서부터 도주에서 죽게 될 운명이었다는 말이다. 《宋史 儒林列傳 蔡元定》

74 자후(子厚) : 북송(北宋)의 문신인 장돈(章惇)의 자로, 왕안석(王安石)의 신법(新法)을 반대하는 사마광(司馬光), 문언박(文彦博), 여공저(呂公著), 범순인(范純仁) 등 원우 제현(元祐諸賢)이라 불리는 사람들을 간당(奸黨)으로 몰아 쫓아낸 인물이다. 《宋史 姦臣列傳 章惇》

김구지에게 보냄 을묘년(1675, 숙종1) 5월 12일

與金久之 乙卯五月十二日

아이가 돌아와 편지를 전하였는데, 별지에서 한 말씀을 통해서 나를 하찮게 여기지 않는 은혜에 특히 감사하였습니다.

삼가 요사이 지내는 생활이 더욱 평안하리라 생각하니, 그리운 마음 더욱 간절합니다. 다만 조보(朝報)에서 홍(洪)의 소장[75]을 볼 수 있었는데, 거기에서 집사를 꾸짖고 배척하면서도 아무런 염려와 거리낌이 없었습니다. 앞으로의 일이 또 장차 어떻게 될는지요? 실로 주자(朱子)께서 "저들은 바야흐로 칼이 되고 우리는 바야흐로 고기가 될 것이다."라고 말씀하신 상황이니, 이에 대해서는 군이 지혜로운 자가 아니더라도 오싹하게 가슴이 서늘해집니다. 어떡하면 좋겠습니까. 죄로 구금되어 있는 이 사람이 죽을 목숨에 처한 지 오래인데 이번에 홍이 또 반역의 죄를 적용하였으니, 귀신이 그자의 곁에 있지 않은 것입니까. 이 한 몸이 죽는

75 홍(洪)의 소장 : 1675년 4월 27일에 부제학(副提學) 홍우원(洪宇遠)이 올린 소장을 가리킨다. 1675년에 청풍부원군(淸風府院君) 김우명(金佑明)의 상소로 복창군(福昌君) 이정(李楨), 복선군(福善君) 이남(李柟), 복평군(福平君) 이연(李㮒), 즉 이른바 삼복(三福) 형제의 비리를 조사하였는데 무죄로 판결 났다. 그러자 김우명의 딸인 명성왕후(明聖王后)가 개입해서 삼복 형제를 처벌하도록 강력히 주장하여 결국 복창군과 복평군을 유배 보내게 되었다. 이에 남인인 홍우원이 숙종에게 명성왕후가 정치에 간여하지 못하도록 단속할 것을 요청하였고, 김우명이 이 일로 홍우원을 비판하자, 홍우원이 재차 소장을 올려 스스로를 변호하는 한편 송시열을 향해 임금을 현혹하고 세상을 어지럽혔다고 비판하고 송시열을 두둔하는 김수항의 태도를 논척하였다. 《肅宗實錄 1年 3月 12日·14日·15日, 4月 1日·27日》《宋子大全隨箚 卷6》

것이야 극히 작은 일이지만 이 조국이 장차 어떻게 될지 모르겠으니, 한 생각이 여기에 미치매 실로 잠들어 깨어나지 말았으면 합니다.

보내 준 필묵(筆墨)과 청향(淸香)은 감사하기 그지없습니다.

별지

집사의 거취에 대해서는 응당 도(道)의 성쇠에 따라 결정함으로써 사류의 여망(輿望)에 부응하여야 합니다. 정자(程子)께서 둔괘(遯卦)의 도에 대해 논하기를,

"성현(聖賢)이 비록 도가 장차 폐해질 줄을 알지만, 어찌 그대로 앉아서 보기만 하고 구원하지 않으려 하겠는가. 반드시 아직 지극하지 않을 때에 구구하게 힘을 다하여 잠시의 편안함을 도모한다. 이에 만일 할 수 있는 것이라면 공자와 맹자께서도 기꺼이 하셨으니, 왕윤(王允)이 한(漢)나라에서 한 일과 사안(謝安)이 진(晉)나라에서 한 일[76]이 그 경우에 해당한다."

하였습니다. 오늘날의 일을 가지고 말해 보건대 윤인(尹訒)과 정조(鄭造)의 의론이 일어났다가 도리어 중지된 것이 누구의 공입니까.[77]

76 왕윤(王允)이……일 : 왕윤은 후한(後漢) 말기의 사도(司徒)이고 사안은 동진(東晉)의 재상이다. 왕윤이 역신(逆臣)인 동탁(董卓) 등을 제거하고 한실(漢室)을 부흥시키려 노력한 것과 사안이 안으로는 발호하는 환온(桓溫)을 억제하고 밖으로는 강성한 전진(前秦), 즉 부견(苻堅)의 세력을 막으려고 노력한 것을 가리킨다.

77 윤인(尹訒)과……공입니까 : '윤인과 정조의 의론'이란 1615년(광해군7)에 이이첨(李爾瞻)의 사주를 받고 정조, 윤인 등이 주장한 인목대비(仁穆大妃)에 대한 폐모론(廢母論)으로, 여기에서는 윤휴(尹鑴), 홍우원(洪宇遠) 등 남인 측에서 명성왕후를 단속하라고 청한 일을 가리킨다. 복창군(福昌君) 이정(李楨) 등은 김우명(金佑明)과 명성왕후의 강력한 주장으로 찬출당하였다가 이후 사면되어 돌아온 뒤 명성왕후에 대한

그런데도 저들은 도리어 핍박하고 곤욕을 주어 이 지경까지 이르렀으니, 끝에 가서 위태한 상황에 빠져 끝내 바로잡지 못하기보다는 차라리 할 말을 끝까지 다 함으로써 주상께서 혹시라도 깨달으시기를 바라는 편이 좋을 것입니다. 만약 끝내 주상께서 감동하여 마음을 돌이키시도록 하지 못하여 탄핵을 받고 떠나는 지경에 이른다면, 거취의 도리로 볼 때 대략 영광이 있는 것이고 조정의 체모가 자신의 손안에서 무너지게 되지 않을 것입니다. 대개 대신의 체모란 지극히 중한 것인데 저들은 무식하여 그 위세를 믿고 방자한 뜻으로 능멸하면서 그것이 있고 없고도 생각지 않으니, 기강이 망하고서 그 나라가 망하지 않는 경우는 없음을 성현께서 상세히 논하신 바 있습니다. 나는 집사에 대하여 감히 나와 남이라는 구별을 두지 못하여 밤낮으로 헤아려 보았는데, 생각건대 이 두 길 외에는 결코 다른 길은 없을 것이므로 감히 이렇게 주제넘게 말하였으니 황공한 마음을 이기지 못하겠습니다. 백씨(伯氏)께서 나를 방문하여 하루를 머물다 돌아가셨는데, 이러한 뜻을 말씀드리려 하였지만 사람이 많아 그렇게 하지 못하였으니, 한스럽고 한스럽습니다.

원망을 품고서 변고를 꾸미려고 하다가 김수항을 비롯한 사류가 두려워 그 시도를 중지하였다. 《宋子大全隨箚 卷4, 卷6》

김구지에게 답함 을묘년(1675, 숙종1) 6월 12일
答金久之 乙卯六月十二日

지난달 아이에게 맡겨 보낸 편지를 바로 받았습니다. 나는 철한(鐵漢)이 아닌데 누차 장자후(章子厚)가 운명을 시험해 보는 것 같은 일을 당하였으니,[78] 얼마 가지 않아 어찌 녹아 사라지지 않겠습니까. 다만 가시울타리가 구름까지 닿아 있어 바깥의 잡다한 일들이 절로 차단되니, 옛날의 이른바 "고요하고 집중되는 마음이 장차 아무런 수련이 없이도 절로 이른다."라는 상황입니다. 만약 이러한 때에 경전(經傳)에 침잠한다면 거의 좁은 식견이나마 갖추게 될 것인지라 비록 저녁에 죽더라도 유감이 없을 수 있겠지만, 정력이 이미 고갈되어 기운이 뜻을 따라 주지 않으니 그저 이전에 아까운 세월을 헛되이 보낸 것이 한스럽습니다.

면직을 바라는 소장은 지금 이미 윤허를 받았습니까? 비록 스스로 곤궁한 처지이지만 염려되지 않을 수 없습니다. 서신을 멀리서 주고받는 것은 실로 요즘 무리가 이를 갈며 노여워하는 일이지만 조카분은

78 나는……당하였으니 : 철한은 쇠처럼 굳건한 사람을 가리키는 말로, 소식(蘇軾)이 유안세(劉安世)의 강직한 성격을 칭찬한 말이다. 장자후는 송 철종(宋哲宗) 때 간신(姦臣) 장돈(章惇)으로 자후(子厚)는 그의 자이다. 장돈은 유안세의 타고난 운명이 좋다는 말을 듣고 그의 운명을 시험해 보기 위하여 유안세가 광동(廣東)으로 찬배되면 광서(廣西)로 옮기고 광서에 도착하면 다시 광동으로 옮기는 등 온갖 험악한 곳으로 수차례 옮겨 가며 유배시켰다. 이때 송시열이 덕원(德源)에서 장기(長鬐)로 이배(移配)되었기 때문에 이렇게 말한 것이다.《宋子大全隨箚 卷6》《宋名臣言行錄 後集 卷12 劉安世》

확실한 인편이라 결코 편지가 중간에 유실되지 않을 것이기에 대략 이렇게 감사의 뜻을 부칩니다. 하고 싶은 말을 일일이 다 적지 못합니다.

○ 아드님인 중화(仲和 김창협(金昌協))는 현재 무슨 책을 보고 있습니까? 오늘날 사문(斯文)의 책임이 실로 작지 않으니, 삼가 생각건대 독서의 과정을 정해 주는 방법이 오직 과거(科擧)의 문장에만 있지는 않을 것입니다. 백씨(伯氏)의 편지는 부디 적당한 인편을 통하여 서둘러 전해 주는 것이 어떻겠습니까? 깊이 간청드립니다.

김구지에게 보냄 을묘년(1675, 숙종1) 8월 17일
與金久之 乙卯八月十七日

명성은 높아지지만 나라는 병들게 되는 것[79]은 옛 현인이 근심하던 일입니다. 오늘날 맞닥뜨린 상황이 즐겁지 않으리란 것은 물론 잘 알지만, 그 덕분에 장돈(章惇)과 채경(蔡京)의 모략이 조금 사그라질 수 있다면 이는 선인태후(宣仁太后)에게 힘이 되는 일일 뿐만 아니라 장돈과 채경도 세력이 제거됨에 따라 복록을 얻을 것인데, 그럼에도 도리어 원수라고 여긴다면 잘못입니다.[80]

마침 구림(鳩林 김수항이 유배된 영암)의 후생을 만나 바야흐로 편지를 보낼 작정이었는데, 갑자기 청치(靑褫)를 통하여 지난달에 길에서 보낸 편지를 받았습니다. 그를 통해 주 선생(朱先生)께서 양방(楊方)을 꾸짖으신 말씀을 떠올려 보았는데,[81] 그중 “담암(澹庵)은 날마다

79 명성은……것 : 김수항이 영암(靈巖)으로 유배된 것을 두고 한 말이다.

80 그……잘못입니다 : 송 철종(宋哲宗) 때 간신인 장돈과 채경이 선인태후가 신법당(新法黨)을 몰아내고 구법당(舊法黨)을 지지한 것을 원망하여 그 묘향(廟享)을 폐할 것을 청하였던 고사를 원용하여, 윤휴(尹鑴) 등 남인들이 명성왕후를 단속하라고 청한 일을 비유한 것이다. 이때 김수항이 상소하여 남인의 횡포를 고발하다 영암으로 유배되었다. 김수항의 상소로 인해 남인들이 세력이 꺾여 분노를 그치고 폐모론(廢母論)을 주장하는 죄에 빠지지 않게 된다면 그들에게 절로 복이 되는 일인데 도리어 김수항을 원망하면 잘못이라는 말이다. 《尤菴先生書節要集解 卷4》

81 주……보았는데 : 양방은 주희의 제자이다. 주희가 채원정(蔡元定)이 유배되었을 때 그를 위문하지 않는 양방의 태도를 꾸짖으면서 담암 호전(胡銓)의 고사를 원용하였다. 《宋子大全隨箚 卷6》

친구와 문생 들과 수창하고 왕래하면서 말하지 못하는 것이 없었다. 그럼에도 진회(秦檜)는 그들을 체포하여 모두 죽이지 못하였으니, 이는 대개 애초부터 천명이 있어서 그러한 것이다."라고 하신 말씀은 참으로 지론인바, 우리는 양생(楊生)이 되는 것은 거의 면하였습니다.

이곳에 기러기가 이르는데 또한 한 점의 서늘한 기운도 얻지 못하니, 대개 가시울타리가 서너 겹으로 둘러싸고 있어 그러한 것인바, 오늘날 군자는 옛날보다 더 심한 점이 있습니다.

백씨(伯氏)께 쓴 편지는 자제의 행차를 통하여 올리는 것이 어떠합니까? 〈악대설화(幄對說話)〉는 뜯어보아도 무방합니다. 하고 싶은 말을 일일이 다 적지 못합니다.

김구지에게 답함 병진년(1676, 숙종2) 2월 24일
答金久之 丙辰二月二十四日

지난해 조생(趙生)에게 맡긴 편지가 오랫동안 전달되지 않은 것은 조생이 늦장 부리고 게을러 그러한 것이 아닙니다. 회향(懷鄕)과 삼산(三山)의 인편으로부터 받은 편지가 아침저녁으로 당도하였으니, 지체되는 것은 한스러울 것이 없는바 그 기쁘고 다행스러운 감정을 어찌 말로 다 표현할 수 있겠습니까. 더구나 가형(家兄)의 묘문(墓文)[82]을 지어 준다는 말씀을 드디어 듣게 되어 숨겨진 일을 드러내는 일에 유감이 없게 되었으니, 온 집안이 감사하면서 거의 눈물을 흘릴 지경입니다. 이 어찌 우리 집안에 재차 만난 행운이 아니겠습니까. 실로 나도 모르게 두 손 모아 절하고 감사를 드립니다.

〈자극궁(紫極宮)〉에 차운한 시[83] 및 감사하게도 나의 시에 창화한 절구, 그리고 가장 뒤의 도연명(陶淵明) 시에 차운한 4수의 시[84]를 보내 주었는데, 옥처럼 빛나고 지란(芝蘭)처럼 향기롭습니다. 이는 실로 가

82 가형(家兄)의 묘문(墓文) : 송시열의 형인 송시묵(宋時默, 1605~1672)의 묘갈명을 가리킨다.

83 자극궁(紫極宮)에 차운한 시 : 《문곡집(文谷集)》 권4에 실려 있는 〈정사제석용이백자극궁운우감겸이자경(丁巳除夕用李白紫極宮韻寓感兼以自警)〉을 가리킨다. 〈자극궁〉은 이백의 시로, 원래 제목은 〈심양자극궁감추작(尋陽紫極宮感秋作)〉이다. 《李太白集 卷23》

84 도연명(陶淵明)……시 : 《문곡집》 권7에 실려 있는 〈동운사장차정운운(同雲四章次停雲韻)〉이다.

시울타리 속에 있어서는 안 될 것이니, 도리어 귀신이 시기할까 봐 몹시도 걱정이 됩니다.

이번에 임지(林指)가 또 이달 9일에 보낸 편지를 전해 주었는데, 이를 통해 어린 자식을 잃은 슬픔이 있다는 것을 알게 되었으니, 지극히 놀랍고 슬픈 심정을 이기지 못하겠습니다. 그러나 상남(商南)에서의 일과 비교해 본다면 이미 차이가 있지 않겠습니까.[85] 이치로 슬픔을 달래어 몸의 원기가 손상되는 일까지는 없을 것으로 생각합니다.

부탁한 선대인의 묘명[86]은 꼭 질병 때문만이 아니라 물의를 일으킬까 혐의쩍은 관계로 오래도록 붓을 들지 못하였는데, 백씨께서 편지로 간절히 말씀하고 나서야 엉성하게나마 지어 내어 이제 올립니다. 끝내 나를 버리지 않는다면, 모름지기 통렬히 산삭하고 윤색함으로써 큰 잘못에서 벗어나게 해 주십시오. 그렇게 된다면 천만다행이겠습니다. 삼가 생각건대 이 일은 옛 사례에서 상고할 것이 없지만, 주 부자(朱夫子)께서는 군소배가 목을 벨 것을 청할 때에 남의 요구에 응하여 글을 지으신 일이 몹시도 많았으니, 지금 일은 혹 도리에 심히 어긋나지는 않을 것입니다.

오늘은 마침 선대비(先大妃 인선왕후(仁宣王后))의 재기일(再期日)입

85 상남(商南)에서의……않겠습니까 : 당나라 한유(韓愈)가 조주 자사(潮州刺史)로 폄척되어 임지로 가는 도중 어린 딸이 길에서 죽어 상남역(商南驛) 근처의 산기슭에 임시로 매장한 일이 있는데, 이 고사를 원용하여 유배지에서 자식을 잃은 것이 한유의 경우보다는 낫다고 한 것이다. 《韓昌黎集 卷10》《尤菴先生書節要集解 卷4》

86 선대인의 묘명 : 김수항의 부친인 김광찬(金光燦)의 묘갈명으로, 이 글은 《송자대전》 권177에 〈동지 증 영의정 김공 광찬 묘갈명(同知贈領議政金公光燦墓碣銘)〉이라는 제명으로 실려 있다.

니다. 북편을 바라보며 길게 울부짖으매 울음소리와 눈물이 동시에 터져 나오니, 나의 심정과 똑같으리라 생각합니다.

나의 질병이 깊은 고질이 됨을 점점 느끼니, 이 어찌 궁벽한 귀양지가 빌미가 되어서일 뿐이겠습니까. 또한 죽을 날이 장차 이를 것이기 때문이니, 단잠을 자듯이 순순히 마지막을 기다릴 뿐입니다. 다만 듣건대 장차 향리 여러 곳에서 죄를 더해 달라고 청하려 한다 하니, 이와 같다면 염라대왕이 장차 실수할 듯합니다. 한번 웃을 만합니다. 병상에 엎드려 남의 손을 빌려 적느라 엉성하니 황송하고 황송합니다.

별지

조생 편으로 전한 편지의 별지 내용은 늙고 게으른 나에게 깊은 경계가 되었습니다. 붕우 사이에 서찰 왕래가 완전히 없지는 않으나 이러한 말씀은 거의 없었으니, 매양 시대가 쇠하고 학문이 끊어진 것과 속된 일이 기승을 부리고 우아한 말이 시들해진 것을 탄식합니다. 그러나 삼가 보내온 편지의 뜻을 보건대 못나고 졸렬한 나를 두고 대략이나마 지식이 있어 함께 상의할 만한 사람이라고 여기는 듯하니, 이는 실로 겸광(謙光)의 덕[87]이겠으나 못나고 졸렬한 나로서는 부끄럽고 두려운 심정을 금할 수 없습니다. 다만 소싯적에 사우(師友)들 사이에 출입하면서 그에 관한 한두 가지의 내용을 삼가 들었는데, 그것은 다음과 같습니다. 주자 이후로 학문의 도가 크게 밝혀졌는데, 우선 강한지 유순한지 또는 밝은지 어두운지 하는 자품의 차이

87 겸광(謙光)의 덕 : 《주역》 〈겸괘(謙卦) 단(彖)〉에 "겸양할수록 더욱 빛난다.〔謙尊而光〕"라는 말에서 나온 것으로, 겸손하고 예양(禮讓)하는 덕을 말한다.

에 따라 각자 준비하고 처리하는 방법이 있습니다. 다만 배우는 이가 자기의 자품과 서로 가까운 것을 따라서 수용하는 데에 달려 있으니, 마치 강물에서 물을 마시는 여러 사람이 저마다 자신의 양을 채우는 것과 같습니다. 나는 당시 여기에 종사하고 싶지 않았던 것은 아니지만, 성품과 기질이 거칠고 엉성한 데다 화려한 문장과 박잡(博雜)한 것들에 잘못되어 끝내 아무런 성과를 이루지 못하였습니다. 이 지경에 이르고 보니, 비록 방향을 돌려 바른길을 회복하고 싶지만 또한 늘그막에 하는 후회에 보탬이 없다는 것을 느낍니다.

또 듣건대 주 부자께서는 사람의 특성을 통하여 참작하여 성취시켜 주셨기 때문에 그 설이 혹 저마다 차이가 있기도 한데, 갑인년(1194)에 행궁(行宮)의 편전에서 올린 두 번째 주차(奏箚)[88]로 말하자면 학문하는 도를 논한 것이 지극히 정밀하고 크게 완비되어 있어서, 현우(賢愚)를 막론하고 모두 그 문로를 얻어 들어갈 수가 있다고 합니다. 근년 이래 이 한 편을 가지고서 침잠하고 상세히 연구하여 보니, 공자와 맹자 이래로 분명한 지결(旨訣)이라서 실로 이를 대체할 수 있는 것이 없습니다. 집사께서 한번 여기에 힘을 쏟아 공부한다면 집사의 고명함으로써 반드시 날로 새로워지는 공이 있을 것입니다. 정성스레 하문해 준 것에 감격하여 감히 부족한 의견을 올렸으니, 부디 집사께서 해량해 주기를 바랍니다.

88 갑인년에……주차(奏箚) : 송 영종(宋寧宗) 즉위년(1194)에 주희가 황제에게 5회에 걸쳐 올린 〈갑인행궁편전주차(甲寅行宮便殿奏箚)〉 가운데 두 번째 글을 가리킨다. 《晦庵集 卷14》

김구지에게 보냄 병진년(1676, 숙종2) 6월 8일

與金久之 丙辰六月八日

무더위가 이른 이때에 체후와 기거는 평안합니까? 구구히 그리워하는 마음 하루도 쉬는 날이 없습니다.

일찍이 임속(林涑) 편으로 선대인 묘명(墓銘)의 초본을 맡겨 보냈는데 지체 없이 받았는지요? 상의할 만한 부분에 대해 아낌없이 가르침을 주기 바랍니다.

집안 형님의 글에 대해 대략 여쭈어볼 부분이 있는데, 처음엔 형님 아들[89]을 보내어 인사드리게 하고 싶었습니다. 그러나 작은 동생 송시걸(宋時杰)이 갑자기 상처(喪妻)하였는데 보내고자 한 이는 바로 작은 동생의 양자인지라 부득이 노복에게 전하여 번거롭게 여쭈도록 하였으니, 황송하고 황송합니다.

나는 병이 날로 더하여 죽음만 남아 있을 뿐인데 또 무슨 말을 하겠습니까.

주자의 글은 지금 몇 편까지 보았습니까? 삼가 곡운(谷雲 김수증(金修曾)) 어른의 편지를 보았는데 또한 현재 이 글을 읽고 있다고 합니다. 이 일이 노선생(김상헌)의 후손에게 오로지 맡겨져 있으니, 하늘의 뜻이 반드시 의도하는 바가 있을 것인바 극히 세도를 위하여 경하드립니다. 나머지 할 말은 멀리로 보내는 편지에 다 적을 수 있는 것이 아니므

89 형님 아들 : 송시묵(宋時默)의 둘째 아들인 송기덕(宋基德)으로, 송시묵의 동생인 송시걸의 양자가 되었다. 《文谷集 卷18 珍山郡守宋公墓碣銘》

로, 삼가 묵묵히 이해해 주기를 기대합니다. 일일이 다 말씀드리지 못합니다.

김구지에게 답함 병진년(1676, 숙종2) 6월 17일

答金久之 丙辰六月十七日

편지를 써서 가형(家兄)의 묘문(墓文)을 부탁하자마자 남생(南生)이 또 도보로 찾아와 집사한테서 오는 길이라 하면서 소매 속에서 편지를 꺼내 주었습니다. 이에 여러 날 동안 여러 차례 반복하여 읽으면서도 손에서 놓지 못하였습니다. 이어 살피건대 요사이 체후가 좋고 건강하다 하니 신명이 성덕(盛德)을 돕는 것은 이치상 당연한 일인지라 축하하는 마음 한량이 없습니다.

나는 한결같이 병약함을 면치 못하고 있으니, '연약한 풀에 서린 먼지'[90]는 참으로 훌륭한 비유입니다.

묘문은 산삭하고 윤색하여 보내니, 다시 가르쳐 줄 것이 있으면 기탄없이 반복해 말씀해 주는 것이 어떻겠습니까?

별지의 여러 말을 통하여 나를 비루하게 여기지 않는 은혜에 더욱 감사하였습니다. 지난날에 작고한 친구 유능(幼能 이단상(李端相))은 일을 사절하고 한가히 거처하면서 이 일에만 전념하였는데 우선 상수(象數)를 공부할 지점으로 여겼습니다. 그런데 화숙(和叔 박세채(朴世采))은 그것을 온당하지 못한 일이라고 하였고, 나 역시 망녕되이 이르기를 "마땅히 시급히 할 일이 아니니 곧바로 절근(切近)한 곳에 종사하

90 연약한……먼지 : 인생의 무상함을 표현한 말이다. 황보밀(皇甫謐)의 《열녀전(列女傳)》에 "인생이란 연약한 풀에 서린 가벼운 먼지 같은 것이다."라고 한 데서 유래하였다.

는 것만 못하다."라고 하였습니다. 요즈음 화숙의 의론이 전과는 판이하게 달라졌으니 이는 반드시 어떤 소견이 있을 텐데 멀리 떨어져 있어 물어보지 못하는 것이 한스럽습니다.

삼가 생각건대 선현(先賢)이 사람을 가르친 방법은 언제나 조존(操存)과 수렴(收斂)을 우선으로 하여 그 근본을 세우고, 그런 후에 독서를 반드시 절근(切近)하고 간요(簡要)한 것으로부터 시작하여 끝내는 읽지 않는 글이 없게 하였습니다. 비록 그 자질의 높고 낮음과 공부의 얕고 깊음의 차이가 있으나, 안으로부터 밖에 미치고 낮은 데에서 높은 데에 이르는 순서는 언제나 다름이 없었습니다. 지금 보내온 편지에서 한 말씀은 실로 정자(程子)와 주자(朱子) 문하의 지극히 절실하고 지극히 긴요한 지결(旨訣)을 얻은 것이니 지극히 흠앙하고 각성하는 마음을 금할 수 없습니다.

나로 말하자면 젊어서 사우(師友)를 따라 대략 이에 대해 참여하여 듣기는 하였지만 성질이 경박하여 늘 탐욕스럽고 급박한 마음에 내몰리는 바람에 능히 이것을 끝까지 편력하지 못하였고, 홀연 다른 데에 뜻을 두어 종일토록 섭렵하면서 심력을 허비하였으나 끝내 아무런 소득이 없었습니다. 이는 비단 서책 공부에만 해로울 뿐 아니라 심신과 성명(性命)에도 또한 극히 해롭습니다.

지난날에 일찍이 문정(文正 김상헌) 노선생을 모신 적이 있는데, 선생께서는 그때 78세였는데도《근사록(近思錄)》의 의심나는 곳을 하나하나 강론하셨습니다. 이에 나는 마음속으로 생각하기를 '선배들은 기질이 순후하고 마음 씀씀이가 성실하기 때문에 그 하학(下學)의 공부를 늙어서도 그치지 않는다. 이는 참으로 위 무공(衛武公)과 거백옥(蘧伯玉)의 일[91]이라 그 성취가 큰 것이 실로 마땅하다.'라고 하였습니다.

그러나 또한 스스로 구습(舊習)을 고치지 못하고 지금은 늙어서 장차 죽게 되었는데, 이제 다행히 다시 지론(至論)을 듣게 되었으니 삼가 마땅히 마음을 씻고 가슴에 새겨서 그중 일부나마 엿보기를 바랍니다. 이로부터 편지로 계속하여 서론(緖論)을 내려 주어서, 나로 하여금 받들어 게을리하지 않게 해 주면 천만다행이겠습니다.

정이(程頤)의 《역전(易傳)》과 《주역본의(周易本義)》에 대한 말씀에 이르러서는 역시 일찍이 친구들과 강론하고 질문해 보고자 하였으나 실현하지 못한 것입니다. 대개 듣건대 주 부자께서 정이의 《역전》을 두고 물 샐 틈이 없다고 하셨으니 이는 대개 의리(義理)의 정밀함을 가리켜 말한 것입니다. 그러나 《역(易)》은 실로 복서(卜筮)의 글인데, 정이의 《역전》은 오로지 의리만을 주장하였기 때문에 《역》에 대해서는 실로 본디의 의미가 없는 것입니다. 주자께서 스스로 만든 《주역본의》는 복서를 위주로 한 것입니다. 한번 '잠룡물용(潛龍勿用)'으로 말해 본다면, 건괘(乾卦) 초구(初九)에 '잠룡(潛龍)'의 상(象)이 있는데, 점치는 자가 만약 이 효(爻)를 얻으면 일을 시행하지 말아야 하는 것입니다. 이와 같이 한 다음에 비로소 본디의 의미가 있고 또 활용할 점이 있을 것입니다. 주자께서는 정자를 지극히 추존하였으나 《역전》에 이르러는 취하지 않으신 것이 매우 많으니, 후학이 이것을 알면 그 선후

91 위……일 : 위 무공은 위(衛)나라의 군주로, 나이가 95세였는데도 나라에 경계하기를 "진실로 조정(朝廷)에 있는 자들은 내가 늙었다 하여 나를 버리지 말고 반드시 아침저녁으로 공손히 하고 조심하여 서로 나를 경계하라."라고 하였다. 거백옥은 위 영공(衛靈公) 때의 대부(大夫) 거원(蘧瑗)으로, 백옥(伯玉)은 자이다. 《장자(莊子)》 〈칙양(則陽)〉에 "거백옥은 나이 60세가 되는 동안 60번이나 자신의 잘못을 고쳐 변화하였다."라고 하였다.

와 완급의 순서를 또한 알 수 있을 것입니다. 《춘추호전(春秋胡傳)》 또한 그러하기 때문에 나는 늘 정이의 《역전》과 《춘추호전》은 다만 정이의 《역전》과 《춘추호전》으로만 읽고 《주역》과 《춘추》로 보지 않는다면 그 정밀한 의리와 근엄한 법률이 저절로 별도의 한 책이 되어서 독자에게 크게 유익할 것이라고 생각하였습니다. 집사는 어떻게 생각합니까?

묻고 싶은 것이 몹시 많으나 병들고 혼미하여 그렇게 하지 못하니 매우 한스럽습니다. 병상에 엎드려 남에게 대신 쓰게 하느라 초솔하니 더욱 황송합니다. 삼가 해량해 주기를 바랍니다.

○ "암암리에 보배를 던지면 칼자루를 어루만진다."라는 경계[92]는 실로 그러하고 그러합니다. 요즈음 한두 가지 후회할 만한 일이 있음을 느끼는데 지금에 와서 어쩔 수가 없습니다. 그러나 주 선생께서 일찍이 이르기를 "호담암(胡澹菴 호전(胡銓))이 바닷가에 살면서 날로 친구들과 어울려 서로 편지를 주고받고 시문을 수창하면서 하지 못하는 말이 없었는데, 진회(秦檜)가 또한 다 잡아 죽이지 못하였으니 이는 대개 천리(天理)가 있어서이다."라고 하였습니다. 더구나 지금 이 몸은, 저들이 뜻을 이루기에 급급하여 모함하고 해치는 말을 하는 것이 차마 들을 수가 없을 정도이니 아무리 입을 굳게 다문들 죽음을 면할 수 있겠습니까. 그러므로 때때로 숨김없이 있는 그대로 말하니, 이 또한

92 암암리에……경계 : 아무리 귀중한 보배라도 남에게 증정하는 도리를 다하지 못하면 오히려 원망을 초래한다는 뜻이다. 한(漢)나라 때 추양(鄒陽)이 양왕(梁王)에게 올린 글에 "명월주나 야광벽 같은 보배를 암암리에 길 가는 사람에게 던져 주면 칼자루를 어루만지며 노려보지 않을 사람이 없으니, 그 까닭은 이유 없이 보배가 자기 앞에 떨어졌기 때문이다."라고 한 데서 유래하였다. 《史記 鄒陽列傳》

"물에 빠져 죽는 사람은 반드시 웃는 얼굴을 한다."라는 의리[93]입니다. 이에 대해서도 아울러 헤아려 가르쳐 주기 바랍니다.

93 물에……의리 : 자신이 위급한 처지에 있는 줄도 모르고 굳이 급하지 않은 것을 묻는다는 뜻이다. 오왕(吳王) 부차(夫差)가 월(越)나라의 공격을 받아 위급해졌을 때 진(晉)나라 조맹(趙盟)이 부차에게 초륭(楚隆)을 보내 지난날 오와 진이 맹약할 때 '좋은 일이나 나쁜 일이나 고락을 함께하자고 했던 약속'을 지키지 못하게 된 것을 사죄하게 하였다. 그러자 부차는 "내가 불민하여 월나라를 섬기지 못하여 대부에게 근심을 끼쳤다."라고 사죄하고는 이어 "물에 빠져 죽는 사람은 반드시 웃는 얼굴을 한다는데, 내가 물어보고 싶은 것이 있다."라고 하였다. 《春秋左氏傳 哀公20年》

김구지에게 보냄 병진년(1676, 숙종2) 7월 20일

與金久之 丙辰七月二十日

예전에 민대수(閔大受)가 황제의 필적을 얻어서 보여 주었을 때[94] 그 족자가 해지고 좀먹은 것을 염려하였습니다. 그런데 마침 화양동(華陽洞) 안에 벽처럼 서 있는 바위 벼랑이 있었는데, 위에는 마치 지붕처럼 덮여 있고 좌우에는 병풍 같은 바위가 늘어서 있어 마치 귀신이 깎아서 만들어 놓고 기다리는 것 같았습니다. 이에 바로 그 위에 베껴 쓴 뒤에 새기고는 이어 그 곁에 작은 초옥을 지어 승려 몇 사람을 모집해 그 안에 들이고서 돌보고 보호하도록 하는 한편 그 이름을 '환장(煥章)'이라 짓고자 하였는데, 이는 대개 《논어》의 "찬란한 그 문장이여!〔煥乎其文章〕"라는 뜻[95]을 취한 것입니다. 그런데 이 일이 미처 이루어지기도 전에 이렇게 멀리 유배 생활을 하는 상황을 맞닥뜨렸으니, 처음 먹은 마음을 장차 영원히 저버릴 판이었습니다. 이에 벼랑 맞은편의 한번 소리치면 닿을 만한 곳에 옛날부터 서재가 있었는데 승려 8, 9인이 그곳을 지키고 있어서 마침내 '환장'이란 이름을 새겨 걸게 하고 그 승려들에게 초동(樵童)들의 침범을 막도록 부탁하였습니다.

94 예전에……때 : 민대수는 민정중(閔鼎重, 1628~1692)으로, 대수(大受)는 그의 자이다. 1669년(현종10) 10월에 민정중이 동지사(冬至使)로 북경에 다녀오면서 명나라 마지막 황제 의종(毅宗)의 친필인 '비례부동(非禮不動)'이라는 글씨 한 폭을 구입해 가져와 송시열에게 전해 준 일을 가리킨다. 《宋子大全 卷147 崇禎皇帝御筆跋》

95 논어의……뜻 : 공자가 요(堯) 임금을 찬미한 말로, 《논어》〈태백(泰伯)〉에 보인다.

산외(山外)에 있는 한 문사(文士)가 장편시를 지어 그 일을 노래하였는데[96] 감히 그것을 기록하여 보내 드리니, 혹 이에 대한 창화시를 지음으로써 초옥 안의 하나의 전고를 만들어 준다면 일의 체모가 그에 힘입어 중해져서 초옥의 승려를 침학하는 수령들이 혹 앙모하는 마음이 생길 것입니다. 다만 본래 시의 운(韻)이 너무 많으니, 혹 따로 율시나 고시 중 편한 대로 지어 준다면 더욱 좋을 것입니다. 천만 간절히 바랍니다. 채지(彩紙)에 손수 써 주면 더욱 좋겠습니다.

96 산외(山外)에……노래하였는데 : 홍석기(洪錫箕)의 〈환장암가(煥章庵歌)〉를 가리킨다. 《晩洲遺集 卷1》

김구지에게 답함 병진년(1676, 숙종2) 8월 8일
答金久之 丙辰八月八日

금년의 이 찌는 듯한 장기(瘴氣)에도 이렇게 죽지 않은 채 지난달 9일에 손수 써 준 편지를 받고 또 도연명(陶淵明)의 시에 화답하여 지은 시 여러 편을 받으니, 이것으로 헛된 삶은 되지 않겠다는 생각에 스스로 자랑하게 됩니다. 편지를 통하여 대숲 속에 새로 지은 정자[97]의 맑은 승경을 살피게 되었습니다. 이는 평소 좋아하고 사모하였으나 얻지 못한 것으로, 목을 빼고 그것을 상상해 보는 나의 심정은 새장 속에 갇힌 새가 하늘 위의 살 곳을 우러러보는 것과 다름이 없습니다.

가형의 글[98]에 대해 여쭌 부분을 수정해 준 것 외에 또 두서너 조항에 걸쳐 산삭하고 윤색해 주는 은혜를 입었으니, 외람되게도 관심을 가지고 크나큰 은혜를 베풀어 주었음을 충분히 알 수 있었습니다. 이에 손을 씻고 절하며 칭양하자니 감사하는 마음을 주체할 수 없습니다.

6월 남생(南生)이 돌아갈 때 공손히 답장을 맡겨 보내면서 선대인의 묘명과 관련하여 해 준 말씀에 대해 하나하나 바로잡아 여쭈었는데, 이번 편지를 통해 아직도 그에 대해 듣지 못하였음을 알게 되었습니다. 그의 말로는 응당 호산(壺山)을 비롯한 여러 곳을 거쳤을 것이라고 하니, 형세상 이번 달 20일 이후에 도착하리라 생각합니다. 오산(鼇山)

97 대숲……정자 : 김수항이 1675년 영암에 유배되어 지은 풍옥정(風玉亭)을 가리킨다. 《宋子大全隨箚 卷6》

98 가형의 글 : 김수항에게 부탁한 송시열의 형 송시묵(宋時默)의 묘갈명을 가리킨다.

의 인편도 이러한 뜻으로 말하였습니다.

몹시 혼매하고 게으르다고 말씀하였는데, 집사께서 어찌 혹시라도 이러하시겠습니까. 늙고 게으른 나를 깊이 깨우치는 말씀입니다. '계속 이어져 진전되는 것'에 대해 말하자면, 이는 의당 공부가 익숙해져서 거의 안회(顔回)나 민자건(閔子騫)의 경지에 도달한 경우에 해당하는 일이니, 어찌 잠깐 동안에 효과를 기대할 수 있겠습니까. 오직 싫증을 내거나 중도에 그만두지 않음으로써 그것이 이르는 대로 따르는 것이 어떻겠습니까? 이것이 바로 어려운 일을 먼저 하고 얻는 것을 뒤에 하며[99] 마음에 잊지도 말고 조장하지도 말라[100]는 절도이니, 이는 대개 평소 사우들로부터 들은 것이므로 감히 그대로 외워 말씀드리는 바입니다.

나는 근자에 또 서리(暑痢)를 앓아 식음을 전폐하고 벌벌 떨며 스스로 위태롭게 여기고 있는 상황이며, 게다가 혼자 살면서 제멋대로 행동하여 과오와 후회가 날로 쌓여만 갑니다. 이로써 죽는다면 실로 하늘이 부여한 마음을 저버리는 것이니, 두려움에 떨며 스스로를 돌아보건대 전혀 스스로를 용서할 수가 없습니다.

보내온 시는 수창하여 드리고 싶은 마음 간절하지만, 김생(金生)이 갑자기 길을 떠나 붙들기가 어려우므로 일단 후일을 기다려야겠습니다.

99 어려운……하며 : 《논어》〈옹야(雍也)〉의 "인자(仁者)는 어려운 것을 먼저 하고 얻는 것은 뒤에 한다. 그렇게 하면 인이라고 말할 수 있을 것이다."라는 공자의 말을 발췌한 것이다.

100 마음에……말라 : 《맹자》〈공손추 상(公孫丑上)〉에 "반드시 호연지기(浩然之氣)를 기르는 데 종사하고 효과를 미리 기약하지 말 것이며, 마음에 잊지도 말고 조장하지도 말라."라고 한 데서 온 말이다.

별지

《주자대전(朱子大全)》은 읽어 나가는 동안 의문이 생기고 분명하지 않은 부분이 더욱 발견되었습니다. 이 때문에 차기(箚記)를 써서 붕우 간에 질문하지 않을 수 없었으니 어찌 감히 주석을 다는 예와 같이 해석할 수 있겠습니까. 그런데 이제 이와 같이 말씀하니 황송하고 황송합니다.

가형의 글을 적당한 대로 곧바로 고치라는 말씀을 통해 서로의 경계를 허물고 자신을 뒤로하는 공정한 큰마음을 확인할 수 있었으니, 만일 그와 같은 것이 있다면 감히 여쭈지 않을 수 있겠습니까.

세계(世系)는 애당초에 여산 송씨(礪山宋氏) 족보에 따라서 인쇄하였는데 지금 고쳐 간행하는 것은 몹시 마땅한 일입니다. 흠복(欽服)하고 흠복합니다.

김구지에게 보냄 정사년(1677, 숙종3) 1월 11일

與金久之 丁巳元月十一日

지난가을부터 줄곧 어떻게 지내는지 소식을 듣지 못하였으니 구구히 그리운 마음 어찌 잠시라도 놓은 적이 있겠습니까. 새해가 찾아온 이때에 삼가 집사의 기거가 신명의 도움 덕에 험난한 상황에서 형통한 여유가 날마다 있을 것으로 생각합니다.

지난겨울 무슨 책을 보았습니까? 성현의 말씀에 대해 더욱 그 절실한 지점을 발견하고 그것을 몸과 마음에 시험해 보매 아무런 어긋남이 없습니까? 거리가 멀어 인편이 없는 관계로 직접 물을 길이 없으니, 다만 그리운 마음만 들 뿐입니다.

나는 지난가을 이후로 앓던 병이 갑자기 심해져 한갓 몸뚱이만 남아 있을 뿐 정신은 크게 달아난 상황인지라, 자리에 눕고 밥을 먹을 때도 거의 남의 손을 빌려야 하는 지경에 이르렀으니, 어째서 갑자기 이렇게 된 것인지 모르겠습니다.

일전에 박중구(朴仲久 박장원(朴長遠))의 아들 박심(朴鐔)이 찾아와 함께 지내면서 "그 내는 것을 관찰한다는 것은 마음이 편치 못한 것이다."라는 경문에 대한 《역전(易傳)》의 뜻[101]으로 몹시도 간절히 면려하

101 그……뜻 : 벼슬하지 않고 있더라도 남들의 본보기가 되므로 늘 마음을 놓지 않고 군자다움을 유지해야 한다는 뜻을 가리킨다. 《주역》 〈관괘(觀卦) 상구(上九) 상(象)〉에 "그 내는 것을 관찰한다는 것은 마음이 편치 못한 것이다."라고 하였는데, 이에 대한 《역전》의 해설에 "비록 지위에 있지 않으나 사람들이 그 덕을 관찰하여 의표와 법으로 삼는다. 그러므로 마땅히 스스로 삼가고 살펴서 그 내는 바를 보되, 항상 군자다움을

였는데, 나는 부끄러워 그 말을 사양하면서 거의 받아들일 수 없었습니다. 그런데 삼가 일찍이 생각해 보건대 이 효(爻)는 오늘날 바로 집사의 일에 해당하니 후배들이 존모(尊慕)하는 뜻을 대략 본다면 그 사실을 알 수 있습니다. 비록 나같이 보잘것없는 자라도 그렇게 기대하지 않음이 없습니다. 더욱 도학(道學)으로 자임하여 사문(斯文)의 간절한 기대[102]에 부디 부응해 주기를 삼가 바랍니다. 병석에 엎드려 호흡이 급박하기에 말을 받아쓰게 하는 일도 여의치 않습니다. 삼가 묵묵히 이해해 주기를 바랍니다.

별지

《송명신언행록(宋名臣言行錄)》에 《동헌필록(東軒筆錄)》의 설을 실어 놓았는데, 거기에 이르기를,

"진종(眞宗)이 병석에 눕자 장헌(章獻)이 점점 조정의 정사에 간여하여 성상의 뜻이 편치 못하였다. 이에 구공(寇公 구준(寇準))이 그 뜻을 헤아리고는 마침내 태후-장헌입니다. 인종(仁宗) 때의 글이므로 태후라고 한 것입니다.-를 폐하고 인종을 세워 정위(丁謂)와 조이용(曹利用)을 죽이고자 하였다. 그런데 계획이 이미 정해졌을 때 공이 술에 취한 바람에 그 계획을 누설하였고, 이에 정위가 조이용에게 가서 모략을 꾸미고는 태후의 처소로 들어가 그 사실을

잃지 않는다면 사람들이 소망을 잃지 아니하여 교화될 것이니, 지위에 있지 않다는 이유로 편안히 마음을 놓아 일하는 바가 없어서는 안 된다. 이는 그 뜻이 편안할 수 없는 것이므로 '뜻이 편안하지 않다'고 말한 것이다."라고 하였다.

102 간절한 기대 : 대본에는 '十萬之望'으로 되어 있다. 문맥에 근거하여 '十'을 '千'으로 바로잡아 번역하였다.

아뢰니 거짓 조서로 공을 파직시켰다. 진종이 승하하자 마침내 공을 반역자로 지목하여 바닷가로 폄적시켰다.……"

하였는바, 이는 《속자치통감(續資治通鑑)》에 실린 내용과 대동소이합니다.

무릇 후비(后妃)가 정사에 간여하는 것이 실로 우려스러운 일이기는 하지만 정후(正后)는 천하에 어머니로서 모범을 보이는 존재이니 신민(臣民)은 모두 그 자식이 되는 것입니다. 신자로서 그 모후를 폐하는 것이 군부를 폐하는 것과 무슨 차이가 있겠습니까. 조조(曹操)는 복 황후(伏皇后)를 유폐하고 시해하였으니, 그에게 반역의 이름을 씌운다 하더라도 감히 사양하지 못하며, 본조(本朝)의 김안로(金安老)는 지금까지 적신(賊臣)으로 일컬어지고 중종조(中宗朝)에 훈신(勳臣)들도 군부를 위협하였다는 죄명을 뒤집어썼으니,[103] 이는 기묘사화(己卯士禍)가 일어난 이유입니다. 그러나 이러한 일로 구공에게 죄주었다는 말은 듣지 못하였고 도리어 구공을 두고 사직(社稷)을 안정시킨 신하라고 하니, 이 의리는 어떠한 것입니까?

나는 염려컨대 이러한 설이 행해지게 된다면 조조와 김안로의 무리가 필시 만족하지 못할 것이고 후세의 난신적자들의 마음을 열어줄 것입니다. 주 부자(朱夫子)께서 이 일을 수록하신 것은 후세 사람들을 걱정하는 마음을 가지고 감계(鑑戒)를 드리우기 위해서입니

103 본조(本朝)의……뒤집어썼으니 : 1537년(중종32) 김안로가 중종의 계비(繼妃)인 문정왕후(文定王后)의 폐위를 도모하다가 탄로 나서 유배당한 뒤 사사(賜死)된 일과 중종반정(中宗反正)에 공을 세운 훈신들인 박원종(朴元宗), 성희안(成希顔), 유순정(柳順汀) 등이 중종의 첫 번째 비인 단경왕후(端敬王后) 신씨(愼氏)의 폐위를 힘써 청한 일을 가리킨다.《宋子大全隨箚 卷6》

까? 그렇다면 전유연(錢惟演)이 '역준(逆準)'이라고 쓰고 채제(蔡齊)가 그것을 삭제하게 한 일[104]은 또한 어찌 수록하신 것입니까? 이는 실로 궁리(窮理)와 격물(格物) 공부의 큰 절목이므로 감히 질문드립니다. 삼가 헤아려 가르쳐 줌으로써 미혹한 나의 마음을 깨우쳐 주기를 천만 바랍니다.

104 전유연(錢惟演)이……일 : 전유연은 북송(北宋)의 재상이다. 그가 〈추밀직학사제명기(樞密直學士題名記)〉를 지으면서 구준의 정적이었던 정위 편에 서서 구준의 성을 쓰지 않고 '역준(逆準)'이라고 했다. 이에 채제가 인종(仁宗)에게 "구준은 사직을 지킨 신하이며 충의가 천하에 알려졌는데, 어찌 간당(姦黨)의 무함을 받게 하겠습니까."라고 하여, 마침내 그것을 삭제하게 했다. 《宋名臣言行錄 前集 卷5 蔡齊》

김구지에게 보냄 정사년(1677, 숙종3) 4월 6일

與金久之 丁巳四月六日

시열은 아룁니다. 나의 집안이 불행하여 늙은 아내가 갑자기 세상을 떠났으니, 먼 곳에서 부음을 들으매 슬픈 마음을 감당할 수 없습니다. 그의 평생을 생각건대 가난한 살림에 시달려 술지게미와 쌀겨 속에서만 묻혀 살았고 내가 화를 당한 뒤로부터는 놀라고 두려워하며 전전긍긍하다가 그 생을 하직하고 말았으니, 부부의 의리로서 애통한 심정 어찌 그칠 수 있겠습니까.

그동안 보내 준 2통의 편지와 7차례의 별지는 병든 몸으로 펼쳐 완상하면서 손에서 놓을 수 없었습니다. 이에 스스로 생각하기를 '이렇게 편지를 주고받는다면 족히 근심을 잊을 수 있고 또한 세월을 헛되이 보내지 않을 수 있을 텐데, 불행히도 오늘날 병들어 장차 죽게 될 판이니, 곧 귀신 명부에 이름을 올리게 된다면 더 이상 이런 일은 할 수 없게 된다.'라고 하였습니다. 삼가 집사께서도 마음속으로 개탄하지 않을 수 없으리라 생각합니다. 또 삼가 생각건대 시사(時事)가 이와 같이 된 것은 하늘의 이치를 밝히고 사람의 마음을 선량하게 만들려는 우리 성조(聖祖)의 본뜻이 절대 아니니, 집사께서 비록 쫓겨난 상황에 처해 있지만 사림은 집사를 마치 태산 교악(泰山喬嶽)을 보듯 기대하고 있습니다. 이에 훗날 세도를 부지하고 나라의 위기를 크게 구할 책임은 비록 사양하고 싶어도 그렇게 될 수 없으니, 재차 바라건대 본원(本源)을 깊이 배양하여 이치를 더욱 밝힘으로써 선인의 덕을 이어 성조께서 인재를 배양해 준 은혜에 크게 보답한다면 몹시 다행일 것입니다. 맹자께서 진정한 큰 영웅이 되신 이유는 불과 '지언(知言)'과 '양기(養氣)'[105] 두 가지 일 때문이니, 지언은 궁리(窮理)의 효과이고 양기는 의리를 집적하지 않으면 불가능합니다. 이 어찌 일상생활 너머에 있는 것이겠습니까. 곧 죽을 사람의 말이 심하게 패려하지는 않으리라 생각하니, 부디 해량해 주기를 바랍니다. 병석에 엎드려 남의 손을 빌려 적느라 엉성하니 할 말을 일일이 다 적지 못합니다.

별지

선대인 묘명의 끝 대목은 실로 오늘날의 사론(士論)을 따라 작성한 것인데, 지금 또 이렇게 말씀하니 몹시도 황공합니다. '동량(棟樑)' 이하는 삼가 "집안 대대로의 덕을 계승하니 사림이 종주로 삼았다. 〔承藉世德, 士林宗主焉.〕"라고 고쳤는데,[106] 만약 기필코 그 사실을 전부 없애고자 한다면 또 곡필(曲筆)이 될 듯하니, 부디 양찰해 주는 것이 어떠합니까?

편지에서 현재 《논어》를 읽고 있는데 의미가 절로 남다르고 《맹자》, 《중용》, 《대학》도 앞으로 차례로 반복해서 읽으려고 한다고

105 지언(知言)과 양기(養氣) : 지언은 천하의 말의 이치를 알아 천하의 일에 의심스러운 바가 없음을 뜻하고, 양기는 호연지기(浩然之氣)를 기르는 것이다. 맹자가 자신의 부동심(不動心)을 말하면서 "나는 말을 알며 나는 나의 호연지기를 잘 기른다. …… 이것은 의리를 집적하여 생기는 것이지 갑자기 엄습하여 얻어지는 것이 아니다."라고 하였다. 《孟子 公孫丑上》

106 동량(棟樑)……고쳤는데 : 송시열이 쓴 김광찬(金光燦)의 묘갈명에 "수증은 매우 문행(文行)이 있었고……둘째와 셋째는 모두 영의정을 지냈는데, 집안 대대로의 덕을 계승하니 사림이 종주로 삼았다.〔壽增甚有文行……仲季皆領議政, 承藉世德, 士林宗主焉.〕"라고 한 부분을 가리킨다. 《宋子大全 卷177 同知贈領議政金公光燦墓碣銘》

하니, 이는 실로 주 부자(朱夫子)께서 입 아프게 후학을 깨우치면서도 그 번독함을 꺼리지 않으신 내용입니다. "세월은 사람을 기다려 주지 않으니, 더욱 급급히 해야 한다."라는 것은 실로 우리가 일침과 경계로 삼아야 할 지극한 말씀인데, 애석하게도 나 같은 이는 이미 어쩔 수 없는 형편이지만, 숨이 아직 붙어 있을 때 감히 스스로 혼미하도록 내버려 둠으로써 정성스러운 가르침을 저버릴 수 없습니다.

《대전차록(大全箚錄)》은 겨우 68편에 이르렀는데, 지금 손자 아이 송주석(宋疇錫)이 분상(奔喪) 때문에 서울로 떠난 관계로 일단 여기에서 중단하였습니다. 그런데 나의 질병이 이와 같으니 끝내 죽어 저승에서 한으로 남을까 염려됩니다.

그중 사시(詞詩) 10편에 대해서는 말씀을 들은 뒤로 창졸간에 종이에 옮겨 적은 뒤에 보내어 가르침을 구하였는데, 그 조례(條例)에 관하여 가르침을 청한 것이 대략 별지에 있습니다. 봉사(封事) 이하에 대해서는 응당 천천히 여쭈겠습니다.

《주자어류》가 이해하기 어렵다는 것은 참으로 편지에서 한 말씀 그대로입니다. 조목을 나누고 간략하게 요약하는 일은 백씨(伯氏) 역시 그렇게 부탁한 바가 있으나, 정력이 이미 소모된 터에 사세와 재력까지도 쉽지 않은 상황입니다. 그러나 혹 몇 년이 더 주어진다면 그대의 말씀을 끝내 저버리지 못할 것입니다.

신공(愼公)[107]은 광해조(光海朝)에서 제 몸을 깨끗이 지켰고 또

107 신공(愼公) : 신천익(愼天翊, 1592~1661)으로, 본관은 거창(居昌), 자는 백거(伯擧), 호는 소은(素隱)이다. 광해군의 실정을 보고 사직한 뒤 호남에 은거하였는데, 여러 차례 관직에 임명되었으나 나아가지 않았다. 《性潭集 卷17 參判愼公神道碑銘》

중종반정(中宗反正) 초기에 기미를 보고 은거하였으니 실로 속세를 초탈한 선비이지만, 갑오년(1654, 효종5)의 일[108]은 실로 옥의 티이니 사론이 그를 인정하지 않은 것은 실로 근거할 만한 말이 있어서입니다. 그러나 그때 공격을 받은 사람이 지금 갑자기 불선한 무리가 되니, 신공의 선견지명에 해가 될 일은 없습니다.[109] 설사 갑오년의 일이 비록 한 번 실수를 한 것이라도, 어찌 그것으로 가히 그 전체를 폐기할 수 있겠습니까. 나의 소견이 이와 같은데, 어떻게 생각합니까?-일찍이 완남(完南) 이 상공(李相公)[110]으로부터 들은 바를 말해 보겠습니다. 이 상공이 광주(光州)를 다스릴 적에 신공을 방문하였는데 그의 뜰은 잡초로 덮여 있고 부들자리는 구멍이 나고 해져 있었습니다. 이에 그에게 벼슬하지 않는 뜻을 물어보니 박장대소하면서 "내 어찌 의도가 있어 벼슬하지

108 갑오년의 일 : 1654년 홍우원(洪宇遠)이 응지 상소(應旨上疏)를 올려 "능의 흙이 마르기도 전에 사랑하던 여자를 죽게 하고, 사랑하는 아들을 유배 보냈다."라는 말로 김자점(金自點)의 옥사에 연루되어 역적으로 사사된 조 귀인(趙貴人)을 변호하자, 효종이 그를 죄주려고 하였다. 이에 대간이 불가하다고 간쟁하였고, 그 와중에 부제학(副提學) 신천익이 홀로 차자(箚子)를 올려 홍우원 및 홍우원을 변호한 이들을 논척하였다. 이 일로 당시 사신(史臣)은 "신천익은 일찍부터 중한 명망을 얻었지만 물러나 벼슬을 하지 않았으므로 온 세상이 칭찬하였는데, 이제 엄한 분부에 겁을 먹고 명을 받고는 허겁지겁 달려와 감히 한마디도 시비를 다투지 못하고 단독으로 처치하니 아첨하였다는 비난을 면치 못하였다."라고 평했다. 《孝宗實錄 5年 7月 27日》

109 그때……없습니다 : 홍우원이 이때 숙종의 어머니인 명성왕후(明聖王后)의 국정 개입을 지속적으로 비판하면서 숙종에게 명성왕후를 단속하라고 말한 죄를 지었기 때문에 신천익의 선견지명에 해가 될 일은 없다고 한 것이다. 《宋子大全隨箚 卷6》

110 완남(完南) 이 상공(李相公) : 이후원(李厚源, 1598~1660)으로, 본관은 전주(全州), 자는 사심(士深)·사진(士晉), 호는 우재(迂齋), 봉호는 완남부원군(完南府院君)이다.

않는 것이겠는가. 다만 병이 들었기 때문일 뿐이네."라고 하고는 다시 박장대소하며 방약무인한 태도를 보였습니다. 그로부터 오랜 뒤에 지난 일을 하나하나 서술하였는데 그중 한 대목에서 이르기를 "반정(反正) 초기에 대간(臺諫)의 신분으로 승평(昇平 : 김류(金瑬))께 배알하였는데, 승평께서는 가장 먼저 파방(罷榜)에 대한 논계를 정지하는 것이 마땅하다고 언급하였다."라고 하였습니다. 대개 승평의 아들 역시 과거에 합격한 사람인데, 그 은미한 뜻은 대개 '한세상의 원훈(元勳)으로서 사사로운 뜻이 이미 이와 같으니, 시사를 알 만하다.'라는 것인바, 이 또한 가히 남들보다 한 단계 더 높은 점이라 할 만합니다.-

구공(寇公)의 일에 대하여 말씀해 준 부분[111]은 이치가 명백하고 의리가 정밀하며 충후하고 원숙하니, 가슴에 새기고 싶은 마음 금치 못하겠습니다. 무릇 '금용(金墉)'[112]과 '옥의 티'는-송 인종(宋仁宗)이 곽후(郭后)를 폐한 것을 두고 선유(先儒)들이 '백옥의 작은 티'라고 했습니다.- 임금의 입장에서 말해 보자면[113] 실로 하늘과 땅만큼의 차이가 있지만[114] 신자(臣子)의 입장에서 말해 보자면 똑같은 국모이니, 비

111 구공(寇公)의……부분 : 《문곡집(文谷集)》 권27의 〈상우재별지(上尤齋別紙) 정사(丁巳)〉에 "다만 사람을 평론할 때는 그의 행적만 볼 것이 아니라 반드시 그 마음을 궁구해야 하니, 행적은 서로 비슷하다 하더라도 마음은 간혹 같지 않으므로 일률적으로 논해서는 안 됩니다. …… 생각건대 단지 후비(后妃)가 정치에 간여하는 것이 크게 우려할 만한 줄만 알고, 신하로서 모후(母后)를 폐하는 것이 패역(悖逆)으로 귀결되는 줄은 몰랐던 것입니다. 황제의 의중을 탐지하여 몰래 처리할 계획을 세웠던 일은 어찌 학문이 없고 무식한 과오에서 나온 것이 아니겠습니까."라고 한 것을 가리킨다.

112 금용(金墉) : 삼국 시대 위 명제(魏明帝)가 낙양성의 북서쪽에 세운 작은 성으로, 진 혜제(晉惠帝)의 황후인 가후(賈后)가 무제(武帝)의 비인 양후(楊后)를 유폐한 곳이다.

113 임금의……보자면 : 대본에는 '自君臣言之'로 되어 있다. 《송자대전수차》 권6에 근거하여 '臣'을 빼고 번역하였다.

록 큰 이해(利害)가 걸린 문제라도 어찌 감히 폐출하려는 모의를 할 수 있겠습니까. 집안의 어린 아우가 그러한 논의를 하는 사람이 있다는 말을 듣고는 곧바로 "역적이다."라고 하고는 그가 보낸 선물을 물리쳤으니, 재앙의 기미는 이미 닥쳤으나 그 의리는 편안하게 되었습니다.

〈풍옥정기(風玉亭記)〉[115]를 삼가 읽으니, 마치 집사를 모시고 깊숙이 기대어 있으면서 맑은 바람 소리를 듣고 구름바다를 바라보는 것 같은 기분이 듭니다. 광해조에 조수륜(趙守倫) 어른도 일찍이 이 이름으로 스스로 편액을 건 적이 있습니다. 조 어른은 파산(坡山 성혼(成渾))의 문하로서 그 후손으로는 지금 조지운(趙之耘)이 있는데 현재 음직(蔭職)을 맡고 있다고 합니다. 일찍이 곡운(谷雲 김수증(金壽增)) 편으로 〈석실어록(石室語錄)〉[116]과 〈김희진전(金希振傳)〉[117] 등 여러 글을 보냈는데, 삼가 생각건대 조만간 보게 될 것입니다. 〈석실어록〉 가운데 응당 취사할 것이 있는데 파산과 용진(龍津) 등에 관한 설[118]이 그것입니다. 부디 헤아려 말씀해 주기를 바랍니다.

114 임금의……있지만 : 양후는 태후이고 곽후는 황후이기 때문에 대처에 경중의 차이가 있음을 말한 것이다. 《宋子大全隨箚 卷6》

115 풍옥정기(風玉亭記) : 《문곡집》 권26에 실려 있는 작품으로, 김수항이 1675년 영암에 유배되어 지은 정자인 풍옥정(風玉亭)에 쓴 기문이다.

116 석실어록(石室語錄) : 김수항의 조부 김상헌(金尙憲)의 생전 언행을 기록한 글로, 〈도산기언(陶山記言)〉이라고도 한다.

117 김희진전(金希振傳) : 김상헌의 집안 조카이자 제자인 김희진(金希振)을 주인공으로 한 전으로, 《송자대전》 권215에 실려 있다.

118 파산과……설 : 파산은 성혼의 아들인 성문준(成文濬)을 논평한 조목을 가리키고, 용진은 이덕형(李德馨)을 논평한 조목을 가리킨다. 《宋子大全隨箚 卷6》

김구지에게 보냄 정사년(1677, 숙종3) 4월 16일

與金久之 丁巳四月十六日

이달 초열흘 전 남유창(南有昌) 군이 작별하고 돌아갈 적에 삼가 편지를 부쳐, 정성스럽게 위문편지를 써 준 데 대해 부족하나마 사례를 드리고 이어 작은 책자[119]를 보내어 질문을 드렸는데, 언제 집사께서 받게 되실지 모르겠습니다. 지금 초여름 날씨에도 여전히 서리가 많이 내리는 날이 있는데, 큰바람의 위세가 닥쳐 기거에 방해가 되지는 않는지요? 걱정되는 마음 그지없습니다.

구구한 나의 질병에 대해서는 감히 집사의 귀를 누차 번독하게 하며 말씀드리지는 못하지만, 날로 저승문에 가까이 다가서고 있다는 사실을 느낍니다. 이는 실로 침상에서 달콤한 잠에 드는 것 같은 일이기는 하나 다만 자식의 사정이 가련할 뿐입니다.

보낸 책자는 혹 나를 비루하게 여기지 않아 통렬하게 산삭하고 수정 및 보충을 가하고서 확실한 인편에게 맡겨 보내 준다면, 아마 잘못을 바로잡아 주는 도움을 받을 수 있을 것이며 또 그로써 학문을 널리 배우는 공부가 어둡고 애매한 부분까지 미치는 것을 우러러보게 될 것이니, 삼가 지극히 축원하는 마음 금할 수 없습니다.

우리는 죄를 지은 몸이지만 오직 이러한 일은 아직 자신에게 속한 것인데, 다만 서로의 거리가 멀어 수시로 질문을 드리지 못하는 것이 한입니다.

119 작은 책자 : 《대전차록(大全箚錄)》을 가리킨다. 《宋子大全隨箚 卷6》

나머지 할 말은 이전에 보낸 편지에 담겨 있습니다. 기운이 심히 떨어져서 남에게 붓을 쥐여 받아 적게 하니 황송함을 금하지 못합니다.

김구지에게 답함 정사년(1677, 숙종3) 6월 18일
答金久之 丁巳六月十八日

외람되이 광산(光山) 편에 손수 쓴 편지를 받게 되었는데 위로하고 깨우쳐 주는 말씀이 모두 지극하였습니다. 이에 나의 감격스러운 심정을 이루 말로 다 표현할 수 없습니다. 이어 살피건대 무더운 날씨에 한가로이 지내는 일상이 평안하고 만복하니, 두 손 모아 경하드리는 구구한 마음 또 이루 억누르기가 어렵습니다.

성상 곁에서 벌어지고 있는 재앙의 기운이 극도에 이른 지 이미 오래이니, 군이 오늘에 와서야 그런 것은 아닙니다. 다만 이렇게 겁내지 않고 두려워하지 않아 시운을 편안히 여기고 운명을 순순히 받아들임으로써 그것을 스스로 힘쓰는 터전으로 삼을 뿐입니다.

《주자대전차의(朱子大全箚疑)》에 대해서는 외람되게도 나를 비루하게 여기지 않아 교정해 주겠다는 뜻으로 말씀하였으니, 참으로 큰 덕을 지닌 분의 일인바 기쁘고 다행스러운 마음이 어찌 끝이 있겠습니까. 주 선생께서는 일찍이 《의례통해(儀禮通解)》를 편찬하면서 "《의례(儀禮)》는 난해해서 소인들로 하여금 붓을 함부로 놀려서 농간을 부리는 자료로 삼게 한다."라고 하셨습니다. 더구나 오늘날에는 정자와 주자의 큰 가르침이 일번인(一番人)[120]에 의해 남김없이 잡아 뜯겼으니, 우리가 함께 진정을 다하여 만분의 일이나마 미루어 밝혀서 사람들로

120 일번인(一番人) : 당파나 이념을 달리하는 쪽의 사람들을 간접적으로 가리킬 때 쓰는 말이다.

하여금 쉽게 이해하게 한다면, 세상에 혹시라도 그것을 읽으려고 하는 사람들이 한가롭게 시간을 보내며 지내는 데 일조할 수도 있을 것입니다. 정 선생(程先生)께서는 말씀하기를 "힘은 적고 임무는 무거운데도 그 어려움을 두려워하지 않는 것은 대개 '진실로 그것을 아는 사람의 범위가 넓어지도록 만들면 그것에 힘쓰는 자가 또한 많아질 것이니 어떤 어려움인들 쉽게 해결되지 않으랴.'라는 생각 때문이다."라고 하였으니,[121] 구구한 나의 오늘날 바람은 언제나 여기에 간절합니다.

환장암(煥章菴)에 부친 시는 이미 초옥의 승려에게 맡겨 함에 보관하도록 하였습니다.

어제 어떤 사람을 통하여 인조조(仁祖朝)의 《승정원일기》에 나오는 몇 조목을 볼 수 있었는데, 이는 노선생(김상헌)의 연보에 보충할 만한 것이라 삼가 보내 드립니다. 부디 백씨(伯氏)와 중씨(仲氏)께 가져다 여쭘으로써 헤아려 조처할 수단으로 삼게 하는 것이 어떻겠습니까?

나머지 할 말은, 몹시 병들고 피로하여 남의 손을 빌려 적을 수밖에 없는지라 겸연쩍고 두렵기 그지없으니 다만 신명의 보살핌으로 사문을 다행스럽게 해 주기를 바랄 뿐이라는 것입니다.

○ 일전에 현재 《논어》를 읽고 있다고 하였는데, 이미 몇 편을 지났습니까? 그 가운데 이른바 "성(性)은 서로 가깝다."라는 한 장[122]은 바로 《맹자》의 성선설(性善說)과 말이 달라 함께 참조하며 볼 만합니다.

121 정……하였으니 : 북송의 학자 정이(程頤)가 제자 유현(劉絢)의 제문에서 한 말이다. 《二程文集 卷12 祭劉質夫文》

122 성(性)은……장 : 《논어》 〈양화(陽貨)〉에 "성은 서로 가까우나 습관에 의해 서로 멀어진다."라고 한 말을 가리킨다.

여기에 연유하여 실로 횡거(橫渠) 선생의 기질지성(氣質之性)[123]이 나왔는데, 지금 호남(湖南)의 한 후생이 보내온 문목(問目)을 보니 여기에 대해 전혀 자세히 알지 못하였습니다. 주 선생께서 한평생 힘을 쏟아 주해(註解)함으로써 사람들로 하여금 쉽게 이해하도록 한 것이 도리어 효력을 얻지 못한 것입니다.

○ 부제학 신공(愼公 신천익(愼天翊))의 글은 이미 완성하였습니까? 근래 택당(澤堂 이식(李植))의 기록 가운데에서 그의 유사(遺事)를 찾았는데, 붓 가는 대로 기록하여 보내 드립니다.

123 횡거(橫渠) 선생의 기질지성(氣質之性) : 횡거 선생은 북송의 성리학자 장재(張載)이다. 그는 "형체가 생긴 뒤에 기질지성이 있으니, 이를 잘 회복하면 천지지성(天地之性)이 보존된다. 그러므로 기질지성은 군자가 성(性)으로 여기지 않는 경우가 있다." 라고 하면서, 인간의 본성을 기질지성과 천지지성의 두 가지 차원으로 나누어 이해하였다. 《性理大全 卷5 正蒙 誠明》

김구지에게 보냄 정사년(1677, 숙종3) 7월 11일

與金久之 丁巳七月十一日

가을 더위가 특히나 혹독한 이때에 삼가 자고 일어나는 일상적인 생활 외에 함양하는 공부와 격물치지하는 공부가 동시에 날로 새로울 것으로 생각하니, 그리운 마음이 밤낮으로 더욱 간절합니다.

삼가 듣건대 고묘(告廟)를 해야 한다는 계사[124]가 날마다 입계되어 "그대로 하라.〔依〕"라는 한 글자가 조만간 내려질 것이라고 합니다. 처형을 당하여 저잣거리에 나의 시체가 진열된 채로 돌아가 성조(聖祖)를 뵙는 것은 곧 내 소원에 부응하는 일이니, 이 밖에 또 무슨 바람이 있겠습니까. 다만 사태가 계속 이어져 금옥같이 아름다운 정채(精彩)를 가진 이들까지 구설에 함께 오르는 것을 면치 못하니, 이는 감히 편안할 수 없는 것입니다. 오직 동지들을 이끌어 덕과 학문에 더욱 힘씀으로써 사도(斯道)를 다행스럽게 해 주기를 천만 바랍니다.

《대전차목(大全箚目)》 한 책을 다시 이렇게 보내 드리니, 한결같이 지난번 편지에서 고한 내용 그대로 해 주기를 간절히 바랍니다. 다만 백씨(伯氏)께서 누차 이것에 대해 말씀하는데 아직까지 올려서 여쭈지

124 고묘(告廟)를……계사 : 1674년(현종15) 갑인예송(甲寅禮訟)의 패배로 예를 그르쳤다는 죄를 입어 송시열이 귀양을 가자, 1675년부터 조사기(趙嗣基)를 비롯한 남인 측에서 송시열을 종묘에 반역 죄인으로 고하고 극형을 내려야 한다는 주장을 제기하였는데, 이 무렵인 1677년 6월부터 허목(許穆), 정지호(鄭之虎) 등이 다시 지속적으로 고묘론(告廟論)을 주장하였다.《肅宗實錄 1年 閏5月 12日, 3年 6月 12日・16日・17日》《宋子大全 附錄 卷7 年譜》

못하고 있으니, 늘 두렵고 한탄스럽습니다. 지난번 보낸 책자는 교감해 나간 뒤에 인편을 통하여 돌려준다면 몹시 다행이겠습니다. 만약 광산(光山) 쪽에서 하인 한 사람을 빌린다면 그 또한 그다지 어렵게 여기지 않을 텐데, 다만 미처 받지 못할까 염려됩니다. 하고 싶은 말을 일일이 다 적지 못합니다.

김구지에게 보냄 정사년(1677, 숙종3) 8월 28일
與金久之 丁巳八月二十八日

지난달 초 남생 유창(南生有昌)이 위급한 시론(時論)을 듣고서 도보로 나에게 찾아와 보름 동안 함께 지내다 돌아갔습니다. 그런데 그때 그가, 돌아가면 곧바로 집사께 가서 인사드릴 것이라고 하기에 마침내 편지 한 통을 맡겨 보내는 한편, 《대전문목(大全問目)》과 책자 하나를 함께 보냈습니다. 다만 그가 떠날 당시 병이 막 나은 직후여서 근근이 버티던 상황이었는지라 그가 이미 집사를 찾아갔는지는 알지 못하고 있었습니다. 그러다 홀연 광산(光山) 편으로 이달 2일에 보낸 편지를 받게 되었습니다. 길게 깨우치고 가르쳐 준 그 말씀은 온통 성대한 덕이 드러난 것이어서 거듭 반복해서 읽어 보면서 가슴에 새겨 마지않았습니다.

오늘의 일은 또한 이미 늦은 것입니다. 다만 이 일개 늙은이의 생사는 실로 미물만도 못한 보잘것없는 것인데, 나라 형세가 이토록 고단하고 위태로우니, 비록 베를 짜는 씨줄이 끊어질까 염려하는 아낙[125]에게 말을 시키더라도 응당 장탄식을 할 것입니다. 하물며 충경(忠敬)한 집사 같은 분은 그 걱정스럽고 다급한 심정이 응당 어떠하겠습니까.

125 베를……아낙 : 주제넘게 나라를 걱정하는 미천한 사람을 가리킨다. 《춘추좌씨전(春秋左氏傳)》 소공(昭公) 24년의 "과부가 베를 짜는 씨줄이 끊어질 것은 걱정하지 않고 천자의 나라인 주(周)나라가 망할 것을 걱정한다는 말이 있는데, 이는 그 재앙이 자기에게도 미칠 것이라고 여겨서이다."라는 말에서 유래하였다.

눈물을 훔친다는 말이 허언이 아님을 실로 잘 알겠습니다.

《대전문목》을 당초 무람없이 부탁드렸을 때 그것이 참람하고 경솔하다는 사실을 몹시도 잘 알아서 장독 뚜껑으로나 쓰일 것이라고 여겼습니다. 그런데 이제 의심나는 부분을 질문한다는 말씀을 하니, 감사하게도 자세히 읽어 보아 주었는지라 감격스럽고 다행한 마음을 이길 수 없습니다. 또 종이에 고쳐 쓴다는 말씀도 하니, 그 책이 또 비상한 대우를 받는 것인지라 그 책을 대신하여 깊이 황송해합니다.

나는 무더위가 지나자마자 장마가 6, 7일간이나 이어져 검은 안개가 방 안에까지 들어와 벽에 이끼가 자라는 바람에 필시 침독(侵毒)에 죽을 것이라고 생각했는데, 또다시 목숨을 이어 가니 극히 의아하고 이상합니다.

별지

"성(性)은 서로 가깝다."[126]에 대해서 상세히 말해 주니 극히 다행이고 다행입니다. 생각건대 '성(性)'이란 이 한 글자에 대해서는 순자(荀子), 양웅(揚雄)에서부터 한유(韓愈), 소식(蘇軾)에 이르기까지 주장이 많이 제기될수록 이치는 더욱 어두워졌는데, 그러다 정자(程子)와 장자(張子)께서 기질지성(氣質之性)과 본연지성(本然之性)에 대해 논하고 나서야 비록 문리를 대충 아는 자라도 모두 그것에 대해 알 수 있게 되었습니다. 다만 이 한 구절을 정자께서 "기질지성이다."라고 하심에 따라 독자들은 하나같이 의심할 바 없이 후련하게

126 성(性)은 서로 가깝다 : 《논어》 〈양화(陽貨)〉에 "성은 서로 가까우나 습관에 의해 서로 멀어진다."라고 한 말을 가리킨다.

깨닫게 되었는데, 주자께서 써넣으신 "겸한다.〔兼〕"라는 글자의 의미에 대해서는 의혹을 품지 않는 이가 없었습니다.[127] 이는 대개 성인께서 "같다.〔同〕"라고 하지 않고 "가깝다.〔近〕"라고 말씀하신 이유가 기질(氣質)이 같지 않기 때문이라는 사실만 아는 까닭에 정자의 설에 대해서는 모두가 능히 깊이 이해하지만, 그것이 서로 가깝고 서로 멀지 않은 이유가 실로 본연지성을 똑같이 가지고 있기 때문이라는 사실은 모르는 까닭에 주자의 설에 대해서는 도리어 의혹을 품는 것입니다. 나의 견해가 이와 같은데 듣는 사람이 기필코 정자만 위주로 하고자 하였기 때문에 지난번 감히 그 설에 대해 여쭈었는데, 지금 그에 관하여 말씀해 주니, 나의 견해가 이치에 어긋나지 않는다는 사실이 다행스럽습니다. 얼마나 위로되고 위로되겠습니까.

신장(愼丈 신천익(愼天翊))의 사적이 혹 집사를 통하여 매몰되지 않고 드러나게 된다면 또한 세도에 한 가지 다행한 일일 것입니다.

지난날 연보를 보완한 글[128]은 그 사람에게 부월(鈇鉞)이 됨이 심

127 다만……없었습니다 : 《논어》 〈양화〉의 "성은 서로 가까우나 습관에 의해 서로 멀어진다."라는 구절에 대해, 정자가 "이것은 기질지성을 말한 것이며 본연지성을 말한 것이 아니다. 그런데 그 근본에 대해 말하자면 성은 곧 이(理)이고 이(理)는 선하지 않음이 없으니, 맹자께서 말씀하신 성선(性善)이 바로 이것이다. 어찌 서로 비슷하다는 말이 있을 수 있겠는가."라고 하고, 주희가 "여기에서 말한 성은 기질을 겸(兼)하여 말한 것이다. 기질지성은 본래 좋고 나쁜 차이가 있으나 그 처음을 가지고 말한다면 모두 서로 크게 멀지 않은데, 다만 선(善)에 습관이 되면 선해지고 악(惡)에 습관이 되면 악해지는 것이니, 여기에서 비로소 서로 멀어지게 되는 것이다."라고 설명한 것을 가리킨다. 《論語集註 陽貨》

128 연보를 보완한 글 : 김수항의 조부인 김상헌(金尚憲)의 연보를 보충한 글이다. 《宋子大全隨箚 卷6》

합니다.[129] 다만 듣건대 그 자손이 힘써 사론(士論)을 부지하여 그 허물을 덮을 만하다고 하니, 논자들은 이를 숨기지 않아야 합니다. 이는 실로 성인께서 쓸 만한 것은 쓰고 없앨 만한 것은 없애셨던 권형인데 후세에는 그렇지 않으니, "나쁜 점을 비평할 때는 짧게 한다."라는 의리[130]를 모르는 것인바 극히 한탄스럽습니다.

129 그……심합니다 : 그 사람이란 최명길(崔鳴吉)로서, 그의 잘못을 뚜렷이 드러내는 서술이 된다는 뜻이다. 《춘추(春秋)》에서는 한 글자의 포폄(褒貶)을 매우 중히 여겨, 고어(古語)에 "화려한 곤룡포보다 영광스러운 것은 곧 한 글자의 포양(褒揚)이요, 부월보다 엄한 것은 바로 한 글자의 폄척(貶斥)이다."라고 하였다. 《幼學瓊林 文事》 최명길은 병자호란 당시 김상헌에 대해 명예를 얻기 위하여 억지로 척화를 주장하는 인물로 여겨 좋게 보지 않았는데, 함께 심양(瀋陽)에 붙잡혀가 억류당하였을 때 김상헌의 불굴의 절의를 보고는 결국 그의 진심을 이해하고 탄복하게 되었다. 김상헌 역시 처음에 청나라와 화의를 주장하는 최명길을 오랑캐를 두둔하는 행동이라고 보았다가 심양에서의 억류 생활 이후 기존의 불만이 해소되어 함께 시를 수창하면서 "양대에 걸쳐 나눈 교분 다시 찾아서, 백 년간의 의심 몽땅 풀어 버렸네."라고까지 하였다. 그 후 최명길의 자손은 김상헌이 최명길을 원망하는 마음이 하나도 없었으며 두 사람의 우호가 깊었다고 주장하였는데, 정작 김상헌의 자손은 김상헌이 최명길을 끝내 좋아하지 않았고 다만 안부 편지를 끊지 않았을 뿐이라고 하였다. 이러한 이유로 김수항이 김상헌의 연보를 보완할 때 그러한 일을 모두 수록하지 않았는데, 송시열은 최명길에 대한 불만을 해소한 일이 김상헌의 성덕(盛德)에 해가 되지 않는다고 하면서 이를 수록하지 않을 수 없을 듯하다고 하였다. 하지만 김수항은 송시열의 그 생각을 끝내 받아들이지 않았다. 《宋子大全隨箚 卷6》

130 나쁜……의리 : 춘추필법(春秋筆法) 중 하나로, 《춘추공양전(春秋公羊傳)》 소공(昭公) 20년에 "훌륭한 점을 칭찬할 때는 길게 하고 나쁜 점을 비평할 때는 짧게 한다."라고 한 것을 가리킨다.

김구지에게 답함 정사년(1677, 숙종3) 10월 14일

答金久之 丁巳十月十四日

그리운 마음 한창 간절하던 차에 광주(光州)와 나주(羅州)의 여러 군(君)이 나란히 방문을 하였습니다. 그들을 통해 집사의 편지를 전해 받고 아울러 《대전문목(大全問目)》 2책과 그에 대해 교정해 준 글을 받으니, 손을 씻고 봉투를 뜯어보매 기쁘고 다행한 심정을 금할 수 없었습니다. 그 고증이 정밀하고 해박한 것이야 일단 논하지 않겠거니와, 말뜻이 분명하고 곡절이 상세하니 비록 문리를 대충만 아는 사람일지라도 모두 흐름을 따라서 근원을 궁구할 수 있는바, 초학자들에게 몹시도 큰 공을 세운 것입니다. 만약 집사께서 묘당(廟堂)에 있었다면 나는 감히 이 일을 번거롭게 청하지 못하였을 것이며 혹여 무람없이 청하였더라도 또한 상의할 겨를이 없었을 것입니다. 그런데 도리어 집사께서 한가로운 자리에 잠시 처함으로써 이 일을 도울 수 있게 되었으니, 이는 실로 하늘의 뜻인바 어찌 사람이 도모할 수 있는 것이겠습니까. 그 사문(斯文)에 -원문 결락- 다행스러운 것을 스스로 주체할 수 없습니다. 삼가 응당 원본과 함께 편집하여 1통으로 만들어 재차 가르침을 구하겠습니다.

연보를 보완한 글에 대해서는 아직 백씨(伯氏)의 가르침을 듣지 못하였습니다.

〈풍옥정기(風玉亭記)〉를 오래도록 완성하지 못하고 있습니다. 대개 집사께서는 먼저 뛰어난 문장을 보냄으로써 좋은 전지(田地)가 모두 점탈당하듯이 문득 나로 하여금 더 이상 손댈 곳이 없도록 만드셔서는 안 될 것입니다.

부탁한 와명(窩銘)[131]은 미루다가 불민한 죄를 거듭 짓게 될까 다시금 두려우므로 지금 바로 분부대로 하였습니다. 원래 글솜씨가 없는데다 급히 부응해 짓느라 더욱 엉성하니, 부디 한번 보고 찢어 버리는 것이 어떻겠습니까?

여차(旅次)에서 기일(忌日)을 만났을 때의 예법에 대해서는 주 선생께서 이미 상세한 가르침을 내리신 바가 있습니다. 더구나 우리는 일년에 한 번밖에 만나지 못하는 애통한 일조차도 이미 여러 해 동안 폐하고 있으니, 하늘에 사무치는 슬픔 속에서 더욱 또 원통하고 답답합니다. 이 때문에 여기에서는 이미 보내온 편지에서 한 말씀과 똑같이 행할 뿐입니다.

한편 제사를 지내는 것에 대해 말하자면, 종법(宗法)은 지엄하므로 종자(宗子)가 비록 다른 나라에 간 상황이라도 종자를 칭하면서 제사를 지내는 자는 오히려 묘소를 바라보며 단(壇)을 만드는 것입니다. 그러므로 주 선생께서 일찍이 이것을 주장하셨습니다. 또 선생께서 다른 날에 논하신 것을 상고해 보건대 멀리 떨어져 사는 지자(支子)에게는 제사할 때에 지방(紙榜)으로 표기한 뒤 신위마다 제사가 끝나면 태우도록 허락한 것은 시제(時祭)를 가리켜 말씀한 것인 듯합니다. 시제도 그러할진대 기일은 일의 체모가 더욱 가벼우니 더욱 혐의할 바가 없습니다. 다만 선생의 두 설 가운데 무엇이 후일의 정론인지 모르겠습니다. 만일 시조(始祖)와 선조(先祖)를 처음에는 제사 지냈다

131 와명(窩銘) : 김수항이 영암 유배지에서 지은 집인 감형와(坎亨窩)에 대한 명(銘)으로, 이 글은 《송자대전》 권150에 〈감형와명(坎亨窩銘)〉이라는 제명으로 실려 있다.

가 나중에는 그만두었다는 설[132]대로 하는 것은 또한 감히 경솔히 취사할 수 없으므로 여기에서는 감히 엄두를 못 내고 있습니다.

나는 근자에 치루를 앓아 괴로움으로 날을 보내고 있으니 세상의 화는 조금 잦아들었지만 죽을 날은 머지않습니다. 다만 끝내 아무것도 얻는 바가 없게 되는 것이 애처로울 뿐입니다. 하고 싶은 말이 몹시 많으나 누워서 남의 손을 빌려 적느라 일일이 다 적지 못하니, 모든 것을 오직 묵묵히 이해해 주기를 바랍니다. 나머지 할 말은 다만 더욱 더 몸을 보중하여 사문을 다행스럽게 해 달라는 것뿐입니다.

별지

연보를 보완하면서 해당 몇 단락의 일은 실로 전부 다 매몰시킬 수 없습니다. 그러나 일찍이 그 자손이 기록하여 보여 준《북비수창첩(北扉酬唱帖)》가운데 "백 년간의 의심 몽땅 풀어 버렸네.〔頓釋百年疑〕"라고 한 시 1편을 보고는 스스로 마음이 풀린 지점이라고 여겼으니,[133] 과연 그 사람[134]이 최후에 개과천선하여 스스로를 새롭게 한

132 시조(始祖)와……설 : 주희의 문인인 이당자(李唐咨)가 주희에게 시조의 제사에 대해 묻자 주희가 "옛날에는 그런 것이 없었는데, 이천(伊川)께서 의리에 입각해서 새로 그 예를 만드셨다. 그래서 나도 처음에는 시조의 제사를 지냈는데, 훗날 그것이 참람한 듯하여 지금은 감히 제사 지내지 않는다."라고 하였고, 또 "선생께서 옛날에는 입춘에 선조의 제사를 지내고 동지에 시조의 제사를 지냈는데 훗날에는 모두 폐하셨으니 어째서입니까?"라고 하자 주희가 "너무 참람한 듯하여 결국 폐한 것이다."라고 하였다.《宋子大全隨箚 卷6》

133 그……여겼으니 :《북비수창첩》은 병자호란 이후 최명길이 심양(瀋陽)의 북관(北館)으로 가 억류되어 있을 때 김상헌을 비롯한 여러 인물과 수창한 시를 모은 책이다. 거기에 실린 김상헌의 시에 "좋은 시구 볼수록 더 묘하니, 애를 쓴 것이 바로 여기

실상이 있다면 그 지난 일은 혹 소략히 해야 할 듯합니다. 부디 헤아려 가르침을 주는 것이 어떻겠습니까?

있네. 양대에 걸쳐 나눈 교분 다시 찾아서, 백 년간의 의심 몽땅 풀어 버렸네."라는 대목이 있다.

134 그 사람 : 최명길을 가리킨다. 127쪽 주129 참조.

김구지에게 답함 정사년(1677, 숙종3) 12월 15일

答金久之 丁巳十二月十五日

어제 회덕(懷德)에서 역마 편으로 지난달 4일에 보낸 편지가 도착하여 바야흐로 기뻐하고 감사하던 중이었는데, 홀연 익양(翼陽)의 인편을 통해서 24일에 손수 쓴 편지와 두 단락으로 이루어진 별지를 또 받게 되었습니다. 이에 마침 고통스러워 죽고 싶었던 와중에 나도 모르게 자리에서 일어나 편지를 완상하느라 종이에 보풀이 일기까지 하였는데도 손에서 놓을 수 없었습니다. 다만 도를 추구하였으나 아직 보지 못하였다는 뜻이 전후로 간절하였는데, 어찌 집사께서 정말로 그러하시겠습니까. 실로 늙고 혼미한 나에게 경계되는 바가 깊으니, 감히 재주를 다하여 남은 가르침을 저버리지 않도록 하지 않을 수 있겠습니까.

《주자대전차의(朱子大全箚疑)》에 대해 여쭌 것에 다시 바로잡아 주겠다는 뜻을 보여 주었으니, 이 다행한 마음을 어찌 말로 다 표현할 수 있겠습니까. 삼가 손을 맞잡고 기다릴 뿐입니다. 시류(詩類)를 추록한 몇 조항은 극히 정밀하니, 삼가 마땅히 차례에 따라 첨입하겠습니다. 다만 일찍부터 여쭈어보지 못하여 마침내 10년이나 지체된 것이 한스러울 뿐입니다. 지금 다시 엮은 두루마리 하나를 보내 드리니, 범례를 이와 같이 하는 것은 어떠할는지요? 부디 헤아려 가르침을 주기를 바랍니다. 이후로는 응당 엮이는 대로 계속 보내 드리겠습니다.

○ 연보를 보완하는 일에 관한 여러 대목은 바로 말씀한 대로 해야 하나, 접때 문서를 수색한다는 의론이 있다는 소식을 듣고 원본을 깊은 곳에 숨겨 둔지라 실행하지 못하였습니다. 부디 집사께서 보완하여

보여 주면 여기의 원본을 삼가 응당 뒤따라 첨입하겠습니다.

이로 인하여 삼가 여쭐 말씀이 있습니다. 병자년(1636, 인조14)과 정축년(1637) 이후 독보(獨步)가 왕래한 일[135]은 실로 우리 조정이 후세에 할 말이 있는 하나의 의리입니다. 당시 정승 아무개[136]가 실로 그 일을 주관하였으니, 노선생(김상헌) 시의 뜻이 만약 여기에서 나왔다면 응당 은미한 말로 착실하게 함으로써, 사실을 통하여 의리를 밝히는 뜻을 담아야 하고 또한 노선생의 호오(好惡)가 공정하다는 사실을 드러내야 할 듯하니, 어떻게 생각합니까? 부디 헤아려 가르침을 주기를 바랍니다.

135 병자년과……일 : 1642년 최명길(崔鳴吉)이 임경업(林慶業)과 함께 비밀리에 의승(義僧) 독보를 명나라에 보내, 조선이 청나라와 강화(講和)한 것은 종사(宗社)를 위해 부득이한 일이었으며 명나라를 성심으로 돕겠다는 내용으로 자문(咨文)을 전달하게 한 일을 가리킨다. 나중에 이 일이 발각되어 최명길은 심양으로 잡혀갔다. 《燃藜室記述 卷26 仁祖朝故事本末 獨步》

136 정승 아무개 : 최명길을 가리킨다.

송자대전

제55권

書서

김구지[1]에게 보냄 무오년(1678, 숙종4) 3월 11일

與金久之 戊午三月十一日

해가 바뀌고 봄이 저물도록 한결같이 어떻게 지내는지 소식을 듣지 못하였으니, 구구히 그리운 마음 어찌 견딜 수 있겠습니까. 현재 체후는 더욱 건승하며 일상생활의 공부는 능히 중단 없이 계속하고 있는지요?

새해가 되기 전 인편을 통하여《대전문목(大全問目)》1책을 맡겨 보내어 교정해 주기를 청하였는데, 과연 중간에 유실되지는 않았는지요? 보내 주기를 날마다 바라고 있지만 길이 멀고 인편은 드문 까닭에 받기가 쉽지 않으니, 심이 한탄스럽습니다. 애당초 나오는 대로 기록하여 계속 여쭐 작정이었는데 베껴 쓸 사람이 없는 관계로 계획이 어긋나 지금에 이르렀고 나의 병까지 날로 악화되고 있는 실정이니, 삼가 이 일을 끝내 마무리 짓지 못하여 마침내 저승에서 한으로 남게 될까 염려됩니다. "인간 만사는 어느새 변하여 사라지니 가슴속에 담아 둘 것이 없다. 오직 앎을 지극히 하고 힘써 행하여 마음을 닦으며 죽음을 기다리는 것이 구경법(究竟法)이 된다."라는 것은 실로 우리 주 선생(朱先生)의 말씀이니, 아침저녁으로 이 말씀을 욀 때마다 신나고 기운 나지 않은 적이 없었습니다. 그런데 한때의 의기(意氣)는 쉬이 사그라지니, 게으름이 일을 그르치는 것이 심합니다.

근자에 춘형(春兄 송준길(宋浚吉))의 남겨진 손자를 통하여 비로소

1 김구지(金久之) : 김수항(金壽恒, 1629~1689)으로, 구지(久之)는 그의 자이다. 본관은 안동(安東), 호는 문곡(文谷)이다.

병진년(1676) 납월(臘月)에 꿈을 기록한 작품[2]을 보았는데, 이 어찌 평소와 아무런 차이 없이 정신이 서로 감응하여 이루어진 결과가 아니겠습니까. 시를 다 읽지도 못했는데 그만 나도 모르게 눈물이 두 뺨을 타고 흘러내렸습니다.

죽은 아내의 첫 기일이 며칠밖에 남지 않았습니다. 처음엔 신주를 보냄으로써 살아생전에 찾아오기를 염원하였던 그 뜻에 보답하려고 하였으나 물의(物議)가 다시 갈라지는 바람에 또 그것을 이루지 못하였으니, 이 역시 사사로운 정으로 차마 견딜 수 없는 부분입니다.

날씨가 아직 차니, 오직 더욱 몸을 보중함으로써 사림(士林)의 바람에 위로가 되어 주기를 바랄 뿐입니다.

별지

팔계군(八溪君) 정로(鄭老)에 대한 글[3]을 계주(季周 이단하(李端夏))가 보내면서 아울러 시자(侍者)가 찌를 붙인 것까지도 함께 보내주어, 삼가 그의 취사선택하는 안목과 기준을 엿볼 수 있었습니다. 다만 그 본래의 행장(行狀)으로 보건대 사론(士論)이 둘로 나뉜 시

2 병진년……작품 : 김수항이 지은 시 〈병진납월이십삼일효몽여동춘우재이로상회종용여평일……(丙辰臘月二十三日曉夢與同春尤齋二老相會從容如平日……)〉을 가리킨다. 이 시의 전문은 다음과 같다. "시와 술로 차분히 꿈속을 노닐었으니, 한 조각 마음 본래 유명의 간격을 뛰어넘었네. 임금께 충성하고 도를 보위하려는 평생의 뜻은, 언제나 강하와 함께 만고토록 흐르리라."《文谷集 卷3》

3 팔계군(八溪君)……글 : 이단하가 지은 정종영(鄭宗榮, 1513~1589)의 신도비명으로, 《외재집(畏齋集)》 권8에 〈좌찬성정공신도비명(左贊成鄭公神道碑銘)〉이라는 제명으로 실려 있다. 팔계군은 정종영의 봉호(封號)이다. 정종영의 본관은 초계(草溪), 자는 인길(仁吉), 호는 항재(恒齋)로, 김안국(金安國)의 문인이다.

기에 이 어른은 뜻이 고상하였으니 분명히 전배(前輩)에 해당하는 분인데, 그 아들 정혹(鄭穀)이 우계(牛溪)를 무함할 때 "휘파람을 불어 도당(徒黨)을 불러 모았다."라고까지 하였으니, 이는 부자지간에 마음이 달라서 그런 것입니까, 아니면 이 어른이 비록 선배들로부터 인정을 받았으나 그 뜻은 실로 후배에게 있었던 것입니까? 이것이 심히 의심스러우므로 감히 여쭈니, 부디 미혹한 나를 일깨워 주기를 바랍니다.

《대전문목》의 작업은 겨우 잡저(雜著) 몇 권에 이르렀으나 손자 아이가 어제 서쪽으로 돌아가 중단할 수밖에 없었습니다. 이 역시 하나의 마장(魔障)인 셈이니 한탄스러운 일입니다. 지난번 여쭌 것은 이미 그대가 교감해 주었으니, 부디 서석(瑞石 김만기(金萬基))에게 하인 하나를 빌려서 되도록 빨리 돌려주는 것이 어떻겠습니까? 그러나 반드시 확실한 사람을 얻어야 할 것입니다. 주 선생께서도 일찍이 편지를 주고받을 때 중간에 잃어버린 일이 있었는데, 하물며 지금은 어떻겠습니까.

김구지에게 답함 무오년(1678, 숙종4) 3월 19일
答金久之 戊午三月十九日

봄이 된 뒤로 병세가 더욱 심해지니, 장차 머지않아 관 속으로 들어갈 것 같습니다. 나를 기억해 주는 은혜를 과분하게 입어 자주 손수 쓴 편지를 보내 주니, 안동(安東)의 유씨(柳氏) 성을 가진 이는 비록 아직 도착하지 않았으나 서석(瑞石)에서 온 것은 받아 보았는바, 감격하고 위로되는 마음 한량이 없습니다.

죽은 이를 장사 지내는데 멀리 떨어져 있다는 슬픔은 나도 다름이 없습니다. 나 또한 오늘 아침 망곡(望哭)을 하고 죽은 아내의 복을 벗어 마음이 슬픈 데다가 연일 비까지 많이 내려 습한 장기(瘴氣)가 젖어 드니, 속에서 생기는 병만 사람을 해칠 수 있는 것이 아닙니다.

《문목(問目)》은 서둘러 돌려주기를 바라지는 못하고 오직 상세히 해 줄 것을 바랄 뿐입니다.

시류(詩類)와 관련한 몇 대목을 삼가 받았으니 몹시 다행입니다. 즉시 편입시킬 것입니다.

이 도(道)에서는 고묘론(告廟論)[4]이 심히 기승을 부리고 있어서, 통문(通文)의 조어(措語)가 예전에 비하여 더욱 준엄합니다. 금년은 응

4 고묘론(告廟論) : 1674년(현종15) 갑인예송(甲寅禮訟)의 패배로 예를 그르쳤다는 죄를 입어 송시열이 귀양을 가자, 1675년부터 조사기(趙嗣基)를 비롯한 남인 측에서 송시열을 종묘에 반역 죄인으로 고하고 극형을 내려야 한다고 지속적으로 주장한 일을 말한다. 《肅宗實錄 1年 閏5月 12日, 3年 6月 20日, 4年 10月 24日》

당 작년과 같지 않을 것이니, 다만 "내가 죽으면 화가 그칠 것이다."라는 말[5]을 욀 뿐입니다. 그동안 내가 올린 편지는 과연 모두 받아 보았는지요? 가장 나중에 보낸 것은 유씨 성을 가진 사람이 가지고 갔습니다. 하고 싶은 말을 일일이 다 적지 못합니다.

별지

주 선생께서는 경원(慶元) 경신년(1200)에 운명하셨는데, 《주자연보(朱子年譜)》에서는 "가태(嘉泰) 임술년(1202)에 화문각 대제(華文閣待制)에 제수되었다."라고 하고 그 주석에는 "고을에서 죽은 사실을 보고하지 않았기 때문에 생존한 사람으로 여겨 명을 내린 것이다."라고 하였습니다. 삼가 살펴보건대 사서(史書)에서는 "언관(言官)이 이르기를 '위학(僞學)의 무리가 모여 위학의 스승을 장사 지내니, 바라건대 수령으로 하여금 단속하게 하소서.'라고 하였다."라고 하고, 또 《주자실기(朱子實紀)》의 범염덕(范念德) 제문 아래 주석에서는 "범염덕이 바야흐로 주전사(鑄錢司)에서 직임을 맡고 있을 적에 대찰(臺察)에서 그가 자리를 이탈하여 장례에 참석한 것을 탄핵하니, 명에 의해 직임에서 파면되었다."라고 하니, 《주자연보》와 사서 및 《주자실기》의 기록이 서로 어긋납니다. 나는 일찍이 망녕되이 이 때문에 그 의심나는 부분을 《문공선생기보통편(文公先生紀譜

5 내가……말 : 후한(後漢) 고사(高士) 범방(范滂)이 당고(黨錮)의 화에 연루되어 체포될 위기에 처하였을 때, 현령(縣令) 곽읍(郭揖)이 함께 도망치자고 하자 "내가 죽으면 화가 그칠 것이니, 어찌 감히 그대에게 죄를 연루시키며 또 노모로 하여금 떠돌아다니시게 하겠는가."라고 하였다. 《後漢書 黨錮列傳 范滂》

通編)》의 줄 밖에 기록하여 지혜로운 자가 해설해 주기를 바랐는데, 그로부터 수십 년이 지난 지금까지도 그러한 사람을 만나지 못하였습니다. 삼가 집사께서 정밀히 바로잡아 가르쳐 주기를 바랍니다.

김구지에게 답함 무오년(1678, 숙종4) 4월 9일

答金久之 戊午四月九日

조군(曺君) 편을 통하여 그동안 보내 준 편지를 삼가 받고서, 낮고 습한 땅에서의 기거가 신명의 도움으로 평안하다는 사실을 알게 되니, 사문(斯文)의 후생에 있어서 기쁘고 경사스러움이 응당 어떠하겠습니까.

《대전문목(大全問目)》에 대해서 말하자면, 나의 질병이 날로 더해지는 형편이라 실로 서둘러 집사의 가르침을 보고 싶지만, 이 일은 정밀하게 하는 것이 싫지 않으니 이것이 바로 주 선생께서 말씀하신 "빨리 이루려고 하면 얻지 못한다."라는 것입니다. 여기에서 이어지는 초고가 또한 10책쯤 되는데 지금 그것을 보내 드리고 싶지만, 온 사람을 믿기 힘들 뿐만 아니라 한 번에 많이 보내는 것은 실로 주 선생께서 원치 않으셨던 바이기에 나중을 기다리고자 합니다.

내가 앓고 있는 병은 실로 여러 가지이지만 지난달부터 식도가 갑자기 막혀 날마다 기운이 소진됨을 느낍니다. 일찍이 이 증세를 본 적이 있는데 며칠 가지 않아 죽음을 맞이하였으니, 공손히 두 손을 모으고 침묵할 뿐입니다.

성상의 체후는 나 또한 일찍이 편치 못하다는 소식을 들었는데 바로 평상을 회복하시어 사면령이 반포되었으니, 이는 신민의 복입니다. 나머지는 병석에 엎드려 있으면서 남에게 받아 적게 하는 처지인지라, 하고 싶은 말을 일일이 다 적지 못합니다.

별지

일찍이 위문편지를 인편에 전달하였는데 인편이 심히 믿을 만하지 못하여 단지 투식대로만 작성하였으니, 조만간 받아 볼 것입니다. 좋지 않은 운기(運氣)가 유행하여 한 차례 곡하고 우는 소리를 서로 듣게 되었으니, 이는 하나의 괴이한 일입니다. 다만 집사께서 당한 일은 아내를 잃은 나의 슬픔에 비해 더욱 감당하기 어려운 점이 있습니다. 뒤에 보낸 편지에서 해 준 말씀은 어찌 천리(天理)와 인정(人情)으로서 스스로 그만둘 수 없는 것이 아니겠습니까. 그러나 또한 사문과 세도를 위하여 자중자애하여 건강을 손상하는 지경까지 가지 않았음을 알겠습니다.

《대전문목》 가운데 감히 집사의 이름을 끌어다 썼으니 불손한 죄를 피하기 어렵다는 사실을 너무도 잘 압니다. 그러나 지금 도리어 이렇게 말씀해 주니 비록 그것이 겸손함이 빛을 발하는 큰 덕이라는 사실을 잘 알겠으나 또한 나로 하여금 두렵게 합니다. 우리는 오늘날 밥을 먹고 편안히 거하면서 시일을 헛되이 보내고 있으니, 만약 이 한 가지 일을 완수한다면 혹 한 마리 좀이 된다는 정자(程子)의 꾸짖음[6]에서 벗어날 수 있을 것입니다.

연보를 보완하는 것에 대한 말씀을 통해 삼가 집사의 성대한 뜻을 잘 알았습니다. 나는 전후의 일을 모두 다 실음으로써 훌륭함과 추함

6 한 마리……꾸짖음 : 《이정유서(二程遺書)》 권17에 "지금 농부들이 심한 추위와 무더위와 장마에 깊이 밭 갈고 잘 김매어서 파종한 곡식을 내가 먹고 있으니……만일 이와 같이 한가롭게 세월을 보낸다면, 이는 바로 천지간에 한 마리 좀이 되는 것이다."라고 하였다.

이 저절로 서로를 가리지 못하게 하는 것이 바로 사실을 기록하는 일의 체제라는 입장입니다. 그렇기 때문에 일찍이 그에 대해 여쭌 바가 있으니 재차 생각해 보기를 바랍니다. 정축년(1637, 인조15)의 연설(筵說)[7]은 모두 싣지 않을 수 없는데, 성상의 하교가 이렇다면 내부의 악을 숨긴다는 의리는 없게 될 듯하니, 이 때문에 난감합니다. 부디 아울러 생각해 보고 말씀해 주기를 바랍니다.

"막부(幕府)에서 문서를 생략하였다."[8]라는 대목의 주석을 삼가 추후 보충할 계획입니다.

담뢰(譚賴)는 어느 때 사람이며 그 행적은 어떠합니까? 부디 가르쳐 주기를 바랍니다.

남의 부탁에 부응하여 글을 짓는 일을 주 선생의 말씀에 의거하여 굳이 사양한 것[9]은 극히 의의가 있는 것입니다. 다만 확증할 수 있는

7 정축년의 연설(筵說) : 1637년 1월 18일 김상헌(金尙憲)이 입대(入對)하여 최명길(崔鳴吉)이 기초한 청나라에 보내는 국서(國書)를 찢으며 강화를 반대하였는데, 그때 김상헌과 인조가 주고받은 대화를 가리킨다. 김상헌이 "오늘날의 의론은 양립(兩立)할 수 없으니, 청컨대 소신을 먼저 죽여 주소서."라고 하자, 인조가 만류하면서 "경은 어찌하여 이러는가. 이는 내 한 몸을 위한 계책이 아니라, 위로는 종묘사직을 위해서이며 차마 온 겨레를 멸망시킬 수 없기 때문이다."라고 하였는데, 이에 김상헌이 다시 군신이 죽음을 각오하고 싸운다면 선왕에게 부끄러움이 없을 것이라고 하면서 재차 인조를 설득하는 내용이다. 《仁祖實錄 15年 1月 18日》《宋子大全隨箚 卷6》

8 막부(幕府)에서 문서를 생략하였다 : 《회암집(晦庵集)》 권7의 〈화대주부운(和戴主簿韻)〉에 나오는 말로, "함께 강과 산을 즐기며 술자리에 들어, 막부에서 가르침을 받아 문서를 생략하였네."라고 한 것을 가리킨다.

9 남의……것 : 김수항이 유배 생활을 하는 처지에 남의 부탁을 받고 글을 짓는 일이 과연 적절한지 고민하면서 "주자께서 〈답유도중서(答劉韜仲書)〉에서 '시론(時論)이 바로 이러한데 어찌 문자를 지어 금석(金石)에 새길 시기이겠는가. 기문(記文) 같은 것은

연월이 있는 글을 상고해 보면 진염부(陳廉夫)의 글은 당화(黨禍)가 일어난 후에 작성되었으니, 아직 상고하지 않은 글 가운데 그러한 것이 또 얼마나 될지 모르겠습니다. 나는 북쪽에 있을 때[10] 또한 감히 글을 짓지 못하였고, 다만 그 이전 시기에 응낙하여 이미 반쯤 완성된 원고만 몇 차례 완성하고 돌려주었을 따름인데, 포은(圃隱) 선생의 글 및 김 감사(金監司) 문숙(文叔)의 글[11] 등이 그 예입니다. 주 선생께서는 연월에 대해 가장 난감하게 여겨서, 이전 시기에 지은 것으로 가탁하고자 하다가 또 그것이 성실하지 못함을 혐의쩍게 여기셨습니다. 나는 최초에 행장을 받아 집필을 시작한 때를 지은 날짜로 삼았는데, 이렇게 하는 것이 완전히 근거가 없지는 않지만 동시에 성실하지 못한 것으로부터 완전히 자유롭지도 않습니다. 이미 지은 것은 응당 진염부의 사례에 의거하여 사실 그대로 쓰는 것이 명쾌할 듯합니다.

대저 당시를 오늘과 비교해 보면 선생은 이미 역당(逆黨)의 괴수로 여겨져 목을 벨 것을 청하는 소장이 나오기까지 하였으니,[12] 결국

모두 물리쳤다.'라고 하셨으니, 주자께서 만난 상황은 요즘 시기와 비교하여 차이가 없지 않지만, 그 대처한 방도가 오히려 이와 같았습니다."라고 한 것을 가리킨다. 《文谷集 卷27 上尤齋別紙(戊午)》《晦庵集 續集 卷3》

10 북쪽에 있을 때 : 갑인예송(甲寅禮訟)에서 패한 송시열이 1675년(숙종1) 1월부터 함경도 덕원(德源)에서 유배 생활을 하던 때를 가리킨다. 《宋子大全 附錄 卷7 年譜》

11 포은(圃隱)……글 : 《송자대전》 권154의 〈포은 정 선생 신도비명(圃隱鄭先生神道碑銘)〉과 권178의 〈황해 감사 김공 묘갈명(黃海監司金公墓碣銘)〉을 가리킨다.

12 선생은……하였으니 : 송 영종(宋寧宗) 경원(慶元) 연간에 한탁주(韓侂胄) 등이 주희(朱熹)의 학문을 위학으로 규정하고 그 일파들을 탄압하는 경원당금(慶元黨禁)이 한창일 때, 선인(選人) 여철(余嚞)이 주희를 베어 죽이자고 상소하였던 일을 가리킨다. 《朱子年譜 卷4》

에는 비록 유배형을 면하기는 하셨으나 집사의 죄명에 비교해 보면 한층 더 심하였는데도 오히려 남을 위하여 묘문(墓文)을 지으셨습니다. 그런데 제발(題跋)에 이르러서는 무오년(1198), 기미년(1199), 경신년(1200) 사이에 하루에 3번 짓는 경우도 있었는데, 이것은 제발이 묘비문과 다르기 때문에 그렇게 하신 것입니까, 아니면 오랫동안 남의 부탁을 받는 와중에 조정이 끝내 자신을 용서하지 않으리라고 스스로 생각하고 또 병세가 날로 심해짐에 따라 남은 날이 많지 않음을 스스로 알았기 때문에 차마 끝내 거절하지 못해서 그렇게 하신 것입니까? 이 모두 억측하기가 어렵습니다.

나의 경우는 북쪽에 있을 당시 죄명이 아직 그리 대수롭지 않았는데 오늘에 이르러서는 반역의 죄명이 드러났고 목을 벨 것을 청하는 소장이 또 윤(尹 윤휴(尹鑴))의 문도에서 나왔으며, 또 가시나무 울타리 속에 갇혀 있는 상태이고, 또 연천(漣川) 사람[13]이 이를 거론하며 으르렁대었다는 말도 들리니, 더욱 감히 그 일을 할 수가 없으므로 일절 사절하고 물리쳤습니다. 다만 한집안 사람 및 같은 문하로서 형제의 의리가 있는 자의 경우에는 간략하게 요청에 부응하여 보냈고, 집사의 중씨(仲氏) 같은 경우는 대야(大爺 김상헌(金尙憲))의 후손인바 또 감히 한집안 사람의 의리로써 대하지 않을 수 없기 때문에 또한 감히 사양하지 못하였습니다. 그러나 또한 심히 황송합니다. 무릇 이상의 말들은 모두 창졸간의 의견에서 나온 것이며 근거할 만한 기준은 없는데, 지금 이렇게 말씀해 주니 한층 더 두렵습니다. 부디 우리 양가가 대처해야 할 바에 대해 참작하고 헤아려 분명한

13 연천(漣川) 사람 : 허목(許穆)을 가리킨다.《宋子大全隨箚 卷6》

가르침을 내려 줌으로써, 그것을 받들어 주선할 수 있게 해 주는 것이 어떻겠습니까?

퇴계(退溪) 선생은 남의 집안의 글을 많이 지었는데 신도비(神道碑)는 전혀 짓지 않았으니, 이는 어떤 의리인지요? 그에 대한 말씀을 듣고 싶습니다.

일찍이 팔계공(八溪公)의 일에 대해 여쭌 바가 있는데, 다행히 받아 보았습니까?

근자에 유(柳)와 이(李)의 일[14]로 인하여 나의 이름이 다시 조보(朝報)에 올랐다고 하는데, 극히 부끄럽고 놀랍습니다. 만력(萬曆) 정해년(1587, 선조20)에 연평부원군(延平府院君) 이로(李老)는 비록 승리를 얻기는 했지만 사적으로 주고받은 편지를 드러낸 것은 끝내 의리는 아니었습니다.[15] 그러나 그것은 그래도 노선생(老先生 이이(李珥))께서 돌아가신 뒤에 한 일이기 때문에 오히려 구실 삼을

14 유(柳)와 이(李)의 일 : 유명천(柳命天)과 이옥(李沃) 사이의 알력을 가리킨다. 이옥은 처음에 송시열을 매우 존숭하여 스승으로 섬겨 꼬박꼬박 '선생'이라 칭할 정도였는데, 이조 참의 유명천이 이옥을 송시열에게 아부했다는 이유로 회양 부사(淮陽府使)로 의망(擬望)하였고, 이후 이옥은 송시열이 예론의 여파로 위기에 몰리자 기존의 입장을 바꿔 송시열을 배척하였다. 얼마 뒤 이조 판서 홍우원(洪宇遠) 등이 유명천의 의견을 반영하지 않고 이옥을 부제학에 의망하자, 유명천이 사직 상소를 올리면서까지 반대하면서 이옥이 송시열에게 보낸 서찰에 차마 보지 못할 정도의 아첨이 있었다는 주장을 하며 이옥의 변화한 처신을 공격하였다. 《宋子大全隨箚 卷6》《肅宗實錄 4年 2月 12日》

15 만력(萬曆)……아니었습니다 : 연평부원군 이로는 이귀(李貴, 1557~1633)로, 이이의 문인이다. 이이의 사후 동인인 정여립(鄭汝立) 등이 이이를 무고하자 1587년 3월 소장을 올려 정여립이 과거 이이를 성대히 칭찬하였던 개인 편지를 찾아내 증거로 내밀면서 정여립이 스승을 배반하고 시론에 아부하였다고 비판하였다. 《宋子大全隨箚 卷6》《宣祖實錄 20年 3月 7日》《大東野乘 卷64 混定編錄》

만한 부분은 있는 것입니다. 그런데 오늘날에는 또한 심히 부끄러운 일이 아니겠습니까. 연소한 무리의 망녕된 행동이 이 지경까지 이르렀으니, 그 일의 근본을 구명해 본다면 실로 해당되는 자가 있는지라 스스로 자책할 뿐입니다.

김구지에게 답함 무오년(1678, 숙종4) 10월 2일

答金久之 戊午十月二日

지난달 17일에 남생 유창(南生有昌)이 도보로 찾아와서, 삼가 8월 11일과 9월 10일 두 차례에 걸쳐 보낸 편지와 시, 그리고 여러 장의 별지 및 남생이 받은 여러 편지를 받아 보게 되었습니다. 이에 거의 며칠 동안 그것들을 반복해서 의미를 궁구해 가며 읽으면서 손에서 놓을 줄 몰랐고, 또 책상 위에 올려 두고 하루에 한 번 펼쳐 보면서 완상하곤 하였으니, 이는 정말 허언이 아닙니다.

나는 또한 9월 중에 광주(光州)의 유군 응수(柳君應壽)의 인편을 통하여 편지 한 통을 대신 전하고 이어 오랜 빚으로 안고 있던 〈풍옥정기(風玉亭記)〉[16]를 지어 보냈는데, 삼가 미처 도달하기 전에 집사께서 이미 출발하였을 것으로 생각합니다.[17] 그 편지에서 죽은 이[18]를 애도하는 마음을 대략 진달하였는데, 10일에 보내 준 편지에 먼저 깊고 간절하게 나를 위로해 주니, 슬픈 가운데 감사한 이 마음을 실로 이루 형언하기가 어렵습니다.

국가가 죄인이 잡히기를 기다리지 않고 집사께 양이(量移)의 은혜를 내리니, 이는 대개 양(陽)이 회복되는 조짐[19]이며 세도의 다행입니다.

16 풍옥정기(風玉亭記) : 《문곡집》 권26에 실려 있는 작품으로, 김수항이 1675년 영암에 유배되어 지은 정자인 풍옥정(風玉亭)에 쓴 기문이다.

17 미처……생각합니다 : 김수항이 1678년 9월에 철원(鐵原)으로 양이되었다.

18 죽은 이 : 1678년 8월에 송시열의 장녀가 죽었다. 《宋子大全隨箚 卷6》

여러 차례 받은 사우(士友)들의 편지에서 누구 하나 이를 진심으로 축하하지 않는 사람이 없으니, 이를 통해 집사의 덕의(德義)가 사람들에게 깊이 스몄다는 사실을 알 수 있습니다. 더구나 서울에 가까이 있게 되어 성상의 안부를 들을 수 있고 또 곡운(谷雲)과 양주(楊州)도 모두 그곳과 그리 멀지 않으니, 공적으로나 사적으로나 마음을 펼 수 있게 되어 족히 스스로 위로될 만하니 매우 축하드립니다.

나는 죽은 이를 곡한 뒤로 질병이 갑자기 더해졌습니다. 이는 대개 따로 슬퍼할 일이 있는데 기질이 편협하고 막혀 스스로 이겨 내지 못해서 그런 것입니다.

《대선차의(大全箚疑)》에 대해 교정을 해서 돌려주었으니, 극히 다행입니다. 집사께서 그 가운데에 매양 겸손한 뜻을 보이시기 때문에 삼가 그 이름을 고쳐 '문목(問目)'이라고 하였습니다. 대개 자신을 낮추어 우매한 이와 똑같이 자처하면서 남에게 의심나는 부분을 질문하였는데, 그 무슨 참람하다는 혐의가 있겠습니까. 삼가 바라건대 이제부터 편안히 생각하면서 다시는 독책하지 않는 것이 어떻겠습니까?

별지를 통해서 미혹한 나를 정성스레 깨우쳐 주면서 선조의 덕행을 가지고 외람되이 제게 본보기로 삼아야 할 바를 제시해 주니,[20] 내가

19 양(陽)이 회복되는 조짐 : 《주역》에서 음(陰)은 악(惡)으로 소인을, 양(陽)은 선(善)으로 군자를 이르는바, 소인들이 물러나고 군자들이 다시 등용되는 세상이 될 조짐을 가리킨다.

20 선조의……주니 : 선조는 김수항의 조부인 김상헌(金尚憲)을 가리킨다. 이때 송시열은 이유태(李惟泰)와는 예설(禮說) 문제로, 윤증(尹拯)과는 윤선거(尹宣擧)의 묘갈명 문제로 갈등을 빚고 있었는데, 김수항은 송시열이 그 두 사람을 지나치게 비판하여 교우 관계가 파탄 날까 염려하였다. 이에 김수항은 송시열에게 자신의 조부인 김상헌이

비록 몽매하고 비루하지만 감히 그 말씀을 죽을 때까지 뼈에 새기고 가슴에 담아 두며 살지 않을 수 있겠습니까. 주공(周公)께서 성왕(成王)을 훈계할 때도 오히려 '서로를 가르치는 것'을 하나의 큰 절목으로 삼으셨으니,[21] 이를 통해 성인(聖人)의 깊은 뜻을 볼 수 있습니다. 지금부터 무릇 듣는 것이 있으면 노망이 들었다고 해서 내버려 두지 말고 크든 작든 하나하나 깨우쳐 줌으로써 나로 하여금 허물이 적은 경지에 혹 도달하게 해 주기를 천만 간절히 바랍니다.

철옹(鐵甕)과 노성(魯城)의 일[22]에 대해서는 그 대략적인 내용을 아

생전에 비록 김류(金瑬), 홍서봉(洪瑞鳳)과 의견이 달랐지만 대놓고 비판하지는 않았다는 말로, 두 사람을 잘 대하라고 면려하였다. 《尤菴先生書節要集解 卷4》

21 주공(周公)께서……삼으셨으니 : 《서경》 〈무일(無逸)〉에 "주공이 말하기를 '아! 내 들으니, 옛사람들은 오히려 서로 훈계하고 고하며 서로 보호하고 사랑하며 서로를 가르쳤으므로 백성들이 서로 속이거나 과장하여 현혹하게 하지 않았다.'라고 하였습니다."라고 하였다.

22 철옹(鐵甕)과 노성(魯城)의 일 : 철옹은 평안도 영변(寧邊)에 있는 성의 이름으로 여기서는 갑인예송(甲寅禮訟)으로 1676년(숙종2) 평안도 영변으로 귀양을 갔던 이유태를 가리키고, 노성은 윤증이 살던 곳으로 윤증을 가리킨다. 1660년(현종1) 기해예송(己亥禮訟) 때 이유태는 송시열의 기년설(朞年說)을 옹호하였는데, 갑인예송 이후 이유태의 자제들은 송시열과 이유태의 주장에 차이가 있음을 부각함으로써 영변에 귀양 간 이유태의 방면(放免)을 시도하였고, 남인(南人)도 이에 동조하면서 이유태가 종전의 예론을 수정하였다고 칭찬하였다. 이에 송시열은 이유태를 강하게 의심하여 둘 사이에 갈등이 격화되었다. 한편, 1669년 윤선거가 죽은 뒤 그의 아들 윤증은 자신의 스승이자 부친의 벗이었던 송시열에게 묘갈명을 부탁하였는데, 이때 윤증은 박세채(朴世采)가 지은 윤선거의 행장과 윤선거가 생전에 송시열에게 보내려고 하였던 〈기유의서(己酉擬書)〉를 함께 전달하였다. 그런데 〈기유의서〉에는 송시열이 극렬하게 배척하던 윤휴(尹鑴)와 허적(許積)을 옹호하는 내용 및 송시열의 과격한 태도를 비판하는 내용이 다수 포함되어 있었다. 이에 분노한 송시열은 윤증의 청을 들어주면서도 윤선거의 학문

되어 분명한 가르침을 듣고 싶지만, 주 선생께서 서찰이 도성을 경유하는 것을 가장 꺼리셨으니 지금 이 인편이 비록 믿을 만하지만 그 점을 면할 수는 없는바, 응당 나중의 인편을 기다려야겠습니다.

《문목(問目)》 2책을 또 이렇게 보내 드리니 이전처럼 바로잡아 가르침을 주기를 지극히 바라고 바랍니다. 하고 싶은 수많은 말은 병을 무릅쓰는 터라 일일이 다 적지 못합니다.

을 찬양하는 주요 서술을 대부분 박세채가 지은 행장의 내용을 인용하는 것으로 대신함으로써 불만을 간접적으로 드러내었다. 이후 윤증이 여러 차례 수정을 요청하였으나 송시열은 끝내 그것을 들어주지 않았고, 결국 이 일을 계기로 둘 사이의 사제 간 의리는 완전히 끊어지게 되었다.《尤菴先生書節要集解 卷3》《宋子大全 附錄 卷5 年譜, 卷7 年譜》

김구지에게 답함 무오년(1678, 숙종4) 12월 29일

答金久之 戊午十二月二十九日

이상(李相)[23]의 아드님이 이번 달 2일에 쓴 편지를 전해 주었는데, 펼쳐 읽은 뒤에 기쁘고 다행하기 그지없었습니다. 편지를 보낸 뒤로 또 여러 날이 지났으니, 삼가 고요히 심신을 수양하는 생활이 신명의 도움으로 만복하리라고 생각합니다.

지난번 별지에서 한 말씀에 대해서 곧바로 답장을 써서 분명한 가르침을 구하였는데, 유독 철옹(鐵甕)과 노성(魯城)의 두 일[24]만큼은 말하려다 도로 멈추고 썼다가 다시 지우는 바람에 지금까지 질질 끌고 있습니다. 이에 때때로 한번 스스로를 비웃으면서 '이 같은 작은 일조차 이렇게나 우물쭈물하니 참으로 졸렬한 자의 통상적인 행태이다. 무슨 일을 만나든 거침없이 입을 크게 벌리고 말을 내뱉는 저자는 무슨 담력과 역량을 지닌 것인가.'라고 생각하였습니다. 그러나 이 또한 한 가닥 애달파하는 마음이 아직 사라지지 않아서 그러한 것이니, 천리를 속일 수 없음이 이와 같습니다.

〈풍옥정기(風玉亭記)〉는 유군(柳君 유응수(柳應壽))이 전달해 드리는 것을 보장할 수 없습니다. 또 듣건대 박군(朴君)[25]이 세상을 떠났다

23 이상(李相) : 우의정을 지낸 이완(李浣, 1602～1674)으로 보인다. 《宋子大全隨箚 卷6》

24 철옹(鐵甕)과……일 : 152쪽 주22 참조.

25 박군(朴君) : 박광후(朴光後, 1637～1678)로, 본관은 순천(順天), 자는 사술(士

고 하는데 이제부터 남방은 더욱 활기가 없을 것이며 나의 소식도 집사가 계신 곳에 이르기가 쉽지 않을 것이므로 지금 그 초본을 드리니, 부디 다시 바로잡아 가르침을 주는 것이 어떠합니까?

올해도 이미 다하였으니, 주 선생께서 칭찬하신 육방옹(陸放翁)의 율시 1편[26]을 반복해 읽으면서 한가로이 지냅니다.

나머지 할 말은 세상을 위하여 몸을 보중하여 태평한 복을 많이 받기를 축원한다는 것입니다.

述), 호는 안촌(安村)이다. 광주(光州)에 살았다.

26 주……1편 : 송나라 시인 육유(陸游)의 〈사북만보(舍北晩步)〉를 가리킨다. 방옹(放翁)은 그의 호이다. 내용은 대략 다음과 같다. "아득히 밥 짓는 연기 마을 여기저기서 피어나고, 둥둥 악귀를 쫓는 북소리는 보의 여기저기서 들리네. …… 날씨 차고 적막한데 사립문은 저무니, 또 부질없는 인생에 한 해가 다함을 보네." 주희는 훗날 이 시의 발문을 지었다. 《劍南詩藁 卷38》《晦庵集 卷8 跋陸務觀詩》

김구지에게 답함 기미년(1679, 숙종5) 2월 2일

答金久之 己未二月二日

어제 저물녘에 삼가 지난 납월 26일에 보낸 편지를 받았는데, 대개 옥천(沃川)에서 사인(士人)을 통하여 전해 온 것이었습니다.

"아직 자신에게 속한 일이다."라는 말씀은 극히 나를 일깨우니, 이는 실로 "남은 세월이 얼마 되지 않는 것도 모른다."[27]라는 것입니다. 이 도가 끝내 막히게 될지 여부에 대해 말하자면, 그것은 본디 그것을 주재하는 존재의 일이므로 내 자신에게는 상관없지만, 오직 일신의 사욕(私慾)이 점점 소멸되고 천리(天理)가 점점 자라는 것은 실로 자신의 비색(否塞)한 기운이 없어지고 태평한 기운이 회복되는 관건입니다. 그러나 여전히 그렇게 되지 못하고 있으니 이는 참으로 나의 걱정이면서 서로에게 면려할 문제입니다.

다리에 병이 났다고 하니, "병까지 굳이 회옹(晦翁)을 배울 필요는 없다."라는 농담을 해 올리고 싶습니다.[28] 그러나 이는 소 강절(邵康節)의 무례[29]에 가까운지라 처음엔 감히 그렇게 말하지 못하였는데 끝내

27 남은……모른다 : 학문에 대한 열의를 뜻하는 말로, 《예기(禮記)》 〈표기(表記)〉에 "몸이 늙어 가는 것도 잊고, 남은 세월이 얼마 되지 않는 것도 모른 채, 날마다 열심히 노력하다가 죽음에 이른 뒤에야 그만둔다."라고 한 공자의 말에서 유래하였다.

28 병까지……싶습니다 : 주희 역시 다리 병을 앓았기 때문에 한 말이다. 《宋子大全隨箚 卷6》

29 소 강절(邵康節)의 무례 : 소 강절은 북송의 학자 소옹(邵雍)으로, 강절(康節)은 그의 시호이다. 역리(易理)와 추수(推數)에 밝았던 소옹은 임종할 당시 문병을 온 정이

말하고 말았으니, 어찌 박잡함이 고질병이 된 데다 〈동명(東銘)〉을 익숙히 읽지 않아 그런 것이 아니겠습니까.[30] 황공하고 황공합니다.

완남부원군(完南府院君)의 적증손(嫡曾孫)[31]에 대해 말하자면, 일찍이 보건대 그가 말을 배우던 시절에 눈빛이 빛나고 눈동자가 또렷한 점이 그 증조부와 비슷하였습니다. 이제 그가 집사의 사위가 되니, 주씨(朱氏)와 진씨(陳氏) 양가를 위하여 경하드립니다.[32]

날씨가 따스해져 가니, 삼가 더욱 몸을 보중함으로써 사도(斯道)의 여망(輿望)에 위로가 되기를 축원합니다.

○ 주 선생께서 일찍이 "《통감강목(通鑑綱目)》에서 순욱(荀彧)의 죽음을 '소조(曹操)가 손권(孫權)을 공격하여 유수(濡須)에 이르렀다.'

(程頤)에게 "그대는 '생강이 나무 위에서 난다.'라고 하였는데, 나도 그대 말을 그대로 따르겠다."라고 하며 해학만을 하였다. 《二程全書 遺書 卷18》

30 어찌……아니겠습니까 : 한유(韓愈)는 〈중답장적서(重答張籍書)〉에서 농담을 잘하는 것을 박잡하다고 비판한 상대의 말에 대해 "예전에 공자께서도 희언을 하신 적이 있었거니와 《시경》에도 '희학을 잘하니 지나침이 되지 않는다.' 하지 않았던가. …… 희학하는 것이 어찌 도에 해가 되겠는가."라고 변명하였다. 한편 〈동명〉은 송나라 학자인 장재(張載)가 지은 것으로 장난으로 하는 언행을 경계하는 내용을 담고 있는데, 그 첫머리에 "장난하는 말도 생각 속에서 나온 것이요, 장난하는 행동도 꾀에서 만들어진 것이다."라고 하였다. 《東雅堂昌黎集註 卷14》《近思錄 卷2 爲學》

31 완남부원군(完南府院君)의 적증손(嫡曾孫) : 완남부원군은 이후원(李厚源)이다. 그의 적증손은 이섭(李涉, 1664~1692)으로, 김수항의 사위이다. 《宋子大全 卷157 迂齋李公神道碑銘》

32 주씨(朱氏)와……경하드립니다 : 사돈을 맺은 두 집안을 위해 경하드린다는 말이다. 당(唐)나라 때 서주(徐州) 고풍현(古豐縣)에 주진촌(朱陳村)이란 마을이 있었는데, 이곳은 주씨와 진씨 두 집안만 살면서 대대로 서로 혼인하여 화목하고 순박하게 살았다고 한다. 《白樂天詩集 卷10 朱陳村》

라고 한 부분 아래에다 연계시켰으니, 이로써 순욱의 죄상을 드러내려고 한 것이다."라고 하셨습니다. 그 죽음을 유수에 연계시키는 것이 어떻게 그 죄를 드러내는 것이 됩니까? 이 문제에 대해 여러 해 동안 탐구해 보았지만 끝내 그 설을 이해해지 못하였으므로 감히 이렇게 아뢰니, 부디 가르쳐 주기를 바랍니다.

김구지에게 답함 기미년(1679, 숙종5) 3월 3일
答金久之 己未三月三日

지난 납월 29일 이후로 오직 《문목(問目)》을 계속 여쭈고자 하여 종이에 옮겨 적는 날을 몹시도 기다리고 있기에, 중간에 곡운(谷雲)과 양주(楊州)로 가는 인편이 조금 있었는데도 안부를 묻는 의례적인 예를 갖추지 못하였는바, 오직 그리운 마음만은 줄곧 깊고 간절하였습니다.

그러던 중 집사의 생질 이 효자(李孝子)[33]가 갑자기 내게 찾아와 1월 26일에 보낸 편지를 보여 주니, 이씨(李氏)[34]를 위하는 간절한 마음은 가히 지극하다고 할 만하였습니다. 그러나 이 어찌 이씨만을 위하여 그런 것이겠습니까. 나는 어려서 부친을 여읜 외로운 몸으로서 동기를 잃은 지 이미 8년이 지났는데 심장을 찌르는 슬픔은 여전히 한결같으니, 이로써 여러 집사께서 이 일에 대해 간절하리란 사실을 더욱 잘 알겠습니다. 그러나 두 분의 묘지(墓誌)[35]는 이미 집사께서 지은 빼어난 글이 있으니, 절로 불후하게 전해질 수 있을 것입니다. 어찌 다른 사람의 췌언이 필요하겠습니까. 그러나 마지못해 감히 끝내 요구를 저버릴 수 없다는 뜻을 대략 백씨(伯氏)께 올린 편지 속에 말씀드렸습

33 집사의 생질 이 효자(李孝子) : 이세백(李世白, 1635~1703)으로, 이때 그는 부친상을 당한 상주의 입장이므로 효자라고 한 것이다. 그의 부친은 이정악(李挺岳)이고, 모친은 김수항의 큰누이이다. 《宋子大全 卷180 坡州牧使贈參判李公墓碣銘》

34 이씨(李氏) : 이세백의 부친인 이정악을 가리킨다.

35 두 분의 묘지(墓誌) : 김수항이 자신의 누이와 매형 이정악을 위해 지은 묘지명을 가리킨다.

니다. 다만 시의(時義)가 끝내 어떨지 모르겠습니다.

《문목(問目)》은 정사(淨寫)한 것이 한 책 있으니 바야흐로 인편을 구하여 보내 드리고 싶지만, 윤증(尹拯) 군이 간절히 보고자 하여 지난 달에 그쪽으로 보냈습니다. 만약 돌려받게 되면 응당 3, 4책을 함께 봉하여 보내 드리겠습니다. 다만 지금의 믿을 만한 인편을 놓치는 것이 아쉬울 따름입니다.

철옹(鐵甕)의 일[36]에 대해 질문을 받았으나 답을 하지 않았으니 이는 실로 무례한 처사라 바야흐로 심한 꾸지람을 듣게 될까 걱정하고 있었습니다. 그런데 지금 그 죄를 생략하고 그 마음을 헤아려 주는 은혜를 입었으니, 감격스러워 몸 둘 바를 모르겠습니다.

노성(魯城)의 묘명(墓銘)[37]에 대해서 말씀한 뜻을 잘 알았으니, 감히 보내 드립니다. 부디 도착하면 보고서 바로잡고 가르침을 내려 주기를 바랍니다. 내가 잘못한 것이 어떤 일인지 모르겠습니다.

36 철옹(鐵甕)의 일 : 152쪽 주22 참조.

37 노성(魯城)의 묘명(墓銘) : 윤선거(尹宣擧)의 묘갈명으로, 그가 노성에 살았기 때문에 이렇게 칭한 것이다.

김구지에게 보냄 기미년(1679, 숙종5) 3월 23일
與金久之 己未三月二十三日

남군(南君 남유창(南有昌))이 저들로부터 왔기에 저들의 일에 대해 바야흐로 부지런히 묻고 있던 차, 홀연 큰 화가 닥쳐왔다는 소식을 들었습니다. 이에 머지않아 응당 후명(後命)이 있을 것으로 생각하여 바야흐로 두 손을 공손히 마주 잡고 조용히 기다리고 있었는데, 마침 독우군(督郵君)이 찾아왔기에 결별을 고하는 짧은 편지를 부치게 되니 몹시 다행입니다.

삼가 생각건대 5년 동안 목숨을 연장하고 살았으니 성은이 지극한 것인바 또 그 무슨 유감이 있겠습니까. 다만 하늘로부터 중정(中正)한 기운을 받고 태어나 70여 년이라는 오랜 세월을 살면서도 끝내 아무것도 알려지지 못하고 죽음에 이르는 것이 죄스러울 뿐입니다. 또 생각건대 열성(列聖)께서 가르침을 닦아 놓고 군현(群賢)이 도(道)를 창도하였으니 한번 변하여 장차 도에 이를 수 있었는데, 불행하게도 황당하고 사독(邪毒)한 자가 감히 주 부자(朱夫子)의 도를 공격함으로써 한 세상을 고무하자 세속이 드디어 금수의 풍속으로 변해 버렸으니, 이것은 이치와 형세로 보아 필연적인 결과입니다. 그러나 천리는 아직 민멸하지 않았고 인심은 속이기 어려운지라, 성인의 도를 호위하고 방탕한 말을 물리침으로써 다시 바른길로 돌아오게 하는 것은 그 일을 할 자격이 있는 사람에게 달렸을 따름이니, 오늘날의 이 책임은 집사께서 끝내 사양하지 못할 듯합니다.

《대전문목(大全問目)》을 현재 다시 수정하다가 그 끝을 보지 못하고 이제 갑자기 이 일을 당하니, 참으로 이른바 "애석하게도 그것을 완성하지 못하였다."라는 것입니다. 그러나 이 일이 꼭 성인의 도를 호위하고 방탕한 말을 물리치는 데에 하나도 도움이 되지 않는 것은 아니기 때문에, 삼가 어린 손자 주석(疇錫)에게 부탁하여 그로 하여금 끝까지 여쭈어 정정함으로써 완전한 책으로 만들게 하였습니다. 그러니 부디 곡운(谷雲 김수증(金壽增)) 어른 및 민대수(閔大受 민정중(閔鼎重)), 박화숙(朴和叔 박세채(朴世采)), 윤자인(尹子仁 윤증(尹拯)) 등 제현과 편지를 주고받으면서 수정하고 윤색함으로써 여한이 없도록 하는 것이 어떻겠습니까?

편지에서 말씀한 《당시(唐詩)》의 발문[38]은 대략 이와 같이 요청에 부응해 보내 드립니다. 이 일은 노선생(김상헌)과 관계된 것이라 비록 창졸간이지만 감히 힘을 다하지 않을 수 없었습니다. 상상(殤喪)을 당한 끝에 질병과 우환까지 겹치고, 또 유언을 남기느라 어수선한 부분이 없지 않아 거칠고 엉성하여 제대로 된 모습을 갖추지 못하였으니 모든 것을 묵묵히 이해하여 주기 바랍니다.

별지

〈풍옥정기(風玉亭記)〉의 진형중(陳瑩仲)에 대해 운운한 부분[39]에

38 당시(唐詩)의 발문 : 《송자대전》 권148에 〈문곡의 집에 간직된 《당음》 발문 뒤에 쓰다〔書文谷家藏唐音跋後〕〉라는 제명으로 실려 있다.

39 풍옥정기(風玉亭記)의……부분 : 송시열은 영암(靈巖)에서 유배 생활을 하고 있던 김수항에게 〈풍옥정기〉를 지어 주면서 "굴원(屈原)의 부소(賦騷)는 백 대가 높이는 바이지만 주 선생께서는 오히려 그가 북쪽으로 중국에서 배움으로써 주공(周公)과 중니(仲尼)의 도를 구할 줄 모른 것을 병통으로 여겼다. 그리고 철심석장(鐵心石腸)의

대해서 말해 보겠습니다. 신로(莘老)가 위협을 받고 죽은 것은 실로 식견이 밝지 못하고 힘씀이 일정하지 못한 과실에 의한 것인데, 형중(瑩仲)에 이르러서는 술수를 쓰고 당시 군소배와 편지를 주고받으며 쟁변하면서 끝내 그 몸을 보전하였으니,-《주자어류(朱子語類)》에 보입니다.- 그 마음가짐이 더욱 좋지 못합니다. 만약 그 은미한 곳을 논한다면 형중이 도리어 신로에게 부끄러울 부분이 있는 것입니다. 이제 둘 모두를 소동파(蘇東坡)의 밑에 둔 것은 아마 불가하지 않을 듯합니다. 어떻게 생각합니까?

참찬(參贊) 송기수(宋麒壽)가 진실로 규조(圭祖 송인수(宋麟壽))를 허자(許磁)와 이기(李芑)의 일처럼 모해하지 않았다는 것은 틀림없는 사실입니다.[40] 그러나 소탕해 없애는 일에는 한결같이 모두 동

소식(蘇軾)은 또 그보다 못하며, 한유(韓愈)의 아첨하는 말과 유종원(柳宗元)의 원망하는 글은 군자가 말할 바가 아니다. 형중과 신로도 오히려 술수를 쓰고 위협에 의해 죽었다는 나무람을 면치 못했으니, 이는 소식도 하지 않은 바이다."라고 하였는데, 이에 대해 김수항이 "신로를 비롯한 여러 사람의 죽음은 당시 사람들이 대부분 의심했습니다. 범조우(范祖禹)의 죽음에 대해서는 주 부자께서도 끝내 의심을 품었으니 위협을 당했다는 기롱은 진실로 면하기 어렵습니다만, 형중의 처신은 이와 비교하여 차이가 있는데 지금 모두 다 배척하여 소식의 아래에 놓은 것은 무슨 뜻인지 잘 모르겠습니다."라고 한 것을 가리킨다. 형중과 신로는 각각 북송(北宋)의 문신인 진관(陳瓘)과 손각(孫覺)의 자이다. 《宋子大全 卷143 風玉亭記》《文谷集 卷27 上尤齋》

40 참찬(參贊)……사실입니다 : 김수항이 "송 참찬(宋參贊) 태수(台叟)는 규암(圭菴) 선생의 당종(堂從)인데, 규암이 화를 당했을 때 참찬공이 여러 간신의 모의에 안팎으로 연결된 바가 있었다고 합니다만, 어찌 그렇겠습니까. 규암의 행장과 묘문이 모두 참찬의 손에서 나왔으니, 만일 앞서 언급한 소문이 무함이 아니라면 이와 같이 후세에 증거로 남길 글을 그 사람에게 맡기지 않았을 것이니, 어찌 별도의 곡절이 있지 않겠습니까. 일찍이 《퇴계집(退溪集)》에서 참찬과 왕복한 서찰을 보았는데 그를 극히 추대하

참하여 끝내는 녹훈(錄勳)되기까지 하였으니 그 사람됨이 어떠한지 알 수 있습니다. 그러나 퇴계(退溪)가 일찍이 이 사람을 통하여 규조의 궤연(几筵)에 제물을 올렸던 것은 알 수 없는 부분인데 이 때문에 이어서 질문을 드립니다.

을사사화가 무오사화나 기묘사화보다 심했던 사실은 석주(石洲)의 시[41]를 보면 알 수 있습니다. 그런데 어질었던 퇴계가 당시의 간흉에게 깊은 미움을 받지 않고 도리어 피해를 입은 사람을 의심하여 '역(逆)'이라고 한 것은 어째서입니까? 이 때문에 다시 봉성군(鳳城君)에 대한 상소[42]에 참여하였던 것이니, 이것은 어진 이로서 한 가지 흠이 될 수밖에 없을 듯하며 석주의 비판도 그 때문에 일어난

고 인정하였으니 어찌 퇴계께서 그 숨겨진 악행을 미처 살피지 못하고 그리했겠습니까. 이 모두 후생이 몰라서는 안 되는 일이라서 감히 이렇게 여쭙습니다."라고 질문한 데 대해 답변한 것이다. 《文谷集 卷27 上尤齋》 허자와 이기의 일이란 명종 즉위년(1545)에 일어난 을사사화를 가리킨다.

41 석주(石洲)의 시 : 석주는 권필(權韠, 1569~1612)의 호로, 그가 을사사화 때 억울하게 죽은 봉성군 이완(李岏)과 선비들을 애도하여 지은 칠언 율시를 가리킨다. 그 시에 "지난 무오년과 기사년에 낙담하였는데, 을사년에 일이 다시금 어려워졌네. 천추에 이름 남긴 이는 두 학사이고, 구천에서 통분해하는 이는 한 왕손일세. 끊이지 않는 시시비비 정해지기 어렵고, 분분한 평판 논의하기 쉽지 않나니, 어찌하면 세찬 바람 얻어 검은 구름 쓸어 버리고, 해와 달 저 높이서 온 누리를 비추게 할꼬."라고 하였다. 두 학사는 이언적(李彦迪)과 이황(李滉)이고, 왕손은 봉성군 이완을 가리킨다. 《燃藜室記述 卷10 明宗朝故事本末 乙巳士禍》

42 봉성군(鳳城君)에 대한 상소 : 봉성군은 중종의 여섯째 아들인 이완(李岏, 1528~1547)이다. 1546년 윤원형(尹元衡) 일파가, 봉성군을 추대하려고 역모를 꾀하였다는 명목으로 윤임(尹任) 일파는 물론이고 봉성군마저 죽이기를 청하는 소장을 올린 것을 가리킨다. 《宋子大全隨箚 卷6》

것입니다. 대개 모든 간흉들의 괴수에 대하여 이미 깊이 미워하는 마음이 없었다면 송 참찬과 은근한 정을 지극히 나누었던 것은 실로 이상하지 않은 일입니다. 일찍이 신재(愼齋 김집(金集))께서 나에게 하신 말씀이 기억나는데 그 말씀에 이르기를,

"일찍이 목장흠(睦長欽)을 보았는데 그가 말하기를 '권필(權韠)이 시를 지어 퇴계를 비판한 일도 있는데, 그가 만일 오늘날에 있다면 또한 반드시 인성군(仁城君)[43]을 죽이자고 청하였을 것이오.'라고 하기에, 내가 대답하기를 '퇴계의 도덕과 학문을 누가 감히 비방하겠소. 그러나 봉성군에 관한 한 가지 일은 끝내 후학의 의심을 면할 수 없을 것이오. 또 봉성군과 인성군에 대해 어찌 같은 차원에서 그 일을 말할 수 있겠소.'라고 하였다. 이에 목장흠이 바로 머리를 숙이고 낮은 목소리로 '이는 그렇소.'라고 대답하였다.……"

하였습니다. 퇴계의 이 일에 대하여 집사께서는 평상시에 어떻게 여기고 계십니까? 일찍이 퇴계 문하의 제자로 있으면서 이 일을 질문하지 못한 것이 한스럽습니다.

규조의 묘비문과 묘지명을 쓰는 일이 모두 송 참찬에게 돌아간 것에 대해 말해 보겠습니다. 수십 년 전에 직접 고모님으로부터 들었는데, 고모님이 일찍이 울먹이며 말씀하기를,

43 인성군(仁城君) : 선조(宣祖)의 일곱째 아들 이공(李珙)으로, 호는 백인당(百忍堂)이다. 이이첨(李爾瞻) 등의 무고로 광해군에게 핍박받았으며, 인조반정이 일어난 뒤에는 인조가 숙부의 예로써 대우하였다. 그러나 이후 이괄(李适)의 난에 가담한 혐의를 받아 간성(杆城)에 안치되고, 1628년(인조6)에는 유효립(柳孝立) 등이 대북파(大北派)의 잔당을 규합하여 모반을 기도할 적에 왕으로 추대되었다는 이유로 다시 진도(珍島)로 유배되었다가 자살을 강요받아 죽었다.

"선친께서 규조의 비석을 만드는 일이 진행될 때 울면서 자녀들에게 이르기를 '이제 이 비문은 모숙(某叔)이 필시 친히 짓기를 청할 텐데 오늘날의 형세를 한번 보건대 고집하며 그 청을 들어주지 않을 사람이 아무도 없다.'라고 하셨다. 그리하여 이 일이 끝내 이 숙(叔)에게 돌아가게 되었으니 어찌 슬픈 일이 아니랴."

하였고, 그로 인하여 한참 동안 눈물을 흘리다가 이르기를 "응개(應漑)와 응형(應炯)의 무리가 더욱 두렵다."라고 하였습니다. 이로써 본다면 사론(士論)이 확대되기 전에도 그 기세가 이와 같았으니, 묘비문과 묘지명을 그 사람이 지은 것은 그때의 형세가 그러했던 것입니다.-이른바 '고모님'은 호군(護軍) 김호덕(金好德)의 부인으로서 글을 좋아하고 문장에 능하며 식견이 뛰어났습니다. 이른바 '선친'은 나의 조부인 도사(都事) 송응기(宋應期)이니 그때의 사실이 최간이(崔簡易)의 문집에 보입니다.[44] 대개 조부께서 어려서 어버이를 여의고 규조에게 양육되었는데 서로 한결같이 부자지간으로 여겼습니다. 이른바 '모숙'은 참찬을 가리킵니다.-

44 그때의……보입니다 : 《간이집(簡易集)》 권2의 〈송도사묘갈명(宋都事墓碣銘)〉을 가리킨다. 최간이는 최립(崔岦)으로, 간이는 그의 호이다.

김구지에게 답함 경신년(1680, 숙종6) 3월 8일

答金久之 庚申三月八日

보낼 길이 없는 것이 아닌데도 짧은 편지조차 감히 못 보낸 것은 실로 함께 죄안에 들어 사문의 액운을 거듭 더하게 될까 두려웠던 탓입니다. 그러던 중 홀연 인편을 통하여 삼가 지난달 12일에 보낸 편지를 받게 되니, 놀랍고 기쁘며 감격스러워 마치 하늘로부터 떨어진 것 같았습니다.

작년의 일은 더 이상 말하지 말기를 바랍니다. 지금까지 목숨을 잇고 있는 것은 실로 살리기를 좋아하시는 성상의 덕택이니, 요순(堯舜)의 시대라도 어찌 이보다 더하겠습니까. 다만 감격의 눈물만 흘릴 뿐입니다.

《대전문목(大全問目)》에 대해 처음부터 끝까지 물리치지 않고 감사하게도 반복해서 가르침을 주는 은혜를 받았습니다. 이는 겸손함으로 빛나는 성대한 덕임을 물론 잘 알겠거니와, 후학에게 은혜를 선사하는 뜻 역시 얕지 않은 것이니, 흠앙하고 감탄하여 마지않습니다.

이산(尼山)의 묘갈(墓碣)[45]에 대해서는 삼가 내 손자 아이에게 해준 말씀을 보았으니, 감히 그대로 따라서 편의 마지막 부분을 수정함으로써 분란의 소지를 해소하지 않을 수 있겠습니까.

김 선생(金先生)의 묘표(墓表)[46]는 지난봄에 분명히 돌려드렸는데,

45 이산(尼山)의 묘갈(墓碣) : 송시열이 지은 윤선거(尹宣擧)의 묘갈명(墓碣銘)을 가리킨다. 이산은 윤선거가 살던 곳이다.

46 김 선생(金先生)의 묘표(墓表) : 김수항이 지은 김인후(金麟厚, 1510~1560)의

어디에서 정체되어 있는지 모르겠습니다. 지금 재차 줄 밖에 찌를 붙여 여쭈었으니, 이전에 비하면 몹시 초솔합니다. 아뢰고 싶은 것이 어찌 끝이 있겠습니까마는 인편이 밤에 바로 돌아가는데 새벽 등불에 눈이 침침하니, 하고 싶은 말을 일일이 다 하지 못합니다.

묘표로, 《문곡집(文谷集)》 권20에 〈하서김선생묘표(河西金先生墓表)〉라는 제명으로 실려 있다.

김구지에게 답함 경신년(1680, 숙종6) 5월 25일
答金久之 庚申五月二十五日

오늘날 서울로 보내는 편지를 어찌 감히 쓸 수 있겠습니까. 쓴다고 하더라도 감히 다른 일을 언급할 수 없으니, 오직 부끄러운 마음만 가슴에 가득합니다. 이 별지를 보내니, 바라건대 굽어살펴 주어 나의 마음을 편히 해 주고 동시에 국체(國體)에 어긋남이 없게 해 준다면 심히 천만다행이겠습니다. 여러 가지 진귀한 선물을 보내 주었으니, 그 지극한 뜻을 감사히 잘 받겠습니다. 바야흐로 거센 물결을 건너고 있느라[47] 남의 손을 빌려 쓰니, 황송합니다.

별지

옛날 이 참판(李參判)의 일[48]로 재차 질문을 받았으나 삼가 친구의 잘못을 말하는 것은 성인의 가르침을 어기는 일[49]이라고 생각하였기 때문에 끝내 감히 답변하지 못하여 존자(尊者)의 물음에 감히 이처럼 조용하게만 있으니 이는 심히 무례한 처사입니다. 매양 이를 생각할 때마다 황송하기 그지없었는데, 지금에 와서는 부득이한 점이

47 바야흐로……있느라 : 송시열이 이때 청풍(淸風)으로 이배(移配)의 명이 내려 거제도를 떠나게 된 것을 가리킨다. 《宋子大全 附錄 卷8 年譜》

48 이 참판(李參判)의 일 : 1676년 평안도 영변으로 귀양을 갔던 이유태(李惟泰)와의 갈등을 가리킨다. 152쪽 주22 참조.

49 삼가……일 : 《예기(禮記)》 〈소의(少儀)〉에 "친구의 잘못을 말하지 말라."라고 하였다.

있어 대략 줄거리만 들어 말씀드리겠습니다. 이어 간청할 일도 있으니 굽어살펴 주기를 바랍니다.

이 참판은 가급적 편리한 처지를 차지하여 모든 사람에게 복을 누리게 하였으니,[50] 가히 좋은 모책이라 할 만하며 후덕하다 이를 수 있지만, 그 실상은 그렇지 않은 점이 있습니다. 나의 의견은 "효종(孝宗)은 곧 주 무왕(周武王)에 해당한다.[51] 그러나 반드시 적통을 빼앗은 후에 적자(適子)가 되기 때문에 부득불 성서(聖庶)라 할 수밖에 없고,[52] 또 부득불 '체(體)이면서 정(正)이 아니다.'[53]라고 할

50 이……하였으니 : 1679년에 오시수(吳始壽)가 상소하여 이유태는 1674년(현종 15) 자의대비(慈懿大妃)의 복제(服制)에 대한 종전의 예론을 수정하였다고 하면서 그의 사면을 청하자 결국 이유태는 석방되었는데, 이후 1680년 이유태가 소장을 올려 자신의 예론은 송시열과 같다고 하면서 송시열을 변호하였고, 결국 송시열은 위리안치(圍籬安置)가 풀려 청풍으로 이배되었다. "모든 사람에게 복을 누리게 하였다."라는 말은 이를 칭한 것이다. 《肅宗實錄 5年 7月 13日, 6年 5月 12日》《尤菴先生書節要集解 卷4》

51 효종(孝宗)은……해당한다 : 형인 소현세자(昭顯世子)가 죽고 차자(次子)로 왕위에 오른 효종의 처지가, 형인 백읍고(伯邑考)가 죽고 차자로 왕위에 오른 주 무왕의 처지와 같다는 말이다. 《史記 周本紀, 管蔡世家》

52 반드시……없고 : 성서는 성인(聖人)의 적자가 아닌 서자를 말한다. 이에 대해 송시열의 스승인 사계(沙溪) 김장생(金長生)의 다음과 같은 말이 참고가 된다. "《통전(通典)》에 한(漢)나라 매복(梅福)이 말하기를 '제후가 종(宗)을 빼앗는다.'라고 하였으니, 이는 아버지가 사(士)가 되고 서자가 제후왕(諸侯王)에 봉해지면 서자가 종적(宗嫡)을 빼앗아 제사를 주관하는 것을 말한다. 제후에 있어서도 오히려 빼앗는 의리가 있는데, 하물며 천자는 어떻겠는가. 성서란 무왕(武王)은 서자이지만 성덕(盛德)이 있어서 형인 백읍고의 종적을 빼앗아 대신하는 것과 같다." 《近思錄釋疑 卷9》

53 체(體)이면서 정(正)이 아니다 : 승중(承重)한 자식이라 할지라도 부모가 그 자식을 위해 삼년복을 입지 못하는 네 가지 경우 가운데 세 번째로, 체는 소생(所生)을

수밖에 없으며, 또 부득불 단궁(檀弓)과 자유(子游)를 인용하지 않을 수 없었다.[54]"라는 것이었으니 이는 실로 천신(賤臣)이 만번 죽어도 용서받기 힘든 죄입니다. 그러나 그는 적통이라고 범범하게 칭하였는데 이는 본연(本然)의 적통이 됩니다. 그러므로 지난번에 시배(時輩)가 자기들의 의견과 부합한다고 생각하여 심지어 탑전(榻前)에서 아뢰기까지 하였으니, 이 어찌 서로 크게 다른 것이 아니겠습니까. 삼가 생각건대 차자(次子)와 적자의 설은 이미 효고(孝考 효종)의 지문(誌文) 속에 나타나 있고 유소(儒疏) 또한 이것으로 성상에게 아뢰었으니, 어찌 그의 소장을 기다려 밝혀질 문제이겠습니까.

또 송상민(宋尙敏)[55]의 의견이나 말은 일체 나의 설에서 나온 것이

정은 장자(長子)를 뜻한다. 《의례(儀禮)》 〈상복(喪服)〉 소(疏)에 "비록 승중이더라도 삼년복을 입지 않는 경우가 네 가지 있다. 첫째는 정(正)이며 체(體)이지만 전중(傳重)할 수가 없으니 이는 적자가 폐질(廢疾)이 있어서 종묘를 주관할 수 없는 경우이고, 둘째는 전중은 하였으나 정도 아니요 체도 아닌 것이니 이는 서손(庶孫)으로 후사(後嗣)를 삼은 경우이고, 셋째는 체이면서 정이 아닌 것이니 이는 서자를 후사로 삼은 경우이고, 넷째는 정이면서 체가 아닌 것이니 이는 적손(嫡孫)을 후사로 삼은 경우이다."라는 말이 있다.

54 단궁(檀弓)과……없었다 : 《예기》 〈단궁 상(檀弓上)〉에 "공의 중자(公儀仲子)의 상(喪)에 단궁이 문복(免服)을 입고 조문하였다."라고 하였고, 또 "사구(司寇) 혜자(惠子)의 상에 자유는 마최(麻衰)를 입고 조문하였다."라고 하였는데, 이는 공의 중자가 손자를 후사로 세우지 않고 서자를 세웠고, 사구 혜자가 적자인 호(虎)를 폐하고 서자를 세웠기 때문에 단궁과 자유가 예법에 맞지 않는 상복을 입고 조문하여 그들을 기롱한 것이다. 송시열은 1660년(현종1) 3월에 올린 〈대왕대비복제의(大王大妃服制議)〉에서 이 설을 인용하였다. 《宋子大全 卷26》

55 송상민(宋尙敏) : 1626~1679. 자는 자신(子愼), 호는 석곡(石谷)이다. 송시열과 송준길(宋浚吉)의 문인이다. 1675년 갑인예송으로 송시열이 유배되자 1679년 3월 12일

니 이는 그의 소장을 보면 알 수 있습니다. 이 참판이 이중우(李仲羽 이숙(李翻))에게 보낸 편지에 이르기를 "송상민이 인조대왕(仁祖大王)의 적통까지 빼앗으려 한다."라고 하였으니, 그 말이 엄중하고 준절하여 나로 하여금 혼이 나가게 합니다. 여기에서 그의 설이 나의 설과 아주 다르다는 사실을 더욱 잘 알 수 있습니다. 의견이 같지 아니하여 화를 입는 것을 옛날에 실로 편안히 여겨 받아들인 이가 있지만, 의견이 같지 않은데 이익을 같이 누리는 것을 고인 가운데 어찌 모호하게 하면서 받은 이가 있겠습니까. 성인(聖人)께서 빈천(貧賤)에 대해서는 "정상적인 방법으로 얻지 않았다 하더라도 버리지 않아야 한다."라고 하고 부귀(富貴)에 대해서는 "정상적인 방법으로 얻지 않았으면 차지하지 않아야 한다."라고 하셨으니,[56] 오늘날의 일이 바로 이와 같습니다.

오직 성상의 큰 은혜는 비록 몸이 문드러지고 뼈가 가루가 된다 하더라도 어찌 갚을 수 있겠습니까. 다만 실상과 다른 이 참판의 소장으로 말미암아 삶을 얻게 된다면, 풀려나는 것이 구속되느니만 못하고 사는 것이 죽느니만 못하다고 스스로 생각합니다. 그런데 금오랑(金吾郎)이 길에 오르기를 재촉하여 몰아서 데리고 오니, 부끄러

에 스승을 변호하기 위하여 예론의 시말과 윤휴(尹鑴) 및 허목(許穆)을 비판하는 책을 만들어서 숙종에게 바쳤다. 이 일로 숙종의 노여움을 받아서 송상민은 물론 연루자들이 모두 국문을 받고 장사(杖死)되거나 유배되었다. 《宋子大全隨箚 卷13》

56 성인(聖人)께서……하셨으니 : 《논어》 〈이인(里仁)〉에 "부귀는 사람들이 원하는 것이나 정상적인 방법으로 얻지 않았으면 차지하지 않아야 하며, 빈천은 사람들이 싫어하는 것이나 정상적인 방법으로 얻지 않았다 하더라도 버리지 않아야 한다."라고 한 말을 가리킨다.

워 죽고 싶은 심정입니다. 전후의 실상을 가지고 도당(都堂)에 글을 올림으로써 절도(絶島)로 도로 들어가기를 몹시 바라는데, 이 계획이 만약 이루어진다면 하늘에 오르는 것처럼 시원하겠습니다. 다만 도당에서 이것을 위에 상달하겠습니까? 헤아려 가르쳐 주면 몹시 다행이겠습니다.-몰래 노봉(老峯)[57]과 상의하여 가르쳐 줄 수 있겠습니까?-

57 노봉(老峯) : 민정중(閔鼎重, 1628~1692)으로, 본관은 여흥(驪興), 자는 대수(大受), 호는 노봉이다.

김구지에게 답함 경신년(1680, 숙종6) 10월 11일

答金久之 庚申十月十一日

말씀한 뜻을 삼가 잘 알았습니다. 다만 추운 날씨에 병이 나니, 돌아가고 싶은 마음이 날로 급해집니다. 망녕되이 '나아가기를 빨리 하면 물러나는 것도 반드시 빠를 것이다.'라고 생각하면서 무턱대고 길을 떠날 수밖에 없었는데, 이미 강교(江郊)에 이르러 지금 짧은 소장을 작성하고 있으니, 비답이 내린 뒤에 진퇴를 응당 결정할 것입니다. 젊은 벗들이 가득하니, 바쁘고 어수선한 가운데 이렇게 씁니다.

○ "나루터 아전들 모두 연로하니 쉬라고 하네."라는 이 구절[58]을 입 속으로 작게 읊조리니, 구구한 이 걸음이 또한 부끄러운바, 한번 웃을 만합니다.

58 나루터……구절 : 송시열이 지은 〈한강 나루를 건너다〔渡漢津〕〉라는 칠언 절구의 두 번째 구절이다. 전문은 다음과 같다. "백발로 한강 나루 자주 건너니, 나루터 아전들이 모두 연로하니 쉬라고 하네. 웃으며 답하기를 강태공은 팔십 세에, 맑은 위수 떠나와서 서주를 도왔다 하였네."《宋子大全 拾遺 卷1》

김구지에게 답함 경신년(1680, 숙종6) 10월 24일
答金久之 庚申十月二十四日

정성스럽고 간절히 말씀해 주니, 나로 하여금 극히 감격스러운 심정을 누를 수 없게 합니다. 다만 편지에서 인용한 노공(潞公)[59]은 실로 아무나 비길 수 있는 분이 아닙니다. 만약 몸으로 여러 조정을 섬기는 것뿐이라면 고금 천하에 노공 같은 사람이 셀 수 없이 많을 것이나, 늙어서도 물러나지 않는 것을 본보기로 삼는다면 필시 그 덕의와 사업이 천하에서 중시되는 자라야 거의 그럴 수 있을 것입니다. 그렇게 하지 않고 통행금지를 알리는 종이 울리고 물시계가 다했는데도 밤길을 쉬지 않고 가는 것과 같이 한다면[60] 굶주린 까마귀와 늙은 봉황이란 비판[61]을

59 편지에서 인용한 노공(潞公) : 노공은 송(宋)나라 때 명재상으로 노국공(潞國公)에 봉해진 문언박(文彦博)이다. 인종(仁宗), 영종(英宗), 신종(神宗), 철종(哲宗) 등 네 임금을 섬기며 50년 동안 장수와 재상 등 요직을 맡아 치적을 이루었는데, 만년에 11세에 즉위한 철종을 보필했다. 1680년 경신환국(庚申換局)으로 서인이 재집권하자 송시열이 10월 영중추부사에 제수되었는데도 숙종을 만나 사은하고 곧장 다시 고향으로 내려가려 하자, 김수항이 송시열을 만류하기 위하여 문언박의 전례를 본받아야 한다고 하였다. 《宋史 文彦博列傳》《文谷集 卷27 上尤齋(庚申)》

60 통행금지를……한다면 : 치사(致仕)할 나이가 넘었는데도 벼슬길에 머물러 있는 것을 비유한 말이다. 삼국 시대 위(魏)나라의 전예(田豫)가 치사를 청하면서 말하기를 "나이 칠십이 넘었는데도 여전히 벼슬자리를 차지하고 있는 것은 마치 통행금지를 알리는 종이 울리고 물시계가 다했는데도 밤길을 쉬지 않고 가는 것과 같으니, 이는 죄인이다."라고 한 데에서 유래하였다. 《三國志 魏書 田豫傳》

61 굶주린……비판 : 늙어서도 염치없이 높은 벼슬에 오래 머무른다는 비판을 가리킨다. 송나라의 증공량(曾公亮)이 중서성(中書省)에 재직하며 오랫동안 권력을 쥐고 있

어찌 면할 수 있겠습니까. 서감(西監)의 한 달 녹봉이란 선생께서 한 번 녹봉을 받는 것이라고 말씀하신 것일 뿐이니, 어찌 꼭 30일을 다 채운 뒤에야 임금을 섬기는 예가 되겠습니까.[62] 오늘날 나는 수만 번 죽을 위기 끝에 왕명을 듣고 황공해하면서 왔다가 이내 또 뜨거운 국에 데여 조심하느라 냉채도 불어 먹는 마음으로 물러나는 것일 뿐이지, 이 상황에 대해 의리로써 판단하는 것이 아닙니다. 다만 나에 대한 보살핌과 대우가 몹시도 융숭하기에 걱정과 두려움이 모두 지극합니다. 이에 차마 뒤도 돌아보지 않고 영영 떠나지는 못하기에 일단은 근기(近畿)에 머물면서 안부 소식을 받들고자 합니다. 부족한 나의 견해가 이와 같으니 감히 끝까지 다 말씀드리지 않을 수 없습니다.

었는데, 그의 권세가 워낙 대단하여 간관들조차 이에 대해 비판하는 자가 없었다. 이에 이복규(李復圭)가 "늙은 봉황새 연못가에서 웅크린 채 떠나지 않고, 굶주린 까마귀는 어사대(御史臺) 위에서 입 다문 채 울지 않네."라는 시를 지어 기롱하자, 증공량은 어쩔 수 없이 관직을 사양하였다. 《三朝名臣言行錄 卷6》

62 서감(西監)의……되겠습니까 : 서감은 서경 국자감 교수(西京國子監教授)의 약칭이다. 선생은 북송의 정이(程頤)이다. 정이가 송나라 휘종(徽宗)이 즉위한 1100년에 귀양지인 부주(涪州)로부터 풀려나 곧바로 서경 국자감의 관직에 취임하자 정이의 문인 화정(和靖) 윤돈(尹焞)이 나아가지 않을 자리에 나아갔다고 스승을 의심하였는데, 이에 정이는 "주상이 즉위하여 맨 먼저 큰 은혜를 입었으니, 이렇게 하지 않으면 무엇으로 덕의를 우러러 받들겠는가. 그러나 내가 더 이상 벼슬하지 않는 것은 이미 결정된 일이다. 한 달의 봉록을 받고 난 후에는 내가 하고 싶은 대로 할 뿐이다."라고 하였다. 이때 송시열이 정이의 이 고사를 명분으로 삼아 상경하여 숙종을 입대하고는 곧바로 내려가려 하자, 김수항이 재차 고사를 인용하여 "이번에 한 달도 기다리지 않으셨으니, 하고자 하는 바가 이천(伊川)과 비교하여 너무 이른 판단이 아닙니까."라는 말로 송시열을 만류하였다. 이에 이와 같이 변명한 것이다. 《二程全書 卷50 伊川年譜》《宋子大全 附錄 卷7 年譜》《文谷集 卷27 上尤齋(庚申)》

부디 재차 가르침을 주기를 바랍니다. 하고 싶은 말을 일일이 다 적지 못합니다.

김구지에게 답함 경신년(1680, 숙종6) 11월 23일

答金久之 庚申十一月二十三日

삼가 보내 준 편지를 받고 또 둘째 아드님을 만나 며칠 밤 동안 촛불 심지를 자르면서 이야기를 나누니, 이런 행운은 다시 만나기 힘들 것입니다.

오늘날의 일을 만약 종이에 써서 남긴 뒤 후인들에게 보여 준다면 눈물을 흘리지 않을 자가 드물 것입니다. 한밤중에도 잠을 못 이루며 언제나 새벽 동이 틀 때까지 밤을 꼬박 새우니, 아마도 요직에 있는 여러 대인께서는 이보다 더 심하실 것입니다. 나는 지식이 얕고 짧으니, 둘째 아드님과 함께 상의한 내용이 아마 집사의 생각에는 마뜩지 않을 듯합니다.

나의 질병은 노복과 말로 인하여 더욱 심해졌으니,[63] 끝내 낫지 않는다면 응당 이로부터 남쪽으로 내려갈 것입니다. 지금 일은 새옹지마와 같은 상황이 되지 않으리라고 장담할 수 없습니다. 보내 준 달력 10개는 감사히 잘 받았습니다. 하고 싶은 말을 일일이 다 적지 못합니다.

63 나의……심해졌으니 : 이때 송시열이 말에서 떨어지는 사고를 당하였기에 이렇게 말한 것이다. 《宋子大全 附錄 卷8 年譜》

김구지에게 보냄 신유년(1681, 숙종7) 1월 8일

與金久之 辛酉正月八日

오래도록 탕약을 가까이하고 있으니, 공사(公私) 간의 우려를 어찌 견딜 수 있겠습니까. 근래 며칠 동안 병의 차도는 어떠한지요? 밤낮 걱정하면서 거의 그 때문에 늙어 버릴 지경입니다.

이번 달 3일에 외람되이 사대(賜對)하는 은혜를 입었는데, 용안이 극히 빛나고 윤이 나서 풍채와 말소리가 이전보다 크게 나아지셨으니, 신민에게 어찌 이보다 더 경사스러운 일이 있겠습니까. 잠깐 산학청(算學廳)으로 나갔을 때 쌓여 있는 문서들을 보았는데 태반이 백성의 질고에 관계된 것이었습니다. 이는 심상한 방법으로는 처결할 수 없을 듯하니, 어떻게 하면 거꾸로 매달려 있는 듯한 그 고통을 만분의 일이나마 해결할 수 있을는지요?

나는 처지가 낭패스러워 어찌해야 할지 모르겠으니, 어떤 가르침을 받을 수 있겠습니까? 삼가 이렇게 공손히 두 손을 맞잡고 기다리겠습니다.

김구지에게 답함 신유년(1681, 숙종7) 1월 18일
答金久之 辛酉正月十八日

연석(筵席)에서 돌아오자마자 삼가 책상에 놓인 편지를 보았는데, 다 읽기도 전에 나도 모르게 눈물이 두 뺨을 적셨습니다. 삼가 살피건대 편지에서 한 말씀의 뜻은 흡사 매완릉(梅宛陵)이 아내를 위하여 묘명(墓銘)을 청할 때의 말[64]과 같았습니다. 아내는 사람에 의해 결합된 관계인데도 오히려 이 정도인데, 더구나 하늘이 맺어 준 친속이면서 재주가 없지 않은 이에 대해서는 오죽하겠습니까. 집사께서 이에 대해 간절한 심정인 것은 당연한 일입니다. 나는 목석같은 사람이 아니니 어찌 차마 집사의 이 지극한 정리를 저버릴 수 있겠습니까.

근자에 삼가 보건대 성상의 학문이 날로 새로워지고 있으니, 어찌하면 집사를 모시고 진퇴를 함께하기를 고림(顧臨)이 이천(伊川) 어른과 함께한 것[65]처럼 할 수 있을는지요?

64 매완릉(梅宛陵)이……말 : 매완릉은 북송(北宋)의 시인인 매요신(梅堯臣)으로, 완릉(宛陵)은 그의 호이다. 송나라 구양수(歐陽脩)가 매요신의 아내인 사씨(謝氏)의 묘지명을 지었다. 이때 김수항이 그 가운데 "그는 평소에 특히 문장이 귀한 줄 알았으니 죽어서 이를 얻는다면 그 혼령을 위로할 수 있을 것이다."라는 매요신의 말을 인용하면서 송시열에게 죽은 딸의 만사(挽詞)를 지어 달라고 청하였다. 《文忠集 卷36 南陽縣君謝氏墓誌銘》《文谷集 卷27 上尤齋(辛酉)》

65 고림(顧臨)이……것 : 송 철종(宋哲宗) 원우(元祐) 1년(1085)에 설서(說書)였던 정이(程頤)가 상주(上奏)하여 강관(講官)으로 하여금 한 달에 여섯 번 조참(朝參)하여 주상의 덕을 보필할 수 있도록 해 달라고 하자 고림 등과 함께 그 일을 맡게 되었다. 《二程全書 卷50 伊川年譜》

남은 말은 어두운 저녁에 남의 손을 빌려 쓰느라 일일이 다 적지 못합니다.

김구지에게 보냄 신유년(1681, 숙종7) 1월 24일

與金久之 辛酉正月二十四日

삼가 묻습니다. 요즈음 몸조리하는 가운데 건강은 차츰 평소 상태에 가까워져 갑니까? 간절히 그리운 마음은 실로 잠시도 놓이지 않으니, 이것이 어찌 다만 한 개인을 위한 일일 뿐이겠습니까. 나는 추위를 만나 꼼짝도 않고 들어앉아 있으니 무료한 생각뿐입니다. 지난날 한두 번 등대(登對)하였으나 학술이 공허하고 소략하여 끝내 도움이 되지 못하였으니 황공하고 부끄러워 몸 둘 바를 모르겠습니다. 성상의 기질이 영민하고 순수하여 끊임없이 학업에 정진하고 계시니 이는 정히 천재일우의 기회인데도 시사(時事)가 위태로워 끝내 "서로 어긋나서 어렵다."라는 탄식[66]이 있게 되었으니 이것을 어찌하면 좋겠습니까.

드릴 말씀은 다름이 아니라 송강(松江 정철(鄭澈))의 사적(事蹟)에 대한 것으로, 실로 국가의 큰 시비가 달린 문제로서 문정(文正 김상헌(金尙憲)) 노선생께서 늘 개탄하시던 일입니다. 그분의 유사(遺事)는 문원(文元 김장생(金長生)) 노선생께서 초안하셨고 행장(行狀)은 신로(愼老 김집(金集))께서 지으셨는데, 그때 유무중(兪武仲 유계(兪棨)), 윤길보(尹吉甫 윤선거(尹宣擧)) 등 제공(諸公)을 모두 불러 상의하고 결정하였는바, 나도 외람되이 그 사이에 끼었습니다. 그 연보는 내가

66 서로……탄식 : 당나라 문인 한유(韓愈)의 〈답이익서(答李翊書)〉에 "마음속의 생각을 끄집어내어 손으로 글을 쓸 때는 오직 진부한 말을 제거하기만을 힘썼으니, 서로 어긋나서 어렵구나."라고 한 것에서 유래한 표현이다.

선사(先師) 양대(兩代)[67]께서 서술한 것과 본가에 소장된 문서, 그리고 길보(吉甫)의 집에 소장된 한 책자를 상고하였는데, 그 책자는 파산(坡山 성혼(成渾))에게서 나온 것 같습니다. 여러 해 동안 모으고 오랫동안 여러 친구와 상의하여 엮은 후에야 신로께 올려 질문하였더니 유감이 없다고 말씀하셨습니다.

이제 그 후손이 이러한 때에 시호(諡號)를 내리는 의식을 한번 청하려고 하는데, 오늘날 시장(諡狀)을 짓는 일은 집사가 아니면 능히 맡을 사람이 없습니다. 그러므로 후손이 귀문(貴門)에 나아가 간청을 하고자 하는데 감히 하지 못하고 있기에 내가 감히 스스로 역량을 헤아리지 못하고 감히 이렇게 소개하니, 삼가 해량해 주리라 생각합니다. 다만 이는 실로 거대한 분량의 글이라서, 삼가 생각건대 몸조리하는 도중에 힘을 들이기가 어려울 것으로 짐작합니다. 그러나 생각건대 행장과 시장은 그 일의 격식이 차이가 없으니, 만약 신로께서 지으신 행장에 약간 산삭과 윤색을 가하여 대략 원만하고 완비되도록 만든다면 그다지 정력을 허비하는 지경에는 이르지 않을 것입니다. 집사께서는 어떻게 생각합니까? 다만 이 일은 시비의 온상인데도 여러 선생께서는 이미 거기에 뛰어들기를 사양하지 않으셨으니, 오늘날 집사께서는 의리로 보아 감히 사양하지 못하실 것입니다. 이러한 이유로 재차 이처럼 번거롭게 부탁하니 더욱더 황송합니다.

67 선사(先師) 양대(兩代) : 송시열의 스승인 김장생과 김집 부자를 말한다.

김구지에게 보냄 신유년(1681, 숙종7) 1월 30일

與金久之 辛酉正月三十日

갓 참상(慘喪)을 만나니,[68] 거의 견딜 수 없습니다. 일관(日官)을 구하여 장사 지낼 날짜를 점치려고 하니, 그들 가운데 재주가 뛰어난 자를 오늘 안으로 내게 보내는 것이 어떻겠습니까?

《여사제강(麗史提綱)》에 대해서는 일찍이 이미 주상께 아뢴 적이 있는데, 가져다 보겠다고 말씀해 주셨습니다. 이 책은 을람(乙覽)하기에 몹시도 편하고, 중엽 이후 원(元)나라를 섬긴 뒤로부터 차마 말로 할 수 없는 사변(事變)이 벌어지는 부분은 특히나 오늘날 감계(鑑戒)가 되기에 충분합니다. 그러므로 차자(箚子)를 한 통 올리고 이 책도 함께 올려 이어서 간행할 수 있게 하고자 합니다. 다만 나의 처지가 조정에 오래 머물러 있기가 어려우니, 집사께서 이 일을 맡아 위로는 성상의 총명을 개발하고 아래로는 조정 관리들을 깨우치는 것이 어떻겠습니까? 직접 여쭈지 못하니 다만 그리운 마음만 더합니다.

슬픔과 괴로움으로 남의 손을 빌려 적느라 하고 싶은 말을 일일이 다 적지 못합니다.

68 갓 참상(慘喪)을 만나니 : 송시열의 장손인 송은석(宋殷錫)의 아내 밀양 박씨(密陽朴氏)의 상을 당한 것을 가리킨다. 《宋子大全 附錄 卷8 年譜》

김구지에게 답함 신유년(1681, 숙종7) 2월 11일

答金久之 辛酉二月十一日

일시에 편지 두 통을 받으니 감사하기 그지없습니다. 일찍이 선사(先師)께 듣기로, 상중에 죽은 자는 응당 소정(素旌)과 소여(素轝)를 사용해서는 안 된다고 하셨으니, 이에 의거한다면 반혼(返魂)에 대해서도 알 수 있습니다. 다만 요즘 풍속에는 반드시 주렴과 채교(彩轎)를 사용하는데 이는 본디 예의 뜻이 아니니 비록 국상(國喪)이 아니더라도 폐해야 합니다. 오직 상여로 신주를 모시고 돌아가는 것이 무슨 온당치 못한 점이 있겠습니까. 다만 상여는 또한 너무 화려하면 안 되니, 간략하게 변화를 보인다면 마음에 편안할 듯한데, 어떻게 생각합니까?

나의 거친 글이 외람되이 허락을 받았으니, 도리어 부끄러움과 두려움이 더합니다.

《여사제강》에 대해서는 이미 오강(午講) 때 아뢰었는데, 장차 명을 내려 구하도록 하겠다고 허락해 주시고 또 은(殷)나라의 거울이 멀지 않다는 하교를 하셨습니다.[69]

나머지 할 말은 일일이 다 적지 못합니다.

69 은(殷)나라의……하셨습니다 : 《시경》〈대아(大雅) 탕(蕩)〉에 "은나라의 거울이 멀리 있지 않아서, 하후(夏后)의 세대에 있느니라."라고 한 말을 인용하여 하교하였다는 말이다. 이 말은 은나라의 후손은 의당 전대(前代)인 하(夏)나라가 멸망한 것을 거울삼아 경계해야 한다는 뜻인데, 숙종이 이 말을 인용하여 조선이 거울삼을 바가 바로 전대인 고려에 있다고 한 것이다. 《肅宗實錄 7年 2月 11日》

김구지에게 답함
答金久之

계속해서 편지를 받으니, 그립던 마음에 깊은 위로가 됩니다.

상이 겹쳐서 난 경우에는 일이 있을 때 각기 그에 맞는 복을 입는다고 예(禮)에 분명하게 기록되어 있습니다. 일전의 기억을 떠올려 보건대 문원(文元 김장생(金長生)) 노선생께서는 "외상(外喪)[70] 때 율곡(栗谷) 선생을 위하여 입은 건질복(巾絰服) 차림으로 길가에서 상을 맞았다.……"라고 말씀하셨으니, 이것이 실로 각기 그에 맞는 복을 입는 의리입니다. 내가 들은 것이 이와 같기 때문에 감히 이렇게 아룁니다.

○ 문원 선생께서 또 그로 말미암아 말씀하기를 "널을 맞이하고 상복을 벗은 뒤에 정관(政官)이 이 일을 따지고 들면서 왕자사부(王子師傅)의 의망(擬望)을 막았다. 이에 한 동료 관원이 '이는 예의 뜻을 올바르게 반영한 것이다.'라고 하면서 논쟁을 벌였으나 받아들여지지 않았다. 이 때문에 끝내 의망되지 못했다."라고 하였습니다. 이는 대개 이발(李潑) 등이 정권을 잡고 있던 때의 일입니다.

별지

"아버지가 계시면 아버지가 상주가 된다."라는 말은 사위 집안을 위

70 외상(外喪) : 《예기정의(禮記正義)》 〈증자문(曾子問)〉의 주석에 "외상은 대문 밖에서 난 상을 말한다."라고 되어 있는데, 먼 곳에 사는 형제의 상이나 어머니와 아내의 친족의 상을 말한다.

주로 하여 말한 것이니, 이른바 '옹(翁)'은 바로 시아버지를 가리키는 것입니다. 축사(祝辭)에는 응당 "시아버지가 죽은 며느리에게 고한다."라고 해야 합니다.

○ 삼우제(三虞祭)는 성대한 제사이므로 국장(國葬) 이전에는 강쇄(降殺)해야 하지만, 선정(先正) 가운데 이를 논한 분은 없기에 감히 딱 잘라 말할 수 없습니다. 다만 예에 따르면, 급히 장례를 치르는 경우에 급히 우제(虞祭)를 지내는 것은 변례(變禮)이므로 졸곡(卒哭)은 추후에 날을 가려 행한다고 하니, 만약 이에 근거하여 졸곡을 국장 뒤에 하면 오히려 변하지 않는 뜻이 되는데, 또한 감히 딱 잘라 말할 수 없습니다.

○ 예에 "하나를 건너뛰어 합부(合祔)한다."라고 이른 것은 조부에게 합부하지 못하면 고조에게 합부한다는 말입니다. 사당이 먼 곳에 있으면 지방(紙榜)에 행한다는 것은 이미 선현의 논의가 있습니다. "아직 사당에 알현하지 못한 여자를 선조의 사당에 옮기지 않는다.……"[71]라고 한 것은 시집온 지 석 달이 안 된 며느리[72]를 가리켜 말한 것입니다. 후세에는 친영(親迎)하지 않는 경우가 많으

71 아직……않는다 : 《예기》 〈증자문(曾子問)〉에 "증자가 묻기를 '여자가 사당에 알현하지 못하고 죽었으면 어떻게 합니까?'라고 하니, 공자께서 '선조의 사당으로 옮기지 않고, 황고(皇姑)에 부묘(祔廟)하지 않으며, 신랑은 상장(喪杖)을 짚지 않고 짚신을 신지 않고 상차(喪次)에서 머물지 않으며, 친정집으로 돌려보내 장례하니, 이는 아직 며느리가 되지 않았음을 보인 것이다.'라고 대답하셨다." 하였다.

72 시집온……며느리 : 《예기》 〈증자문〉에 "석 달 만에 사당에 알현하면서 '시집온 며느리〔來婦〕'라고 칭하고, 길일을 잡아 예묘(禰廟)에 제사를 지내는 것은 며느리의 의리를 이루는 것이다."라고 하였다.

므로 며느리가 혹 자식을 낳아도 여전히 그 집에 머무는 경우가 있는데, 어찌 자식을 낳았는데도 여전히 며느리가 되지 못할 이치가 있겠습니까. 일찍이 듣건대 영외(嶺外)의 한 선현이 자식을 낳은 며느리에 대한 질문에 답하기를 "고례(古禮)가 이와 같으니 남편의 혈족에 합부할 수 없다."라고 하였는데, 신독재(愼獨齋 김집(金集))께서 그 말을 듣고 "몹시도 도리에 해가 된다."라고 하셨습니다.

김구지에게 답함 신유년(1681, 숙종7) 4월 20일

答金久之 辛酉四月二十日

급작스럽게 길을 떠나게 되어 집사께 찾아가 작별을 고하지 못하였으니, 매양 "밥 한 끼를 먹을 때도 임금을 잊지 못한다."라는 고인의 구절[73]을 읊곤 하였습니다. 그런데 홀연 인편을 통하여 지난달 15일에 손수 쓴 편지를 받게 되었는데, 마치 한가롭게 지내는 집사의 모습을 직접 대한 것 같은지라, 위로되고 감격한 마음을 말로 다 표현할 수 없었습니다. 더구나 간곡히 가르침을 준 것이 실로 예사롭지 않으니, 이를 통해 나와 남을 공평히 대하고 안과 밖을 일치시키는 대군자의 성대한 덕을 우러러볼 수 있었습니다. 이는 실로 비루하고 하찮은 자가 감히 엿볼 수 있는 것이 아닌바, 이대로 해 나간다면 장차 천하로부터 우대를 받을 텐데 하물며 이 좁은 나라는 어떻겠습니까.

나는 돌아갈 계획을 도성에 들어설 때부터 이미 세워 놓았으니, 하루아침에 마음 내키는 대로 정한 것이 아닙니다. 그러나 끝내 차분하게 처신하지 못했으므로 사람들이 놀라고 이상하게 여기는 것도 당연합니다.

"대신과 함께 일하려고 하지 않는다.……"라고 한 것[74]으로 말하자면

73 밥……구절 : 송나라의 문인 소식(蘇軾)이 "고금에 시인이 하 많지만, 오직 두보(杜甫)를 으뜸으로 일컬으니, 이것이 어찌 그가 굶주리고 추위에 떨며 정처 없이 유랑하면서도 밥 한 끼 먹을 때도 임금을 잊어 본 적이 없었기 때문이 아니겠는가."라고 하였다. 《鶴林玉露 卷6》

74 대신과……것 : 1681년 2월 20일 송시열이 사직 상소를 올리자 성균관 유생 정제태

지극히 놀라운 마음을 금치 못하겠습니다. 일전에 비록 자전(慈殿)과 전하 두 분의 간절한 하교에 감격하여 때때로 부족한 나의 생각을 다 쏟아 냈지만 학술이 지리멸렬하여 십중팔구 시의(時宜)에 부합하지 않았습니다. 그러나 여러 집사께서 과한 관용을 베풀어서 멸시하고 꾸짖지 않으셨으니, 이는 실로 말세에 만나기 힘든 대우인지라 늘 감탄을 하였습니다. 그런데 뜻하지 않게 옆에서 보고 있던 자가 망녕되이 나에 대해 억측을 하니, 이는 실로 생각 밖의 일입니다. 다만 구르는 구슬은 오목하게 파인 곳에서 멈추는 법[75]이니, 믿을 것은 오직 이것뿐입니다.

지난달 손자며느리를 귀장(歸葬)하고 난 뒤 이곳의 높은 산과 깊은 계곡이 좋아서, 계속해서 여름을 보낼 계획을 하고 있습니다. 이제부터 책을 보면서 나의 허물을 돌아본다면 아마도 조금이나마 지난날의 잘못을 보완할 수 있을 것입니다. 보내 준 만사(挽詞)는 다 읽기도 전에 나도 모르게 슬픔으로 목이 메어 눈물이 흘러나왔습니다. 이는 대개

(鄭齊泰) 등 90여 명이 송시열을 만류하도록 요청하는 소장을 올렸는데, 이때 정재숭(鄭載嵩) 및 박태손(朴泰遜)과의 불화가 송시열이 조정을 떠나려는 이유라고 주장하였다. 이에 앞선 1678년 조정에서는 송시열과 복제(服制)에 관해 주고받은 문답을 근거로 기해예송(己亥禮訟) 때 송시열과 더불어 기년복(朞年服)을 주장한 정태화(鄭太和)를 현종(顯宗)의 묘정에 배향할 수 없다는 주장이 일었다. 이에 정태화의 아들이자 당시 우의정이었던 정재숭은 부친의 설과 송시열의 설은 근본적으로 다르며 송시열과 주고받았다던 문답 역시 송시열이 꾸며 낸 것이라고 주장하면서 송시열과 갈등을 겪었다. 《宋子大全 卷71 與李擇之(丙午二月)》《宋子大全 附錄 卷8 年譜》

75 구르는……법 : 유언비어는 언젠가 지혜로운 자에 의해 사라진다는 말이다. 《순자(荀子)》〈대략(大略)〉에 "구르는 구슬은 오목하게 파인 곳에서 멈추며, 유언비어는 지혜로운 자에게서 그친다."라고 한 데서 유래하였다.

피차간의 정을 관통하여 슬픔이 일었기에 감동하는 것이 절로 그러지 않을 수 없었기 때문입니다. 그러하니 또한 족히 구천의 혼령을 위로하고 후사를 비호할 수 있을 것인바 온 집안의 영광과 감격은 말로 다 표현할 수 없습니다.

날씨가 무더워져 가니, 삼가 더욱 몸을 보중함으로써 멀리서 우러르는 나의 마음에 위로가 되어 주기를 바랍니다. 하고 싶은 말을 일일이 다 적지 못합니다.

별지

이 승선(李承宣)의 일[76]에 대해 말해 보겠습니다. 당초에 나 역시 그것이 지나치게 무람한 처사임을 모르지는 않았으나, 그 주된 뜻은 인재를 애석하게 여겨 나라의 재정에 도움을 주고자 한 데에서 나왔습니다. 그런데 지난겨울 갓 도성에 들어갔을 때 훈신(勳臣)의 모의[77]

76 이 승선(李承宣)의 일 : 이 승선은 승지 이사명(李師命, 1647~1689)을 가리킨다. 1681년 어진익(魚震翼)의 공청도 관찰사(公淸道觀察使) 임명이 마땅치 않다는 헌납 박태손(朴泰遜)의 상소가 올라오자 이사명이 그 자리를 대신 맡게 되었는데, 이에 송시열은 어진익을 변호하는 한편 이사명처럼 유능한 사람은 조정에 머무르게 해야 한다는 취지로 소장을 올렸다. 이로 인하여 결국 박태손도 인혐(引嫌)하여 사직하였다. 《肅宗實錄 7年 1月 29日, 2月 13日》《宋子大全 附錄 卷8 年譜》

77 훈신(勳臣)의 모의 : 1680년 5월 18일 복선군(福善君) 이남(李柟)과 허견(許堅)의 역모를 진압하는 데 공을 세워 김만기(金萬基), 김석주(金錫胄) 등이 보사 공신(保社功臣)이 된 이후 11월에 이사명, 김익훈(金益勳) 등 6인이 공신에 추가로 등록되었는데, 이는 김석주의 주도로 이루어진 것이었다. 이에 박태손 등이 김석주에 대해 처음부터 이사명 등을 공신에 등록하지 않고 이제 와서 추록하는 것은 사적인 마음에 의한 것이라고 비판하였다. 이사명은 김석주의 인척이므로 이렇게 말한 것이다. 《尤菴先生書節要集解 卷4》

를 알고 있었다는 비방이 있다는 이야기를 얼핏 듣고, 나는 "없는 것보다 나을 터인데, 어찌 있는 것을 싫어하랴."라는 한 구절을 외워 주었습니다. 그러나 그 후 비방이 점점 더 커져서 차마 들을 수 없는 이야기까지 생겨났고 친한 자는 더욱 심하므로 그가 세상에 용납되지 못하리란 것을 확실하게 알았습니다. 이에 일찍이 그와 친하게 지내는 이에게 말하기를 "모(某 이사명(李師命))는 모름지기 물러나 백강(白江)으로 돌아가서 1, 2년 동안 있어야 하니, 아마 그런 후에야 일이 수습될 수 있을 것이다."라고 하였지만 성상의 권애가 날로 융숭해져서 그가 마음대로 할 수 없었으니, 그 낭패스러운 형세가 더욱 극에 달하였고 백강 운운한 것에 대해서도 어떤 이는 내가 실언하였다고 심히 허물하였습니다.

그러다 마침 호조와 병조의 제도를 변통하는 일이 있어 망녕되이 '이것이 아니면 아무도 그에게 직임을 맡기려 하지 않을 것이다.'라고 생각하고 또 그 일에 능통한 이도 없기 때문에, 다만 이계주(李季周)가 사국(史局)의 일을 맡은 것[78]처럼 그를 한가한 자리에 두어 그 일을 전담하게 하려고 하였습니다. 또 나는 성상께서 이기기를 좋아하거나 자신의 의견만을 주장하시는 폐단이 있을까 염려하여 여러 차례 말하기를 그치지 않았는데 그 발언 가운데 절도에 맞지 않은 것이 많았으니, 남들에게 비난을 받은 것은 실로 당연합니다. 그러나 이미 내 입을 막는 사람이 없어서 말에 따른 허물을 되돌릴

78 이계주(李季周)가……것 : 이계주는 이단하(李端夏, 1625~1689)로, 계주(季周)는 그의 자이다. 1681년 여름에 이단하는 《현종개수실록》을 편찬하는 일을 맡았다. 《宋子大全隨箚 卷4》

수 없으니 스스로 자책할 뿐입니다.

지금 그 사람을 대할 방법은 다만 여러 집사께서 탑전에서 "모(某)의 전후의 설은 시의(時議)를 진정시키고 인재를 보호함으로써 국사를 구제하려는 뜻에서 나온 것에 불과하며, 상대를 저지하려는 마음이 있는 것이 아닙니다. 지금 그 사람은 버려둘 수 없는데, 한가한 자리는 재주를 실현할 수 있는 곳이 아닙니다."라고 진달하는 것뿐이니, 그렇게 진달하면 말도 옳고 이치에도 맞게 될 것입니다. 나는 비록 이보다 더 하고 싶은 말이 많지만 이미 물러난 사람이라 외람되이 시사를 언급할 수 없으니, 비록 다시 말하고 싶지만 어쩔 수 없습니다.

나중에 옥안(獄案)이 뒤집어질 것이라는 우려가 있는데, 나는 그렇게 생각하지 않습니다. 나의 설이 비록 지리하고 산만하지만 조금도 그 공(功)을 비난하는 뜻은 없으니, 무슨 트집을 잡을 단서가 있겠습니까. 나의 생각이 이와 같으니 모든 온당치 못한 것들에 대해 부디 재차 가르침을 내려 주기를 바랍니다.

김구지에게 보냄 신유년(1681, 숙종7) 5월 15일

與金久之 辛酉五月十五日

일전에 답장을 보냈을 때 병과 바쁜 일로 인하여 말이 초솔하였으니, 뒤미처 생각해 보매 숨죽일 만큼 두려워 침식도 불안할 지경이었습니다. 그런데 지금 보내 준 편지에서 도리어 위로하고 어루만져 주었으니, 그 아끼고 장려하는 마음이 실로 예사롭지 않아 도리어 더욱 부끄러운 심정을 이루 말로 다 표현할 수 없습니다.

이상한 부분은 여러 대인이 성대한 덕으로 우리 성상을 보좌하는데도 능히 하늘의 분노와 사람의 원망을 조금도 그치게 하지 못하여 종묘사직과 생령들이 똑같이 위급한 상황에 처해 있는 것이니, 이는 이치상 이해할 수 없는 점입니다. 나의 질병이 비록 조만간 죽을 정도의 상태는 아니지만 끝내 치유될 수 없는 것이니 만사가 절로 응당 마음에서 식어 버렸습니다. 다만 나의 기우(杞憂)만큼은 언제나 또렷하여 사라지지 않으니, 비록 잠깐 그것을 잊고자 하더라도 그럴 수 없습니다.

가뭄이 이렇게 혹독하니, 예궁(醴宮)의 기도를 시급히 행하지 않을 수 없을 듯한데 왕공(王公)의 설을 이미 진달하였습니까?[79] 대략 한두

79 예궁(醴宮)의……진달하였습니까 : 예궁은 송나라의 예천관(醴泉觀)이고 왕공은 송나라 인종(仁宗) 때 간관(諫官)인 왕소(王素)이다. 경사(京師)에 큰 가뭄이 들자 왕소가 직접 기우제를 지내기를 청하면서 "폐하께서는 반드시 정성을 다해 비를 빌어야 하니, 정성을 다하지 않으면 하늘을 감동시킬 수 없습니다."라고 말하였는데 다음 날 인종이 예천관에서 직접 기우제를 지내자 우레를 동반한 큰비가 쏟아졌다. 《宋史 王素列傳》

가지 일을 들었으나 오히려 느릿느릿하면서 마치 아무런 일이 없는 때처럼 보고 있는바, 습관이 오히려 이러한데 하늘과 사람의 마음을 감동시켜 돌이키기를 바라니, 또한 요원하지 않겠습니까. 생각이 이에 이르매 심장이 내려앉는 것 같습니다.

조정의 논의가 화합되지 못하는 것은 아마 정백자(程伯子 정호(程顥)) 처럼 지극한 정성과 큰 공정함이 없으면서 다만 범요부(范堯夫)같이 자신을 보전하는 계책[80]만 마음에 품기 때문일 듯하니, 신하가 임금을 섬기는 도리는 이렇게 해서는 안 될 듯합니다. 어떡하면 좋겠습니까.

병을 무릅쓰고 남의 손을 빌려 적느라 두서가 없으니, 삼가 해량해 주기를 바랍니다. 하고 싶은 말을 일일이 다 적지 못합니다.

80 범요부(范堯夫)같이……계책 : 범요부는 북송의 문신인 범순인(范純仁)으로, 요부는 그의 자이다. 송 철종(宋哲宗) 때 신법당(新法黨)인 채확(蔡確)이 선인태후(宣仁太后)를 비방하는 시를 지어 원우(元祐) 연간 제현(諸賢)의 구법당(舊法黨)으로부터 거센 비난을 받고 유배형에 처해지려 하자, 범순인은 그를 너무 심하게 다루면 자신들도 나중에 화를 면하지 못할 것이라고 우려하면서 선처를 청하였다. 이후 주희가 이 일을 논하면서 "미리 자신을 보전할 계책을 세운 것은 자신을 위하여 사사로운 행위를 했다는 비난을 면하지 못한다."라는 말로 범순인을 비판하였다. 《宋史 姦臣列傳 蔡確》《晦庵集 卷37 答鄭景望》

김구지에게 보냄
與金久之

삼가 사적인 일로 부탁드릴 것이 있습니다. 월름(月廩)이 내려진 한 가지 일은 사적인 의리로 비추어 편치 못할 뿐만 아니라 조정의 체모로 보아도 정당하지 못한 것입니다. 성상께서 혹 은혜를 베풀어 길러 주려는 뜻을 가지고서 때때로 위급한 처지를 구휼하라는 명을 내리신다면 감히 그것을 받들지 않겠습니까. 그러나 그렇지 않고 마치 정규적인 녹봉처럼 달마다 하사하신다면, 이는 상하가 모두 그 마땅한 도리를 상실하게 되는 것입니다. 그러므로 현(縣)과 도(道)를 통해 보내신 여러 달 분량의 늠료는 감히 받을 수 없는데, 또 그렇다고 감히 성상을 여러 번 번독하게 할 수 없기에 다만 무명전(無名錢)의 전례[81]에 의거하여 그것을 승사(僧舍)에 보관해 두었으니, 이는 대개 별달리 좋은 계책이 없어 궁박한 상황에 처한 결과입니다. 앞으로 이 일은 또한 처리하기가 난감할 것이니, 부디 바라건대 집사께서 이 사정을 헤아리고 성상 앞에서 잘 아뢰어서, 이미 내린 명을 특별히 거두게 함으로써 고집스럽게 지조를 지키려는 필부의 뜻을 이루게 해 주십시오. 그런다면 그 또한 하나의 의미 있는 일이 될 것입니다. 구구히 간청하는 지극

81 무명전(無名錢)의 전례 : 한(漢)나라 선제(宣帝) 때 장안세(張安世)가 부친 장탕(張湯)과 함께 제후에 봉해졌다는 이유로 녹봉을 사양하였다. 이에 선제는 장안세의 녹봉을 무명전이라는 명목으로 따로 보관해 두게 하였는데, 그것이 백만으로 헤아릴 정도였다고 한다. 《漢書 張湯傳》

한 심정을 이길 수 없습니다.

2월의 늠료로 말하자면 내가 서울에 있을 때 받아야 하지만 받지 못했던 것이므로 이미 6월 말에 받아서 입에 풀칠을 하였으니, 이는 부당한 일까지는 아닐 듯합니다. 아울러 살펴 주는 것이 어떻겠습니까?

김구지에게 답함 신유년(1681, 숙종7) 6월 13일

答金久之 辛酉六月十三日

연이어 편지를 받으니 "아침저녁으로 만나는 것이다."라는 격[82]일 뿐만이 아닙니다. 다만 초야에서 고라니와 어울려 사는 나 같은 처지에는 몹시도 걸맞지 않은 일이니, 이에 두려울 뿐입니다.

오늘날의 걱정은 어찌 꼭 말이 필요한 것이겠습니까. 무엇보다 인심(人心)이 망극하여 발꿈치를 돋우며 기회를 엿보는 자들이 그득한 실정이니, 청주(淸州) 사람의 기도문[83]은 오히려 별것 아닌 일입니다. 이에 몸이 떨릴 정도로 한심하여 정말 살고 싶지 않습니다.

별지에서 한 말씀에 대해 말하자면, 아이들이 입이 가벼워 번거롭게 간절히 말씀하도록 만들었으니, 황공한 마음을 견딜 수 없습니다.

나머지 할 말은 나라를 위하여 더욱 몸을 보중함으로써 멀리서 우러르는 나의 마음에 위로가 되어 달라는 것입니다. 병으로 고단하여 남의 손을 빌려 쓰느라 송구한 마음을 견딜 수 없습니다.

82 아침저녁으로……격 : 《장자(莊子)》 〈제물론(齊物論)〉의 "만세의 뒤에 나의 이 견해를 알아주는 대성인(大聖人)을 한번 만나게 된다면 이는 아침저녁으로 만나는 것이다."라는 말에서 나온 것으로, 본래는 후세에 자기의 뜻을 알아주는 대성인이 나타난다면 아침저녁으로 자주 만나는 절친한 지기(知己)와 같을 것이라는 말인데, 여기에서는 김수항(金壽恒)에게 편지를 연이어 받은 것을 가리킨다.

83 청주(淸州) 사람의 기도문 : 이때 청주 사람 박상한(朴相韓)이 기우제를 지내기 위한 기도문에서 가뭄의 탓을 숙종에게 돌리고 공공연하게 원망을 드러낸 일이 있었다. 《宋子大全隨箚 卷6》

김구지에게 보냄 신유년(1681, 숙종7) 12월
與金久之 辛酉十二月

계동(季冬)의 심한 추위에 삼가 체후가 만복할 것으로 생각합니다.

삼가 생각건대 문묘에 종사하는 한 가지 일이 장차 시행되게 되었으니[84] 세도에 무엇이 이보다 더 다행스럽겠습니까. 일전에 외람되이 집사의 질문을 받았으나 병세가 위독하여 대답을 할 수가 없었습니다. 그러다 이내 생각해 보니 의리상 감히 끝까지 잠자코 있을 수 없겠기에 삼가 밀봉한 글을 갖추어 올렸으니, 현(縣)과 도(道)를 통하여 보내지 못한 것은 대개 무능이해서입니다. 이세 김히 옆 고을에서 사람을 빌려 집사께 전달하도록 하였으니, 부디 동료 관원과 함께 상의하되 만약 크게 부당한 부분이 있으면 도로 보내 주고, 그렇지 않다면 승정원에게 보내어 입계(入啓)하도록 하는 것이 어떻겠습니까? 이는 실로 부봉(副封)[85]의 고례(古例)입니다. 대개 병든 몸으로 사고력이 쇠잔하여 말에

84 문묘에……되었으니 : 1681년 12월 14일 송시열이 상소하여, 이미 문묘 종사를 윤허받은 오현(五賢) 중 이이(李珥)와 성혼(成渾)을 옹호하고 양시(楊時)와 나종언(羅從彦)의 학문적 결점을 지적하는 한편, 양무(兩廡)에 모셔져 있는 주돈이(周敦頤), 정호(程顥), 정이(程頤), 장재(張載), 소옹(邵雍)을 전(殿) 안에 올려 모시고, 허형(許衡)을 출향(黜享)하고, 황간(黃榦)과 김장생(金長生)을 새로 문묘에 종사할 것 등을 주장하였다. 《肅宗實錄 7年 12月 14日》

85 부봉(副封) : 상소의 부본(副本)을 말한다. 한(漢)나라 때 임금에게 두 통의 글을 작성하여 올리면, 상서(尙書)가 먼저 부봉을 뜯어보아 올릴 만한 글이면 올리고 그렇지 않을 경우 원봉(元封)을 돌려주었다. 그 후 언로(言路)를 막는 폐단이 있어 위상(魏相)이 어사대부(御史大夫)가 된 후 선제(宣帝)에게 아뢰어 그 제도를 없앴다. 《漢書 魏相傳》

조리가 없으니, 집사께서 만약 동료 정승이나 사문(斯文)의 선진(先進)들과 약속하여 어전이나 조정에서 상의함으로써 정밀하게 버리고 취한다면[86] 말을 올린 자는 그다지 심히 죄를 얻지는 않게 될 것이니, 어떻게 생각합니까? 또 먼저 둘째 아드님과 상의하지 않을 수 없습니다.

86 정밀하게 버리고 취한다면 : 대본에는 '精其去就'로 되어 있다. 두주에 근거하여 '就'를 '取'로 바로잡아 번역하였다.

김구지에게 답함 신유년(1681, 숙종7) 12월

答金久之 辛酉十二月

보잘것없는 후생이 망녕되이 사문(斯文)의 대의를 논하였습니다. 이에 불위(不韙)의 죄[87]를 거듭 지었거나 그렇지 않다면 내 글을 물리치고 상주(上奏)하지 않았을 것이라고 스스로 생각하였는데, 지금 답장을 받으니 모두 내가 예상한 대로가 아니었습니다. 그러나 남은 두려움은 오히려 깊습니다.

주자(周子)와 정자(程子) 등 여러 대현을 전내(殿內)에 올리는 일은 백세(百世) 뒤에 성인(聖人)이 나온다 하더라도 의혹하지 않을 일입니다. 다만 성묘(聖廟)를 갑자기 넓히기 어렵다는 것은 실로 보내온 편지에서 한 말씀 그대로입니다. 나머지 여러 설은 감히 스스로 반드시 옳다고 생각하는 것이 아니고, 우선 여러 논의 과정에서 참고하도록 하는 것일 뿐입니다.

사관(史官)이 아직도 오지 않았으니 성상의 비답이 어떠한지 모르겠지만, 비루하게 여겨 배척할 가능성에 대해 말하자면, 천근한 말도

87 불위(不韙)의 죄 : 옳지 못한 죄라는 말인데, 《춘추좌씨전(春秋左氏傳)》 은공(隱公) 11년에 식(息)나라가 정(鄭)나라와 말다툼을 하다가 전투를 벌여 대패한 사건을 두고 식나라에 대하여 "덕을 헤아리지 않고, 역량을 헤아리지 않고, 친한 이를 친하게 여기지 않고, 사실에 근거하여 말의 진위를 따져 보지 않고, 누구에게 죄가 있는지 살피지 않았다. 이 다섯 가지 옳지 못한 죄를 범하고서 남을 공격하였으니 패전한 것이 또한 당연하지 않겠는가."라고 평한 데서 온 말이다. 여기서는 '역량을 헤아리지 않은 것'에 해당한다.

자세히 살피기를 좋아하시는 성상의 도량으로 볼 때 그러할 일은 없다고 이미 생각하고 있습니다.

다만 이렇게 눈이 쌓였으니 내년에 보리가 잘 익을 것을 예상할 수 있으나 민생이 바야흐로 기아에 허덕이고 있으니, 강을(江乙)의 어머니가 한 말[88]을 통해서 밤낮으로 더욱 근심스러우리라 생각합니다.

새봄이 이미 가까우니, 삼가 더욱 몸을 보중하여 멀리서 우러르는 나의 마음에 위로가 되기를 바랍니다.

88 강을(江乙)의……말 : 강을은 위(魏)나라 출신으로서 후에 초(楚)나라에서 벼슬한 사람인데, 그가 굶어 죽자 그 어머니가 울부짖기를 "삼공(三公)이 내 자식을 죽였다." 라고 하였다. 《戰國策 楚策》

김구지에게 보냄 임술년(1682, 숙종8) 1월 12일

與金久之 壬戌正月十二日

시비득실을 막론하고 집사께서 당국자로 계신데 어찌 감히 일마다 책임을 지지 않을 수 있겠습니까. 다만 늙어서 물러나 은거하는 사람이 또 "싸움하는 사람을 돕는 자는 다친다."라는 죄과에 빠지고 말았으니, 매우 우매합니다. 이제부터 경계할 줄 알아 입을 닫고 죽는다면 박(朴)의 소장[89]은 많은 도움이 되는 것입니다.

나머지 할 말은 나라를 위하여 몸을 보중하여 비천한 나의 정성에 부응해 달라는 것입니다.

○ 중화(仲和 김창협(金昌協))와 대략 편지를 주고받았으니, 집사를 뵐 때에 혹 진달할 수 있을 것입니다.

89 박(朴)의 소장 : 1681년 12월 20일에 교리(校理)로 있던 박태보(朴泰輔)가 문묘 종사에 관한 문제로 소장을 올려 송시열을 비판하였다. 《宋子大全隨箚 卷6》

김구지에게 답함 임술년(1682, 숙종8) 3월 27일

答金久之 壬戌三月二十七日

나는 질병이 이미 치료하기 어렵다는 사실을 안 뒤로 선산 아래로 와 엎드려 있으면서 눈 감는 날만을 기다렸습니다. 그런데 이때 홀연 집사의 편지를 받게 되니, 분수를 헤아려 보매 황공하고 감격스러워 무슨 말을 해야 할지 모르겠습니다.

성상의 체후가 자주 편치 못하시니, 걱정되는 마음 어찌 끝이 있겠습니까. 지금 평상을 회복한 것이 기쁘지만 또한 믿을 수 없으니, 이는 몸을 보호하는 도리를 완전히 잊은 것입니다.

나는 이미 나이 제한에 막힌 데다 병으로 몹시 괴로워 줄곧 깊이 칩거하고 있습니다. 비록 조금 보탬이 되는 재주가 있더라도 감히 스스로 힘을 내지 못할 텐데 더구나 기량이 털끝만큼도 없으면서 큰 한계를 뛰어넘어 죽을병을 무릅쓸 수 있겠습니까. 그런데 평소 나를 친애하는 집사와 같은 분조차 나를 이끌어 내려는 마음을 가지고 있으니, 다른 사람은 말해 무엇 하겠습니까.

조정의 의론이 분열되니, 이는 심히 우려스러운 일입니다. 고금 천하에 어찌 분열되고서 약해지지 않으며, 약해지고서 망하지 않는 경우가 있겠습니까. 이는 비유컨대 큰 병을 앓고 난 뒤에 실낱같은 목숨을 근근이 이어 오다가 결국 파두(巴豆)[90]와 짐독(鴆毒)을 써서 명을 재촉

90 파두(巴豆) : 파두나무의 씨로 짠 기름인데 하제(下劑)나 피부 자극제 등으로 사용하는 독성이 강한 약이다.

하는 것과 같습니다. 이는 실로 하늘이 하는 일이니 어찌 사람의 계책으로 예측할 수 있겠습니까. 그러나 군주와 재상은 천명(天命)을 말할 수 없는 법이니[91] 진정시켜 화평하게 하는 일은 오로지 합하(閤下)께서 자신을 바룸으로써 그들의 마음을 복종시키는 데에 달려 있을 뿐입니다. 나를 알아주고 돌보아 주는 마음을 믿고 이렇게까지 망언을 하였으니 황공한 마음을 견딜 수 없습니다.

○ 월름(月廩)에 대해서는 나를 지극히 염려해 주는 은혜를 입었습니다. 이에 대해 아무런 처분이 내려지지 않은 것은 응당 누구에게 책임을 물어야 하겠습니까? 규례에 대해 전혀 몰라 감히 해당 인물에게 애걸하여 명이 거두어지는 것을 통쾌히 볼 수 없으니, 부디 재차 그에 대한 곡절을 말씀해 주는 것이 어떻겠습니까? 양식이 과연 누차 떨어지는 때가 생긴다면 혹 8, 9월 동안 쌓아 놓은 것 가운데 10분의 1을 떼 내어 급한 형편을 구휼한다는 명분으로 하사해 준다면, 위에서 하사하고 아래에서 받는 것이 모두 고의(古義)에 적합하게 되어 위는 훌륭해지고 아래는 편안하게 될 것입니다. 이러한 내용으로 어전에서 말하는 일을 합하가 아니면 누가 할 수 있겠습니까. 이렇게 하지 않는다면 장차 또 이전 상황이 그대로 반복되면서 판가름이 날 날이 없을 것이기에 감히 사소한 혐의를 망각한 채 이와 같이 번독하게 고하였으

91 군주와……법이니 : 788년에 당(唐)나라 이필(李泌)이 덕종(德宗)에게, 노기(盧杞)가 임금을 속여 그 간사함을 모르게 한 것을 두고 간사하다고 하면서 건중(建中) 연간의 난리 역시 노기 때문이라고 하였다. 덕종이 난리는 천명 때문이라고 하자, 이에 이필이 "천명은 다른 사람은 말할 수 있지만 군주와 재상만은 말해서는 안 됩니다. 군주와 재상은 천명을 만드는 사람이니, 만약 천명을 말한다면 예악(禮樂)과 형정(刑政)을 다 쓸 곳이 없습니다."라고 하였다. 《通鑑節要 唐紀 德宗皇帝下》

니, 모르는 자가 본다면 장차 "원한다고 말하지 않는 것이 싫다."[92]라고 할 것입니다. 부디 불쌍히 여겨 헤아려 주기를 바랍니다.

92 원한다고……싫다 : 《논어》〈계씨(季氏)〉에 "공자께서 '구(求)야, 군자는 원한다고 말하지 않고 굳이 변명하는 것을 미워한다.' 하셨다."라고 한 것을 인용한 말로, 이익을 탐하지만 굳이 드러내지 않고 변명하는 것을 싫어한다는 뜻이다.

김구지에게 답함 임술년(1682, 숙종8) 7월 10일

答金久之 壬戌七月十日

나의 질병이 거의 죽음에 다다를 정도라 온갖 일이 마음에서 싸늘히 식어 버렸지만, 오직 임금을 사랑하는 일념만큼은 타고난 천성에 뿌리박혀 있어 끝내 사라지지 않습니다. 이에 밤중에도 일어나 앉아서 이를 마음속에 늘 잊지 않고 있는데, 그럴 때마다 어찌 집사에 대해 그리운 마음을 품지 않은 적이 있었겠습니까. 그것은 대개 임금을 바루고 나라를 안정시킬 책임이 모두 집사 한 몸에 달려 있기 때문입니다. 그러던 중 홀연 뜻하지 않게 특별히 사람을 시켜 편지를 보내 주니, 펼쳐 보고 읽은 끝에 문득 병이 난 것도 잊을 지경이었습니다.

삼가 생각건대 생민(生民)이 지난날 학정으로 괴로움을 겪다가 정국이 바뀐 뒤로는 제대로 되리라는 희망이 생겨났지만 아직까지 그 마음을 크게 위로하는 일은 없었으니, 그들이 매우 원망하고 있습니다. 백성의 마음에 원망이 있으면 하늘의 분노가 그에 따라 찾아오는 것은 필연적인 이치입니다. 나의 서종형(庶從兄) 송시섭(宋時燮)에게 아들이 하나 있는데 이름은 효일(孝一)입니다. 그는 지난 4월 신역(身役)을 독책하는 데 내몰려서 스스로 목을 매어 죽었습니다. 나는 그의 일가친척으로서 이 지경까지 이르게 만들었으니 물론 죄가 있습니다만, 나라에 어진 정사가 없다는 사실을 이에 근거하여 알 수 있습니다. 팔도 가운데 효일 같은 이들이 모두 얼마나 있겠습니까. 늘 이 일을 집사께 들려 드리고 싶었지만 초야에 묻힌 사람으로서 분수를 벗어나는 일이라는 생각에 혐의쩍어 우물쭈물하며 감히 그렇게 하지 못하였습니다.

그런데 지금 답장을 쓰는 일로 말미암아 나도 모르게 이 일을 지면에 드러내고 말았으니 이 또한 죄입니다.

글을 지어 달라고 부탁받았으니, 삼가 지극한 정이 어디에 있는지를 알겠습니다. 어찌 차마 사양할 수 있겠습니까. 다만 질병으로 신음하느라 정신이 쇠락한 가운데 억지로 글을 쓰느라 제대로 된 모양을 갖추지 못하였습니다. 만일 이를 버리지 않고자 한다면 부디 산삭과 윤색을 가하여 쓰는 것이 어떠합니까?

몇 종의 선물을 보내 주었는데 모두 극히 훌륭한바, 귀중하고 사랑스럽게 여기는 지극한 심정을 이길 수 없습니다.

하고 싶은 말은, 호흡이 짧고 숨이 차서 계속 입으로 불러 줄 수 없고 또 남의 손을 빌려 적느라 더욱 황공하니 모든 것을 살펴봐 주기를 바란다는 것입니다.

김구지에게 보냄 임술년(1682, 숙종8) 7월 그믐
與金久之 壬戌七月晦日

삼가 가을이 깊어지는 이때에 체후가 만복하고 기거는 신명의 도움이 있을 것으로 생각하니, 구구히 그리워하는 이 마음은 언제나 간절하지 않은 날이 없습니다. 이는 사적인 도의에 관계된 일일 뿐만이 아닙니다.

삼가 부탁드릴 것이 있어 감히 존엄한 집사를 귀찮게 합니다. 나의 종형인 고 태복시(太僕寺) 송공 시영(宋公時榮)[93]이 순절하였을 때의 사적은 노선생(김상헌)께서 여러 공의 글에 누차 드러내신 바가 있으니, 이 태상(李太常)의 묘갈문[94] 및 숙부 습성공(習靜公)의 묘지문[95] 같은 글들에서 확인할 수 있습니다.

이뿐만이 아닙니다. 신독재(愼獨齋) 문경공(文敬公 김집(金集))께서 일찍이 태복공(太僕公)의 묘지명[96]을 찬술하면서 또한 가장 먼저 창의

93 송공 시영(宋公時榮) : 사복시 주부(司僕寺主簿)를 지낸 송시영(宋時榮, 1588~1637)으로, 본관은 은진(恩津), 자는 공선(公先)·무선(茂先), 호는 야은(野隱), 시호는 충현(忠顯)이다. 병자호란 때 왕명을 받들어 강화도에 들어갔다가 강화도가 함락되자 자결하였다.

94 이 태상(李太常)의 묘갈문 : 이시직(李時稷, 1572~1637)의 묘갈문으로, 《청음집(淸陰集)》 권31에 〈사헌부장령이공묘갈명(司憲府掌令李公墓碣銘)〉이라는 제명으로 실려 있다.

95 숙부 습정공(習靜公)의 묘지문 : 송시열의 숙부인 송방조(宋邦祚, 1567~1618)의 묘지문으로, 《청음집》 권32에 〈병조좌랑송군묘갈명(兵曹佐郎宋君墓碣銘)〉이라는 제명으로 실려 있다.

96 태복공(太僕公)의 묘지명 : 송시영의 묘지명으로, 《신독재유고(愼獨齋遺稿)》 권9에

(倡義)한 일을 머리말로 삼으셨으니, 그 사실을 속일 수 없는 것이 이와 같습니다.

삼가 들으니 태상공(太常公 이시직)에게 추증하고 시호를 내린다는 명이 있었는데 태복공의 경우는 다만 추증하는 예만 따랐다고 합니다. 삼가 생각건대 지금의 일은 그 도덕과 문장을 열거하여 이러한 명을 내린 것이 아니라, 실로 죽고 사는 큰일을 당하여 빼앗을 수 없는 훌륭한 지조로 인한 것일 뿐입니다. 태복공이 여러 공 가운데 이와 같이 가장 뛰어난데, 그분에 대한 포장(褒奬)이 도리어 여러 공보다 부족한 것은 어째서입니까. 비록 살아 있을 때의 관작(官爵)으로 말하더라도, 시정(寺正)과 시부(寺簿)는 지위의 차이가 작은데 모두 함께 시호의 은전을 받지 않았고, 또 그분이 산 당대를 논하는 것으로 말해 보자면 그 효성과 우애로써 펼친 정사와 예법으로 교화한 것은 고인에게 견주어 보더라도 또한 손색이 없으니, 하물며 말세의 사람인 경우이겠습니까. 한 일은 고인보다 뛰어난데도 그 명색은 오늘날에 굽혀지고 말았으니, 삼가 백세 후의 공론에 혹 불만이 없을 수 없을 듯합니다.

지금 그의 어린 고손(孤孫)인 원석(元錫)이 그 일의 곡절을 알고자 하여 발을 싸매고 서울로 갔는데, 혹 성상께 호소하고자 하나 미천한 처지로 분수 넘는 일을 한다는 두려움이 있고 또 승정원에서 막히게 될까 염려하고 있으니, 어떻게 해야 의리에 마땅하게 될 수 있을는지요? 삼가 바라건대 자애로운 집사께서 어진 은혜를 베풀어서 좋은 쪽으로 지휘해 준다면 몹시 다행일 것입니다. 그는 응당 감히 집사께 나아갈 것이니, 계단 앞에 발붙일 곳을 빌려주기를 바랍니다.

〈사복시주부송공묘지명(司僕寺主簿宋公墓誌銘)〉이라는 제명으로 실려 있다.

나머지 할 말은 다만 위로 삼궁(三宮)과 사성(四聖)을 위하여 더욱 몸을 보중함으로써 멀리서 우러르는 나의 정성에 위로가 되기를 바란다는 것뿐입니다. 하고 싶은 말을 일일이 다 적지 못합니다.

김구지에게 답함 임술년(1682, 숙종8) 9월 3일
答金久之 壬戌九月三日

일전에 댁의 인편이 돌아갈 때에 간략하게 편지를 써서 부쳤는데, 지금 답장을 해 주니 감격스러운 심정을 형용하기가 어렵습니다.

국운이 불행하여 농사일의 형편이 망극한 지경인데 또 변고를 보고한 사람[97]이 있다는 말을 듣게 되니, 지극히 우려스러운 마음을 견딜 수 없습니다. 추국(推鞫)이 만약 행해진다면 집사께서 형세상 죄를 심의하는 일을 주관하게 될 텐데, 어떻게 해야 더할 나위 없이 훌륭하게 될 수 있겠습니까. 주 부자(朱夫子)께서는 매양 "모든 일에는 반드시 천리(天理)와 인욕(人慾)이 있다."라고 하셨습니다. 하물며 이는 사람 목숨의 사생과 나라 운명의 안위가 달린 일이니 어떻겠습니까. 측은한 심정으로 형벌을 신중하게 행하면서 털끝만큼이라도 억울함이 있을까 염려하는 것은 천리이고, 남몰래 후일에 자신을 보전하려는 계책을 세워 옥사(獄事)로 은혜를 베푸는 일은 사욕이니, 이는 일은 서로 비슷하지만 마음은 같지 않은 것입니다. 한편 반복해서 실정을 조사함으로써 거간(巨姦)들이 법망에서 빠져나가는 일이 없도록 하는 것은 천리이고, 혹여 때를 틈타 복수를 도모하는 뜻을 둠으로써 죄에

97 변고를 보고한 사람 : 김환(金煥, ?~1689)을 가리킨다. 1682년에 김환과 김익훈(金益勳) 등이, 허새(許璽), 허영(許瑛), 민암(閔黯), 유명견(柳命堅) 등의 남인이 복평군(福平君) 이연(李橝)을 왕으로 추대할 역모를 꾸몄다고 고변하였다. 《宋子大全隨箚 卷6》

몰아넣기에 힘쓰는 것은 인욕이니, 이는 드러나는 행동은 서로 비슷하지만 실로 같지 않은 것입니다. 이들은 털끝만큼의 차이에도 실로 천 리(千里)나 벌어지게 되는 것이니, 신중히 하지 않을 수 있겠습니까. 접때의 일[98]에 대해 여러 사람의 말이 번다하여 지금까지 그치지 않고 있는데, 지금 사적으로 지나친 염려가 없을 수 없어 함부로 이렇게 아뢰었으니, 매우 참람합니다. 황공하고 황공합니다.

가을이 저물어 가는데, 삼가 위로 나라를 위하여 자중자애하기를 바랍니다.

별지

태복시(太僕寺) 형의 일[99]에 대해 유의해 주니, 세도에 매우 다행입니다. 이른바 참봉군(參奉君)[100]은 학행이 뛰어나니, 부디 그를 이끌어 선조의 훌륭한 본보기를 가르쳐 줌으로써 깨우치는 바가 있게 한다면 사문(私門)의 다행일 것입니다.

삼가 생각건대 역적의 진술에서는 그저 성상께서 돌아가신 후를 위한 논의라고 하였지만, 한(漢)나라의 법으로 본다면 무안후(武安

98 접때의 일 : 1680년 서인의 김석주(金錫胄) 등이 주동이 되어 남인인 영의정 허적(許積)의 서자 허견(許堅)이 복창군(福昌君), 복선군(福善君), 복평군(福平君)과 함께 역모를 꾀한다고 고발하여 남인들이 실각한 경신대출척(庚申大黜陟)을 가리킨다. 《宋子大全隨箚 卷6》

99 태복시(太僕寺) 형의 일 : 송시열의 종형(從兄)인 송시영(宋時榮)에게 시호가 내리게 해 달라고 부탁한 일을 가리킨다.

100 참봉군(參奉君) : 송시영의 손자인 송원석(宋元錫, 1653～1735)으로, 자는 선장(善長), 호는 창암(蒼巖)이며, 송시열의 문인이다. 《宋子大全隨箚 卷13》

侯)는 응당 멸족의 화를 당해야 할 것입니다.[101] 다만 유효립(柳孝立), 심기원(沈器遠)[102]과 비교해 보면 또한 조금 차이가 있지 않겠습니까. 나의 생각이 이와 같은데, 어떻게 생각합니까? 한결같이 한나라의 법대로 적용한다면, 혹 뜻밖의 재앙에 억울하게 걸리는 일이 발생하여 본조(本朝)의 충후한 뜻을 손상하지 않겠습니까. 그러나 이 시기에 이 몸은 응당 심상한 말조차 꺼내서는 안 되는데, 하물며 이 일은 오죽하겠습니까. 만에 하나 이 말이 혹 누설된다면 죽음으로도 속죄하지 못할 것입니다. 천만 바랍니다.

101 한(漢)나라의……것입니다 : 한나라 무제(武帝) 때 무안후 전분(田蚡)이 회남왕(淮南王) 유안(劉安)에게 "지금 황제에게 아들이 없고, 당신은 고조(高祖)의 손자로서 인의(仁義)가 두터움은 천하 사람이 아는 터입니다. 만약 황제가 갑자기 세상을 떠난다면, 당신이 아니고 누가 그 뒤를 잇겠습니까."라고 하자 유안이 크게 기뻐하면서 그에게 후한 재물을 하사하였는데, 후에 그 모반이 발각되자 한나라 문제(文帝)는 "만약 무안후가 살아 있었다면 멸족의 화를 당하였을 것이다."라고 하였다. 《宋子大全隨箚 卷6》《漢書 淮南厲王劉長傳》 여기에서는 복평군(福平君)을 왕으로 추대할 모의를 꾸민 허새(許璽) 등을 두고 한 말이다.

102 유효립(柳孝立), 심기원(沈器遠) : 유효립(1579~1628)은 인조반정으로 자신의 숙부인 유희분(柳希奮)이 참형되고 북인이 쫓겨나자 제천(堤川)으로 유배되어 귀양살이를 하고 있던 중, 몰래 다른 뜻을 품고는 광해군 때의 옛 신하로서 새 조정을 원망하는 자들과 공모하여 인성군(仁城君) 이공(李珙)을 추대하려고 역모를 꾸몄다가 사전에 발각되어 처형된 인물이다. 심기원(?~1644)은 인조반정에 가담하여 정사 공신(靖社功臣) 1등으로 청원부원군(青原府院君)에 봉해지고, 1644년(인조22)에 종실(宗室)인 회은군(懷恩君) 이덕인(李德仁)을 추대하려고 반란을 꾀하다가 부하 황헌(黃瀗), 이원로(李元老) 등이 훈련대장 구인후(具仁垕)에게 밀고함으로써 거사 전에 주살된 인물이다.

김구지에게 보냄 임술년(1682, 숙종8) 11월 7일

與金久之 壬戌十一月七日

지난번 안부 편지를 받았을 때 마침 쓸데없이 바쁜 일을 만나서 다만 몇 글자로만 답장을 보내 놓고 잠시 후일을 기다려야겠다고 기약했는데, 곧 집사께서 오랫동안 궐내에서 국문하는 일에 참여하고 있다는 소식을 듣게 되었습니다. 이에 엄중하고 비밀스러운 곳을 침범할 수가 없어 처음에는 대개 주저하다가 결국에는 미루게 되었습니다. 이제 듣건대 죄를 심의하는 일이 이미 끝나고 다시 동합(東閤)[103]에 임하였다고 하니, 태만한 죄를 시들리 응당 속죄해야 할 것이니 객지에 나와 있는 가운데 인편이 없어 다시 이렇게 지난날 모습 그대로인 채로 있으니, 거듭 불민함을 자책합니다.

내가 처음에 올라온 것은 다만 이 쇠약하고 병든 몸의 실상을 드러내어 영영 휴치(休致)를 청하고 돌아가려는 의도였습니다. 이는 대개 별 볼 일 없는 몸으로 장기간 소명(召命)을 받고 있는 것이 비단 사적인 의리로 보아도 불편한 일일 뿐만 아니라, 사신이 왕래하면서 길 근처가 소란스러워지는 것이 공적으로도 적잖이 해가 되기 때문입니다. 이러한 이유로 한번 올라와 기필코 결판을 내고자 바랐을 뿐인데, 뜻하지 않게 처음 입대(入對)하던 날 궁궐 문이 사방으로 열려 있는 가운데

103 동합(東閤) : 동각(東閣)과 같은 뜻으로, 정승이 정무를 보는 곳을 말한다. 한나라 때 공손홍(公孫弘)이 승상이 되어 동합을 열고 어진 선비를 초빙한 데에서 나온 말이다.

배한증(背寒症)이 그를 틈타 발작하였고, 이에 소회를 다 말씀드리지 못한 채 물러나게 되었습니다. 그러다 또 남의 비방[104]으로 인하여 허겁지겁 빠져나와 휴치를 청하는 소장을 하루걸러 계속 올리고 있는데 아직까지 윤허를 받지 못하였습니다. 그런데 어제 좌상(左相 민정중(閔鼎重))이 다시 또 나를 막아섰으니 정말 이해할 수 없습니다. 현재 국세가 위급한 상황이니 애당초 서울을 멀리 떠나고자 한 것은 아니었습니다. 은혜로운 윤허가 내린 뒤에는 다만 근기 지방에 유유자적 머무르면서 때때로 혹 예에 의거하여 입조(入朝)함으로써 신자(臣子)의 정을 펴고자 할 따름이었습니다. 그런데 이제 이미 일이 이렇게 되었으니, 돌아가고자 하는 마음이 흐르는 물처럼 되어 더 이상 머물러 있을 수 없고 성상께 충성을 다하려는 마음이 이로 인하여 삼가 슬픔에 잠기게 되었습니다. 집사께서 혹 나의 미약한 정성을 불쌍히 여긴다면 부디 한마디 말로 성상 앞에서 아뢰어 줄 수 있겠습니까? 마음은 북받쳐 오르고 형세는 급박하여 감히 이렇게 귀찮게 하였으니 황송한 마음을 이길 수 없습니다.

날씨가 갑자기 쌀쌀해졌으니, 다만 나라를 위하여 몸을 보중하기를 바랍니다. 병으로 남의 손을 빌려 적느라 하고 싶은 말을 일일이 다 적지 못합니다.

104 남의 비방 : 1682년 10월 15일 우승지 이현석(李玄錫)이 상소하여, 자신이 1679년 정언으로 있을 때에 장기(長鬐)에 위리안치되어 있던 송시열을 절도(絶島)로 옮겨 위리안치할 것을 청한 일이 있는데 현재 송시열이 다시 조정에 돌아온 상황에서 서로 불편한 점이 있다고 아뢰었다. 이 상소로 인해 송시열은 자신 때문에 조정이 분쟁과 소란의 장소가 되었다고 하면서 도성을 떠났다. 《肅宗實錄 5年 3月 25日, 8年 10月 15日・16日》

김구지에게 답함 임술년(1682, 숙종8) 11월 13일
答金久之 壬戌十一月十三日

삼가 이번 달 10일에 보낸 편지를 받았는데, 되풀이하여 나를 깨우쳐 준 것이 간곡함 그 이상이었습니다. 내가 비록 우매하나 어찌 감격할 줄 모르겠습니까. 다만 내가 처음 올라온 본뜻만큼은 아직 헤아림을 받지 못하여 마치 장차 머물러 있으면서 조정에 벼슬할 것처럼 말씀을 하니, 이는 구르는 구슬이 오히려 오목하게 파인 곳에서 멈추지 못한 것입니다.[105] 그러하니 저 위에 높이 있는 하늘이 오히려 아래에 있는 사람에게 유감이 없지 못한 것은 당연한 일입니다. 집사께서는 나를 어떤 사람이라고 보시는 것입니까? 마음속에 품은 생각이 향리의 어린 아이에게조차 믿음을 주지 못하고, 그것을 시행하는 것도 집안의 자잘한 일에조차 주밀하지 못하였기에 빈산에서 문을 닫아걸고 굶주림을 참으면서 세월을 보내고 있습니다. 성조(聖祖)의 조정에서 무턱대고 무거운 임무를 받아 털끝만큼도 도움이 되지 못하였고, 이에 늘 스스로 후회하고 자책하면서 남을 대할 때마다 번번이 얼굴을 붉히곤 합니다. 더구나 지금 거의 다 죽어 가는 나이에 도리어 다시 예를 범하고 허물을 불러일으켜 조정에서 넘어지고 엎어지며 애꾸눈과 절름발이처럼 지낼 수 있겠습니까.

105 구르는……것입니다 : 지혜로운 사람조차 유언비어를 간파하지 못하고 그대로 믿어 버린다는 말이다. 《순자(荀子)》 〈대략(大略)〉에 "구르는 구슬은 오목하게 파인 곳에서 멈추며, 유언비어는 지혜로운 자에게서 그친다."라고 한 데서 유래하였다.

다만 성상의 시야에서 멀리 떨어져 있다는 이유로 소명이 자주 이어졌는데, 비단 사적인 심정으로 두려움이 끊일 날이 없을 뿐만 아니라 사명(使命)이 왕복하는 가운데 연로(沿路)가 피폐해지기에 남에게 죄를 짓는 것도 적지 않았습니다. 이러한 이유로 한번 성상께 가까이 나아가 직접 치사(致仕)를 청하고자 생각하였고, 또 그러면 성상께서 반드시 유념하여 물러나도록 허락하실 것이니, 이와 같이 하면 해마다 수고롭고 분란했던 일에서 벗어날 수 있으리라고 생각하였습니다. 처음 올라온 본뜻은 결단코 여기에 있을 뿐입니다. 그러나 이미 나왔다가 물러가기를 구하는 것은 겉으로 볼 때 위선과 거짓으로 보이는 면이 있으니, 상하와 대소가 나의 말을 믿지 않고 원수처럼 붙잡아 두는 것은 당연한 일입니다. 이 때문에 방에 들어가면 소용없는 후회를 하였고 방에서 나오면 남들이 얼굴에 침을 뱉곤 하였습니다. 이에 오만 가지로 생각해 볼 때 오직 달아나 숨는 것이 시원스러운 일이 되었지만 그래도 집사께서 손써 주리라는 기대가 있었는데, 지금 집사께서 다시 이와 같이 하니 필부의 뜻이 이로 인하여 개탄에 잠기게 되었습니다. 이로부터 멀리 강호로 떠나 영영 집사와 떨어지게 되었으니, 오직 시대를 위하여 몸을 보중함으로써 우러러보는 모든 이들의 마음에 위로가 되기를 바랄 뿐입니다.

별지

별지의 말씀을 삼가 자세히 잘 살펴보았습니다. 집사께서는 성조(聖祖)의 밝은 가르침과 부사(父師)의 유훈을 통하여 훗날에 무궁히 펼쳐질 폐단을 홀로 관찰함으로써 한때에 무너지려는 제방을 막으셨으니,[106] 그 누가 이를 불가하다 하겠습니까. 그러나 한스러운 것은 다음과 같습니다. 저 파방(罷榜)을 논하는 대간(臺諫)들은 지난날 어지러운 무리의 습속에 징계되어 그 썩은 전철을 돌이키고자 하는 것에 불과하기에 그 일이 또한 전혀 근거가 없지는 않으니, 집사께서는 의당 가부를 저울질하여 형세를 달리하는 자들로 하여금 함께 똑같은 곳으로 돌아가게 하고자 하는 것이 좋지 않겠습니까. 그런데 도리어 너무 박절하게 공격하고 너무 엄하게 논한 나머지 형세가 더 크게 불어나게 만들어 수많은 유생으로 하여금 낭패스럽고 혼란스러워 그 거취를 상실하도록 하였으니, 이는 혹 생각하고 헤아리는 도로 볼 때 오히려 미진한 바가 있는 것이 아닐까 합니다.

무릇 유생은 나라의 원기(元氣)입니다. 원기가 굶주리게 되면 나라는 그에 따라 망하는 법이니, 이 어찌 작은 일이겠습니까. 깊이 한스러운 것은 대간이 깊이 생각하지 못하여 한두 번 아뢴 뒤에 바로 정지하지 않은 것입니다. 그리고 가장 한심한 것은 끝내 한두 대간으로 하여금 목면을 입고 그 자리에 있으면서 탄환을 견디게 하였다가[107] 대간의 비판이 오늘날 더욱 비등하게 되었으니, 나라의 체모를

106 집사께서는……막으셨으니 : 1682년 8월 19일에 열린 증광 감시(增廣監試)의 복시(覆試)에서 조한추(曺漢樞)를 비롯한 여러 거자(擧子)가 과장(科場)에 함부로 난입한 사건이 발생하자 정언(正言) 이굉(李宏), 대사간 유상운(柳尙運) 등을 중심으로 복시의 파방을 청하는 의론이 비등하였고, 이에 영의정 김수항 등은 그에 맞서서 파방을 반대하여 논쟁이 가열되었다. 이에 숙종은 "죄가 시관(試官)에게 있으면 시관을 죄주고, 죄가 거자에게 있으면 거자를 죄줄 것이니, 파방하지 말라."라는 선조(宣祖)의 수교(受敎)가 명백히 있었다는 이유로 윤허하지 않았다. 《肅宗實錄 8年 8月 19日, 10月 1日, 11月 2日》

107 한두 대간으로……하였다가 : 명(明)나라 효종(孝宗) 때 유길(劉吉)은 누차 대간의 탄핵을 받으면서도 18년 동안이나 내각(內閣)에서 뻔뻔스럽게 자리를 지키고 있

손상하는 것으로 무엇이 이보다 크겠습니까.

나는 지난달 초에 강을 건너는 배에서 박화숙(朴和叔 박세채(朴世采))을 만나 근래의 일을 언급하였는데, 그때 나는 화숙에게 "그대의 자질과 나의 손자는 입장과 당색이 무리와 어긋나므로 '파방'이라는 두 글자는 절대 입에 올리지 말아야 할 듯합니다."라고 하였습니다.[108] 그런데도 남들의 비난을 면치 못하였으므로 더욱 입을 단단히 다물게 되었습니다. 그런데 지금 집사께서 나를 그다지 비루하게 여기지 않고서 외람되이 물어봐 주셔서, 사적인 심정으로 감격하여 이미 다물었던 입을 대략 놀려 보았으니, 부디 해량해 주기를 바랍니다.

어 당시 사람들이 그를 유면화(劉綿花)라고 지목하였는데, 이는 두꺼운 솜이 탄환을 견디듯 탄핵을 뻔뻔하게 견뎠기 때문이었다.《明史 劉吉列傳》 여기에서는 자신을 지지하는 대간 한두 명이 그 자리에서 자신을 변호하게 하였다는 의미인 듯하다.

108 나는 화숙에게……하였습니다 : 이때 송시열의 손자인 송주석(宋疇錫)이 회시(會試)에 응시하지 않았고 박세채의 집안사람도 회시에 응하지 않았기 때문에 혐의쩍어 말할 수 없었던 것이다.《宋子大全隨箚 卷5》

김구지에게 답함 임술년(1682, 숙종8) 12월 18일

答金久之 壬戌十二月十八日

일찍이 하찮은 이에게 질문해 주는 크나큰 덕에 감격한 나머지 대략 비루한 나의 생각을 아뢴 적이 있습니다. 이에 바야흐로 참람히 문하의 여러 사람에게 죄를 지어 근심하고 있었는데, 이제 그것을 헤아리고 덕음(德音)을 내려 주었으니, 그 큰 국량을 더욱 우러르면서 내가 만난 상황을 자축합니다.

시사가 위급하니 비록 대소인원이 협력하여 밤낮으로 부지런히 노력하고 근심하더라도 오히려 제대로 해내지 못할까 두려운데 도리어 이와 같이 찢어지고 분열되니, 장차 어떻게 상황을 진정하고 수습할 수 있겠습니까. 이에 대한 책임은 결코 다른 사람에게 위임할 수 없는데 도리어 처방을 구한다는 말씀을 하니, 이는 소인의 얕은 생각으로는 감히 알 수 있는 바가 아닙니다. 어떡하면 좋겠습니까.

《차의(箚疑)》는 삼가 받아서 수효를 점검하였습니다. 그중 2책은 또 베껴서 교정한다고 하니, 이 책이 만난 행운이 가히 크다고 하겠습니다. 이를 통해 이 책의 의미를 해석함으로써 혹시라도 이 책을 좋아하는 사람이 많아지게 한다면 어찌 세도의 다행이 아니겠습니까.

며칠 동안 갑작스레 추운 기운[109]이 닥쳤으니 날씨가 순정(順正)한 것은 몹시 기쁜 일이지만 따뜻했던 날씨 끝에 밀과 보리가 곧바로 싹을

109 추운 기운 : 대본에는 '寛意'로 되어 있다. 《송자대전수차(宋子大全隨箚)》 권6에 근거하여 '寛'을 '寒'으로 바로잡아 번역하였다.

틔우는 데에 해가 되니, 심히 걱정입니다.

한 해의 마지막이 머지않으니, 삼가 위로 종묘사직과 -원문 결락- 생령(生靈)을 위하여 더욱 몸을 보중하기를 바랍니다. 이는 허언이 아니니 아울러 살펴 주기를 바랍니다.

별지

"바라건대 밝은 성상께서는 특별히 유사(有司)에게 조칙을 내려, 신이 비서성(秘書省)과 태상시(太常寺)에 나아가 공문을 통해 예악(禮樂)에 관련된 여러 서적을 빌리고, 스스로 예전의 학도 10여 인을 불러 모아 비어 있는 관사 몇 칸에 들어가 함께 머물면서 종류별로 편집을 명할 수 있도록 허락해 주십시오. 또 비록 그 가운데 관리가 있더라도 그 관함을 띠고서 봉급을 청하지 않고, 단지 달마다 돈과 쌀을 헤아려 지급함으로써 음식, 종이, 납촉(蠟燭) 등의 비용을 청할 수 있도록 허락해 주십시오. 또 그중 베껴 쓸 사람들은 임안부(臨安府)에서 첩사(貼司) 20여 명을 선발하여 내려 주도록 청할 수 있게 해 주십시오. 일이 끝나는 날에 공을 헤아려 상을 내리시고 따로 추은(推恩)하지 않는다면 관에서 그다지 많은 비용을 들이지 않고도 선비들이 실학(實學)을 알 수 있게 되어 훗날에 성조(聖朝)에서 예악을 제작할 때 보탬이 될 것이니, 사문의 다행이요, 천하의 다행일 것입니다."

이상은 주자께서 예서(禮書)를 수찬하기를 청하신 차자(箚子)입니다. 오늘날 삼가 붕우들 가운데 문학에 능한 이들을 불러 모아, 《이정전서(二程全書)》와 《주장전서(周張全書)》를 종류별로 나누고 또 대략 해석을 가함으로써 후생들의 안목을 편하게 하고 싶은데, 곤궁한 처지라서 종이와 필묵을 스스로 갖출 방법이 없습니다. 집사 쪽에서 혹 삼남(三南)의 방백(方伯)에게 통지하여 그들로 하여금 몇 묶음을 보내게 함으로써 이 일에 도움이 될 수 있도록 하는 것이 어떻겠습니까? 감히 주자의 차자로 지면의 첫머리를 장식하는 것은 옛 현인들이 이러한 일을 천하에 공변된 도리로 여겼기 때문입니다. 그러한 까닭에 이와 같이 규모가 큰 일을 청하면서도 혐의하지 않는 것입니다. 이제 이 사소한 종이나 붓에 대해서, 제공(諸公) 역시 개인을 위한 것이라고 생각하지 않는다면, 이 말을 꺼낸 자가 죄를 얻는 지경에까지는 가지 않을 것이라 생각합니다. 그러나 이는 또한 집사의 판단에 달려 있습니다.

김구지에게 보냄 계해년(1683, 숙종9) 1월

與金久之 癸亥正月

정월이 돌아와 만물이 새로워졌으니, 삼가 이러한 때에 아름다운 복을 아울러 받아 나라와 함께 모두 평안할 것으로 생각하니, 구구히 찬양하고 기리는 마음을 형언할 수 없습니다.

이번에 찾아온 중추부(中樞府)의 하례(下隷) 편에 보내 준 편지를 받고서 내게 해 준 말씀을 자세히 다 살폈습니다. 그 가운데 급한 일을 청한 대목 하나에 대해서는 극히 놀라운 심정을 이기지 못하겠습니다. 집사는 아직 당국자이기 때문에 오히려 이렇게까지 위급한 상황인 줄을 모르는 것입니다. 방관자의 입장에서 말해 보자면, 비록 주공(周公)이 앉아서 아침을 기다렸던 것[110]처럼 하고 필공(畢公)이 작은 행실도 부지런히 힘쓴 것[111]처럼 하더라도 제대로 해낼 수 없을까 두려우니, 더구나 감히 한가하게 지내기를 청하여 스스로 편하고자 하는 뜻을 품겠습니까. 삼가 생각건대 이 일은 다른 때라면 그래도 할 만하지만 지금의 시점에는 할 수 없습니다. 나는 본시 깊은 산에서 사슴과 함께

110 주공(周公)이……것 : 주(周)나라 때 주공이 우(禹), 탕(湯), 문왕(文王), 무왕(武王)이 했던 일을 시행하려고 하면서 당시와 맞지 않는 것이 있으면 밤새도록 생각하였고, 생각하여 좋은 계책을 얻으면 빨리 시행하고 싶어서 잠을 자지 않고 그대로 앉아서 날이 새기를 기다렸다는 고사를 가리킨다. 《孟子 離婁下》

111 필공(畢公)이……것 : 《서경》 〈필명(畢命)〉에 "필공이 성대한 덕으로 능히 작은 행실도 부지런히 힘써 4대를 보필하고 밝혀서 얼굴빛을 바르게 하고 아랫사람들을 거느렸다."라고 하였다.

무리 지어 살아가는 존재인데, 근기 지방을 배회하면서 차마 멀리 떠나지 못하는 것은 무슨 일 때문이겠습니까. 털끝만큼도 보답하지 못하였으니, 다만 나라와 함께 망할 뿐입니다. "진정시킨다."라는 말씀은 어찌 농담이 아니겠습니까. 한쪽으로 빠져서 물결을 일으켜 파란을 조장할까 두렵습니다. 어느 겨를에 그에 대해 생각이 미치겠습니까.

종이를 마련할 방도에 대해서 말씀한 것은 실로 다행입니다. 나는 경비는 상관하지 않기 때문에 지난번 편지에서 감히 언급하였던 것입니다.

김구지에게 답함 계해년(1683, 숙종9) 1월 15일

答金久之 癸亥正月十五日

어제 안부 편지를 받았는데 누누이 가르쳐 준 말씀이 작은 지면에 가득하였으니, 감격스러운 나머지 도리어 부끄러움이 더하였습니다.

내가 이번에 올라온 것은 치사(致仕)를 청하고서 영영 초야에서 편히 살면서, 가당치 않은 은혜가 빈번히 내리는 상황에서 끝내 벗어나려고 한 것에 불과하였습니다. 그런데 오늘 탑전에서의 일[112]은 거의 열에 여덟아홉은 이루어진 것이니, 내일 재차 나아간다면 거의 결판을 지을 수 있습니다. 허락을 받는다면 머물러 시정(市井)의 신하가 되고 그렇게 되지 않는다면 돌아가 고향을 떠도는 귀신이 될 것이니 이 두 가지 길 가운데 반드시 얻는 바가 있을 것입니다. 오늘 입대할 때에 삼가 보니, 성상께서 입으로 불러 주신 말씀에 진실한 뜻이 가득 넘쳐흘러 가히 귀신도 눈물짓게 할 만하였습니다. 그런데 나는 그것을 받들 줄 몰랐으니 어떻게 마음을 가눌 수 있겠습니까. 또 생각건대 오늘날의 일은 비록 불 속에서 사람을 구하는 것처럼 하더라도 오히려 제대로 해내지 못할까 두려운 형편이니, 집사께서 어찌 차마 물끄러미 쳐다보며 방관만 하실 수 있겠습니까. 나는 집사께서 반드시 성상의 명에 신발도 안 신고 급히 달려가실 것을 알고 있으니, 실로 묵묵히 기도하

112 오늘 탑전에서의 일 : 1683년 1월 15일 송시열이 입대하여《예기(禮記)》〈내칙(內則)〉의 "70세에 치사한다."라는 내용을 명분으로 거듭 치사를 청하자, 숙종이 다음날 대신들에게 물어 결정하겠다고 하였다.《宋子大全 附錄 卷9 年譜》

는 심정을 주체하지 못하겠습니다. 내일 만약 한강 건너는 일을 면한다면, 바라건대 한번 나아가 가르침을 받들겠습니다.

나머지 할 말은 병으로 괴로워 남의 손을 빌려 적느라 황공함을 견딜 수 없다는 것입니다.

김구지에게 답함 계해년(1683, 숙종9) 1월 20일
答金久之 癸亥正月二十日

어제 삼가 성상께서 포고하신 윤음을 보고는 밤새도록 슬피 울면서 동이 틀 때까지도 그치지 않았습니다. 그런데 삼가 보내 준 서찰을 받아 보니 그야말로 나의 생각에 부합하였습니다.

"양보하려는 이유로 돌아가고자 한다."라는 주장에 대해 말해 보겠습니다. 일전에 또한 나에게 와서 그렇게 말한 이가 있었는데, 배를 잡고 웃음이 터져 나오는 것을 주체하지 못하여 다만 농담으로 대답하기를,

"옛날에 일 만들기 좋아하고 과장해서 말하는 어떤 사람이 말하기를 '한 고조(漢高祖)는 가히 크게 어리석은 사람이라고 할 만하다. 시황제(始皇帝)가 동남 지방에 와서 기운을 누르려 한다는 소식을 듣고는 스스로를 두고 하는 말인지 의심하여 도망해 숨었으니,[113] 어찌 이토록 스스로를 과대평가하였는가.'라고 하였으니, 과연 만약에 그대의 말과 같다면 나의 어리석음은 옛날의 그 어리석음보다 더 심한 것이다."

하였습니다. 다만 피차의 말을 막론하고 편지의 마지막 부분에서 한

113 시황제(始皇帝)가……숨었으니 : 진 시황(秦始皇)이 "동남쪽에 천자의 기운이 있다."라고 말하고는 동쪽 지방을 유람해서 그 기운을 누르려 하자, 유방(劉邦)이 자신을 가리키는 것이라 생각하여 망탕산(芒碭山)에 숨었다는 고사가 전한다.《史記 高祖本紀》

말씀은 나로 하여금 뛸 듯이 기쁘게 합니다. 만약 한가한 틈을 얻는다면 백씨와 중씨가 계신 곳으로 나아가 인사를 올리고 싶으니, 이런 때는 가히 찾아뵈어 차분히 대화할 수 있을 것입니다. 나머지 할 말은 일일이 다 하지 못합니다.

김구지에게 보냄
與金久之

대간이 계사(啓辭)에서 한 말은 심히 불선(不善)하였습니다.[114] 이는 사악한 무리가 구실 삼을 좋은 명분이 되니, 지극히 개탄스럽습니다. 그러나 절도(絶島)로 좌천시키기까지 한 것은 성상의 덕에 누가 되는 처사가 아닐까 하는데, 그들을 변호할 뜻이 있습니까? 경연(經筵)을 여는 것이 쉽지 않고 나의 질병 또한 괴로운 상태이니, 진언드릴 기회가 없을까 염려되므로 감히 이렇게 남의 손을 빌려 적습니다.

114 대간이……불선(不善)하였습니다 : 1683년(숙종9) 2월 2일 지평(持平) 박태유(朴泰維)와 유득일(兪得一)이 역모를 조작한 김익훈(金益勳)을 멀리 유배 보내야 한다고 탄핵하면서 "상하가 서로 호응하여 고변(告變)이 급히 올려졌으나 모두 실제 사실은 없어 실로 이미 의혹을 품었다."라는 등의 말로 당시의 상황을 묘사하였다. 이때 "상하가 서로 호응하였다."라는 말은 임금을 핍박한 것으로 이해되어 큰 반발을 샀고, 결국 숙종은 크게 분노하여 두 사람을 각각 거제 현령(巨濟縣令)과 진도 군수(珍島郡守)로 좌천시켰다.《肅宗實錄 9年 2月 2日》

김구지에게 보냄 계해년(1683, 숙종9) 2월 12일

與金久之 癸亥二月十二日

나의 질병이 한결같이 낫지 않고 있던 차에 집사의 안부 편지를 받고는 감복하였습니다.

오늘의 일[115]이 나를 불편하게 만드는 것은 비단 나라의 체모와 옥사의 체모에 대해서만이 아닙니다. 현재 성상의 덕은 중천에 뜬 태양과 같이 빛나서 털끝만큼의 그늘조차 전혀 없는데 도리어 감히 "상하가 서로 호응하였다."라는 말을 중외에 퍼뜨리니, 저들이 비록 마음은 그렇지 않다고 하더라도 어느 누가 능히 집집마다 가서 해명하는 사람을 두어 우리 성상의 덕을 그 말에서 깨끗이 벗어나게 할 수 있겠습니까. 일이 이 지경에 이르렀으니 광남(光南 김익훈(金益勳))이 살고 죽는 것이 어찌 족히 입에 올릴 문제이겠습니까. 오늘의 일은 다만 유 대간(兪臺諫 유득일(兪得一))이 상소하여 자신의 죄를 논열하여 과오를 능히 뉘우치는 데 달려 있는데, 그것을 오늘의 세상에 바랄 수 있겠습니까. 오늘의 일은 삼가 생각건대 그들이 하는 대로 놔두고 상관하지 않아서 깊이 자극하는 행동을 하지 않는 것이 가장 좋습니다. 나의 경우는 고개를 숙이고 물러나 그저 속으로 자책하고 스스로 부끄러워하면서 죽을 뿐입니다. 대저 주자께서 정(鄭)에게 답하신 편지가 묻혀서 행해지지 않고 사사로운 뜻이 끼어들어 이 지경에 이르렀으니[116] 어떠하면

115 오늘의 일 : 230쪽 주114 참조.

116 주자께서……이르렀으니 : 송 철종(宋哲宗) 때 신법당(新法黨)인 채확(蔡確)이

좋겠습니까.

손 가는 대로 글을 쓰다 이 일까지 언급하였으니, 외인(外人)들에게 말하지 말기를 바랍니다.

선인태후(宣仁太后)를 비방하는 시를 지어 원우(元祐) 연간 제현(諸賢)의 구법당(舊法黨)으로부터 거센 비난을 받고 유배형에 처해지려 하자, 범순인(范純仁)은 그를 너무 심하게 다루면 자신들도 나중에 화를 면하지 못할 것이라고 우려하면서 선처를 청하였다. 이후 주희가 정경망(鄭景望)에게 보낸 편지에서 이 일을 논하면서 "미리 자신을 보전할 계책을 세운 것은 자신을 위하여 사사로운 행위를 했다는 비난을 면하지 못한다."라는 말로 범순인을 비판하였다. 여기에서 송시열은 박태유(朴泰維)와 유득일 등이 김익훈을 공격한 이유는 결국 남인에게 잘 보여서 범순인처럼 훗날 스스로를 보전하려고 하였기 때문이라고 생각한 것이다. 《晦庵集 卷37 答鄭景望》《宋史 姦臣列傳 蔡確》《宋子大全隨箚 卷6》

김구지에게 보냄

與金久之

어제의 두 가지 일[117]은 과연 적절하고 정당하였습니까? 과거에 응시한 자는 함부로 난입하였다는 혐의가 없고 고관(考官)은 사적인 정을 따랐다는 흔적이 없는데, 대간의 의론이 갑자기 일어났습니다. 그러나 대간의 의론이 있다는 이유로 과방(科榜)에서 삭제하는 것은 그래도 괜찮겠지만, 과방에서 삭제하지 않고 오직 급제만 막아 버리는 것은 이래저래 근거가 없어 시기하는 자들의 마음에 부응하기에만 알맞을 듯한바, 이에 나의 생각에 의심이 없을 수 없으므로 감히 여쭙니다.

광남(光南)의 일에 대해 말하자면, 그를 삭출하는 것으로 감단(勘斷)하였다고 하니, 죄명이 무엇이기에 그 율(律)이 이에 이른 것입니까? 좌상(左相 민정중(閔鼎重))은 "옥사(獄事)가 장차 심히 확대되려 하는데 지레 먼저 고발하여 옥사가 허술해지게 되었으니, 이는 죄가 없을 수 없다.……"라고 하였는데, 집사의 뜻 또한 그러합니까? 죄명이 명백하지 않다면 그것을 받아들이는 자도 불복할 것입니다. 성인께서는 조정에 대하여 말씀을 잘하면서도[118] 오직 삼가셨으니,[119] 조정의

117 어제의……일 : 1683년(숙종9) 2월에 대제학 이민서(李敏敍)가 주관한 황감과(黃柑科)에서 그 조카인 이정명(李鼎命)이 장원을 차지하자 1683년 2월 28일에 지평(持平) 김석(金晳)이 의혹을 제기하면서, 이민서는 파직하고 이정명은 과방에서 삭제하기를 청한 일을 가리킨다. 《肅宗實錄 9年 2月 24日, 28日》

118 말씀을 잘하면서도 : 대본에는 '辨辨焉'으로 되어 있다. 두주와 《논어》 〈향당(鄕黨)〉에 근거하여 '辨辨'을 '便便'으로 바로잡아 번역하였다.

일이 비록 작아도 이렇게 하는데, 하물며 죄인에 대해서이겠습니까. 원컨대 집사께서 견지하시는 것이 무엇인지 듣고자 합니다. 그러나 남에게는 보이지 말기를 바라니, 이러쿵저러쿵하는 말이 끝없이 야기될까 염려됩니다.

119 성인께서는……삼가셨으니 : 《논어》 〈향당〉에 "공자가 종묘와 조정에 있을 때에는 말을 잘하면서도 다만 삼갔다."라고 한 구절을 인용한 것이다.

김구지에게 답함 계해년(1683, 숙종9) 3월 23일
答金久之 癸亥三月二十三日

편지를 보내 주어 실로 감사드립니다.

화숙(和叔)이 떠난 일은 이상할 것이 없습니다.[120] 산야에 있는 사람을 불러서 전형(銓衡)의 일을 맡겼는데 도리어 불공정하다는 말로 탄핵하였으니, 이런 상황에서 그가 떠나지 않고 장차 무엇을 기다리겠습니까. 대각의 탄핵 외에 또 다른 어떤 일이 있었던 뜻을 그의 소장에서 볼 수 있습니다.

어제 번거롭게 말씀드리고 싶은 일이 있었으나, 곧 댁내에 깊은 근심이 있다는 말을 들었기 때문에 결국 말씀드리지 못하였습니다. 오늘 찾아뵙고 싶지만 무슨 말을 하겠습니까. 변이(變異)가 이렇게 극에 달하였는데도 믿을 만한 존재가 하나도 없으니, 다만 속수무책으로 망하기를 기다릴 뿐입니다. 어떡하면 좋겠습니까.

나의 질병은 잠깐 몸을 움직이면 번번이 위중해지니, 바야흐로 이렇게 가물거리는 정신으로 고향을 생각하는 마음을 장차 막을 수 없을 것입니다. 누워 남의 손을 빌려 적느라 하고 싶은 말을 일일이 다 적지 못합니다.

120 화숙(和叔)이……없습니다 : 화숙은 박세채(朴世采)의 자이다. 이조 참의 박세채가 이민서(李敏敍)를 의정부 참찬(議政府參贊)에 의망하자 대간이 과거(科擧) 부정 혐의가 있는 이를 의망한 것은 공정하지 못한 처사라 하여 탄핵하였다. 이에 박세채는 1683년 3월 22일 사직 상소를 올리고 도성을 떠났다. 《肅宗實錄 9年 3月 22日》

김구지에게 보냄 계해년(1683, 숙종9) 4월 10일

與金久之 癸亥四月十日

저물녘에 남궁(南宮)[121]의 집에서 집사를 기다리고 있었는데 끝내 원하는 대로 되지 않았으니 한스럽고 한스럽습니다.

성곽을 나서서 이미 아는 것[122]은 초야의 사슴 같은 나의 마음에 다소나마 흡족합니다. 다만 어제 중씨(仲氏)가 말씀을 아뢸 때 오로지 회옹(晦翁)의 차자를 인용하였으니,[123] 매우 황공합니다. 그러나 이미 일이 이렇게 되었으니, 오늘 이 일을 도울 사람은 전설군(典設君)[124]입니다. 그런데 그는 연일 숙직을 하느라 변통하기가 힘든 부분이 있으니, 혹 상부(相府)에서 잘 처리해 준다면 공적으로나 사적으로나 편할 텐데, 어렵지 않겠습니까? 감히 이렇게 번거로이 아룁니다.

121 남궁(南宮) : 남별궁동(南別宮洞)에 살았던 김만기(金萬基)를 가리킨다.

122 성곽을……것 : 세속의 일이 적다는 뜻이다. 두보(杜甫)의 〈복거(卜居)〉에 "성곽을 나서면 세속 일 적음을 이미 알거니와, 다시 맑은 강 있어 나그네 시름 녹이네."라고 한 구절을 인용한 말이다.

123 중씨(仲氏)가……인용하였으니 : 1683년 4월 8일 김수항의 둘째 형인 김수흥(金壽興)이 석강(夕講)에 나아가 주희의 〈걸수삼례차자(乞修三禮箚子)〉를 인용하면서 송시열에게 《주자대전차의(朱子大全箚疑)》를 베껴 올리게 하도록 청한 것을 가리킨다. 《肅宗實錄 9年 4月 8日》

124 전설군(典設君) : 당시 전설사 별검(典設司別檢)을 맡고 있던 이희조(李喜朝, 1655~1724)를 말한다. 《宋子大全隨箚 卷6》

김구지에게 답함 계해년(1683, 숙종9) 5월 15일
答金久之 癸亥五月十五日

영동(嶺東)에 있던 날 삼가 안부 편지를 받았는데, 실로 깊이 감격하여 이루 다 형언할 수가 없습니다.

나는 스스로 화를 만들어[125] 강가에 와 머물면서 문을 닫아걸고 허물을 반성하였으니, 사적인 의리는 비록 펼치게 되었지만 영영 은덕을 저버린 신하가 되어 버렸습니다. 이에 밤낮으로 두려워하고 부끄러워한 나머지 절로 병이 났습니다. 올 때 문정공(文正公 김상헌)의 묘소에 가서 절을 하였는데, 옛일을 생각하고 오늘날을 슬퍼하면서 눈물이 두 뺨을 적시는 것을 주체할 수 없었습니다.

날씨가 더워지고 있으니, 삼가 더욱 몸을 보중함으로써 멀리서 우러르는 나의 정성에 위로가 되기를 바랍니다. 병으로 괴로워 남의 손을

125 스스로 화를 만들어 : 1683년 4월 8일 송시열이 조강(朝講)에 나아갔을 때, 함께 입대한 삼사(三司)의 신하들이 허새(許璽)와 허영(許瑛)의 역모 사건과 관련하여 김중하(金重夏)를 죽여야 한다고 주장하면서 영의정 김수항의 분명하지 못한 태도를 비판하였다. 며칠 뒤 송시열은 좌의정 민정중에게 "전일 조강을 할 때 삼사가 크게 잘못했습니다. 대신에게 과실이 있으면 탄핵하여 논죄하는 것이야 가하지만 의견이 각각 다른 경우에 억지로 같게 하려 하거나 아무 말 않는다고 배척하는 것은 불가하니, 이는 체통(體統)을 손상하는 것입니다."라고 하였다. 이후 민정중은 이 말을 숙종에게 아뢰었고 결국 대사간 유상운(柳尙運), 정언 이동욱(李東郁) 등이 송시열이 민정중에게 한 말을 비판하면서 인피(引避)하였다. 이 일로 영동에서 서울로 향하던 송시열은 소장을 올려 인책하고 여강(驪江)으로 향하였다. 《肅宗實錄 9年 4月 8日, 16日, 17日》《宋子大全 附錄 卷9 年譜》

빌려 쓰니, 황공하고 황공합니다. 삼가 해량해 줄 것으로 생각합니다.

○ 지난날 《대전문목(大全問目)》을 빌려주었는데, 그 2책 가운데 1책은 지금 돌려드리고 다른 1책은 지금 사우(士友)들과 수정해 나가고 있으니, 일단 후일을 기다려 다 돌려드리겠습니다. 그 제1책 가운데 1권에서 4권까지를 빌려서 상고하고 싶은 마음이 간절한데, 중추부 조례(皁隷)에게 주어 보내 준다면 얼마나 다행이겠습니까. 세도의 책임은 따로 맡을 사람이 있으니, 나는 다만 이 책을 단장함으로써 집사의 일을 보좌하고자 할 뿐입니다. 그러나 이는 지나치게 자랑하는 말이니, 남에게 보이지 말기를 바랍니다. 또 죄를 하나 더 추가할까 두렵습니다.

김구지에게 답함 계해년(1683, 숙종9) 5월 15일
答金久之 癸亥五月十五日

막 편지 한 통을 써서 지난 편지에 답을 하였는데, 지금 경기 감사가 다시 13일에 보낸 편지와 별지를 역마를 통해 보내니, 기쁘고 위로되는 마음을 어찌 말로 다 표현할 수 있겠습니까.

모인(某人)은 과연 남들의 말 그대로이니, 진실로 이른바 "준치에 가시가 많다."라는 격[126]입니다. 나는 거취를 이미 마음으로 결정을 하였으니, 차라리 큰 벌을 받을지언정 갑자기 변심할 수는 없을 듯합니다. 듣건대 이윤(尼尹 윤증(尹拯))이 끝내 마음을 돌리지 않았다고 하니, 이 어찌 그는 능한데 내가 능하지 못한 것이 아니겠습니까. 다만 나는 한번 문을 나섰다가 으레 낭패를 당하였으니, 이는 실로 내가 보잘것없어서 그런 것인바, 도성에 들어온 것이 이미 잘못되었으니 응당 서둘러 떠나야 합니다. 이러한 이유로 어제 소본(疏本)에서 감히 "마음에 맹서하였다."라는 말로 유사(有司)에게 진달하였으니, 필시 무례하고 불공하다는 이유로 처단을 청하리라 생각하였는데, 지금 들으니 총재(冢宰)가 또 명을 받들고 왔다고 합니다. 끊임없이 이렇게 된다면 형세상 장차 멀리 떠나 깊은 산속에 몸을 숨겨야 할 듯합니다.

126 준치에……격 : 준치는 맛은 매우 좋으나 가시가 많은 것이 결점이라는 뜻에서, 모인에게 결점이 있다는 것을 비유한 말이다. 송(宋)나라의 팽연재(彭淵材)가 다섯 가지 한스러운 것을 꼽기를 "첫째는 준치에 가시가 많은 것이고, 둘째는 귤이 신맛을 띠는 것이고, 셋째는 순채의 성질이 냉한 것이고, 넷째는 해당화에 향기가 없는 것이고, 다섯째는 증공(曾鞏)이 시에 능하지 못한 것이다."라고 한 데서 온 말이다.

만약 그렇다면 집사와는 더욱 멀어질 것이니 이것이 나를 극히 서글프게 합니다.

김구지에게 보냄 계해년(1683, 숙종9) 5월 23일

與金久之 癸亥五月二十三日

삼가 제공(諸公)이 시호(諡號)를 청한 초본을 보았는데, 가히 드물게 있는 성대한 은전이라 할 만합니다. 종형(從兄) 참찬공(參贊公 송시영(宋時榮))에 대한 수의(首擬)는 물론 좋지만, 사실에 걸맞은 부망(副望)만은 못합니다. 종형의 일은 유공 겹(劉公韐)[127]의 경우와 흡사하니, 유공(劉公)의 시호가 바로 충현(忠顯)이었습니다. 혹 감정할 때에 그 두 개를 서로 맞바꾼다면 몹시 좋을 것 같은데 어떻게 생각합니까? 집사께서는 일찍이 동춘(同春 송준길(宋浚吉))에게 바꾸는 일을 허락받은 적이 있으니,[128] 지금 또한 어렵지 않을 것이기에 감히 귀찮게 부탁드립니다.

127 유공 겹(劉公韐) : 북송 때 건주(建州) 숭안(崇安) 사람 유겹(劉韐)으로, 정강(靖康)의 변(變) 때 사신으로 금나라 군영에 파견되었는데, 투항을 권유하자 술을 마시고 목을 매달아 자결했다. 《宋史 儒林列傳 劉子翬》

128 집사께서는……있으니 : 1657년(효종8) 5월에 김장생(金長生)의 시호가 수의인 문경(文敬)으로 결정되었는데, 이후 김수항이 부망인 문원(文元)으로 바꾸어야 한다고 송준길에게 요청하여 결국 허락받았다. 이후 송준길의 상소로 김장생의 시호는 문원으로 최종 결정이 되었다. 《孝宗實錄 8年 5月 14日》《宋子大全隨箚 卷6》

김구지에게 답함 계해년(1683, 숙종9) 5월 27일

答金久之 癸亥五月二十七日

시사가 극히 놀라운데, 그 이유가 무엇인지 궁구해 보니 실로 나 때문입니다. 또 듣건대 화숙(和叔 박세채(朴世采))이 나에게 치사(致仕)를 허락한 것이 잘못이라고 극론하고 이어 그 명을 도로 거두어들일 것을 청하였다고 하니, 심히 놀랍습니다. 이에 근기 지방을 배회하는 가운데 처지가 심히 불편하여 바야흐로 배를 띄우려고 하던 참인데, 닻줄도 풀기 전에 내게 보낸 편지가 마침 이르니, 기쁜 마음을 말로 형용할 수 없습니다.

《대전문목(大全問目)》 1책을 그대로 잘 받았으니, 몹시 다행입니다.

마음이 심란하니, 다만 "안위를 책임진 대신이 계시니, 어찌 굳이 눈물을 길이 흘리랴."라는 구절을 욀 뿐입니다. 나머지 할 말은 천만 몸을 보중함으로써 우러러보는 모든 이들의 마음에 위로가 되기를 바란다는 것입니다.

별지

지난번 영평(永平)에 이르렀을 때 산수가 맑고 기이하여 집을 짓고 싶다는 마음이 우연히 들었습니다. 이에 옆에 있던 아무개[129]에게 대략 "나에게 살 곳으로 정하라고 권한다.……"라고 하였는데, 이는 대개 고인의 "내게 대로에 살 곳을 정하라고 권하였다."라는 말을

129 아무개 : 송시열의 문인 이선(李選, 1632~1692)이다. 《宋子大全隨箚 卷6》

활용한 것입니다. 그러고는 이어 한두 가지 편안하기 어려운 뜻을 언급했는데, 뜻하지 않게 그 말이 새어 나가 경기 감사(이선)로 하여금 무궁한 곤란을 겪게 하였으니, 후회스럽고 부끄러운 마음 견딜 수 없습니다. 그 후 중우(仲羽 이숙(李翻))가 왔을 때 또 과연 수십 폭의 서찰을 꺼내 보여 줬습니다. 대개 한 충헌(韓忠獻 한기(韓琦))은 자신의 사퇴를 권하는 사적인 편지를 황제 앞에 나아가 주달하였습니다. 황제 앞에서도 이러한데 더구나 친구 사이는 어떻겠습니까. 그러나 경기 감사가 한 대로 될까 두려우므로 그 성명은 손으로 입을 막아 말을 못 하게 함으로써 알지 못하도록 하였습니다. 광남(光南 김익훈(金翼勳))의 일은 그저 길게 탄식만 할 뿐이니, 또 무슨 말을 하겠습니까.

김구지에게 답함 계해년(1683, 숙종9) 6월 6일

答金久之 癸亥六月六日

오늘 일을 오히려 어찌 말할 수 있겠습니까. 평생 회옹(晦翁)의 가르침을 독실하게 믿고서 매양 "대성(臺省)은 재상에게 통솔되고, 재상은 다른 여러 직책을 겸하여 통솔하면서 천자와 함께 가부를 의논해서 정령(政令)을 낸다."라고 한 말씀을 욀 때마다 늘 '어찌하면 이와 같은 때를 볼 수 있을 것인가?'라는 생각을 하였습니다. 그런데 마침 좌상(左相)이 있는 자리에서 우연히 이야기를 하고 또 그로써 권면하였는데, 그 말류의 폐해가 이런 지극한 지경에 이르고 말았으니, 말조심하지 않은 죄를 만번 죽은들 어찌 속죄할 수 있겠습니까. 다만 산속에서 문을 닫아걸고서 스스로 반성하고 책망해야 할 뿐이니 이 밖에 또 무슨 말을 하겠습니까.

집사께서는 장차 어떻게 하실 계획입니까? 어부와 변장자(卞莊子)[130]가 족히 두렵지 않습니까? 보내 준 여러 별지는 하나하나 그대로 돌려보냅니다. 나머지 할 말은 병으로 남의 손을 빌려 쓰느라 황공하여 일일이 다 하지 못합니다.

130 어부와 변장자(卞莊子) : 둘이 다투고 있는 틈을 타서 이득을 취하는 무리를 가리킨다. 《전국책(戰國策)》 〈연책(燕策)〉에 도요새와 조개가 상대방을 서로 물고 놓지 않다가 마침내 어부에게 다 잡히고 말았다는 어부지리(漁父之利)의 고사가 나오고, 《사기(史記)》 〈장의열전(張儀列傳)〉에는 춘추 시대 노(魯)나라 대부 변장자가, 소를 잡아먹던 호랑이 두 마리가 서로 많이 먹으려고 싸우다 지치자, 칼로 찔러 한꺼번에 두 마리를 잡았다는 내용이 나온다.

김구지에게 답함 계해년(1683, 숙종9) 8월 5일
答金久之 癸亥八月五日

시사가 이에 이르렀으니, 식견이 있는 이들이 한심해합니다. 하물며 집사께서는 승패를 겨루는 상황에 있으면서 진퇴를 아직 결정하지 못하셨으니, 그 근심스럽고 다급한 마음이 어찌 끝이 있겠습니까. 언제나 나의 일 이상으로 집사가 염려됩니다. 그런데 지금 보내 준 편지를 받으니 집사를 대신하여 두렵게 여기는 마음이 더욱 깊어집니다.

오늘날의 거취에는 별다른 의의가 없습니다. 저자들이 욕설을 퍼붓는 것이 망극한 지경인데 소성에서는 그것을 그르다고 논하지 않고 바야흐로 사력을 다하여 사소한 견책을 받은 자들을 변호하는 것이 신료들에게만 해당되지 않으니, 성상의 권애가 비록 집사에게 융숭하다고 하지만 결단코 다시 나아갈 의리는 없는 것입니다. 더구나 또 어찌하여 일번인(一番人)[131]으로 하여금 날뛰면서 그 핍박하는 형세를 더하게 하겠습니까. 나의 생각이 이와 같기 때문에 감히 숨김없이 말씀드립니다.

나는 질병이 한결같이 위태로워 관에 들어갈 날만을 조용히 기다리고 있습니다. 인생이 이에 이르렀으니 또 무슨 말을 하겠습니까. 다만 조국이 안정될 길이 없으니 장차 이대로 눈을 감지 못하겠습니다. 하고 싶은 말을 일일이 다 적지 못합니다.

131 일번인(一番人) : 당파나 이념을 달리하는 쪽의 사람들을 간접적으로 가리킬 때 쓰는 말이다.

김구지에게 답함 계해년(1683, 숙종9) 10월 13일

答金久之 癸亥十月十三日

삼가 보내 준 답장을 받고서 명을 받들고 다시 나아갔다는 사실을 알게 되었습니다. 이치가 궁색하고 사세가 극에 달한지라 의리상 마땅히 이처럼 해야 하니, 한편으로는 기쁘고 한편으로는 걱정스럽기 짝이 없습니다.

오늘날의 일에 대해서는 어느 지경에 이를지를 모르겠으니, 다만 정성을 다하여 나랏일에 몸을 바치고서 죽을 따름입니다. 무릇 조광한(趙廣漢)의 사람됨으로도 이해가 엇갈리는 상황에서는 오히려 어두워서 어진 재상을 협박하였으니,[132] 오늘날 사람은 또 어찌 말할 것이 있겠습니까. 또 범 충선(范忠宣)과 같은 어진 분도 오히려 스스로를 보전하려는 계책을 하였으니,[133] 지금 사람은 그래도 범 충선과 조금 비슷한 점이 있으나 도리어 이 한 가지 일을 본받는단 말입니까. 그러나 범 충선은 다만 간악한 무리를 용서하였을 뿐이지만, 지금은 도리어

132 조광한(趙廣漢)의……협박하였으니 : 조광한은 한(漢)나라 여오(蠡吾) 사람이다. 청렴하고 강직하여 고을을 잘 다스렸으나, 사사로운 원한으로 영축(榮畜)이라는 사람을 죽이자 어떤 사람이 이 사실을 고발하였다. 이 사건을 승상부(丞相府)에 내려 어사(御史)가 조사하려 하자, 조광한은 승상의 부인이 몸종을 죽인 것을 문제 삼아 이것을 가지고 승상을 위협하였다. 조광한은 결국 이 일로 황제의 미움을 받아 요참형(腰斬刑)을 당하였다. 《漢書 趙廣漢傳》

133 범……하였으니 : 범 충선은 송나라 범순인(范純仁)으로, 충선은 시호이다. 195쪽 주80 참조.

자기와 함께하는 사람을 공격함으로써 저들에게 아첨을 하면서 남들이 그 시말을 엿보고 있다는 사실은 모르고 있으니, 실로 수치스럽습니다. 나의 손자가 감히 이런 말을 꺼냈다가 세상에 적잖이 미움을 받았으니, 이 아이의 장래가 극히 걱정스럽습니다. 그러나 저들 스스로 청류(淸流)라 여기고 또 말을 스스로 옳게 여기니, 준열하게 논척하기 힘듭니다. 오직 연석(筵席)에 자주 출입하여 날마다 충언을 진달함으로써 혹시라도 그르치게 되지 않도록 하는 것이 중요한 도리입니다.

주 선생께서는 일찍이 원우(元祐) 연간의 제현(諸賢)[134]이 임금의 마음을 깨우치지 못하고 오직 당인(黨人)을 다스리는 일만을 힘썼기 때문에 패망에 이르렀다고 한스럽게 여기셨습니다. 이것이 오늘날에 거울삼아야 할 일이 아니겠습니까. 또 비록 충성스럽고 올발랐던 악무목(岳武穆)조차 병관(兵官)이 된 뒤에 국가의 일에 간여하였으니,[135] 이는 본디 마땅한 도리가 아닌바 주자께서 또한 그 횡포를 말씀하셨습니다. 금일의 일은 어떻게 하면 좋을는지요? 오늘날 나는 매양 아이들에게 말하기를 "차마 대북(大北)의 여얼(餘孼)들로 하여금 문정(文正 김상헌) 선생의 친손을 능욕하게 하니, 너희들이 과거에 합격하여 벼슬에 나아갈 시기가 아니다."라고 하곤 하였습니다. 말이 여기까지 이르

134 원우(元祐) 연간의 제현(諸賢) : 송나라 철종 원우 연간의 제현으로, 사마광(司馬光), 문언박(文彦博), 정이(程頤), 소식(蘇軾), 황정견(黃庭堅) 등의 문인과 학자를 가리키는 말이다.

135 충성스럽고……간여하였으니 : 악 무목은 송나라의 명장 악비(岳飛)로, 무목(武穆)은 그의 시호이다. 그가 송 고종(宋高宗)에게 여러 일을 건의하자 고종이 말하기를 "경이 비록 충성스러우나 중병(重兵)을 바깥에서 장악하고 있으니, 이 일은 경이 간여할 바가 아니다."라고 하였다. 《宋子大全隨箚 卷6》

니, 상심을 이기지 못하겠습니다. 일체의 괴로움과 고달픔이 서로 통하는 처지이기에 대략 나의 진심을 아뢰니, 보고 바로 없애기를 바랍니다.

별지

깊이 간청드릴 일이 있습니다. 조정에서 일찍이 법령을 제정할 때 음관(蔭官)으로서 수령이 될 자는 반드시 강론(講論) 시험을 보게 한 뒤에 그 의망(擬望)을 허락하였으니, 이는 대개 백성을 다스리는 관직을 중시해서입니다. 나의 아들 송기태(宋基泰)는 강론을 못하는 자는 아니나 다만 책을 들고 고개를 숙임으로써 벼슬길에 나아가기를 도모하는 것을 수치로 여겨서 끝내 그것을 하려 들지 않습니다. 어두운 밤에 애걸하여 벼슬자리를 얻는 자와 비교해 보면 차이가 있긴 하나, 조정의 명령을 따르지 않아 괘씸한 점은 실로 존재합니다. 그러하니 그대로 버려두어야 마땅한데 도리어 김만준(金萬埈)과 나란히 거론하고는 특별히 강론을 면제시켜 직임을 제수하였습니다.[136] 무릇 김만준은 위대한 현인의 제사를 받드는 사람이니, 조정의 이 아름다운 뜻에 대해 누군들 흠앙하지 않겠습니까. 그러나 모(某)는 사리로 보나 체면으로 보나 이 사람과 나란히 거론될 수 있는 점이 있겠습니까. 그는 용안(龍安)의 경우에는 외직에 있었기 때문에 기한이 차서 면직될 수 있었습니다. 그런데 지금 이 은진(恩

136 김만준(金萬埈)과……제수하였습니다 : 1682년 4월 9일 김수흥(金壽興)이 차자를 올려 송시열의 아들 송기태를 근방의 한 고을에 제수함으로써 봉양하기 편리하게 해 달라고 요청하였는데, 그때 사계(沙溪) 김장생(金長生)의 사손(嗣孫)인 김만준을 함께 거론하였다. 《肅宗實錄 8年 4月 9日, 13日》《宋子大全隨箚 卷6》

津)의 경우에는 당시에 서울에서 벼슬을 하고 있었기 때문에 재차 해당 조(曹)에 글을 올렸으나 들어주지 않았고, 부임한 후에 바로 감사에게 청하였으나 감사 역시 들어주지 않았습니다. 이에 그가 비록 부모 봉양을 하기에 편리하다는 이유로 억지로 그 직을 맡고 있지만, 나의 마음에 어찌 감히 잠시나마 편안히 그 봉양을 누릴 수 있겠습니까.

무릇 누군가를 타인과 비교할 때 그 사람에게 걸맞지 않다면 삼척동자라도 머뭇거리면서 불안해할 것인데, 하물며 지금 이 몸이 비교되는 사람이 어떤 지위에 있는 분이며 어떤 분의(分義)에 있는 분입니까. 공자께서 말씀하기를 "인(仁)을 행해야 할 때에는 스승에게도 사양하지 않는 법이다."라고 하였는데, 이에 근거해 보면 인을 행하는 일 외에는 응당 사양하지 않는 바가 없어야 하는 것입니다. 또 주자께서 말씀하기를 "밖에 있는 큰 명성의 경우는 사양하지 않을 수 없다."라고 하였는데, 지금 이 몸이 누리는 것이 어찌 큰 명성일 뿐이겠습니까. 이 일이 있고 나서부터 밤낮 두려워하면서 침식도 불안해하고 있으며, 아이 또한 '부모님의 입과 몸을 봉양하는 것이 부모님의 뜻을 봉양하는 것만 못하다.'라고 생각하면서 또한 오래 할 생각을 하지 않고 있습니다. 이러한 이유로 그의 관청 일에 대해 들어 보니 공무를 잘 살피지 않는다고 하는바, 이 또한 작은 일이 아닙니다. 이에 어제 방백(方伯)이 방문하였을 때 서둘러 그의 사직을 허락해 달라고 극력 간청하였는데, "장차 대신에게 여쭈어 처리하겠다."라고 답을 하였으니, 방백은 이미 허락을 한 것입니다. 과연 집사께 여쭈었다면 부디 특별히 헤아려 주기를 바랍니다. 이 말은 실로 진심에서 우러나온 것이니, 그에게 즉시 사장(辭狀)을 준비하게 허락함으로써 이 부자로 하여금 분수에 편안할 수 있도록 하고 관청의 일 또한 오랫동안 직임을 비우는 지경까지 가지 않게 해 준다면, 공적으로나 사적으로나 몹시 다행일 것입니다. 아이가 고을에서 체직된 뒤에 혹 보살핌을 받아 경관직(京官職)에 처하게 된다면 비록 그에게 조금 지나친 점이 있더라도 감히 또 사양하지 못할 것입니다. 아울러 살펴 준다면 몹시 다행이겠습니다.

김구지에게 답함 계해년(1683, 숙종9) 11월 23일

答金久之 癸亥十一月二十三日

쇠잔한 목숨이 거의 다해 가는데 누차 안부 편지를 보내 주니, 죽어도 영광입니다.

성상의 체후에 관해 말씀해 주어 나를 멀리하지 않는 마음에 감격하였으니, 더욱 뛸 듯이 기쁜 마음을 주체할 수 없습니다. 돌아가는 길에 만나는 사람마다 성상의 안부를 물으니, 은택이 사람들에게 깊이 스며 있음을 알 수 있습니다. 인심이 이와 같으니, 시사를 오히려 해볼 만합니다.

앞으로의 거취는 어떻게 할 작정입니까? 삼가 성상의 뜻을 보건대 결단코 물러나도록 허락하지 않으실 것이니, 만약 그렇다면 삼가 바라건대 한뜻으로 직임을 담당하여 한결같이 독한 약을 처방하는 것에 힘씀으로써 종묘사직과 생민의 복과 경사로 삼는다면 천만다행이겠습니다.

금년에 비록 작황이 조금 좋다고는 하지만 산골짜기에 사는 백성들은 괴로움이 심하니, 공물을 바치는 것과 관련한 일체의 사항에 대해 반드시 너그럽게 해 준 뒤에야 굶어 죽는 일을 면할 수 있을 것입니다.

나머지 할 말은 병을 무릅쓰느라 제대로 다 하지 못합니다.

김구지에게 보냄 계해년(1683, 숙종9) 12월 15일

與金久之 癸亥十二月十五日

상천(上天)이 보살피지 않아 우리 성모(聖母)께서 갑자기 신민을 버리시니, 온 땅에 생명이 있는 존재라면 누구 하나 슬피 울부짖지 않는 이가 없습니다. 더구나 유교(遺教)가 이르는 곳마다 아낙이나 어린아이도 모두 눈물을 흘리니, 옛날 선인태후(宣仁太后)께서 승하하신 때를 지금과 비교해 본다면 어떠하겠습니까. 무엇보다 성상께서 바야흐로 소유(少愈)의 근심[137]이 깊으신데, 슬픔으로 울부짖고 발 구르는 가운데 체후가 손상되는 것은 이루 말할 수 없을 정도입니다. 이러한 때 애끓는 심정이 응당 어떠하겠습니까. 한밤중에도 잠 못 이루며 때로 아침까지 눈을 붙이지 못하기까지 합니다. 나는 부고를 듣고 길에 올랐으나 병으로 인하여 나아가지 못한 지가 지금 8, 9일째입니다. 그런데도 여전히 길가의 시골집에 누워 있으니, 또 어느 때야 능히 들어가 곡림(哭臨)하는 예를 다할 수 있을지 모르겠습니다.

근일의 안부를 알고 싶어서 감히 이렇게 특별히 심부름꾼을 보내어 문후를 드리니, 약방(藥房)에 내려진 성상의 비답을 부디 인편을 통하여 보여 주기를 바랍니다.

137 소유(少愈)의 근심 : 병이 조금 나았을 때 방심하면 도리어 병세가 더 심해지는 것에 대한 근심을 가리킨다. 한(漢)나라 유향(劉向)의 《설원(說苑)》 〈경신(敬愼)〉에 "관직은 벼슬의 꿈을 이루었다고 생각하면서 태만해지게 되고, 병은 조금 나아지면서 더치게 되며, 화는 게으름에서 생겨나고, 효는 처자 때문에 쇠해진다. 이 네 가지를 잘 살펴서 처음 시작할 때처럼 끝까지 신중히 해야 한다."라고 한 데서 유래하였다.

송자대전

제56권

書서

김구지[1]에게 답함 갑자년(1684, 숙종10) 4월 25일

答金久之 甲子四月二十五日

인산(因山)[2]과 졸곡(卒哭)을 차례로 마치고 나니 끝없이 울부짖고 그리워하는 마음이 진실로 말씀한 바와 같습니다. 어찌하면 좋겠습니까. 전후의 편지를 모두 받았고, 또 별지(別紙)에 이른 바가 모두 성덕(盛德)의 말씀이라 나로 하여금 극히 감복하게 하였습니다. 시사(時事)에 대한 말씀은 마음속으로 극히 걱정되나 감히 입을 열지 못한 지가 오래되었습니다. 천박한 몸으로서 또 향리(鄕里)에 있는데, 무엇 때문에 입을 다물고 있지 않고 분란을 일으키겠습니까.

개탄할 일은, 주 선생(朱先生)이 "향리가 비록 궁벽하고 적막하지만 도리어 쓸데없는 시비가 없으니, 또한 즐길 만하다."라고 말하였는데 지금의 향리는 그 시비의 분분함이 도시보다 심하니, 어찌 향리 역시 고금이 달라진 것이 아니겠습니까. 또 성인(聖人)의 말씀에 "나이가 마흔이 되어서도 남들에게 미움을 받는다면 그것으로 끝장이다."라고 하였는데, 지금 이 몸은 나이가 여든에 가깝되 남들에게 점점 더 미움을 받으니 이는 이대로 끝장이 날 뿐만이 아닙니다. 어찌하면 좋겠습니까.

이씨(李氏) 부인의 묘지문(墓誌文)은 부탁한 그대로 수정하여 돌려보내며, 발어(跋語) 또한 말씀대로 써서 드립니다.

1 김구지(金久之) : 김수항(金壽恒, 1629~1689)으로, 본관은 안동, 자는 구지, 호는 문곡(文谷)이다.

2 인산(因山) : 1683년 12월에 승하한 현종의 비 명성왕후(明聖王后)의 장사를 말한다.

괴애(乖崖 김수온(金守溫))의 후손이 다행히 한번 돌보아 주는 은혜를 입었으나 그가 복을 누릴 명운이 없어 벼슬도 하지 못하고 죽었으니 개탄을 금치 못하겠습니다.

내 병세는 별로 지적할 만한 병명은 없으나 식음을 전폐하여 기력이 없어져 가니, 이는 오래 살지 못할 징조라 그저 운명에 맡길 뿐입니다. 일찍이 월름(月廩)의 일로 상소하여 면제해 주기를 청하고, 아울러 우의정에게 간청하였으니 이는 대개 회옹(晦翁)의 옛일과 같은 경우입니다. 감히 조정 백관(百官)이 밀집된 곳에 번거로이 간청하지 못하니, 우의정에게서 혹 말이 나오거든 바라건대 동조해 주는 수고를 아끼지 말고 속히 일이 성취되도록 해 주면 천만다행이겠습니다.

별지

별지는 자세히 보았습니다. 여기에서 천한 자취를 불쌍히 여기고 희미한 길을 인도해 주는 고마운 마음을 알 수 있습니다. 이 몸도 일찍이 사우(師友)를 좇아 옛사람의 위기(爲己)의 학문에 뜻을 두어 생각하기를 '오직 이 실공(實功)은 이치를 궁구하는 것〔窮理〕과 사욕을 극복하는 것〔克己〕 이 두 가지에 지나지 않을 뿐이니, 이치를 궁구하여 그 시비를 분별하고 사욕을 극복하여 의리에 완벽하면 거의 위기의 학문이 될 수 있다.'라고 하였습니다. 그러나 실행에 힘쓰지 않아 이 두 가지에 도무지 털끝만큼도 근사한 데가 없었습니다. 이는 대체로 이치를 궁구하여 마음을 밝히지 못하고 곧 이(利)를 이(理)라고 여긴 것이 많았기 때문이며, 사욕을 극복하여 예(禮)를 회복하지 못하고 곧 천리(天理)를 잊고 인욕(人慾)을 따른 것이 많았기 때문입니다. 또 이해(利害)가 급박한 곳에 이르러서는 천리를 모두 잊고 완전히 인욕을 따르는 것도 있었습니다. 이 때문에 항상 자신을 불쌍히 여기면서, 비단 성인의 말을 무시했을 뿐 아니라 선사(先師)를 저버린 것이라고 생각하였습니다. 늘 밤중에 이를 생각할 때마다 부끄러워 땀이 흐를 지경입니다.

일찍이 윤군(尹君 윤증(尹拯))이 화숙(和叔 박세채(朴世采))에게 준 편지를 보니, 본원(本源)의 은미한 곳을 곧장 지적하여 공박한 것이 실로 이 몸의 실제 병통에 딱 들어맞았습니다. 만약 이것으로 인하여 숙연히 깨우쳐 조금이라도 만년의 효과가 있다면 그가 내게 베푼 은혜가 실로 큰 것이라, 병든 아이가 약을 복용하고 의원에게 사례하듯 성심으로 몸을 굽혀 사례하고 싶으나, 그가 부형의 일로 인하여 몹시 원망하는 마음이 있다[3]고 하므로 그렇게 하지 못합니다. 그러나 늘 속으로 생각해 보면 이것은 순전히 인욕이고 털끝만큼도 천리의 공정함은 없으니, 지금 이른바 의(義)와 이(利)를 병행하고 왕(王)과 패(霸)를 병용한다는 것 또한 지나치게 허여하고 너무 너그러운 것입니다. 그러나 등도자(登徒子)가 맹상군(孟嘗君)을 두려워하게 한 저의는 실상 맹상군이 상아 침상을 얻은 데서 나왔는데, 맹상군은 오히려 "나의 잘못을 그치게 할 수 있다면 사사로이 외부에

3 그가 부형의……있다 : 윤증이 아버지인 윤선거(尹宣擧)가 죽은 뒤에 박세채가 지은 행장(行狀)을 가지고 송시열에게 가서 묘문을 청하였는데, 송시열은 박세채가 그 덕을 행장에서 모두 나타냈으므로 특별히 할 말이 없다 하며 윤선거의 행적만 간단히 정리해 주었다. 그러자 윤증은 미진하다고 여겨 그 뒤로 4, 5년 동안 묘갈명(墓碣銘)을 수정하고 개찬(改纂)해 주기를 청했으나, 송시열은 전반적인 내용은 그대로 두고 자구만 몇 군데 손질할 뿐 끝내 윤증의 부탁을 들어주지 않았다. 이를 계기로 윤증과 송시열의 관계는 더욱 소원해졌다. 《肅宗實錄 10年 4月 29日》

서 보물을 얻은 자라도 들어와 간하라."라고 하였고, 사마공(司馬公)이 이를 칭찬하여 "무 캐고 순무 캐네. 뿌리가 맛없다고 잎까지 내버릴까."라고 하였습니다.[4] 윤군이 원망하는 마음으로 나의 착하지 못한 점을 들추어낸 것이 비록 공심(公心)은 아니라 하더라도 내가 만일 이것을 계기로 반성을 한다면 내게 유익하지 않은 것이 아닙니다. 그러므로 이 일이 있은 후 항상 여러 손자를 경계하여 이것이 나의 약석(藥石)이라고 하였습니다.

오직 한 가지 스스로 부끄러워 자책하는 일이 있습니다. 나의 막내아우가 성질이 급하여 전연 자제할 줄을 모릅니다. 일찍이 어떤 사람이 와서 윤(尹)의 아우가 이 고을 원이 해임되어 돌아간 것을 가지고 악담으로 나를 지적하였다고 전하였는데, 아우가 곧 입에서 나오는 대로 윤의 아버지를 향하여 악담을 하였습니다.[5] 나는 크게

4 등도자(登徒子)가……하였습니다 : 맹상군 전문(田文)이 초(楚)나라에 갔을 때, 초나라 왕이 그에게 상아로 만든 침상을 선물하였다. 그러자 운송을 맡은 등도직(登徒直)이 운송 중에 손상되면 배상할 방법이 없을까 걱정하여, 맹상군의 식객인 공손수(公孫戍)에게 부탁해, 맹상군으로 하여금 상아 침상을 받지 않도록 하였다. 공손수가 "지금 처음 초나라에 왔는데 상아 침상을 받았으니 나중에 가게 될 나라에서는 무엇으로 군을 대우하겠습니까."라고 말하며 맹상군을 두려워하게 하니, 결국 맹상군은 침상을 받지 않기로 결정하였다. 나중에 맹상군은 공손수의 사심을 알아챘으나, 오히려 문판(門板)에 "나의 잘못을 그치게 할 수 있다면 사사로이 외부에서 보물을 얻은 자라도 들어와 간하라."라고 썼다. 이에 대하여 사마광(司馬光)이 평하기를 "맹상군은 간하는 말을 들을 줄 안다고 말할 만하다. 그 말이 좋기만 하면 속이려는 마음을 품고 있어도 그 말을 들을 것인데, 더군다나 충성을 다하고 사심이 없이 윗사람을 섬기는 경우이겠는가."라고 하며 《시경》〈패풍(邶風) 곡풍(谷風)〉에 "무 캐고 순무 캐네. 뿌리가 맛없다고 잎까지 내버릴까."라고 한 것을 인용하였는데, 그 뜻은 대개 단점이 있다고 하여 그 장점까지 버려서는 안 된다는 것이다. 《資治通鑑 卷2》

꾸짖기를 "한안국(韓安國)도 서로 헐뜯는 것을 부끄럽게 여기어 '이것은 장사치와 여자가 하는 일이다.'라고 하였다."[6] 하였습니다. 그 후에 들으니, 화숙이 나의 아우가 한 말을 윤에게 알리자 윤의 형제가 마치 초상이 난 듯이 비통해하였다 합니다. 생각해 보면 아우가 그와 같이 말한 것은 내가 아우를 가르치지 못한 죄이니 만번 책망을 받아도 마음에 달게 여기는 바입니다.

오직 이른바 목천(木川)의 일[7]은 그들이 가장 분노할 만한 일입니

5 나의……하였습니다 : 1680년 겨울에 송시열이 서산(西山)의 선묘(先墓) 아래 있었는데, 서울의 젊은 사람들이 그곳에 많이 모였다. 그중의 한 후생(後生)이 "윤추(尹推)가 회덕 현감(懷德縣監)을 그만누고 놀아와서, '송모(宋某)가 나를 시켜 사람을 죽이라고 하니, 사람을 죽이는 일은 내가 배우지 않았기 때문에 벼슬을 버리고 돌아왔다.' 하였는데, 이 말이 어찌하여 나왔습니까?" 하였다. 송시열이 웃으면서 미처 말을 하기도 전에 송시열의 아우 송시걸(宋時杰)이 급히 "나 같으면 '아내를 죽이는 일은 나는 배우지 못하였다.'라고 말하겠다."라고 하였다. 《宋子大全 卷131 燕居雜錄》 아내를 죽이는 일이란 병자호란 때 강화도로 피란했던 윤선거가 성이 함락되자 아내는 자결했는데 본인은 탈출한 사실을 비꼬아 한 말이다.

6 한안국(韓安國)도……하였다 : 전분(田蚡)이 위기(魏其)의 배척을 받고서 화를 내자, 한안국이 전분에게 조언하기를 "위기가 그대를 헐뜯거든 그대가 관직을 내놓고서 천자에게 '신이 천자의 친척으로 요행히 관직을 얻었지만 실로 적임자가 아니니 위기의 말이 모두 옳습니다.'라고 한다면 천자는 필시 그대를 높이 사서 그대를 버리지 않을 것이다. 그러면 위기는 필시 부끄러워 자살할 것이다. 그런데 지금 사람들이 그대를 헐뜯거든 그대도 마치 장사꾼이나 여자들처럼 그들을 헐뜯으니, 어찌면 그리도 대체가 없단 말인가."라고 하였다. 《漢書 田蚡傳》

7 목천(木川)의 일 : 1674년에 이산(尼山)의 노강서원(魯岡書院)에 윤선거를 배향하기 위하여 각 고을에 협조 통문을 보내자, 이를 받은 목천의 유생들이 향사에 반대하여 "강도(江都)에서의 오랑캐 종을 서원에 향사하는 것은 합당하지 않다."라는 내용으로 답변하는 통문을 각 고을에 돌렸다고 하는 송시열 측의 주장을 말한다.

다. 그러나 그 또한 곡절이 있습니다. 타우(打愚) 이운거(李雲擧 이상(李翔))가 일찍이 말하기를,

"내가 목천 선비의 권유에 못 이겨 그 고을의 원장(院長)이 되기로 허락하였습니다."

하기에, 내가 의심하여 이르기를,

"목천 선비는 일찍이 윤길보(尹吉甫 윤선거)에게 좋지 못한 말을 하였는데, 지금 그대가 그 사람과 상종하는 일이 어떨는지 모르겠네."

하였습니다. 그 후에 타우의 문하인이 윤가(尹家)의 문인에게 통문(通文)을 보내 악담을 한 목천 사람을 다스리려고 하자, 그 문인들이 대답하기를,

"일이 오래되었으니 내버려 두는 것만 못하다.……"

하였다고 합니다. 이 말에 의하면 그들 또한 원래 이 일이 없었다고는 못 할 것인데, 그들은 내가 지어낸 것이라고 큰소리로 말하고 있습니다. 나는 웃으며 말하기를,

"이 일이 있고 없는 것은 차치하고 내가 타우로 하여금 목천 사람과 상종하지 말게 한 것이 과연 길보(吉甫)를 배척한 것인가? 그의 여러 아들은 나의 무엇이 미워서 원망이 골수에 사무치는가? 실로 알 수 없는 일이다."

하였습니다. 또 들으니, 영춘 현감(永春縣監) 정치(鄭治)가 윤의 말을 듣고 노하여,

"나는 천안(天安)에 오래 살아서 목천의 일을 익히 들어 온 지 여러 해가 되었는데, 그가 어찌 감히 아무 어른이 지어냈다고 하는가."

하였다고 합니다. 대체로 말을 지어내는 것은 예(禮)에 그 율(律)이 있는 것으로서 내 비록 학력이 보잘것없지마는 이처럼 형편없지는 않습니다. 그러나 일찍이 한마디도 변명하지 않았으니, 그들이 이른바 스스로 인정하였다고 여긴 것은 여기에서 나온 것입니다.

갈문(碣文)에 대해서는 내가 일찍이 중씨(仲氏 김수흥(金壽興))의 질문을 받고 실정을 알렸습니다. 나는 늘 길보가 후세에 구설이 없지 않을 것이라고 말하여 왔습니다. 그러나 스스로 생각하기를 사람이 미천하여 그 말이 공안(公案)이 될 수 없다고 여겼으므로 화숙의 힘을 빌리고자 한 것인데 이것이 도리어 유감을 품게 된 큰 원인이 되었습니다. 그가 나의 실정이 이와 같다는 것을 안다면 반드시 불쌍하게 여기고 노하지 않을 것입니다.

지난해에 외손자 권이정(權以鋌)이 그의 집에 다녀왔는데, 권이정은 그의 처남의 아들입니다. 그가 전하기를,

"윤이 말하기를 '너의 외가(外家)가 이가(李家)에게 단단히 잡혔다. 너의 외가는 장차 천 길 구덩이로 떨어질 것이다.'라고 하였습니다."

하였습니다. 이른바 이가란 곧 금산(錦山)의 이 참판(李參判 이유태(李惟泰))입니다. 권이정이 또 말하기를,

"지금 윤숙(尹叔 윤증)의 말을 들으니 할아버지에게 다시 여지가 없습니다."

하기에, 나는 이에 이르기를,

"만약에 이와 같다면 마땅히 의(義)를 들어 절교를 고할 일이지 어찌 다시 편지를 왕복하겠느냐. 네 말이 좀 과한 것 같다."

하였습니다. 그 후에 조용히 아무 일도 없었는데 지금 화숙에게 보낸

편지가 이와 같으니, 권이정의 말이 과연 헛소리가 아닙니다.

그러나 그중에 동춘(同春)을 끌어다가 증거를 댄 것은 실지가 그렇지 않습니다. 나와 동춘은 공사(公私) 간에 말이 서로 통하지 않는 것이 대단히 많았으니 동춘은 내가 고집스러워 중화(中和)의 뜻이 없는 것을 병통으로 여겼는데, 그가 임종할 때에 이르러 여러 손자와 문인에게 나를 칭찬하면서 산악(山嶽) 같다 하였습니다. 나는 극히 부끄러워서, 명철한 형(兄)이 어찌하여 이러할까 하여 제문(祭文)에 그 말을 감당할 수 없다고 극력 말하였습니다. 그러나 동춘이 남몰래 '도시기관(都是機關)'[8]이라는 네 글자를 가지고 윤에게 듣기 좋게 말하고는 그 후 임종 시에 도리어 이와 같이 상반되게 말하였다는 것은, 동춘이 차마 그렇게 하였을지 모르겠습니다. 이는 스스로 변명하는 것이 아니라, 혹 다른 사람이 동춘을 의심할까 염려하여 대강 말하는 것입니다. 하지만 알지 못하는 사람은 필시 나더러 스스로 변명한다 할 것입니다.

대개 학문의 도는 오직 심술(心述)의 은미한 곳이 가장 알기 어려운 것인데, 지금 저들이 곧바로 지적하여 모두 말을 하였습니다.

8 도시기관(都是機關) : 모두가 권모술수라는 뜻이다. 1669년(현종10) 동춘당(同春堂) 송준길(宋浚吉)과 민정중(閔鼎重)의 손자가 같은 해 사마시에 합격한 것을 축하하는 잔치 석상에서 송준길이 송시열에게 "언제 행장을 재촉하겠는가?"라고 묻자, 송시열이 "내가 어찌 행장을 재촉할 일이 있겠는가." 하였고, 송준길은 "모두가 기관이구먼."이라 하여 둘이 함께 웃었다고 한다.《宋子大全隨箚 卷6》즉 송시열이 귀향하려는 것을 알아챈 송준길이 언제 떠날지를 물었는데, 송시열이 날짜를 미리 정하면 국왕부터 관학(館學) 유생들까지 모두 만류하고 나설 것을 염려하여 날짜를 미리 정하지 않고 기회를 보아 떠나기로 작정했다는 것을 알고 이렇게 농담을 했다는 뜻이다.

내가 비록 늙어 죽을 때가 되어 힘을 쓰지 못하나, 위 무공(衛武公)이 나이 90세에도 오히려 좌석 곁에 잠(箴)을 써서 붙이고 자신을 경계하였으니 나도 오늘날 힘쓰고 사모할 것은 다만 여기에 있을 뿐이라고 생각합니다. 오직 집사께서는 늙고 혼미하다고 나를 버리지 말고 때로 경계할 말씀을 주어서 아침에 도를 듣고 저녁에 죽게[9] 해 주기를 간절히 바랍니다. 그대는 내가 그에게 앙갚음을 하지 않을까 염려하는 것 같은데, '침범을 받더라도 갚지 않는다.〔犯而不校〕'라고 한 교훈은 익히 들었습니다. 또 그 사람이 말하기를 "화복(禍福)이 제 한 몸에서 그치지 않을 것이다."라고 하였으니, 이는 장차 나를 통해서 사류(士流)에게 화를 전가하겠다는 심산입니다. 이 같은 수단과 기세를 어찌 늙고 혼미한 자가 대항할 수 있겠습니까. 이것은 걱정할 필요가 없습니다.

9 아침에……죽게 : 《논어》 〈이인(里仁)〉에 "아침에 도를 들어 깨달으면 저녁에 죽어도 좋다."라고 하였다.

김구지에게 보냄 을축년(1685, 숙종11) 7월 12일

與金久之 乙丑七月十二日

삼가 듣건대 의정의 짐을 벗고 한가로운 생활을 택했다고 하는데, 그것은 진퇴(進退)의 도리로 볼 때는 넉넉하다고 할 만하나 세도(世道)의 경우는 더욱 믿을 사람이 없게 되었습니다.

숲속 오두막에 은거하니 한편으로는 기쁘고 한편으로는 걱정이 됩니다. 다만 가뭄이 이처럼 심하여 공적으로나 사적으로나 망극합니다. 상천(上天)은 지극히 어진데 무슨 까닭인지 모르겠습니다. 하늘이 이렇게 포학하니 우러러 호소할 길이 없습니다.

가만히 말해 줄 것이 있습니다. 하늘이 율곡(栗谷) 어른을 세상에 낳았으나 운수를 풍부하게 내려 주지 않았으며, 후손 문제에 이르러서는 말하기 어려운 것까지 있습니다. 그 일은 대략 중씨(仲氏 김수흥(金壽興)) 균좌(勻座 정승)에게 보낸 편지 안에 갖추었습니다. 대개 경사(經史)를 고정(考訂)하면서 감히 근거 없이 판단하지 않은 것이니, 바라건대 다시 더 살펴보고 헤아려서 속히 확정하십시오. 어떻게 생각합니까?

나머지는 그저 갑절 더 보중하여 우러르는 마음을 위로해 주기를 바라며 이만 줄입니다.

김구지에게 답함 을축년(1685, 숙종11) 7월 그믐

答金久之 乙丑七月晦日

저번에 받은 편지와 붓에 대해 늙은 정신에 답장을 보내 사례할 것을 잊고 있다가 지금 마침 편지를 올려 불민한 소치를 사과하려던 참이었는데, 이번 인편에 23일의 편지를 받으니 감격한 마음 실로 그지없습니다.

상림(桑林)의 감응[10]이 그림자나 소리보다 빠른지라 하늘과 사람의 이치가 털끝만큼도 어긋나지 않음을 진정 실감할 수 있습니다. 송제(宋帝)가 서궁(西宮)에서 기우제를 지낸 것이 비록 마지못해 한 일이지만 끝내는 소요연(逍遙輦)을 물리치는 기쁨을 이루었습니다.[11] 너구나 우리 성상의 지극한 정성에 천신(天神)이 어찌 감응하지 않겠습니까. 중외(中外)가 모두 축하하여 그 즐거움이 천지간에 가득하건만 성상께서야 어찌 민정이 이에 이른 줄을 아시겠습니까. 애석하게도 조신(朝臣)들이 능히 성상의 뜻을 본받지 못하고 다만 겉으로만 기뻐하여 화기(和氣)를 손상하고 있습니다.

성상께서 그대의 성의를 받아들여 이미 쉬게 해 달라는 간청을 허락하셨으니, 마땅히 이 한가한 때를 이용하여 글을 읽고 이치를 궁구하여 모름지기 다시 등용되어야 할 것입니다. 하늘의 뜻이 우연하지 않은지

10 상림(桑林)의 감응 : 은 탕왕(殷湯王)이 5년 동안 가뭄이 들어 상림에서 기우제를 지내자 단비가 내렸다는 고사이다. 《呂覽 順民》

11 송제(宋帝)가……이루었습니다 : 송 인종(宋仁宗)이 태을궁(太乙宮)에서 기우제를 지내고 조금 후에 뇌성이 치고 비가 쏟아졌는데, 인종이 천자가 타는 수레인 소요연을 물리치고 평여(平輿)에 일산을 걷고 환궁하였다. 《宋史 仁宗本紀》

라 이 때문에 다른 사람의 경우와 같이 섭섭하게 생각하지는 않습니다.

율곡(栗谷)의 후손 문제에 대해서는 말씀한 바가 정중합니다. 이로부터 그 분분한 논란이 없어지게 되었으니 이 얼마나 다행한 일입니까. 옛일을 기억하건대 효묘조(孝廟朝) 때 퇴계(退溪)의 봉사인(奉祀人)이 나이가 어려 지자(支子)인 성철(誠哲)로 대신하기를 청하자, 상이 곧 허락하여 참봉(參奉)을 6품으로 올려서 수령을 제수하였습니다. 지금 듣건대 연(綖)은 이미 장성하였고 됨됨이도 몹시 가당하다 하니, 전례에 의해 할 수 있는 일이 아니겠습니까. 황공하게 아뢰니 재량해 주기 바랍니다.

하고 싶은 말은 많으나 능히 붓을 잡을 수 없어 남에게 대신 받아쓰게 하니 다 말하지 못합니다.

별지

이서(尼書)에 대한 말씀은 지금 들어 자세히 알았습니다. 호남(湖南)에 있는 그 무리가 수다스럽게 지명(地名)의 이(尼) 자가 자연히 성향(聖鄕)의 명칭과 부합된다[12] 하고, 그 말을 반대하는 자들은 "율옹(栗翁)은 전후로 두 이(尼)를 만났다."[13]라고 하니, 그 하나는 이탕개(尼湯介)[14]를 이르는 말입니다. 서로들 경박함이 이와 같으니 세

12 지명(地名)의……부합된다 : 공자의 고향 곡부(曲阜)에 있는 산 이름이 이산(尼山)이다.

13 율옹(栗翁)은……만났다 : 율곡 이이가 살았을 때는 이탕개 때문에 어려움을 겪고 사후에는 윤증 때문에 곤란을 당하게 되었다는 말이다.

14 이탕개(尼湯介) : 육진(六鎭)의 오랑캐 두목이다. 이이가 병조 판서로 있던 1583년(선조16) 1월에 국경 지대에 침입하여 경원성(慶源城)을 함락하고 노략질을 자행하였다.

도(世道)가 극히 개탄스럽습니다. 오늘날의 이 한 글자는 또한 말하기 어려운 것이라고 이를 수 있습니다. 윤증(尹拯)이 백방으로 속이고 허풍을 쳐서 반드시 율곡의 입산(入山)이 참으로 있었던 것처럼 사실화하려 한다는 말씀은 사실 그러합니다. 그의 마음씨가 이와 같으니 장차 무슨 일인들 하지 않겠습니까.

홍헌(洪憲 홍수주(洪受疇))이 거론한 두 글자의 무함[15]은, 율곡 선생의 시서(詩序) 중에 이른바 "조대(措大 서생(書生))" 또는 "속유(俗儒)가 아니다."라는 등의 문자에서 볼 수 있을 뿐 아니라, 임석천(林石川)의 시집(詩集)에도 십분 명백합니다.[16] 홍(洪)은 그것은 돌아보지 아니하고 반드시 그 부담(浮談)과 희학(戲謔)을 좋아하는 조장(趙丈 조위한(趙緯韓))의 말을 인용하여 변화무쌍하게 그 말을 따르지 않은 것 같지만 사실은 받아들여서 사람으로 하여금 입을 열지 못하게 하였습니다. 그는 필시 자신이 꾀하는 일이 매우 주도면밀하다고 생각하겠으나 허점이 수없이 드러나니, 끝내 어떻게 덮어 숨길 수 있겠습니까.

설사 노선생(老先生 이이(李珥))께서 진정 이런 일을 하셨다 하더라도 김 문원(金文元 김장생(金長生)) 선생이 과연 이처럼 공공연히 말씀을 하면 이는 아버지가 양(羊)을 훔친 데 대해 아들이 입증해

15 두 글자의 무함 : 이이가 16세에 어머니가 죽자 인생의 무상함을 느끼고 19세에 금강산에 들어가 불서(佛書)를 연구한 일이 있었는데, 홍수주가 그 일을 두고 이이가 '낙발(落髮)' 즉 머리를 깎고 중이 되었다고 하였다.

16 임석천(林石川)의……명백합니다 : 임석천은 임억령(林億齡)으로, 석천은 그의 호이다. 임억령의 시집에 "이생 이(李生珥)와 산을 유람했다."라고 한 것을 두고 한 말이다.《宋子大全 卷19 進文元公遺稿仍辨師友之誣又乞許孫疇錫歸田讀書疏》

주는 것과 무엇이 다르겠습니까. 홍헌은 곧 학식이 있다고 칭해지나 의리(義理)를 성취하지 못하였는데, 이것을 가지고 위로 군부(君父)를 기망하려 하니 사문(斯文)의 죄인이 될 뿐만이 아닙니다. 앞으로 닥쳐올 화가 홍수나 맹수와 같을 것이라는 말씀은 필연적인 명견(明見)으로 흠앙하여 마지않습니다.

신상촌(申象村 신흠(申欽))의 서원(書院)에 대한 말은 지금에서야 비로소 들었습니다. 처음부터 내게 와서 말하는 자가 없었으니 비록 저지하고자 한들 할 수 있겠습니까. 그리고 내가 일찍이 계곡(谿谷 장유(張維))의 문자 중에 월사(月沙 이정귀(李廷龜))와 함께 이분을 거론하면서 유독 이름을 쓴 것은 감히 차등을 두려는 것이 아니고, 월사의 경우는 그 윗글에서 이미 이름을 밝혔기 때문입니다. 어떤 사람이 "그 자손이 유감을 품고 있다."라는 말을 전하기에 나는 웃으면서 전편(全篇)을 보지 않았기 때문에 그런 것이라고 말하였는데, 어찌 다시 이처럼 뜻밖의 비방이 있을 줄 짐작하였겠습니까.

문원 선생이 상촌을 불쾌하게 여긴다는 말은 전혀 들은 적이 없고, 문자상에 나타난 것으로 보면 다만 애중(愛重)하는 깊은 뜻만 보일 뿐입니다. 은(銀)을 바치고 속죄[17]할 때에는 다른 재신(宰臣)이 풀려난 경우와 같이 취급될까 염려하였으며, 풀려나서 돌아올 때 또 이천(伊川)의 건강[18]보다 못하다는 말로써 나무랐으니 그를 추대하

17 은(銀)을 바치고 속죄 : 광해군 때 나라의 재정이 고갈되자 유배 죄인에게 은을 받고 속죄하게 하였는데, 이때 신흠, 박동량(朴東亮), 서성(徐渻) 등이 많은 돈을 바치고 방면되었다. 《宋子大全隨箚 卷6》

18 이천(伊川)의 건강 : 송(宋)나라의 정이(程頤)가 부주(涪州)의 귀양살이에서 풀려나 돌아왔을 때 건강이 귀양 가기 전보다 좋았다고 한다. 《二程全書 卷50 伊川年譜》

는 뜻을 알 수 있습니다. 설사 한때 약간의 불쾌한 뜻이 있었다 하더라도 지금에 이르러 내가 운운한다면 비파 소리로 자로(子路)를 공경하지 않는 것과 무엇이 다르겠습니까.[19]

또 상촌이 일찍이 송강(松江 정철(鄭澈))의 시집 서문을 쓰면서 첫째로 이산해(李山海)를 배격하여 “얼신(孽臣)이 권병(權柄)을 빼앗았다.” 하고 그 밑에 계속하여 소인이 죄를 얽어 모함하는 상황을 거론하였습니다. 이 서문이 만력(萬曆) 기미년(1619, 광해군11)에 작성되었으되 그 말이 이와 같으니 실로 상촌이 송강을 변호하는 데 힘쓰지 않았다고 볼 수 없습니다.

대개 윤(尹 유증)과 금이(錦李 이유태(李惟泰))가 서로 손발이 맞아 근거도 없이 위언(危言)을 조작해 내어 아무는 아무의 선조에게 무슨 말을 하였다 하여 함께 화를 내고 미워하게 하는데, 듣는 자는 사실을 살피지 않고 믿는 것입니다. 신씨(申氏)의 자손이라고 해서 그들만이 면할 수 있겠습니까. 참으로 두려운 일입니다.

문자 수응(酬應)에 대한 가르침은 의리에 정밀한 견해를 흠앙하거니와 또 충고해 준 고마운 뜻에 감복하였습니다. 그런데 근래의 일이 있은 이래 전혀 청해 오는 자가 없고 오직 조광보(趙光甫 조지겸(趙持謙))의 집안과 한 묵은 약속이 있는데 오랫동안 그 약속을 지키지 못하다가 올해에 또 조광보가 여러 종제와 더불어 청해 왔습니다.

19 비파……다르겠습니까 : 송시열의 스승인 김장생이 신흠의 미진한 점을 한두 마디 이야기했다고 하여 그것으로써 신흠을 비평하지는 않는다는 말이다. 공자가 “유(由)가 어찌하여 내 문 앞에서 비파를 타는가.” 하자, 제자들이 자로를 공경하지 아니하므로 공자가 “유의 학문은 이미 마루에 올라왔고 다만 방 안에 들어오지 못했을 뿐이다.”라고 하며 제자들을 나무랐다. 《論語 先進》

이분(조익(趙翼))은 유독 그 충효의 대절이 있을 뿐만 아니라 율곡 어른의 일로 정승 자리를 떠나기까지 하여 크게 사문의 모범이 되었으므로 표장(表章)하지 않을 수 없었습니다. 이 때문에 올여름에 약속대로 지어 보냈던 것입니다. 조금 전에 일종의 논란이 있기를 "포로(浦老 포저(浦渚) 조익)가 주자(朱子)를 배척한 것이 윤휴(尹鑴)와 다름이 없는데, 지금 아무(송시열)는 곧 윤휴만 공박하고 포로는 칭찬하니 몹시 공평하지 못하다."라고 하여 나는 대단히 황공해서 편지를 보내 속히 광보(光甫)에게 물었습니다. 그의 회답에 여러 의견이 있었는데, 대개 이 일을 소싯적에 약간 듣기는 하였으나 지금 들리는 것처럼 놀랄 만하지는 않았다는 것입니다. 겸하여 또 동춘(同春)이 그의 행장을 쓰고 그의 말을 외우기를 "주자는 공자 이후의 제일인자이다."라고 하였으므로 나는 스스로 다행히 그에게 죄가 없다고 여기고 끝내 사양하지 않았던 것인데, 이로 인해 다시 큰 소란이 일어나지 않을는지 매우 염려됩니다.

그리고 문자를 요구하였다가 다시 후회하는 자 중에서 대표적인 사람은 곧 윤이며, 나머지는 이루 헤아릴 수 없다고 생각하나 이는 모두 피차간에 난처한 일이 없는 것입니다. 이미 내 글을 사용하고 나서 후회하는 것이야 어떻게 처리하겠습니까. 들으니 그대의 생질 중에도 이런 일이 없지 않다고 하는데 그가 어떻게 처리할는지 모르겠습니다. 회답하여 주기 바랍니다.

가만히 생각건대 문원 선생이 당론(黨論)을 한다고 말하는 것은 진실로 -원문 결락- 배척하는 말입니다. 그러나 동파(東坡)가 이천(伊川)을 간사하다고 비방한 이후에 이천의 문인이 어찌 말하지 않을 수 있겠습니까. 그렇다면 문원 선생도 당론을 하지 않을 수 없는 것입니다. 또 주자는 범 태사(范太史 범조우(范祖禹))가 이천이 반대파에 몰린 지 수년 후에 변호한 것을 그르다고 하였으니, 이를 볼 때 이 몸은 실로 막대한 죄인이 됩니다.

김구지에게 답함 을축년(1685, 숙종11) 10월 18일
答金久之 乙丑十月十八日

9월 10일에 보낸 서신은 도중에 지체하여 어제 비로소 받았습니다. 이번의 슬픔은 비록 직접 만나더라도 그저 목이 메어 흐느끼고 눈물로 옷을 적실 뿐입니다.[20] 더구나 서찰로는 더욱 형언하기 어려우니, 오직 스스로 가슴을 부여잡고 사례할 뿐입니다. 이어서 균체(匀體)의 안부가 평안하다는 것을 알고는 마음이 놓였습니다.

가만히 성상이 집사를 신임하는 뜻을 엿보니, 슬프게도 배에 실은 물건을 썩히고는 다른 사람에게 도움을 청하는 격입니다. 다만 지금 형세는 더 이상 손쓸 수가 없습니다. 비록 집사가 힘을 다하고 충성을 기울이더라도 조금이나마 도울 수 있다고 반드시 보장할 수 없고 지조를 지키며 물러갈 의리도 없으니, 삼가 장차 어떤 계획이 있는지 모르겠습니다.

주 선생(朱先生)께서 말씀하기를 "역사를 읽다가 위급 존망(危急存亡)이 달린 곳에 이를 때마다 만약 내가 이 시대에 처했다면 장차 어떻게 처신해야 할지 몰랐을 것이라고 생각하며 간담이 서늘하고 몸에 소름이 돋지 않은 적이 없었다."라고 하였습니다. 비록 다른 세상에 살더라도 오히려 이러한데, 하물며 지금 그 땅에 몸을 두고 있는 경우이겠습니까.

주 선생께서 또 "허약하고 병든 사람이 단전 기해(丹田氣海)에 뜸을

20 이번의……뿐입니다 : 송시열의 막내딸이 1685년 8월 6일에 죽은 것을 가리킨 듯하다.

뜨면 기혈(氣血)이 본근(本根)에 모여 귀와 눈과 손과 발이 이롭게 된다."라고 말했는데, 이것은 대개 인재를 거두어 모으는 뜻입니다. 오늘날 거두어 모아야 할 자들이 어디에 있는지 모르겠으니, 심히 염려할 만합니다. 망녕된 의론이 이에 미쳤으니 황송하고 황송합니다.

편지에서 "이연(李綖)이 바야흐로 소후(所後)의 상(喪)을 입고 있다.……"라고 하였는데 이해할 수 없습니다. 혹시 이연이 일찍이 남의 양자로 나간 것입니까? 그러나 이미 임금의 명이 있었으니, 형세상 마땅히 즉시 그가 입고 있는 복을 벗은 뒤에 이후시(李厚蒔)의 후사를 이어야 합니다.[21] 대개 예(禮)에는 "남의 후사로 나간 자는 곧 그 사친(私親)의 복제(服制)를 강등한다."라는 문장이 있는데, 지금은 그 소후를 사친으로 삼는 것을 당연시하는 것이 관례입니다.

나는 병으로 한창 괴로워 하고 싶은 말을 열에 하나도 하지 못했습니다. 그리고 편지를 대필(代筆)시켜 황송한 마음 금할 수 없습니다.

21 이연(李綖)이……합니다 : 이이(李珥)의 손자 이후시의 아들인 이계(李繼)가 후사 없이 요절하여 이이의 향사(享祀)가 끊어질 위기에 처하자, 송시열이 이후시의 종제 이후수(李厚樹)의 차자(次子)인 이연을 이후시의 후사로 세우려고 하였다. 송시열은 1685년 초부터 이 일에 대해 영중추부사 김수홍과 긴밀히 논의하여 힘써 달라고 부탁하였고, 결국 같은 해 2월 10일 김수홍이 그 일을 숙종에게 아뢰어 윤허를 받았다. 《宋子大全 卷53 答金起之(乙丑正月二十日), 答金起之(乙丑四月二十七日), 答金起之(乙丑七月四日)》《宋子大全隨箚 卷5》《肅宗實錄 11年 2月 10日》

김구지에게 답함

答金久之

계축년(1673, 현종14) 천릉(遷陵) 때 외람되이 지문(誌文)을 고쳐 쓰라는 명을 받고 사온동(司醞洞)에 있는 아들 집에 묵었습니다. 중씨(仲氏) 대야(大爺)께서 틈을 내서 내려오셨는데, 이야기가 우연히 성황(成璜)[22]에 대한 가르침에 미쳤습니다. 나는 가만히 '이것은 범범한 논의이니, 사마 온공(司馬溫公)의 급사중(給事中)의 일[23]과는 다르다.'라고 여겼습니다. 그러므로 대략 봉래(蓬萊) 정로(鄭老)가 여러 아이에게 기대한 일[24]을 외워 주었는데, 그 말은 대개 금추(今樞)[25]를 가리킨

22 성황(成璜) : 정승 선발을 말한다. 전국 시대 위 문후(魏文侯)가 이극(李克)에게 성자(成子)와 적황(翟璜) 중에서 누구를 재상으로 임명할 것인지를 물은 데서 온 말이다. 《史記 魏世家》

23 사마……일 : 구체적인 직책을 언급하며 인재 추천을 청하는 일이다. 북송 때 사마광(司馬光)이 정이(程頤)에게 "한 사람을 급사중 벼슬에 제수하려고 하는데 누가 할 만하겠습니까?"라고 묻자, 정이가 말하기를 "처음에 만약 범연히 인재를 논하였다면 말해도 괜찮지만 지금 이미 이처럼 말씀하시니, 내가 비록 적임자가 있더라도 어찌 말할 수 있겠습니까."라고 하였다. 사마광이 말하기를 "공의 입에서 나와서 나의 귀로 들어올 뿐이니, 무슨 해될 것이 있겠습니까."라고 하였으나 정이는 끝내 말하지 않았다. 《近思錄 卷10 政事》

24 봉래(蓬萊)……일 : 봉래 정로는 정광필(鄭光弼)을 가리킨다. 봉래는 동래(東萊)의 옛 이름이다. 정광필은 사람을 잘 알아보는 능력이 있어 식사할 때마다 남은 음식을 정유길(鄭惟吉)과 정지연(鄭芝衍)에게 주고 다른 자제에게는 주지 않았다. 훗날 정유길은 좌의정에 오르고 정지연은 우의정에 올랐다. 《宋子大全隨箚 卷6》

25 금추(今樞) : 정지화(鄭知和)를 가리키는 듯하다.

것입니다. 이는 대개 광망하고 참람한 소치이니 스스로도 의아합니다. 이윽고 화가 일어나 과연 예를 그르쳤다는 죄명 외에도 멀리서 조정의 권력을 잡았다는 죄목을 더했습니다. 지금 생각해도 온몸이 새파랗게 질립니다.

뜻밖에 이번에 성덕을 가진 합하(閤下)께서 남의 수레가 막 뒤집힌 것을 보고는 다시 그 수레를 인도하여 뒤집혔던 전철을 밟게 하였으니, 두렵고 황공하여 거의 숨을 돌리지 못할 정도입니다. 나중에 생각하니 이것은 큰일이었습니다. 이 위급 존망의 때를 당하여 관계된 바가 작지 않고 격인(格人)과 원귀(元龜)가 감히 길함을 알려 주지 못하게 되었으므로[26] 일에 임하여 두려워하고 일반 대중에게 물어보지 않을 수 없었으니, 합하의 마음은 애처롭다고 밀힐 수 있습니다.

내가 만약 저버린다면 참으로 잔인한 사람이나, 또 가만히 생각건대 주자께서 일찍이 스스로 말씀하기를 "이천(伊川)이 사마 온공의 일에 대해 대답하지 않은 것처럼 하지 못하여 후회가 있다."라고 하였습니다. 비록 후회라고 말했으나 이것도 하나의 도입니다.

말과 행동을 주자처럼 한다면 또한 더 바랄 것이 없습니다. 이에 감히 문득 징비(懲毖)의 경계를 깨니, 오직 합하가 불쌍히 여기어 용서하고 또한 스스로도 좋지 않은 때를 만난 것을 슬퍼한다면 매우 다행이겠습니다.

26 격인(格人)과……되었으므로 : 격인은 지인(至人)의 뜻으로, 《주역》의 대인과 같은 말이다. 원귀는 점을 잘 맞추는 큰 거북이라는 뜻이다. 《서경》 〈서백감려(西伯戡黎)〉에 "하늘이 이미 우리 은(殷)나라의 명을 끊었으므로, 격인과 원귀가 감히 길함을 알려 주지 못하게 되었다."라는 말이 나온다.

대개 일찍이 한벽(寒碧)[27] 어른을 종유할 때 삼가 노선생(老先生)의 가르침을 들었는데, "정모(鄭某)는 본시 정승 가문의 자제이다.[28] 그러므로 그 지위에 있으면서 일의 체모를 잃지 않았다."라고 하셨습니다. 오늘날 암하(巖下)와 우구(牛口)[29]를 어디에서 얻어 오겠습니까. 차라리 가업을 계승한 자로 하여금 감당하게 하면 제목(除目)이 내려짐에 비록 몽복(夢卜)의 칭송[30]이 들끓지는 않더라도 또한 듣는 사람을 놀라게 하지 않을 것이니, 얼마나 좋겠습니까.

또 그의 선조의 법도로 말하자면 이이첨(李爾瞻)과 정인홍(鄭仁弘)의 시절에 수립한 바가 우뚝하고, 그 뒤에 사생과 화복을 계산하지 않고 원칙을 지켜야 한다는 뜻을 확정하여 변방에서 거의 죽게 되었으나 돌아보지 않았습니다.[31] 또 그 뒤에 홀로 "대인 선생(大人先生)"과

27 한벽(寒碧) : 곡운(谷雲) 김수증(金壽增, 1624~1701)을 가리킨다. 그가 청풍 부사(淸風府使)를 지냈는데, 한벽은 청풍의 객관에 있는 누대 이름이다. 《宋子大全隨箚 卷6》

28 정모(鄭某)는……자제이다 : 정모는 양파(陽坡) 정태화(鄭太和)를 가리키는 듯하다. 정태화는 영의정 정광필의 5대손이고 정광필의 손자 정유길(鄭惟吉), 정유길의 아들 정창연(鄭昌衍)과 조카 정지연(鄭芝衍)이 모두 정승이었으므로 이렇게 말한 것이다. 《宋子大全隨箚 卷6》

29 암하(巖下)와 우구(牛口) : 암하는 은(殷)나라 부암(傅巖)에서 담 쌓는 일을 하다가 고종(高宗)에게 발탁되어 재상이 된 부열(傅說)을 가리킨다. 《書經 說命下》《孟子 告子下》 우구는 춘추 시대 진(秦)나라에서 소를 잘 기르는 재주로 인하여 정사를 맡게 된 백리해(百里奚)를 가리킨다. 《莊子 田子方》

30 몽복(夢卜)의 칭송 : 어진 정승을 얻은 것에 대한 칭송을 뜻한다. 몽복은 은 고종이 꿈을 꾼 것으로 인하여 부열을 얻고, 주 문왕(周文王)이 점을 쳐서 여상(呂尙)을 얻은 고사에서 유래하였다. 《書經 說命上》《史記 齊太公世家》

31 그의……않았습니다 : 이때 김수항이 수상(首相)으로서 정승 선발을 담당했는데,

"지극한 아픔이 마음에 있다."라는 성모(聖謨)[32]를 받들었으니 그의 연원이 허술하지 않습니다. 지금 사적인 혐의[33] 때문에 공적인 의론을 폐기하려 하는데, 내 생각에는 안 될 일인 듯합니다. 더구나 포저(浦渚)와 연양(延陽)의 구례(舊例)[34]가 있으니 더욱 피해서는 안 됩니다.

내 견해가 이와 같아 감히 숨기지 못했으니, 한번 보고 발설하지 말기를 바랍니다. 눈을 부라리고 이를 가는 것이 이 몸에 모두 모일 뿐만이 아니라 성덕(盛德)에도 흠결을 내지 않을까 두렵습니다.

얼마 전 협대(峽台)[35]에 대한 성대한 질문을 받았습니다. 끝까지 이천의 급사중에 대한 경계를 지키는 것이 좋겠으나 망녕되이 회옹(晦翁)이 오흥(吳興)과 익주(益州)에 대하여 품었던 뜻[36]을 본받는다면

수망(首望)으로 이민서(李敏敍)를 마음속으로 점찍고 송시열에게 물어보았기 때문에 송시열이 대답한 것이다. 이민서는 이경여(李敬輿)의 아들이다.

32 대인……성모(聖謨) : 대인 선생은 효종이 이경여를 일컬은 말이다. 효종이 평소 뜻을 견지하는 것이 너무 예리하고 때로 극심한 분노를 드러내므로 이경여가 차자를 올려 그 점에 대한 우려를 아뢰었는데, 그에 대한 비답에 "참으로 지극한 고통이 마음속에 있으니 날은 저물고 길이 멀다는 생각이 들기 때문이다."라고 하며, 북벌을 계획하면서 와신상담하는 괴로운 자신의 심정을 드러냈다. 《宋子大全 卷157 白江李公神道碑銘》

33 사적인 혐의 : 이민서의 사위가 곧 김수항의 아들 김창립(金昌立)이므로 김수항이 사돈 관계를 혐의로 여긴 것이다.

34 포저(浦渚)와 연양(延陽)의 구례(舊例) : 포저 조익(趙翼)의 아들 조내양(趙來陽)이 연양부원군 이시백(李時白)의 사위인데도 조익이 이시백을 정승에 선발한 일이 있다.

35 협대(峽台) : 외재(畏齋) 이단하(李端夏)를 가리킨다. 아마도 이단하를 정승에 선발할 때도 의논을 했던 듯하다. 《宋子大全隨箚 卷6》

36 회옹(晦翁)이……뜻 : 《주자대전(朱子大全)》 별집 권1 〈유공보(劉共父)〉에 "인재 천거를 논할 때에도 차례가 있다. 오늘날 먼 곳으로는 익주요, 가까운 곳으로는

이것은 오늘날 크게 기세를 떨칠 기회입니다. 처음의 차이가 터럭만큼에 그치지 않는다면 나중의 어긋남이 어찌 천 리뿐이겠습니까. 회옹의 "기밀을 유지하지 않으면 목숨을 잃는다."라는 말이 바로 이것을 이른 것입니다.

오홍이다."라고 하였는데, 송시열의 《주자대전차의(朱子大全箚疑)》에 "익주는 왕응신(汪應辰)이 지성도부(知成都府)를 지냈으므로 한 말이다."라고 하였다. 오홍은 조여우(趙汝愚)를 가리키는 듯하다.

김구지에게 답함 병인년(1686, 숙종12) 1월 19일
答金久之 丙寅正月十九日

지난날 겪은 근심과 치욕[37]은 비록 시골의 미천한 사람일지라도 통곡을 하고 싶어도 할 수가 없습니다. 하물며 저들이 눈앞에 다가오고 손끝까지 이르렀으니 그것을 어떻게 견디겠습니까.[38] 우러러 사모하는 마음이 간절하지 않은 날이 없습니다.

새해가 다시 시작하고 성상께서도 질병이 없으며 하늘의 섭리가 오늘 정말 마땅하니, 아침저녁으로 우러른다는 말이 참으로 빈말이 아닙니다. 갑자기 부(府)에서 아전이 가져온 편지를 받고, 하늘의 가호를 받아 복록(福祿)이 매우 편안함을 알았으니 찬송(贊頌)하던 나머지 참으로 깊이 감격하였습니다.

37 지난날……치욕 : 1664년(현종5)에 병자호란 당시 청나라에 포로로 잡혀갔던 안추원(安秋元)이란 자가 탈출하여 돌아왔는데 비국에서 이를 청나라에 보고하지 않고 감춘 일이 있었다. 이를 조사하기 위해 청나라에서 사신이 들어와서 조선의 대신들을 사율(死律)로 다스릴 것을 요구하였으나 현종이 모든 책임을 자신에게 돌리며 감형을 요청하였다. 허적(許積)이 이 사건을 해결하기 위해 진주사(陳奏使)로 파견되었는데 청나라에서는 감죄의 대가로 벌금을 요구하였다. 《顯宗實錄 8年 1月 29日》《宋子大全隨箚 卷6》

38 하물며……견디겠습니까 : 이 당시에 청나라가 조선의 북쪽 지방의 백성이 국경을 넘어가 사람을 죽인 일로 사신을 보내 책임을 추궁하였으므로, 벌금을 무는 치욕이 있었다. 사신에게 벌금을 가지고 청나라에 가게 할 무렵에 겸하여 사실을 진술하여 변론해야 한다는 의론이 있었는데, 김수항이 당시 영의정이었으므로 송시열이 이처럼 말한 것이다. 《宋子大全隨箚 卷6》

오직 이 미천한 몸은 늙어도 죽지 않고 공연히 밝은 시대를 더럽혀 태평성대가 아득하니 "질장구 두드리는 것을 깊이 저버렸다."[39]라는 덕언(德言)에 부끄럽습니다.

가만히 생각건대 권우(眷遇)가 융숭할수록 책임이 더욱 무겁습니다. 어떻게 변별하여 환히 밝혀 이 세상의 간절한 바람을 위로할 수 있을지 모르겠으며, 사사로이 근심하는 것과 지나치게 헤아리는 것이 모두 절실하여 상심한 자와도 같습니다.

안개의 나쁜 기운이 상서로움을 해치니, 부디 갑절 보중하여 모두의 우러르는 바람에 부응하기를 바랍니다.

39 질장구……저버렸다 : 노년에 천명을 즐기며 죽음을 기쁘게 맞이하지 못하게 되었다는 말이다. 《주역》 〈이괘(離卦) 구삼(九三)〉에 "기운 해가 걸려 있음이니, 질장구를 두드려 노래하지 않으면 노년을 한탄하는 것이므로 흉하다."라고 한 데서 나온 말이다.

김구지에게 답함 병인년(1686, 숙종12) 7월 9일

答金久之 丙寅七月九日

병으로 깊은 계곡에 숨어 있으면서 오래도록 산도깨비들에게 기롱을 당하였는데, 홀연히 이러한 때에 서찰을 받았습니다. 거동이 매우 편안하고 명에 응하여 모든 일이 순조로움을 알았으니, 위안되고 감격하여 무어라 형언할 수 없습니다.

나라의 형세가 약해져서 이렇게 극도로 위태롭고 치욕스러우니,[40] 비록 초야에 있더라도 오히려 눈물이 줄줄 흐릅니다. 하물며 이를 당한 합하 같은 경우에는 근심과 울분이 어떠하겠습니까.

가만히 《고려사(高麗史)》를 보건대 호원(胡元)이 고려를 곤경에 처하게 한 것은 얕은 데서 깊은 데로 들어가 토번(吐蕃)과 게양(揭陽)에 이르러 극에 달했으니,[41] 이것은 모두 본국 사람이 부추겨서 그렇게 된 것입니다. 오늘날 대소중외(大小中外)가 모두 충순(忠順)하다고 어찌 보장하겠습니까. 이것은 매우 두려워할 만하나 또한 어쩔 수 없습니다.

오늘의 상책(上策)은 오직 빨리 죽어 땅에 들어가는 것인데, 또한 마음대로 할 수 없습니다. 누대 아래에서 공연히 〈노백(老柏)〉을 읊조

40 나라의……치욕스러우니 : 청나라 사신이 조선에 와서 책문(責問)한 사건을 가리킨다. 279쪽 주38 참조.

41 호원(胡元)이……달했으니 : 충선왕(忠宣王)이 참소를 당해 연경(燕京)에서 1만 5000리나 떨어진 토번 살사결(撒思結) 지방으로 귀양 간 일과 충혜왕(忠惠王)이 실정으로 원나라에 불려 가 게양현(揭陽縣)으로 귀양 가는 도중 악양현(岳陽縣)에서 죽은 일을 말한다. 《高麗史 忠肅王世家, 忠惠王世家》

리는 것[42]이 또 무슨 도움이 되겠습니까. 서로의 거리가 아득하고 멀어 직접 만날 기약이 없으니, 그저 갑절 보중을 더하여 여러 사람의 우러르는 마음을 위로해 주기 바랍니다.

별지

요전에 하문(下問)을 받고 망녕되이 대답한 일이 있었습니다. 대개 노(魯)나라의 친친(親親)과 제(齊)나라의 상공(尙功)은 각각 그 폐단이 있으나 상공의 폐단이 더욱 큽니다.[43] 또 본조(本朝)에서 공(功)이라 이르는 것은 비록 감히 의논할 수는 없으나 참덕(慙德)[44]이 많은데, 다만 평난(平難)과 정사(靖社)는 그 부끄러움을 면할 수

42 누대……것 : 송(宋)나라 주희(朱熹)가 만년에 중원의 회복을 보지 못한 것을 한탄한 나머지 누각 아래에 누워서 북쪽을 바라보며 두보(杜甫)의 〈노백행(老柏行)〉을 읊었다 한다. 〈노백행〉은 제갈량의 사당 앞에 서 있는 늙은 잣나무를 읊은 시이다. 《朱子大全箚疑 卷1》

43 노(魯)나라의……큽니다 : 주공(周公)이 태공(太公) 즉 태공망(太公望)에게 제나라를 어떻게 다스리려는지 물으니, 태공이 "어진 이를 높이고 공적을 앞세우겠다.〔尊賢而尙功〕"라고 대답하자, 주공은 "후세에 반드시 찬역과 시해를 하는 신하가 있을 것이다."라고 말하였다. 태공이 주공에게 노나라를 어떻게 다스리려는지 물으니, 주공이 "어진 이를 높이고 친한 이를 친히 하겠다.〔尊賢而親親〕"라고 대답하자, 태공은 "후세에 나라가 쇠약해질 것이다."라고 말하였다. 이 구절에 대해 안(按)에서는 "제나라는 공적을 높였으므로 전화(田和)가 찬역으로 등극하여 강씨(姜氏)에 제사를 지내지 않았고, 노나라는 친한 이를 친히 여겼으므로 삼환(三桓)이 권력을 독차지하여 공실(公室)이 미약해졌다."라고 논평하였다. 《史略 卷1 春秋戰國 魯》

44 참덕(慙德) : 부끄러워하는 마음으로, 탕(湯) 임금이 걸왕(桀王)을 추방하고 나서 후세에 정벌하는 자들이 자신을 구실로 삼을까 두려워하면서 부끄러워하는 마음을 가졌다고 한 데서 온 말이다. 《書經 仲虺之誥》

있을 것입니다.

대저 그 이른바 참덕은 또 큰 죄를 띠기도 합니다. 이를테면 조영규(趙英珪)[45]가 포은(圃隱)을 기다렸다 격살하여 태조대왕(太祖大王)의 경노(驚怒)를 촉발하였으며, 중묘조(中廟朝)의 여러 사람이 군부를 협박하여 금슬(琴瑟)과 종고(鍾鼓)의 즐거움을 보존하지 못하게 하였다가[46] 마침내 기묘년(1519, 중종14) 죽이고 치는 화를 일으켰으니, 부월(斧鉞)의 형벌을 면하면 다행이었습니다. 나머지를 모두 유추하면 무릇 이런 유의 적장(嫡長)이 대대로 음덕을 입는 것도 지나치다고 할 수 있는데, 하물며 그의 지서(支庶)이겠습니까.

나의 의론에서 먼저 〈문왕(文王)〉 시(詩)를 거론하고 아울러 주자의 '덕을 닦음〔修德〕'에 내한 주(註)를 붙인 것에는 대개 깊은 뜻이 있습니다.[47] 본조의 여러 사람은 덕을 닦지 못했을 뿐만이 아니니,

45 조영규(趙英珪) : 대본에는 '趙英圭'로 되어 있다. 《고려사(高麗史)》 권46 〈공양왕세가(恭讓王世家)〉 4년 4월 기사와 《태조실록》 4년 1월 9일 조영규의 졸기(卒記)에 근거하여 '圭'를 '珪'로 바로잡아 번역하였다. 조영규(?~1395)는 이성계의 휘하에 종군하여 왜구 격퇴에 공을 세웠고, 이방원과 모의하여 정몽주를 격살하는 데 주동적 역할을 하였다.

46 중묘조(中廟朝)의……하였다가 : 중종의 첫 번째 비(妃)인 단경왕후(端敬王后)의 부친 신수근(愼守勤)이 중종의 옹립을 반대했기 때문에, 죄인의 딸은 왕비로 적절하지 못하다는 반정 공신들의 주장에 의해 왕비에 책봉된 지 7일 만에 폐위된 사건을 말한다.

47 나의……있습니다 : 1686년 6월에 송시열이 〈충의위의 대수를 한정하는 것에 관한 논의〔忠義代數定限議〕〉에서 "〈문왕〉 시에 '문왕의 자손은 본손 지손 백세토록 번창하니, 모든 주(周)나라의 선비들은 빛나지 않을 건가 대대로 성하겠네.' 하였으니, 대개 문왕의 자손은 비록 지서들이라도 백세토록 제후가 될 것이나, 그 신자(臣子)에 이르러서는 반드시 대대로 덕을 닦아야 주나라와 아름다움을 짝할 수 있다고 말한 것입니다." 라고 한 것을 말한다. '시(詩)'는 대본에는 '時'로 되어 있다. 이상에 근거하여 '詩'로

의론 중에 비록 감히 이름을 들어 말하지는 않았으나 뜻은 유독 지극합니다. 잘 살폈는지 모르겠습니다.

맹자(孟子)는 '호오(好惡)' 두 글자로 성정(性情)의 덕을 논했으니, 호오가 바름을 얻은 뒤에야 수신(修身), 제가(齊家), 치국(治國), 평천하(平天下)를 할 수 있습니다. 그러나 오늘날의 사의(事宜)로 말하면 오위(五衛)의 제도를 수복(修復)하여 군민(君民)으로 하여금 연속된 형세를 가지게 하고 간세(奸細)한 자들로 하여금 감추는 폐단이 없게 하는 것만 한 것이 없습니다. 그러면 또한 여러 사람의 원망이 한꺼번에 일어나는 것을 면할 수 있고 또 폐한 것을 흥기시키고 떨어진 것을 일으키는 일이 점진적으로 이루어질 것입니다. 명정(名正)의 실리(實利)는 이보다 큰 것이 없는데, 어찌 이것을 하지 않고 말단에서 고생을 합니까.

당시에 이것을 꼭 헌의(獻議)하고 싶었으나 호오를 밝히고 등위(等威)[48]를 밝히는 데 급했으므로 다른 것을 언급할 겨를이 없었습니다. 오직 합하가 깊이 생각하십시오. 비록 이미 성명(成命)이 있었으나 다시 도모하는 데 어려울 것이 없습니다. 오늘의 국세로 보건대 그 변통하는 바는 아마도 끝내 헛일로 돌아가고 말 것입니다.

바로잡아 번역하였다. 《宋子大全 卷26》

48 등위(等威) : 신분과 지위에 상응하는 위의(威儀)를 말한다.

김구지에게 답함 병인년(1686, 숙종12) 8월

答金久之 丙寅八月

비루하게 여기지 않고 다시 회답을 내려 주니 황공하고 부끄러운 나머지 감격스럽기 그지없습니다. 협공(峽公)의 말씀은 참으로 이른바 "지당하고 지당하다."라는 것입니다.[49] 협공을 두고 세상이 모두 쓰일 곳이 마땅치 않다고 하나 정성이 지극한 자는 쓰일 곳이 따르는 법이니 이것은 그의 병통으로 여기기에 부족합니다. 관(館)에서 적얼(賊孼)의 후예를 기르며, 문안(文案)을 고쳐 꾸미며, 윤휴(尹鑴)와 허적(許積)을 신원(伸冤)하는 소장(疏章)을 올리려고 한다는 등의 말씀은 참으로 놀라움을 금할 수 없습니다. 인심(人心)이 이 지경에 이를 줄이야 어찌 생각이나 했겠습니까.

해도(海島)에서 나올 때 흑수(黑水 윤휴)가 처형되었다는 말을 듣고 수행 중인 천손(賤孫 송주석(宋疇錫))과 다음과 같이 문답하였습니다.

"사화(士禍)가 앞으로 오늘날보다 더 심해질 것이다."

"무슨 말씀이십니까?"

"이 적(賊)이 신원될 때 화가 필시 하늘에 닿을 것이며, 그 신원은 반드시 이산(尼山 윤증)에게서 일어날 것이다."

49 협공(峽公)의……것입니다 : 협공은 이단하(李端夏)를 가리킨다. 당시에 거듭 흉년이 들어 국가의 재정이 고갈되자, 이단하가 먼저 묘향(廟享)을 절감하여 절약하는 뜻을 보일 것을 청하였고, 김수항이 이것을 송시열에게 고하여 송시열이 지당하다고 여긴 것이다.《宋子大全隨箚 卷6》

"어찌 그럴 리가 있겠습니까. 놀랍습니다."

"비록 자기 손으로는 못 하더라도 은밀히 지시할 장본인이 될 것이다."

"아마도 지나친 염려인 것 같습니다."

근래의 일이 있은 후에 그는 비로소 그 말이 거짓이 아닌 것을 믿게 되었고 그의 할아비는 우연히 이 일로 30리 차이 나는 사람[50]이 되었습니다. 그러나 이는 알기 어려운 것이 아닙니다. 그의 아비(윤선거)는 평소 흑수에 대하여 마치 70명의 제자가 공자에게 심복하듯 하였습니다. 그래서 그 아들(윤증)의 마음에는 흑수가 군자가 된 후에야 그 아비가 군자가 되리라고 생각한 것입니다. 오늘날의 이와 같은 일은 이상할 것이 없습니다. 그 근원이 한번 발단되면 그 여파가 흘러넘치는 것이니, 이는 맹자(孟子)와 주자(朱子) 두 부자(夫子)께서 크게 입을 열고 크게 담력을 펴서 사설(邪說)을 물리치는 데에 몸을 돌보지 않은 까닭입니다. 대개 이 두 부자는 필부의 처지인데도 오히려 이와 같이 하였는데 더구나 정승의 지위에 있는 자의 경우이겠습니까. 오늘날 세도(世道)의 책임을 그대에게 기대하지 않을 수 없습니다.

50 30리……사람 : 식견이 탁월한 사람을 뜻한다. 후한(後漢) 한단순(邯鄲淳)이 효녀 조아(曹娥)를 위해서 지은 〈조아비(曹娥碑)〉 뒷면에 후한의 채옹(蔡邕)이 절묘호사(絶妙好辭)라는 뜻으로 '황견유부외손제구(黃絹幼婦外孫齏臼)'라는 여덟 글자의 은어(隱語)를 써넣었는데, 후한 말에 조조(曹操)가 양수(楊修)와 함께 길을 가다가 이 글을 보았을 때 양수는 곧바로 알아챘으나 조조는 그 의미를 생각하면서 30리를 더 가서야 깨닫고는, 알고 모르는 것이 30리나 차이가 난다고 탄식했던 고사가 전한다. 《世說新語 捷悟》

김구지에게 보냄 병인년(1686, 숙종12) 10월 20일
與金久之 丙寅十月二十日

깊은 근심이 이에 이르렀습니다. 삼가 나가서 머물다가 들어와 고하여 체리(體履)가 초췌함을 알았으니, 구구하게 사모하는 마음을 스스로 이길 수 없습니다. 병으로 깊은 골짜기에 엎드려 있어 때때로 편지로 안부를 묻지 못하니, 죄송한 마음이 언제 그칠 수 있겠습니까.

서사(書史) 중에서 위망의 형세가 있는 것을 보면 번번이 '당시의 국인(國人)이 오히려 어찌어찌하면 되었을 것이다.'라고 생각했는데, 어찌 지금 내가 이런 상황을 겪을 줄 생각이나 했겠습니까. 오직 기원하건대 더욱 충성과 사려를 다하여 죽을 각오를 하십시오. 그렇게 한다면 하늘이 굽어보고 아마도 화를 내린 것을 후회하실 것입니다.

근심하는 마음을 금할 수 없어 감히 이렇게 우러러 토로하고, 겸하여 안부의 예의를 폅니다.

별지

내가 중봉(重峰 조헌(趙憲)) 선생에 관해 찬술한 여러 문장을 열람해 보니, 신도비명(神道碑銘)은 노선생(老先生 김상헌(金尙憲))의 글로 동춘당(同春堂)이 글씨를 썼습니다. 〈김포유허비명(金浦遺墟碑銘)〉은 월사(月沙)가 찬술했고, 금산(錦山)의 진소(陣所)에 관한 문장은 월정(月汀)이 저술했는데,[51] 모두 남창(南窓 김현성(金玄成))이 글씨

51 금산(錦山)의……저술했는데 : 월정 윤근수(尹根壽)가 지은 〈일군순의비명(一軍

를 썼으며, 그 음기(陰記)는 나의 숙부 습정공(習靜公 송방조(宋邦祚))의 문장과 글씨입니다.

숙부는 자취를 숨겨, 선묘(宣廟) 말년에 문장과 글씨로 스스로 드러내려 하지 않아 그 성명을 지우셨습니다. 이로부터 수십 년 뒤에는 장차 진흙 위 기러기 발자국처럼 매몰될 것입니다.

노선생과 나의 숙부는 교의(交義)가 매우 돈독했으니, 나의 선고(先考) 및 숙부의 묘문(墓文)을 보면 알 수 있습니다. 지금 집사에게 몇 줄 문장을 얻고 대략 음기 아래에 성명을 기록하여 바야흐로 후세에 보이고 싶으니, 이것은 짧은 시간에 할 수 있는 일에 지나지 않을 뿐입니다.

또 조 선생(趙先生)은 소싯적에 이이(李珥)와 성혼(成渾) 두 선생을 섬겨서 그곳의 여러 노선생이 모두 찬술한 것이 있으니, 이곳에서 집사의 문장이 없어서는 더욱 안 되므로 감히 이렇게 공개적으로 말하였습니다. 살펴 주기를 바랍니다.

가만히 듣건대 이인칙(李仁偶)은 집사가 진달한 덕분에 장차 의관(衣冠)을 차리고서 그 선조의 시호(諡號)를 맞이하게 되었다 하니, 이것이 어찌 저 사람만 감격할 행운이겠습니까. 그 사람도 평범하지 않으니, 위급할 때 힘을 얻을 수 있으리라 생각합니다.

殉義碑銘)〉을 가리키니, 《중봉집(重峰集)》 부록 권4에 실려 있다.

김구지에게 답함 병인년(1686, 숙종12) 12월 3일
答金久之 丙寅十二月三日

삼가 편지를 받았는데 말씀을 자상히 반복하였으니 감사한 마음을 형언할 수 없습니다. 지금 온갖 폐단으로 엉망진창의 상태라 위망(危亡)의 형세가 십중팔구는 이미 닥쳐왔으니, 아무리 충무후(忠武侯 제갈량(諸葛亮))에게 감당하게 하더라도 어찌할 수 없을 것입니다. 그러나 사사로이 집사의 사퇴를 바라는 자가 어찌 끝이 있겠습니까마는, 돌이켜 생각하면 위태로운 나라에서 벼슬하는 자에게는 떠날 수 있는 의리가 없고 사퇴한 뒤에도 염려하는 것이 마땅하지 않겠습니까. 단지 몸과 마음을 다 바쳐 조금이라도 부지하여 나의 의리를 마칠 뿐입니다. 이 외에는 아마도 다른 도리가 없는 듯합니다.

"내외(內外)의 효시(嚆矢)"라고 하신 말씀은 참으로 존명(尊命)과 같습니다. 백호(白湖) 임제(林悌)가 일찍이 한 시골 유생을 데리고 제천정(濟川亭)에서 열린 여러 명사의 모임에 함부로 들어가서 시골 유생을 가리키며 "공들은 나를 비웃으시오? 이 시골 유생은 나보다 더욱 가소롭소."라고 했는데, 지금 집사는 오히려 백호가 되기에 족하나 이 시골 유생은 가소로운 중에 더욱 가소로운 자가 아니겠습니까.

습정(習靜) 숙부에 관한 소설(小說)[52]에 대해 허락을 받았으니 온

52 습정(習靜)……소설(小說) : 김수항이 지은 〈중봉조선생금산순의비음후기(重峰趙先生錦山殉義碑陰後記)〉를 가리킨다. 습정 송방조(宋邦祚)가 중봉 조헌(趙憲)의 순의비를 세우면서 비석에 자신의 이름을 새기지 않았는데, 송시열이 세월이 가면 그

종중이 은덕에 감격하는 마음을 어찌 헤아릴 수 있겠습니까. 비문 원본 두 건은 이미 받아 보았습니까? 달력은 감사히 받았습니다. 나머지는 단지 갑절 보중하여 상하의 바람을 위로해 주기를 바라며 이만 줄입니다.

별지

요표(夭表)[53]를 하문한 뜻에 나도 모르게 슬픈 마음이 일어났습니다. 우리 집의 망실(亡室)과 자부(子婦)는 수성(隋城 수원(水原))에 묻혔습니다. 세상일은 알 수 없는 것이므로 이미 각각 작은 표석을 마련했는데, 장차 내년에 운반하여 세우려 합니다. 위재(韋齋)와 축 부인(祝夫人)[54]은 각기 백 리 떨어진 곳에 묻혔으니, 각각 묘표를 세운 것에는 의심할 점이 없습니다. 요즘 세속에서는 전처에게는 자식이 없고 후처에게는 자식이 있으면 전처는 남편과 함께 묻히지 못하는 것이 이미 규례가 되었습니다. 어떠한 군자가 나와야 이 말세의 잘못을 바꿀 수 있겠습니까. 집사는 이씨(李氏)의 부인[55]에 대하여 애통한 마음이 절실하므로 먼 훗날까지 고려하였지만 우리 집의 일은

순의비를 누가 세웠는지 알 수 없게 될까 우려하여 김수항에게 그 사실을 적은 후기를 지어 달라고 부탁하였다.

53 요표(夭表) : 요절(夭折)한 사람의 묘에 세우는 묘표(墓表)를 가리키는 것으로 보인다.

54 위재(韋齋)와 축 부인(祝夫人) : 위재는 주희의 부친인 주송(朱松)의 호이고, 축 부인은 주희의 모친이다.

55 이씨(李氏)의 부인 : 김수항의 여동생으로서 이씨에게 시집간 여인을 가리키는 것으로 보인다.

이와는 또 다릅니다. 여기서 수성까지의 거리는 백 리 정도일 뿐만이 아니니 허약한 자식과 잔약한 손자가 어찌 끌고 가기 어렵지 않겠습니까. 모인(某人)의 집이 논핵당한 일로 본다면 부인이 죽어서 남편과 한 무덤에 묻히고 싶어 하는 것이 어찌 지극한 정이 아니겠습니까마는 형세에 구애되어 합장하지 못하는 경우가 많습니다. 성동주(成東洲)[56] 선생의 부인은 우리 고조부의 따님인데, 동주가 고조부의 묘 왼쪽에 부인을 묻고 스스로 그 묘표에 쓰기를 "오호라. 유명 조선 창녕 성제원의 처 송씨의 묘.〔嗚呼! 有明朝鮮昌寧成悌元妻宋氏之墓.〕"라고 하였으며 동주는 성씨의 선영에 묻혔습니다.

회옹(晦翁) 부자(夫子)는 일찍이 "향리가 비록 궁벽하고 적막하지만 도리어 쓸데없는 시비가 없으니, 매우 즐길 만하다."라고 말했습니다. 지금의 향리는 그 시비가 조정보다 심한데, 연산(連山)과 전주(全州)가 더욱 심합니다. 연산은 그 선조의 덕과 대현(大賢)을 무함하여 시론(時論)에 아부하기에 이르렀으나 연로하고 지위가 높은 사람이 도리어 듣고 기뻐하며 친히 총애하였습니다.[57] 이것이 무슨 도리입니까. 세도가 이에 이르렀으니, 말을 하면 마음이 아픕니다. 괴로운 일입니다. 집사가 별지에 쓴 우려와 탄식에 느끼어 감히

56 성동주(成東洲) : 성제원(成悌元, 1506~1559)으로, 본관은 창녕(昌寧), 자는 자경(子敬), 호는 동주·소선(笑仙), 시호는 청헌(淸憲)이다.

57 연산(連山)과……총애하였습니다 : 김장생의 아들 김구(金榘)가 이이가 삭발한 것을 김장생에게 들었다고 이상진(李尙眞)에게 말하였고, 이상진은 김구의 말을 연산 현감 정찬휘(鄭纘輝)에게 말하며 말끝에 "중간에 일을 벌이기 좋아하는 자가 지어낸 말이다."라고 했다고 한다. 여기서 전주는 이상진이 거주하던 곳이고, 연로하고 지위가 높은 사람도 이상진을 가리킨 말이다.《宋子大全隨箚 卷6》

이런 말을 하였습니다. 이 편지를 남에게 보여 주지 말기를 바랍니다. 분서갱유(焚書坑儒)의 화(禍)가 있을까 두렵습니다.

김구지에게 답함 병인년(1686, 숙종12) 12월 11일
答金久之 丙寅十二月十一日

봄기운이 세밑을 핍박합니다. 삼가 균체(匀體)의 동정이 신의 도움으로 매우 복되리라 생각하며, 구구하게 찬송합니다.

며칠 전에 삼가 답장을 받았습니다. 말이 자상하여 참으로 나를 비루하게 여기지 않는 성대한 뜻을 받고 한량없이 감격하였습니다.

편지에서 "안은〔內則〕", "바깥은〔外則〕"이라고 한 이야기는 크게 웃지 않을 수 없습니다. 비록 비방하는 의론일지라도 내가 성덕(盛德)에 비교되었으니, 이것이 어찌 솔개와 까마귀가 봉황과 함께 사냥꾼의 그물에 걸린 것과 다르겠습니까.

또 기억하건대 백호(白湖) 임제(林悌)가 한강(漢江)의 남쪽에서 한 사인(士人)을 만나서 북쪽 언덕의 고상한 모임이 열린 곳을 가리키며 속여 말하기를 "저들은 모두 나와 서로 친한 사람들이니, 함께 가서 만나 봅시다."라고 하고서 그곳에 들어가 앉았습니다. 좌중에는 혹 임제와 서로 아는 자도 있었으나 그 외 나머지는 더불어 비웃으니, 임제가 말하기를 "여러분은 나를 비웃으시오?"라고 하더니, 이어서 그 사인을 가리키며 말하기를 "이 사람은 더욱 가소롭소."라고 하니, 그 사인이 크게 부끄러워 달아났습니다. 오늘 이 몸이 어찌 그 사인의 가소로움과 다르겠습니까. 지금은 협대(峽台 이단하(李端夏))가 짝이 되어 주어 조금 그 비웃음을 나누어 받는 것으로 위안을 삼고 있으니, 이것은 한번 크게 웃을 만합니다.

끝으로 다만 위로는 삼궁(三宮)을 위하고 아래로는 사민(斯民)을 위하여 많은 복을 받아서 모든 사람의 우러르는 소망을 위로해 주기를 바랍니다.

별지

별지를 읽고 나서 서글펐습니다. 《예기(禮記)》에서 말하기를 "합장(合葬)은 고례(古禮)가 아니지만, 주공(周公) 이래로 고친 적이 없다."라고 하였습니다.[58] 그렇다면 합장은 주공 이후의 일입니다. 그러나 주공 이후에 따로 장사 지낸 경우가 어찌 한량이 있겠습니까. 송조(宋朝)에서도 축 부인(祝夫人)의 장지(葬地)는 위재(韋齋)의 장지와 거리가 백 리였습니다. 우리나라에서도 나의 친생 고조의 사위인 성동주(成東洲)는 스스로 그 묘표에 쓰기를 "오호라. 유명 조선 창녕 성제원의 처 송씨의 묘.〔嗚呼! 有明朝鮮昌寧成悌元妻宋氏之墓.〕"라고 하였는데, 그 후 과연 합장하지 않았으니 옛사람의 사려가 원대합니다. 내 딸이 지난해 이곳에서 죽어서 점술인의 말을 따라서 그대로 이곳에 묻었습니다. 훗날 인사가 어찌될지 알 수 없으므로 우선 돌을 세워 표시하고 인하여 애도하는 심정을 부치고자 합니다.

정자(程子)가 말하기를 "합장은 반드시 원배(元配)와 해야 한다."라고 하였습니다. 그러나 지금 세상에서는 후처에게 자식이 있고

58 예기(禮記)에서……하였습니다 : 《예기》 〈단궁 상(檀弓上)〉에 "계무자(季武子)가 집을 지었는데, 두씨(杜氏)의 무덤이 그 집의 서쪽 계단 아래에 있었다. 두씨의 후손들이 합장하기를 청하자 계무자가 허락하였다. 두씨의 후손들이 집에 들어와도 곡(哭)을 하지 않으니, 계무자가 '합장은 고례가 아니지만, 주공 이래로 고친 적이 없다. 내가 합장하는 것을 허락하였는데, 곡하는 것을 허락하지 않는다면 어찌 도리이겠느냐.'라고 하고 곡하도록 하였다."라는 기록이 있다.

전처에게 자식이 없으면 후처와 합장합니다. 이것은 예가 아니고 사심(私心)이 예를 이긴 것이니 어찌할 도리가 없습니다.

습정(習靜) 숙부의 문장과 글씨가 혹시라도 끝내 표장(表章)을 받고, 인하여 아울러 송강(松江)의 제문을 저술하고 아울러 조 선생(趙先生 조헌(趙憲))의 존주대의(尊周大義)를 떨쳐서 드러낸다면 더욱 빛이 나서 더욱 썩지 않을 것입니다. 모두 몇 구절의 문장에 지나지 않으니 간절히 바라고 간절히 바랍니다.

김구지에게 답함
答金久之

별지의 말씀에서 나무꾼에게도 묻는 대군자(大君子)의 성덕(盛德)을 볼 수 있었습니다. 나처럼 천박하고 비루한 자가 어떻게 감히 진심을 다하여 세상에 도움이 되게 하는 논의의 말석(末席)에 참여하겠습니까. 오직 성덕을 감히 끝내 저버릴 수 없어 대략 나의 어리석은 정성을 드립니다.

오늘날의 일은 어렵다고 말할 수 있습니다. 맹자(孟子)가 "공자(孔子)가 진(陳)나라와 채(蔡)나라에서 곤액을 당한 것은 위와 아래에 교분이 없었기 때문이다."[59]라고 말했습니다.

일찍이 김성대(金盛大)의 일[60]이 있을 때에 시배(時輩)가 제멋대로 나를 능멸했고, 그 뒤에 나는 또 지대(砥台)[61]와 함께 여지가 없을 정도

59 공자(孔子)가……때문이다 : 공자가 진나라와 채나라의 국경 지대에서 양식이 끊겨 며칠 동안 굶주리는 곤액을 당한 일이 있는데, 이 일에 대해 맹자가 한 말이다. 《孟子 盡心下》

60 김성대(金盛大)의 일 : 1684년(숙종10) 12월 명성왕후(明聖王后)의 소상(小祥) 때 송시열이 서울에 올라가 잠깐 능(陵)만 배알하고 시골로 내려가려 하자 숙종이 이를 적극 만류하였으나 끝내 돌아가 버렸다. 이때 마침 사학(四學)에서 김성대 등이 소를 올려, 윤증이 자기 아버지인 윤선거를 변백하려고 사국(史局)에 보낸 편지의 내용 중에서 "율곡에게는 입산(入山)의 실수가 있다."라는 말과 "강화에서 순절한 김익겸(金益兼), 권순장(權順長)은 반드시 죽어야 할 의리가 없었다."라는 말을 거론하여 이이의 도학과 김익겸·권순장의 절의를 변호하자, 한편에서 사학을 정지시키려 하였다.

61 지대(砥台) : 지평(砥平)에 살았던 이단하(李端夏)를 가리킨다.

로 낭패를 당했습니다. 이와 같은 것은 위와 아래에 교분이 없었을 뿐만이 아닙니다. 그렇다면 오늘날 다시 나아갈 만한 의리가 없습니다.

그러나 "나는 왕이 마음을 고치기를 바란다."[62]라고 말했으니, 이것은 맹자가 야박하게 하지 않고 지극히 충후하게 대처한 것입니다. 지금 상께서 후회한다는 전교를 자주 내리시고, 겸하여 또 오늘날처럼 국세가 위급한 때가 없습니다.

주자의 "위태로운 나라에 있을 때는 떠날 수 있는 의리가 없다."라고 한 가르침으로 보자면,[63] 그가 역빙(歷聘)할 때에도 이렇게 말하였고, 진항(陳恒)을 토벌할 것을 청한 일은 공자가 지위를 떠난 날 있었으니,[64] 성인이 세도(世道)를 위해 계획한 것은 지위가 있고 없음에 차이가 없었던 것입니다.

또 생각건대 명아주나 콩잎을 따지 못하는 것[65]은 국가의 큰 이익입

62 나는……바란다 : 맹자가 제(齊)나라를 떠나면서 3일 동안이나 제나라 동남쪽에 있는 주(晝)라는 고을에서 머물고 간 일을 말한다. 《맹자》〈공손추 하(公孫丑下)〉에 "내가 3일을 머물고 주 땅을 떠난 것을 나는 오히려 빠르다고 여겼다. 왕이 마음을 고치기를 바라니 왕이 만일 마음을 고쳐먹는다면 반드시 나를 돌아오게 할 것이었다."라고 하였다.

63 주자의……보자면 : 《논어》〈태백(泰伯)〉에 "위태로운 나라에는 들어가지 않고 어지러운 나라에는 살지 않으며, 천하에 도가 있으면 나오고 도가 없으면 숨는다."라고 하였는데, 이에 대해 주희는 집주(集註)에서 "군자는 위태로움을 보고 목숨을 바치는 것이니, 위태로운 나라에서 벼슬살이하는 자는 의리로 보아 떠날 수 없지만, 밖에 있다면 들어가지 않는 것이 옳다."라고 풀이하였다.

64 진항(陳恒)을……있었으니 : 《논어》〈헌문(憲問)〉에 "진 성자(陳成子)가 간공(簡公)을 시해하자, 공자께서 목욕하고 조회하여 애공에게 아뢰기를 '진항이 그 군주를 시해하였으니 토벌하소서.' 하였다."라고 하였다.

65 명아주나……것 : 조정에 충신이 있어 간사한 자들이 일어나지 못하는 것을 뜻한

니다. 그렇다면 국가를 위해 계획하는 자는 누군들 그대가 도로 들어오기를 바라지 않겠습니까. 그것을 바라지 않는 자는 사적인 의리를 위해 계획하는 것입니다. 사적인 의리의 득실도 세도에 관계가 있습니다. 그러므로 "한 사내의 거취는 시속(時俗)의 성쇠에 관계된다."[66]라고 하였으니, 그 말에 맛이 있습니다. 만약 명철보신(明哲保身)의 도리로 말하자면 오늘날의 사세는 나아가도 보신하지 못하고 물러나도 보신하지 못하니, 이것은 물러남이 늦었기 때문입니다. 오늘날의 거취는 단지 천리(天理), 인욕(人慾), 공사(公私)의 사이에서 결정할 뿐입니다. 생각건대 의(義)가 정밀하고 인(仁)이 완숙한 깊은 충심으로 재량해 처리할 줄로 압니다.

삼인(三仁)의 행동은 같지 않았으나 똑같이 지성스럽고 간절한 마음에서 나왔으므로 성인이 그들을 칭송한 것입니다.[67]

생각건대 평소 익숙히 강구했을 것이나 지성스러운 물음에 감격하여 이렇게 자세하게 말했습니다. 사정을 헤아려 용서하기를 바랍니다.

다. 《한서(漢書)》 〈개관요전(蓋寬饒傳)〉에 "산에 맹수가 있으면 명아주나 콩잎도 따지 못하고, 나라에 충신이 있으면 간사한 자들이 일어나지 못한다."라는 말이 있다.

66 한……관계된다 : 주희가 "사대부의 사수(辭受)와 출처는 비단 그 자신만의 일이 아니다. 그 처신의 득실은 바로 풍속의 성쇠에 관계된다. 그러므로 더욱 살피지 않으면 안 된다."라고 하였다. 《晦庵集 卷25 答韓尙書書》

67 삼인(三仁)의……것입니다 : 삼인은 은(殷)나라 말기에 있었던 세 사람의 인자(仁者)로, 미자(微子), 기자(箕子), 비간(比干)을 이른다. 기자와 비간은 각기 은나라 마지막 임금 주(紂)의 백부와 숙부이고 미자는 그 서형(庶兄)이다. 미자는 주의 무도(無道)함을 보고 떠나서 종사를 보전하였고, 기자와 비간은 간쟁을 한 뒤에, 기자는 거짓으로 미친 체하여 욕을 당하고, 비간은 죽음을 당하였다. 이들의 행적을 두고 공자가 "은나라에 세 사람의 인자가 있다.〔殷有三仁焉〕"라고 칭송하였다. 《論語 微子》

김구지에게 답함 정묘년(1687, 숙종13) 4월
答金久之 丁卯四月

서찰을 내리고 아울러 부탁한 습정(習靜 송방조(宋邦祚)) 숙부의 비문(碑文)까지 보내 주니 기쁨과 황송함에 감격하여 눈물이 흐를 지경입니다. 성인(聖人)의 도는 어떻게 형용할 수 없으나 오직 〈미자(微子)〉 한 편에 감동하는 마음이 깊은 것은 어째서입니까? 대개 진(陳)나라와 채(蔡)나라의 사이에 있을 때와 같다고 탄식하는 것[68]은 내가 만난 경우가 그렇기 때문입니다. 오늘날 집사께서 조화(造化)의 핵심을 잡고 등설(滕薛)[69]의 어려움에 처하였는데, 모든 일이 막히어 거의 손을 쓰지 못하게 되었으니 깊이 생각하고 멀리 보아 절의를 세워서 만분의 일이라도 국맥(國脈)을 유지해야 할 것입니다.

송(宋)나라가 남쪽으로 옮긴 후 주자(朱子)의 감회가 또한 깊었습니다. 예컨대 오랑캐에게 살해된 중[70]을 또한 표장(表章)하여 그 행적이 사라질까 두려워하였으니 그 은미한 뜻을 알 수 있습니다. 지금 이

68 진(陳)나라와……것 : 296쪽 주59 참조.

69 등설(滕薛) : 춘추 시대 등나라와 설나라이다. 작은 나라로 대국의 틈에 끼어 어렵게 지탱하였다.

70 오랑캐에게 살해된 중 : 송나라 때 오대산(五臺山)의 중 진보(眞寶)가 정강(靖康)의 변(變)에 산중에서 무리를 거느리고 무사(武事)를 익혀 금군(金軍) 정벌을 도왔다. 그러다가 주(州)가 함락되어 금군에게 붙잡혔는데, 금군의 추장이 항복하기를 권하자, 진보가 말하기를 "내가 이미 송나라에 죽음으로써 허락하였는데, 어찌 망언(妄言)을 하겠느냐." 하고, 태연히 죽음을 당했다. 《宋史 忠義列傳 僧眞寶》

일이 비록 사소하지만 또한 세교(世教)에 관계없다고 이를 수 없습니다. 그러나 절의가 점점 쇠퇴하는 것은 도학이 밝지 못해서이니, 양웅(揚雄)의 《태현경(太玄經)》과 《법언(法言)》이 이치가 없는 것은 아니나 성인의 학문이 아니기 때문에 목숨을 아끼어 누각에서 투신하여[71] 만세의 죄인이 되었습니다. 주자가 그 사실을 특별히 《자치통감강목(資治通鑑綱目)》에 쓴 외에 일반적으로 강론하실 때에 극론한 것은 그 학술이 바르지 못하여 유명(儒名)을 빌려 대륜(大倫)을 해쳤기 때문입니다.

요즈음 집사께서 문성공(文成公 이이(李珥))이 모욕을 당할 때 뭇사람이 노여워하는 데 대항하여 그들의 사설(邪說)을 물리친 일은 그 근본이 바른 것입니다. 이제 나설(羅說 나양좌(羅良佐)의 소(疏))에 대하여 또 그 떠들썩한 말들을 배척하여 억제하니, 거센 형세를 막을 수 있고 세도(世道)도 잘될 듯합니다.

그런데 유독 알 수 없는 일은 성상께서 저들을 처벌하면서 나를 모욕한 것을 죄목으로 삼으신 점입니다. 대개 나는 스스로 하류(下流)에 있는 터라 온갖 비방이 집중되는 것은 당연한 일이니, 모욕하는 것이 무슨 죄가 되겠습니까. 그러나 오직 경전(經傳)을 속이고 정의를 말살하여 밝은 하늘 아래서 기망(欺罔)을 자행하는 것이야 어찌 용서할 수 있겠습니까. 집사께서 도의(道誼)를 밝히고 바로잡는 학문으로 탑전(榻前)에서 토론하여 혼미한 온 조정을 일깨워 주지 못하셨으니,

71 누각에서 투신하여 : 양웅이 제자 유분(劉棻)이 왕망(王莽)에게 체포되어 치죄(治罪)를 받음에 따라 또한 연루되어 옥리(獄吏)가 체포하러 오자, 천록각(天祿閣)에서 투신하여 거의 죽게 되었던 일을 가리킨다. 《漢書 揚雄傳》

나는 의아하게 생각하지 않을 수 없습니다.

무엇을 경전을 속인 것이라 이르겠습니까? 그가 감히 상용(傷勇)의 훈계[72]를 인용하여 은근히 권순장(權順長)과 김익겸(金益兼)의 죽음을 비방한 것인데, 주자가 일찍이 상용의 뜻을 주석하기를 "자로(子路)가 위(衛)에서 죽은 것과 같은 경우이다." 하였으니, 대개 권순장과 김익겸이 과연 아버지를 거역하는 아들을 돕다가 죽은 자와 같습니까.

무엇을 정의를 말살한 것이라고 이르겠습니까? 그 목숨을 아끼어 노예로 위장했던 사람[73]을 감히 백일(白日)과 빛을 다툰 절의와 같이 취급한다면 이치를 어기고 교화를 손상함이 더욱 심한 것입니다. 내가 일찍이 그 사람을 뚜렷이 드러낸 것은 그럴 만한 까닭이 있습니다. 오랑캐가 황제를 참칭할 때 중외가 모두 놀라 감히 용기를 내지 못하였는데, 그가 홀로 유생(儒生)을 창솔하여 방자한 오랑캐 사신을 참할 것을 청하였으며, 또 조정이 보답 사신을 보내자고 다투어 청할 때 또 척화소(斥和疏)를 올렸습니다. 그리고 대란(大亂 병자호란)이 있은 후 의리가 퇴색되고 이욕(利慾)이 하늘에 닿아, 유석(柳碩)과 이도장(李道長)의 의론[74]이 한창 치열하였으나 홀로 과거를 단념하고 벼슬하

72 상용(傷勇)의 훈계 : 위나라 출공(出公) 첩(輒)이 즉위하여 외국으로 도망간 아버지 괴외(蒯聵)의 입국을 거부하자 괴외가 난을 일으켰는데, 자로가 이 난에 끼어들어 죽었다. 의롭지 못한 일에 죽었으므로 용맹을 상실하였다고 한 것이다. 《孟子 離婁下》

73 그……사람 : 윤선거를 가리켜 한 말이다.

74 유석(柳碩)과 이도장(李道長)의 의론 : 이들은 병자호란 때 강화를 주장한 인물인데, 남한산성에서 굴복하던 날 김상헌이 임금과 왕실을 돌아보지 않고 자기 몸만 깨끗이 하고 절의를 지키기 위해 떠나갔다고 비난하는 의론을 주장하였다. 《仁祖實錄 16年 7月 29日》

지 않았습니다. 이것이 비록 수오(羞惡)의 천리(天理)에서 나온 것이기는 하나 그가 수립한 절의는 가상한 일입니다. 사람을 성취시키는 미덕과 선(善)을 권장하는 옛사람의 장점을 어찌 무시할 수 있겠습니까. 그러나 강도(江都)에서 살아 나온 일을 가리켜 말한 것은 아니니 선과 악이 같이 용납되지 못하는 것은 춘추(春秋)의 대의인 것입니다. 그러나 이것을 꼬집어 죄준다면 사양하지 않겠습니다. 대개 의리를 돌아보지 않고 그 기세를 부린 것은 참으로 역적인 윤휴의 내력이며, 팔을 걷어붙이고 손바닥에 침을 뱉으며 스스로 선봉이 된 것도 역시 곽세건(郭世楗)과 도신징(都愼徵)[75]이 한 일입니다. 그러나 만약 전수한 연원(淵源)이 아니었다면 오늘날 그들이 수용되지 못하였을 것입니다. 지난날 문원공(文元公) 선생에게 분기를 품고서 자신의 무도(無道)한 말에 대꾸하는 것에 화가 나서 벌떡 일어나 빰을 때렸던[76] 기상은 바로 오늘날의 폐단을 일으키게 된 까닭입니다. 이른바 털끝만큼의 어긋남이 천 리의 먼 격차를 내는 것이며, 이른바 아버지가 사람을 죽여 복수하면 그 아들은 반드시 강도짓을 한다는 것입니다.[77] 그러나

75 곽세건(郭世楗)과 도신징(都愼徵) : 진주(晉州)의 곽세건과 대구(大邱)의 도신징으로, 이들은 모두 윤휴의 사주를 받고 소를 올려 송시열을 배척하였다.《宋子大全隨箚 卷6》

76 지난날……때렸던 : 1653년(효종4) 11월 진산(珍山) 이유익(李惟益)의 별장에서 윤선거가 "사계(沙溪)의 문하에 정홍명(鄭弘溟)이 없었다면 도가 더욱 높았을 것이다."라고 하였다. 이 말에 이유겸(李惟謙)이 "우계(牛溪)의 가문에 성문준(成文濬)이 없었다면 허물이 더욱 적었을 것이다."라고 반박하자, 윤선거가 일어나서 그의 빰을 때렸던 일을 가리킨다.《宋子大全附錄 卷2 年譜》

77 아버지가……것입니다 : 순경(荀卿)이 이사(李斯)에게 준 영향에 대해 소식(蘇軾)이 비판하여 한 말이다.《東坡全集 卷43 荀卿論》

그들도 오히려 윤휴에게 죄가 있다고 하니, 비록 겉으로 하는 말이기는 하나 또한 어찌 집사의 공이 아니겠습니까.

아, 오늘날의 국세(國勢)는 별도로 할 만한 일이 없습니다. 오직 주자의 도를 옹호하고 요망한 말을 물리쳐서 공자와 주자가 느낀 은미한 뜻을 따르면 세도(世道)를 유지하는 데 만분의 일이나마 도움이 되리니, 참으로 이것을 대군자(大君子)에게 기대하지 않을 수 없습니다. 하고 싶은 말은 실로 이것뿐만이 아니나 질병이 몹시 괴롭고 입으로 부르는 것 또한 끊어져 하나하나 갖추지 못하니, 마음속으로 이해하고 용서하기 바랍니다.

○ 보내 준 붓과 설탕은 잘 받았습니다. 그리고 생강을 넣어 보낸 봉투에 '민(閩)'이라 썼으니,[78] 이 한 글자가 더욱 눈을 뜨게 합니다.

78 생강을……썼으니 : 김수항이 민강(閩薑)을 보냈는데, 민(閩)은 주희의 고향이다. 《宋子大全隨箚 卷6》

김구지에게 답함 정묘년(1687, 숙종13) 5월 17일

答金久之 丁卯五月十七日

전에 우편을 통해 보내 준 편지를 받고 곧바로 답장을 써서 아이가 가는 길에 보냈는데, 그 가운데 얼마간의 망녕된 말은 틀림없이 성덕(盛德)의 넓은 도량에 흡족하지 않았을 것입니다. 바야흐로 이렇게 불안한 마음으로 공손히 가르침과 꾸짖음을 기다립니다. 이번에 중추부 녹사(中樞府錄事)가 오는 걸음을 통해 거듭 문장을 받는 은덕을 입었으니, 기가 죽어 두려워하며 조심하는 중에 문득 주벌해야 한다는 시인(時人)의 공격을 잊었습니다. 만인이 죽이려 하는 치욕은 모두 한 사람의 군자가 조금 알아주는 귀중함보다 못하다 하니, 이 말은 참으로 옳습니다.

별지에서 말씀한 바에 대하여는 전번 편지에서도 이미 별도로 답했습니다. 주자(朱子)가 일찍이 "큰 덕과 큰 공훈을 세워 말을 해 주지 않아도 알 수 있는 이는 이름을 부르지 않는다."라고 하였습니다. 그러나 주자(周子)와 정자(程子) 등 제자(諸子)는 주 선생도 혹 그들의 이름을 부른 적이 있으니, 이것은 또한 한 가지 기준으로 논할 수 없습니다.

지난번 답장에 만약 온당하지 못한 점이 있다면 다시 말해도 괜찮습니다. 오직 묘지(墓誌) 원고에서 '보호(保護)'라는 글자가 수십 자 안에서 거듭 겹치니, 그중에 아래에 있는 것을 다시 살펴보는 것이 어떻겠습니까? 이번에 원고를 완납합니다.

김구지에게 보냄
與金久之

선사(先師)의 유고(遺稿)가 오래 상자 안에 보관되어 있었는데, 갑자기 성상께서 찾아보고자 하시어 어람(御覽) 중에 들어가게 되었으니, 유학을 숭상하고 학문을 높이는 교화를 오늘날 다시 보았습니다. 가만히 지극히 흠앙하는 마음을 금할 수 없습니다. 가만히 생각건대 성상의 아름다운 덕을 받들어 널리 알리는 것은 집사의 문장이 아니면 그 누가 감히 할 수 있겠습니까.

또 주 부자(朱夫子)가 세상을 떠날 무렵에 막내아들인 낭중(郎中)[79]에게 속히 명하여 유문(遺文)을 수습하게 했는데, 당시에 문인과 제자가 그렇게 성했으나 오직 경지(敬之)가 홀로 이 명을 받은 것은 틀림없이 까닭이 있습니다. 이 일이 힘을 얻어서 《통해(通解)》의 발문(跋文)[80]에 드러난 것은 속일 수 없는 것입니다. 지금 영숙(永叔)과 중숙(重叔)[81] 두 대감은 직접 선사를 섬기지는 못했으나 선사의 유문을 수습하고 의논하여 확정하는 공로에 정성과 노력을 다하여 끝내 완성하

79 막내아들인 낭중(郎中) : 주희(朱熹)의 막내아들인 주재(朱在)를 가리킨다. 자는 경지(敬之)이다. 가학을 계승하였으며, 황간(黃榦)에게 수학하였다. 음보(蔭補)로 승무랑(承務郞)이 되었으며, 이부 시랑(吏部侍郞)을 지냈다.

80 통해(通解)의 발문(跋文) : 주재가 지은 〈의례경전통해목록발(儀禮經傳通解目錄跋)〉을 가리킨다.

81 영숙(永叔)과 중숙(重叔) : 김만기(金萬基)와 김만중(金萬重)이다. 김장생의 증손자들이다.

였으니, 또한 경지보다 뛰어나지 못하다고 말할 수 없습니다. 이번에 또 집사의 문장으로 드러내지 않을 수 없고 집사가 아니면 이러한 곡절을 자질구레하게 알리기도 어렵습니다. 지금 집사가 아무리 겸손한 덕으로 자처하더라도 끝내 사양해서는 안 됩니다. 형편없는 나로서도 감히 집사를 놓아두고 다른 곳으로 갈 수 없으므로 감히 이렇게 거듭 간청합니다. 삼가 집사가 굽어살펴 주기를 바랍니다.

김구지에게 보냄 정묘년(1687, 숙종13) 5월

與金久之 丁卯五月

이번 여름비에도 대후(台候)의 안부가 만복(萬福)하리라 생각하니 구구한 나의 그리워하고 위안되는 마음을 스스로 그칠 수 없습니다.

가만히 간청할 것이 있습니다. 나의 종중의 선세(先世)는 옛날 고려 말부터 회덕(懷德)에 거주하였습니다. 그 거주지에 마침내 송촌(宋村)이란 이름이 붙고 상조(上祖)는 판원사(判院事)를 지낸 적이 있는데,[82] 송촌과 판원(判院)은 《주자대전(朱子大全)》에 보이는 것과 마침 은연중에 부합하니, 그 일이 매우 기이하므로 대아(大雅) 등 여러 군자에게 기대어 그 일을 축하하고 싶습니다. 여기에 어찌 집사의 주옥같은 문장이 없을 수 있겠습니까. 더구나 집사는 바로 판원공의 먼 외손이므로 더욱 한마디 빛내는 말을 얻고 싶습니다. 주 선생의 원운(原韻)을 별지에 기록해 놓았으니, 운자를 밟아 화답한다면 더욱 좋겠습니다. 물리치지 말기를 바라는데, 어떻게 생각합니까?

판원의 5대손은 실로 쌍청당(雙淸堂) 부군(府君)[83]입니다. 쌍청당은 송촌의 중앙에 있는데, 경치가 주 선생의 시 중 제5구, 제6구와 흡사

82 상조(上祖)는……있는데 : 은진 송씨(恩津宋氏)는 고려 시대에 판원사를 지낸 송대원(宋大源)으로부터 시작되었다.

83 쌍청당(雙淸堂) 부군(府君) : 고려 말 조선 초에 부사정(副司正)을 지낸 송유(宋愉, 1389~1446)이다. 쌍청당은 평소 송유와 교분이 두터웠던 박팽년(朴彭年)이 지어 준 당호인데, 청풍(淸風)과 명월(明月)의 기상을 가슴에 새긴다는 의미가 내포되어 있다. 《東文選 卷82 雙淸堂記》

하고 부군의 청은(淸隱)한 풍류는 고금을 진동합니다. 쌍청당의 제영(題詠)은 대부분 은일의 맑은 운치를 칭송하였으며, 주 선생이 '좌사초은(左思招隱)'[84]이라 이른 것과도 서로 부합합니다. 혹 시의 재료가 될 것 같으므로 부질없이 말해 드립니다.

며칠 전에 판원 어른과 송촌에서 만나기로 약속했는데, 눈 내리는 가운데 회포가 일어나 판원, 통판 두 어른에게 올리다 數日前與判院丈有宋村之約雪中有懷奉呈判院通判二丈

한 해 저물어 구름 드리운 하늘 드넓고	雲垂天闊歲將闌
홀로 문 닫아거니 온 방 쓸쓸하네	一室翛然獨掩關
이불 쓰고 바람이 나무 꺾는 줄 모르다가	擁褐不知風折木
헌함 열어젖히고 눈 덮인 산 바라보네	開軒惟見雪漫山
어두운 하늘 아득한 안개 낮게 깔린 너머	玄空杳靄低迷外
울창한 푸른 나무에 은근히 가려진 사이	碧樹瓏璁掩映間
좌사의 초은 시 구절 다 읊조렸으나	吟罷左思招隱句
조각배로는 긴 물굽이 지날 길 없네	扁舟無路過長灣

위는 주 선생의 시이다.

84 좌사초은(左思招隱) : 진(晉)나라 왕휘지(王徽之)가 일찍이 산음(山陰)에 살 때, 폭설이 내렸다가 개어 달빛이 환한 밤에 홀로 술을 마시며 좌사(左思)의 〈초은(招隱)〉 시를 읽던 중 불현듯 섬계(剡溪)에 있는 벗 대규(戴逵)가 보고 싶어 밤새도록 배를 타고 그 집 앞에까지 갔는데, 흥이 다하여 대규를 만나 보지 않고 문 앞에서 그냥 돌아왔다. 《晉書 王羲之列傳 徽之》

김구지에게 보냄 정묘년(1687, 숙종13) 10월 25일

與金久之 丁卯十月二十五日

진퇴양난의 처지에서 좋은 자리를 사양하였으니,[85] 덕스러운 음성에 하자가 없으며 사림(士林)이 더욱 만세를 부르며 경하합니다. 얼음과 서리가 계절을 알리는 이즈음 삼가 교외의 집에서 조용하고 편히 지내 안부가 매우 좋으리라 생각하며 가만히 경하합니다. 과부가 씨줄이 끊어지는 것을 걱정하지 않은 것[86]은 본래 가소로운 일이나 스스로 그만둘 수도 없는 것입니다. 혹 천리(天理)가 아직 없어지지 않은 것이 아니겠습니까. 처하는 곳마다 편히 여기고 천명을 즐기며 주경사(周卿士)의 예성(睿聖)한 공로[87]를 버리지 않기를 바라며 이만 줄입니다.

85 진퇴양난의……사양하였으니 : 당시에 숙종이 새 정승을 뽑을 것을 명하여, 영의정 김수항이 다섯 번 새 정승을 가려 뽑았는데 모두 쓰이지 못했다. 숙종이 조사석(趙師錫)을 정승에 임명할 것을 명하고, 이어서 엄한 유지를 내려 말하기를 "김수항이 처음에는 이단하(李端夏)가 관리의 재능이 없다는 이유로 형조 판서를 체차할 것을 청했는데 나중에는 도리어 정승에 가려 뽑았으니, 나는 그가 정직하지 못하다고 여긴다."라고 하여, 두 사람이 도성을 나가 대죄(待罪)하였다. 《宋子大全隨箚 卷6》

86 과부가……것 : 자신의 일을 잊고서 나라를 걱정하는 것을 뜻한다. 《춘추좌씨전(春秋左氏傳)》 소공(昭公) 24년 기사에 "과부가 베를 짜는 씨줄이 끊어지는 것은 걱정하지 않고서 주(周)나라가 망할 것을 걱정한 것은 그 재앙이 자기에게도 미칠 것이라고 여겼기 때문이다."라고 하였다.

87 주경사(周卿士)의 예성(睿聖)한 공로 : 주경사는 춘추 시대 위(衛)나라의 군주인 위 무공(衛武公)으로, 나이가 95세였는데도 수신(修身)과 치국(治國)을 잘하기 위해 〈억(抑)〉 시를 지어 스스로를 경계하였다고 한다. 그가 죽자 시호(謚號)를 '예성무공(睿聖武公)'이라 하였다. 《詩經 大雅 抑》

김구지에게 보냄 무진년(1688, 숙종14) 1월 18일

與金久之 戊辰正月十八日

새해가 이미 며칠이 지났습니다. 삼가 한가로이 지내며 덕을 수양하여 밝고 드넓은 근원의 경지를 홀로 보고 있으리라 생각하니, 말석에 속히 달려가 참된 흥취를 묻지 못하는 것이 한스럽습니다.

난운(闌韻)[88]을 삼가 아홉 번이나 읽고, 문리(文理)가 지극한 경지에 도달하고 풍격이 진실함을 보았습니다. 우리 종족의 광휘가 산천을 비추기에 충분하니, 매우 감사하고 매우 다행입니다. 삼가 이미 배접을 하고 책을 만들어 쌍청당(雙淸堂) 안에 높이 봉안했습니다.

별지의 말씀에서 나를 비루하게 여기지 않는 성의에 감사하였습니다. 거의 죽어 가는 내가 온 세상의 공격을 야기하여 자손에게 해독을 끼쳤으니, 어찌 바라던 바이겠습니까. 참으로 부득이한 상황에서 나온 것입니다. 나라의 형편이 이에 이르렀는데, 어찌 다른 뜻이 있겠습니까. 다만 주자의 큰 가르침을 따라 "원통함을 참고 견디며 어쩔 수 없이 한다.〔忍痛含冤, 迫不得已.〕"라는 여덟 글자를 잡아 대략 천하의 대방(大防)을 보존하고 싶을 뿐이니, 이 밖에는 다른 생각이 없습니다.

혐의스러워 무공(武功)이라고 할 것도 없다[89]는 말씀에는 마침 적절

88 난운(闌韻) : 김수항이 주희의 시 〈수일전여판원장유송촌지약설중유회봉정판원통판이장(數日前與判院丈有宋村之約雪中有懷奉呈判院通判二丈)〉에 차운한 시를 가리킨다.

89 혐의스러워……없다 : 나양좌(羅良佐)가 김수항의 처남이므로 이렇게 말한 것이다.《宋子大全隨箚 卷6》

한 대구(對句)가 있습니다. 옛날 경원(慶元)의 화[90]는 심계조(沈繼祖)가 한 짓입니다. 혹자가 "심계조는 도리어 정순(正淳)[91]과 동서 간이다."라고 말하자, 주 선생이 웃으면서 "미자하(彌子瑕)의 처가 자로(子路)의 처와 자매간이었다. 무슨 관계가 있겠는가."라고 하였습니다. 그러나 당시에 정순이 바야흐로 주 선생의 문하에서 《맹자》를 강학했으나 심계조가 정순을 원망했다는 말을 듣지 못했으니, 어찌 이른바 "또한 고금에 차이가 있다."라는 것이 아니겠습니까. 매우 우습습니다.

요전에 진회(秦檜)와 같은 재상이라는 말을 위조하여 모함하였는데, 다행히 성덕이 어질고 명석한 덕분에 그 계략이 이루어지지 못했습니다. 그러나 그의 솜씨가 이미 교활하여 석수도(石守道)의 무덤을 파헤친 화가 끝내 없으리라고 어찌 보장하겠습니까.[92]

90 경원(慶元)의 화 : 경원은 송나라 영종(寧宗)의 연호(1195~1200)이다. 주희가 당시의 권신(權臣)인 한탁주(韓侂冑)를 탄핵하자 한탁주의 사주를 받은 심계조와 여철(余嚞) 등이 주희의 관작(官爵)을 삭탈하고 승상 조여우(趙汝愚) 등을 축출하여 도학자의 등용을 막은 일을 말한다. 《宋史 寧宗本紀》《朱子大全 附錄 卷12 辨誣錄》

91 정순(正淳) : 만인걸(萬人傑)로, 정순은 그의 자이다. 남헌(南軒) 장식(張栻)의 문인이며, 주희의 문하에 출입하였다. 《宋子大全隨箚 卷6》

92 진회(秦檜)와……보장하겠습니까 : 나양좌가 송시열과 김수항의 관계를 이간하기 위하여, 송시열이 김수항은 남송(南宋)의 진회와 같다고 말하였다고 모함한 일이 있었다. 이는 송나라의 간신 하송(夏竦)이 자기를 배척했던 석수도가 죽자 그에게 모반 사건과 관련이 있다는 누명을 씌우고서, 죽었다는 것이 거짓이며 실은 거란(契丹)으로 도망친 것이라고 주장하여 무덤을 파서 시체를 확인하자고 하였던 일과 같은 짓으로, 당시의 정승이던 김수항과의 관계를 악화시켜 송시열도 그와 같은 화를 당하게 하려 했다는 뜻이다. 《宋子大全隨箚 卷9》《宋史 儒林列傳 石介》

김구지에게 보냄 무진년(1688, 숙종14) 2월 21일

與金久之 戊辰二月二十一日

날씨가 따뜻해져 갑니다. 삼가 한가로이 지내며 보양하여 덕을 진전시키고 학업을 닦는 공부가 날로 더욱 높고 깊어지는 것을 생각하니, 구구히 그리워한다는 말은 참으로 빈말이 아닙니다. 나는 쇠병(衰病)이 더욱 침범하여 조금도 인간 세상에 대한 생각이 없습니다. 이른바 "죽는 것만 못한 지 오래다."라는 것은 참으로 나의 마음을 먼저 알고 한 말입니다.

별지는 우리 종중의 여러 사람이 나를 이어서 우러러 밝은 가르침을 받들고자 한 것입니다. 대개 집사도 이 할머님의 먼 외손이므로, 감히 이렇게 기록하여 보내 드립니다. 인하여 안부를 여쭙는 예를 닦으니, 삼가 헤아려 주십시오.

별지

가만히 생각건대 정려(旌閭)를 하사받은 선조비(先祖妣) 유씨(柳氏)의 묘는 회덕(懷德) 치소 남쪽 관동리(寬洞里)에 있습니다. 그 부군(府君) 진사 휘 극기(克己)의 묘는 그 소재를 잃어버려 철마다 향화(香火)만을 올리니, 자손의 마음이 몹시 서러워 비탄에 잠기지 않을 수 없습니다. 예로부터 전하는 말에, 부군의 묘는 그 왼쪽 기슭에 있는데 묘표는 있으나 글자는 새기지 않았다고 하였습니다. 병인년(1686)에 온 종중 사람이 가서 살펴보고 몇 자 깊이를 열어서 묻힌 지석(誌石)을 찾아보았으나 끝내 찾지 못했으니 진위를 판별하기 어렵게 되었습니다. 드디어 서로 꾀하고 의논하여 장차 선조비의 묘 서쪽에 단을 설치하고 제사 때 아울러 제수를 올려 정과 예를 펴고자 합니다. 다만 생각건대 이것은 비록 부득이한 상황에서 나온 것이나 일이 변례(變禮)에 관계되므로 제멋대로 처리하기 어렵습니다. 이것이 진실로 전례(典禮) 중 의문 나는 문장에 부합하여 행할 수 있는 것인지 모르겠습니다. 궁벽한 시골에는 서적이 갖추어져 있지 않아서 고증할 수가 없는데, 만일 옛날에 이런 일이 있었다면 우리가 처음 의기(義起)[93]한다는 혐의를 면할 수 있을 것입니다.

삼가 바라건대 서적에서 살펴보고 정과 예로 참작하여 명석하게 가부(可否)를 알려 준다면 매우 다행이겠습니다. 오늘 문헌(文獻)으로 징험하는 것은 오직 합하에게 달렸으므로 감히 이렇게 우러러 여쭙고 회답을 기다립니다.

93 의기(義起) : 예문(禮文)에는 없지만 의리에 입각해서 행하는 예법을 말한다. 《예기》〈예운(禮運)〉의 "선왕의 예법에는 그러한 예가 없을지라도, 의리에 입각해서 적절하면 새로 일으킬 수도 있는 것이다."라고 한 구절에서 유래한 말이다.

김구지에게 보냄 무진년(1688, 숙종14) 5월 4일

與金久之 戊辰五月四日

삼가 한가로이 지내며 도를 맛보아 날로 좋은 흥취가 있으리라 생각하니, 구구히 우러르는 마음이 조금도 누그러들지 않습니다. 이어서 삼가 가만히 생각건대 지난날 임금께서 눈을 부릅뜨고 인상을 찡그리셨던 일은 예로부터 드문 일입니다. 비록 품행이 의젓하고 덕음(德音)에 하자가 없을지라도 오늘날 마음 편히 보양하는 즐거움에 비하면 마치 병을 앓은 나머지 독한 약을 생각하는 것과 같았을 것이니, 하늘이 집사를 대우하는 뜻이 참으로 우연이 아닙니다.

삼가 생각건대 하늘의 뜻이 어디에 있는지 깊이 생각하여 일상생활에서 잡고 보존하는 것을 날로 더욱 견고하게 하고 확대하여 보충하는 것을 날로 더욱 원대하게 하기를 참으로 회암(晦庵) 부자(夫子)의 가르침처럼 한다면 훗날 세도(世道)를 흥기하는 책무를 끝내 사양할 수 없을 것입니다. 다만 생각건대 시사(時事)가 이에 이르렀으니 공손연(公孫衍)과 장의(張儀)가 한번 성내는 것은 참으로 두려워할 만합니다.[94] "효자(孝慈)하고 충신(忠信)하면서도 남의 나라를 망친다."[95]라

94 공손연(公孫衍)과……만합니다 : 언변으로 정치를 농단하는 자들이 일을 벌일까 두렵다는 뜻이다. 전국 시대 위(魏)나라의 유세객(遊說客) 공손연과 장의가 노하면 제후들에게 다니며 유세를 일삼아 서로 공격하게 하였으므로 당시 제후들이 그들을 두려워하였다. 《孟子 滕文公下》

95 효자(孝慈)하고……망친다 : 원(元)나라의 학자 허형(許衡)이 한 말이다. 주희는 충신하면서도 도를 알지 못하여 나라를 망친다는 뜻으로 썼다. 송시열은 이 말을 인용하

고 말한 것은 참으로 지언(知言)입니다. 나처럼 노쇠한 자에게는 그저 상람사(上藍寺)의 눈물[96]이 있을 뿐입니다. 오늘 마침 선왕(先王 효종)의 휘일(諱日)을 만나니 슬피 사모하는 정이 전보다 갑절 더합니다. 그러나 집사가 아니면 누구에게 이 마음을 말하겠습니까.

별지에 유의하기 바랍니다. 이것은 사문(斯文)에 관계된 일이므로 감히 말씀드리는 것입니다. 나머지는 이만 줄입니다.

별지

동주(東洲) 성 선생(成先生 성제원(成悌元))과 중봉(重峰) 조 선생(趙先生 조헌(趙憲))이 일찍이 보은 현감(報恩縣監)을 지냈는데, 고을 사람들이 그분들의 덕화를 사모하여 읍내 시냇가에 사당을 세우고 제사를 지냈습니다.

금상조(今上朝)에 고을 사람들이 사당이 있는 곳이 시끄럽다고 조정에 보고하여, 그분들의 위패를 김충암(金冲庵)[97]의 서원으로 옮겼는데, 그 서원이 속리산(俗離山) 남쪽에 있어 천석(泉石)이 극히 깨끗하였습니다. 성대곡(成大谷)[98]의 위패가 또 충암의 위패 아래에

여 윤증의 집안에 세행(細行)이 있기는 하나 세도에 해가 되는 것이 나라를 망치는 데 이르렀음을 지적한 것이다. 《宋子大全隨箚 卷6》

96 상람사(上藍寺)의 눈물 : 군주가 대신을 함부로 대하는 것을 근심하여 흘리는 눈물을 이른다. 주희가 상람사에 머물고 있을 때에 당시의 군주가 대신을 종처럼 꾸짖고 신료들을 돼지처럼 취급하였다는 말을 듣고는 밤새도록 촛불을 밝혀 놓고 잠을 못 이룬 일이 있다. 《晦庵集 別集 卷1 劉共甫》

97 김충암(金冲庵) : 김정(金淨, 1486~1521)으로, 본관은 경주, 자는 원충(元冲), 호는 충암 또는 고봉(孤峯)이다.

있으며, 임금이 '상현서원(象賢書院)'[99]이라는 액호를 하사하셨습니다. 지금 이미 성 선생과 조 선생을 합향(合享)하였으니 일의 체모가 더욱 중대합니다. 대저 충암이 목숨을 바칠 때 행동이 정암(靜菴 조광조(趙光祖))과 같지는 않았으나 그는 본래 기묘명현(己卯名賢)입니다. 대곡의 경우는 퇴계(退溪)가 "옥과 같다."라고 칭찬했고, 동주의 경우는 퇴계가 비록 "방성(放成)"이라 지목하였으나[100] 강절(康節 소옹(邵雍))의 학문을 배운 자입니다. 선현은 그가 중국에서 태어나지 못한 것을 아쉬워했으니, 또한 편방(偏邦)의 소유(小儒)가 아닙니다. 중봉의 경우는 문정(文正) 노선생(老先生)이 발휘한 문장[101]

98 성대곡(成大谷) : 성운(成運, 1497~1579)으로, 본관은 창녕(昌寧), 자는 건숙(健叔), 호는 대곡이다.

99 상현서원(象賢書院) : 충청북도 보은군 내속리면 서원리에 있다. 1555년(명종10) 삼년성(三年城) 안에 서원을 창건해 김정을 모시고, '삼년성서원'이라고 했다. 1610년(광해군2) 상현이라는 사액을 받았으며, 1672년(현종13) 성운을 추가 배향하였다. 1681년(숙종7) 성제원(成悌元)과 조헌(趙憲)을, 1695년 송시열을 추가 배향하였다.

100 동주의……지목하였으나 : 《퇴계집(退溪集)》 권19 〈답황중거(答黃仲擧)〉에 "또 더구나 방성을 데리고 은성(隱成)을 방문했으니 마땅히 소득이 다시 적지 않을 것입니다."라고 했는데, 이에 대하여 《퇴계집》 고증(攷證) 권5에서 "방성은 성제원을 가리키고, 은성은 성운을 가리킨다."라고 하였다. 《택당집(澤堂集)》 별집 권15 〈추록(追錄)〉에는 "동주 성제원은 세속의 예법에 구애받지 않는 호방한 성격의 소유자로 재략(才略)이 웅대하였으며, 이와 동시에 경학(經學)에도 통달하여 밝았는데 과거 공부는 아예 일삼지 않았다. 그러고는 술을 마시고 방탕한 생활을 하면서 때때로 광인(狂人)과 같은 모습을 보이곤 하였으므로, 세상에서는 그를 방성이라고 일컫기까지 하였다."라고 하였다.

101 문정(文正)……문장 : 김상헌(金尙憲)이 지은 조헌의 신도비명을 가리킨다. 《청음집(淸陰集)》 권28에 〈고의병장증이조판서중봉조선생신도비명(故義兵將贈吏曹判書重峰趙先生神道碑銘)〉이라는 제명으로 실려 있다. 문정은 김상헌의 시호이다.

에 미진함이 없습니다. 무릇 이 네 분 선생의 도덕과 행의(行義)를 집사가 아니면 누가 감히 선양하고 칭송하겠습니까.

고을의 유생들이 이에 비석을 마련하여 장차 묘정(廟庭)에 세우려 하면서 물길로 원유(院儒)인 진사 김득기(金得沂) 및 나의 조카 찰방 송기덕(宋基德)을 보내어 댁에 가서 청하게 하였습니다. 김득기는 괴애(乖崖 김수온(金守溫))의 후손입니다. 집사가 일찍이 그의 선대(先代)의 문채(文采) 때문에 그의 아우 김득문(金得汶)을 취하여 썼으니, 오늘 그가 왔다는 말을 들으면 또한 물리치지 못하리라 생각합니다. 이어서 생각건대 네 분 선생의 사적(事蹟)을 만약 일일이 상세히 기재하려 한다면 비석의 표면이 아무리 넓어도 글자를 배열하여 새기기 어려운 점이 있으니 반드시 간략하면서도 할 말을 다 해야 합니다. 그런 뒤에야 일을 이룰 수 있을 것입니다. 이것은 집사의 필력이 아니면 참여할 수 있는 이가 없습니다. 다시 모든 것을 헤아려 보기를 바랍니다. 어떻게 생각합니까?

김구지에게 답함 무진년(1688, 숙종14) 6월 2일
答金久之 戊辰六月二日

집사의 조카 정자(正字)가 멀리 와서 방문해 주었습니다. 이어서 편지를 받았는데, 마치 직접 덕음을 듣는 것 같아 감사한 마음을 금할 수 없었습니다. 나는 쇠병(衰病)이 이렇게 극심한데 좋지 못한 것을 듣고 보았습니다. 매번 조물주가 이 쇠잔한 육체를 머물러 두어 다시 무슨 일을 보게 하려는 것인지 스스로 괴이하게 여깁니다.

새집에 대한 글은 바로 이른바 "시는 이루어졌으나 집은 완공하지 못했네."[102]라는 것입니다. 그러나 그곳의 그윽하고 고요하며 아름다운 경치를 상상하자니, 한번 가서 집사와 함께 소요하지 못하는 것이 한스럽습니다. 정신이 쇠락하여 이미 만에 하나도 송축(頌祝)을 잘하지 못하였고 또 해서는 안 될 말을 한 것이 없지 않으니, 한번 열람하고 불살라 버리기를 바라는데 어떻게 생각합니까?

집에 〈고산구곡가(高山九曲歌)〉가 있는데 이 시는 바로 주인인 노선생(老先生 이이)의 작품이고, 그 아래에는 최동고(崔東皐 최립(崔岦))가 지은 몇 건의 글이 있는데 모두 김남창(金南窓 김현성(金玄成))이 글씨를 썼습니다. 그 〈고산구곡가〉가 우연히 〈무이구곡가(武夷九曲歌)〉와 서로 부합하니, 우리 후학이 찬양하며 서술하는 문자를 짓지 않을 수 없습니다. 그래서 내가 외람되이 자신의 역량도 헤아리지 못한

102 시는……못했네 : 《회암집(晦庵集)》 권36 〈답진동보(答陳同甫)〉에 나온다. 주희가 무이구곡(武夷九曲) 사이에 집을 짓고 싶으나 몹시 궁핍하다며 이렇게 말하였다.

채 망녕되이 약자가 선수를 두는 관례에 따라 공경히 〈무이구곡가〉 첫째 수의 운자를 밟았는데, 하집사(下執事)에게 전하고 싶습니다.

일곡(一曲)의 운을 밟은 뒤에는 이어서 문아(文雅)한 천륜(天倫)[103] 에게 청하고 그 나머지는 명할 만한 이를 선택하여 명하여 〈무이구곡가〉 10절(絶)에 짝을 이룬다면 거의 한 구역을 온전히 담은 훌륭한 일이 될 것입니다. 그림으로 그리는 일은 지당(止堂 김수흥(金壽興)) 대야(大爺)에게 이미 맡겼습니다. 〈고산구곡가〉를 지금 정자가 가는 편에 부치니, 한번 펼쳐 보면 선생의 의취 및 산수의 경치를 상상할 수 있을 것입니다.

병상에 누워 대필시키니 황송함을 금할 수 없어 이만 줄입니다.

103 문아(文雅)한 천륜(天倫) : 김수항의 형인 곡운(谷雲) 김수증(金壽增)을 가리킨다.《宋子大全隨箚 卷6》

김구지에게 보냄 무진년(1688, 숙종14) 8월 25일

與金久之 戊辰八月二十五日

가을이 깊었습니다. 삼가 한가로이 지내며 덕을 수양하여 날로 좋은 흥취가 있으리라 생각하니, 직접 만나 이야기를 들으면서 그리워하는 마음을 달랠 수 없어 한스럽습니다. 일찍이 보은(報恩)의 유생을 위하여 소개하는 서신을 썼는데 아직 받지 못한 듯합니다. 그러나 추위와 더위가 갑자기 변하여 지금 그 한두 사람이 떠날 채비를 하고 길을 떠난다고 고하였습니다. 이에 감히 그들에 의지하여 안부를 여쭙는 예를 폅니다.

나는 병이 줄곧 오래 끌고 있고 근래에는 무더위에 상한 데다가 우환까지 있어 갑자기 위태한 지경에 다다랐으니, 세상에 살아 있는 날이 이미 나의 분수를 넘었습니다.

내 마음에 가만히 잊을 수 없는 바가 있습니다. 정주(程朱)의 글에 대한 차의(箚疑)는 애석하게도 깔끔하게 정리하지 못했습니다. 가만히 바라건대 집사가 문하의 여러 사람에게 학업으로 과제를 주고 그들로 하여금 과제를 마치게 하면 어떻겠습니까?

하고 싶은 말이 참으로 이에 그치지 않으나 병상에 누운 채로 기운이 없어 문장을 불러 대필시키니, 이만 줄입니다.

김구지에게 답함 무진년(1688, 숙종14) 11월 7일
答金久之 戊辰十一月七日

애고(哀苦)[104] 중에 매번 "이 일은 오직 아는 이만이 안다."라고 말했습니다. 이번에 편지를 받아 보니, 위로하는 말이 더욱 나로 하여금 목이 메고 눈물이 흐르게 하니, 어찌 "정을 다 쏟을 수 있는 것은 바로 우리이다."[105]라고 한 것이 아니겠습니까. 삼가 눈물을 거두고서 정성스럽게 말해 준 후의에 사례합니다.

삼산(三山) 서원(書院)[106]의 비문은 이미 집사의 승낙을 받았으니, 이 지방의 모든 유생들이 머리를 맞대고 경하합니다. 〈와기(窩記)〉[107]는 칭찬이 분에 넘쳐 도리어 더욱 부끄럽고 황송합니다.

〈고산구곡시(高山九曲詩)〉를 마침내 보내 준다면 삼가 그림의 여백에 베껴 써 놓을 것이니, 서둘러 주기를 바랍니다. 우계옹(牛溪翁)을

104 애고(哀苦) : 송시열이 다섯째 손자의 상을 당했기 때문에 한 말이다. 《宋子大全隨箚 卷6》

105 정을……우리이다 : 진(晉)나라 때 왕융(王戎)이 일찍이 아들을 잃어 비통함을 감당하지 못하므로, 산간(山簡)이 말하기를 "어린애는 품 안의 물건이거늘, 어찌 이 지경에 이른단 말인가."라고 하자, 왕융이 말하기를 "성인은 정을 잊고, 가장 하등인 사람은 정을 다하지 못하며, 정을 다 쏟을 수 있는 것은 바로 우리이다."라고 했던 데서 온 말이다.

106 삼산(三山) 서원(書院) : 상현서원(象賢書院)을 가리킨다. 316쪽 주99 참조.

107 와기(窩記) : 김수항이 동대문 밖 40리에 있는 목식동(木食洞)에 오두막을 짓고 목식와(木食窩)라는 편액을 걸었는데, 송시열이 기문(記文)을 지어 주었다. 《宋子大全 卷145 木食窩記》

신변(伸辨)한 것[108]이 슬퍼할 만한 것임은 참으로 말씀한 바와 같습니다. 주 선생(朱先生)이 "수많은 모기와 파리가 미친 듯 시끄럽게 떠든다."라고 한 것은 바로 오늘을 위하여 준비한 말입니다.

일찍이 듣건대 헌부(憲府)의 많은 관원이 나 때문에 한꺼번에 모두 파면되었다고 하기에 부끄럽고 황송한 마음을 금할 수 없어 대략 짧은 소를 갖추어서 늙어서 죽지도 않은 죄를 진달하였으니, 대개 헌부의 많은 관원에게 사과하려는 것이었습니다. 또 '이미 글을 올렸는데 전혀 근래의 일을 언급하지 않았으니 또 무관심한 듯하다.'라고 여겼으므로 대략 성학(聖學)이 노여움을 다스려야 한다는 뜻을 진달하였습니다. 이윽고 듣건대 헌부의 관원들이 이내 너그러이 사면되었다고 하나, 후회가 조금도 그치지 않습니다.

친한 젊은이들이 소본(疏本)을 돌려보내며, 대개 "추구(芻狗)는 진열할 필요가 없고[109] 오늘의 일을 말한 것은 이처럼 엉성하여 들어 볼 것도 없으며 그저 성상의 노여움을 격동시킬 것이니, 회옹(晦翁)이 얻은 천산(天山)의 의리[110]는 살펴보아야 한다."라고 하였으니, 이 말

108 우계옹(牛溪翁)을 신변(伸辨)한 것 : 당시에 송시열이 지촌(芝村)에게 보낸 답장에 간략히 김장생이 성혼을 논한 이야기를 외워 써넣었는데, 윤증의 무리가 성혼을 흠집 내고 헐뜯는 것으로 여겨서 선동하고 위협하였다. 《宋子大全隨箚 卷6》

109 추구(芻狗)는……없고 : 쓸모없는 논의는 할 필요가 없다는 뜻이다. 추구는 제사에 쓰기 위해 풀로 엮어 만든 개 모형으로, 제사가 끝나면 버린다.

110 천산(天山)의 의리 : 《주역》의 천산둔괘(天山遯卦)의 의리인 은둔을 뜻한다. 주희가 한탁주(韓侂胄)의 모함으로 영주(永州)로 귀양 간 재상 조여우(趙汝愚)의 억울함을 변론하고 한탁주의 처벌을 요구하는 상소를 올리려고 했는데, 문인들이 위험하다고 한사코 말렸으나 듣지 않았다. 이에 문인 채원정(蔡元定)이 점을 쳐서 결정하자고 청하여 점을 쳐 보니, 불길한 의미의 둔괘와 동인괘(同人卦)가 나왔다. 결국 올리려던 소장

에 일리가 없지 않으므로 구태여 올리지 않았습니다. 뜻밖에 비방하는 의론이 번갈아 올라오고 "소장 중에 무슨 무슨 말이 있어서 친한 이들이 마침내 이것으로 저들에게 탄핵을 당하였다."라고 말하는 데까지 이르렀으니, 그 해괴함을 어찌 다 말할 수 있겠습니까. 세상의 도가 이에 이르렀으니 어쩌면 좋단 말입니까.

선사(先師)의 유고(遺稿)에 들어갈 서문(序文)은 이미 확정한 초고를 받았으니[111] 감사한 마음이 한량없습니다. 다만 서문을 빼고 싶은 생각이 없지 않으나, 가만히 생각하면 문집에 서문이 있은 지 오래되었으며 《주자대전》에도 서문이 매우 많이 보입니다. 근세(近世)에 《퇴계집》과 《율곡집》에만 서문이 빠진 것은 참으로 알 수 없는 일입니다. 가만히 듣건대 《퇴계집》을 편찬할 때 그 문하의 서애(西厓)와 월천(月川)이 각자 무리를 나누어 서로 헐뜯어서 끝내 감히 주장하는 이가 없게 되었다고 하는데, 아마도 이와 같기 때문일 것입니다. 《율곡집》의 경우는 서문을 뺐을 뿐만이 아니라 거친 글을 '연보(年譜)'라는 이름으로 책머리에 올려놓아 일의 체면을 크게 잃었으니, 아마도 이것을 법식으로 삼을 수는 없을 듯합니다.

원고는 지금 찍어 올리려 하니 빨리 보여 준다면 속히 호영(湖營)에 부탁하여 판각하고 싶습니다.

을 태워 버리고, 호를 둔옹(遯翁)이라 고쳤다. 《晦庵集 附錄 卷4 年譜》

111 선사(先師)의……받았으니 : 김수항이 〈사계선생문집서(沙溪先生文集序)〉를 지었다. 《文谷集 卷26》

김구지에게 보냄 무진년(1688, 숙종14) 12월 22일
與金久之 戊辰十二月二十二日

계상(溪上)에 있던 날에 재동(齋洞)의 김애(金哀)[112]가 교체되어 왔습니다. 선사(先師)의 유고에 실을 서문(序文)을 손 씻고 소리 높여 읽었는데, 거의 한 번 읊으면 세 번 감탄하는 정도였습니다.

선사께서 세상을 떠나신 지 이미 50년이 지났습니다. 문하의 여러 사람 중에 계곡(谿谷)과 기옹(畸翁)[113] 같은 분이 서로 이어서 세상을 떠났고, 그 나머지 나와 같은 자는 못나고 천박하니 더욱 선사의 도학(道學)을 만분의 일이라도 드러내 떨치기에 부족합니다.

지금 집사의 이 저술은 서사(敍事)에 법도가 있을 뿐만이 아니라, 그 규모와 심법 및 그 공부의 단계를 남김없이 상세히 기록하였습니다. 성현의 연원을 후학이 또 이것으로 인하여 깊이 살펴 찾을 수 있으니, 이것이 어찌 동남(東南)의 학자[114]만의 행운이겠습니까. 듣건대 판각하는 곳에서 기다리느라 찍어 올리는 일이 차질을 빚는다고 하므로, 속히 서재의 원고를 원임 관원에게 부치면 오래지 않아서 본도(本道)에서 책을 꾸며 바치리라 생각합니다. 다만 누차 지체하여 괴이한 이야

112 재동(齋洞)의 김애(金哀) : 광성부원군(光城府院君) 김만기(金萬基)의 아들이다.

113 기옹(畸翁) : 정철의 아들인 기암(畸菴) 정홍명(鄭弘溟)이다.

114 동남(東南)의 학자 : 송나라 학자 여조겸(呂祖謙), 주희(朱熹), 장식(張栻)을 동남삼현(東南三賢)이라 부른 데서 온 말로, 여기서는 김장생의 제자들을 가리킨다.

기가 몰래 퍼졌으니, "참으로 있지 않은 것이 없다."라고 말할 만합니다. 나는 길을 반쯤 왔는데 병이 발작했을 뿐만이 아니라 점점 희미하게 소문이 들려와서 갈림길에서 방황하고 있어 형세상 낭패스러우니, 어쩌면 좋단 말입니까.

이 밖에 나머지는 병상에 누워 대필시키니 이만 줄입니다.

별지

별지에 정성스럽게 반복 설명한 말씀이 귀에 대고 앞에서 말하는 정도만이 아니니 감사한 마음을 말로 표현할 수 없습니다. 한번 늙은 부모의 지극한 슬픔[115]을 겪은 뒤로 질병이 갑자기 위독해졌으니, 남은 날이 많지 않음을 절로 알게 되었습니다.

병세에 차도가 있기를 조금 기다렸다가 속히 서원(西原 청주)에 가서 여러 묘의 갖가지 일을 정리하고 조금씩 나아가고자 합니다. 대개 이번 걸음의 목적은 여강(驪江)을 거슬러 올라가 순위(巡衛)의 밖에서 영원히 하직하며 통곡하고 돌아오려는 것이었습니다. 이미 소문이 점점 좋지 않으므로 발길을 돌리고 싶은 마음이 간절한데 홀연히 은명(恩命)이 있어 맞이하였습니다. 감히 질병으로 나아가기 어려운 상태를 진달하니, 사관이 "함께 오라는 분부를 받들었다."라고 말하며 지키고 가지 않아, 한창 이렇게 방황하고 있습니다.

그러나 주 부자(朱夫子)는 의리상 온당하지 못하면 분수령을 한 걸음도 넘지 않을 것을 맹세하였습니다. 오늘 또 어찌 한 걸음을

115 늙은……슬픔 : 송시열이 노년에 막내딸과 손자의 상을 당한 일이 있으므로 한 말이다.

넘기 어려운 고개가 없겠습니까. 이것은 가슴속에서 묵묵히 정한 지 오래이니, 아마 미혹되고 어지러워져 식자(識者)의 수치가 되지는 않을 것입니다.

생각건대 대군자(大君子)의 거취에 대해 나의 어두운 식견으로 어찌 감히 그 한계를 엿볼 수 있겠습니까. 그러나 매번 세도를 근심하면서 집사가 줄곧 입을 굳게 다물기를 바라지 않았고, 더구나 오늘의 사리와 형세는 사흘 밤을 묵은 뒤에 호연히 떠나간 때[116]와는 같지 않으니, 하궤(荷蕢)의 과감함[117]은 배워서는 안 될 듯합니다. 다만 오늘날 노여워하는 것은 올바른 길을 막는 데에 가깝습니다. 이것은 비록 석수도(石守道)처럼 스스로 "용기가 맹자보다 뛰어나다."라고 말하는 자일지라도 "천만 명이 있더라도 나는 대적할 수 있다."[118]라는 말은 아마도 입 밖에 내서는 안 될 듯합니다.

116 사흘……때 : 맹자가 제(齊)나라에서 도(道)를 행할 수 없게 되자, 부득이 그곳을 떠나면서 제나라 왕이 혹시라도 개심(改心)하기를 기다리는 마음에 천천히 가서 사흘 밤을 묵은 다음에야 주(晝) 땅을 떠났는데, 그때까지도 왕이 마음을 바꿔 자신을 쫓아와 부르지 않으니, 그제야 비로소 호연히 떠나갈 뜻이 있었다고 한다. 《孟子 公孫丑下》

117 하궤(荷蕢)의 과감함 : 하궤는 삼태기를 멘 사람이라는 뜻으로 혼란한 세상을 피해 숨어 사는 은자를 가리킨다. 그가 공자의 경쇠 소리를 듣고 비평하자, 공자가 "세상을 잊는 데에 과감하구나. 출처를 그렇게만 한다면 어려울 것이 없을 것이다."라고 말한 내용이 《논어》 〈헌문(憲問)〉에 나온다.

118 천만……있다 : 맹자가 공손추에게 부동심(不動心)의 방법으로 용(勇)에 대하여 설명하면서, 증자(曾子)가 공자에게 들었다는 대용(大勇)을 논하여 "스스로 돌이켜서 정직하지 못하면 비록 미천한 사람이라도 내 두려워하지 않겠는가. 그러나 스스로 돌이켜서 정직하다면 비록 천만 명이 있더라도 내가 가서 대적할 수 있다."라고 말하였다. 《孟子 公孫丑上》

피차간에 타협하지 못하였으나 틀림없이 대책이 있어 태평할 터인데, 찾아가서 한번 물어보지 못하는 것이 한스럽습니다.

김구지에게 답함 무진년(1688, 숙종14) 12월 21일

答金久之 戊辰十二月二十一日

장지(葬地)에 도착했는데, 장사가 낭패하여 바야흐로 이렇게 슬프고 어수선합니다. 홀연 특별히 편지를 보내 자상하게 말씀해 주니, 슬픈 감회가 참으로 깊어 스스로 그치지 못합니다.

선사의 유집에 넣을 서문을 받아 보고부터 늘 매우 기뻤습니다. 이제 또 글자를 고친다는 말씀을 하였는데, 이렇게 하면 김애(金哀)는 비록 편안하더라도 스스로에게는 편치 못한 점이 있습니다. 둘 다 온전하게 하는 이치는 옛날에도 쉽지 않았습니다. 저들을 본받아 고쳐 달라고 청하고 싶지 않은 것은 아니나 번거롭게 할까 두려워 감히 하지 못하였습니다.

역사(役事)에 대한 명을 받들고 길가에서 신위(神位)의 의장(儀仗)을 참배하고 공경하는 정성을 폈습니다. 이어서 안색을 우러러보는 것은 참으로 바라던 바이나 늙은 나는 명이 박하여 걸핏하면 견책을 받고 겸하여 또 남을 연루시키므로 감히 마음을 먹지 못했습니다.

이제 장차 남쪽으로 가려 하는데 늙은 부모의 슬픈 정을 풀지 못하여 만나는 일마다 이러하니, 어쩌면 좋단 말입니까. 세 가지의 진귀한 선물은 몸을 굽혀 감사해 마지않습니다. 남에게 대필시킨지라 이만 줄입니다.

송자대전

제57권

書서

민공서 시중, 민대수 정중, 민지숙[1] 유중 에게 보냄

갑오년(1654, 효종5) 7월

與閔公瑞 蓍重 大受 鼎重 持叔 維重○甲午七月

시열(時烈)은 머리를 조아려 두 번 절하고 말씀드립니다. 요사이 걱정이 되어 애가 타던 중에 삼가 첨애(僉哀)[2]의 문안을 받고 매우 감사한 마음이 들었습니다. 삼가 요즈음 부친을 모시는 일과 상을 치르는 일 모두 잘 해내고 있는지 모르겠습니다. 그리운 마음이 간절합니다. 늙은 나는 병이 처음에는 몹시도 위태로워 괴로웠으나 지금은 다행히 원래대로 회복되었습니다. 다만 시골에는 진찰할 만한 훌륭한 의원이 없으니, 이른바 원래대로 회복되었다는 것도 내 느낌으로 판단한 것이지 실제로는 그렇지도 않을 것입니다.

일전에 외람되이 예(禮)에 대한 질문을 받아 놓고 오래도록 답을 주지 못하였는데, 이는 우환 때문이지 태만하거나 잊어서가 아닙니다. 지금 평소 사우(師友) 간에 강론한 것을 가지고 우러러 말씀드리니, 모쪼록 윤 사문(尹斯文)과 미진한 내용을 상의한 다음 기꺼이 가르쳐

1 민공서(閔公瑞), 민대수(閔大受), 민지숙(閔持叔) : 민공서는 민시중(閔蓍重, 1625~1677)으로, 자는 공서, 호는 인재(認齋)이다. 민대수는 민정중(閔鼎重, 1628~1692)으로, 자는 대수, 호는 노봉(老峯), 시호는 문충(文忠)이다. 민지숙은 민유중(閔維重, 1630~1687)으로, 자는 지숙, 호는 둔촌(屯村), 시호는 문정(文貞)이다. 이들 3형제의 본관은 여흥(驪興)이며, 송시열의 문인(門人)이다.

2 첨애(僉哀) : 모친상을 당한 상대방 형제들을 가리키는 말로, 여기서는 민시중 형제를 가리킨다. 이들 형제는 1653년에 모친 연안 이씨(延安李氏)의 상을 당했다.

준다면 매우 다행이겠습니다.

놀라운 재변(災變)[3]이 있었다고 들었는데, 은연중에 어떤 조짐이 있는 것일까요? 이부(嫠婦)의 근심[4]을 몹시도 견딜 수 없습니다. 삼가 첨애는 슬프고 괴로운 중에도 나와 같은 심정이리라 생각합니다. 더위가 여전히 기승을 부리니, 변화에 맞춰 더욱 자애(自愛)하여 붕우의 바람에 부응해 주기를 바랍니다. 이만 줄입니다.

별지

《의례(儀禮)》에 "아버지가 살아 계실 경우에는 어머니를 위해서 기년복(朞年服)을 입는다."라고 하였습니다.

《통전(通典)》에 "아버지가 살아 계실 경우 어머니의 복을 입는 예에 따라 어머니의 궤연(几筵)을 3년 동안 모실 수 없다."라고 하였습니다.

노이빙(盧履冰)이 말하기를 "아버지가 살아 계실 때 모친상을 당하였다면 1년 만에 영좌(靈座)를 철거하고 심상(心喪)을 한다."라고

3 재변(災變) : 《효종실록》 5년 7월 7일 황해 감사 김홍욱(金弘郁)이 올린 상소에, 영남에는 붉은 비가 오고 관동 지방에는 붉은 눈이 내렸고, 금성(金星)이 도수(度數)를 벗어나 날마다 낮에 나타나서 가뭄이 든 날에 태양과 밝기를 다툰다는 내용이 보인다. 또 6월에는 서울에 홍수가 들어 죽은 백성이 매우 많았고 황해도 지방에는 가뭄이 극심하여 모든 곡식이 타 죽었다는 기록도 있다.

4 이부(嫠婦)의 근심 : 분수를 넘는 근심을 뜻한다. 춘추 시대 노(魯)나라의 칠실(漆室)이란 고을에 과년한 처녀가 있었는데, 자신이 시집가지 못하는 것은 걱정하지 않고 임금이 늙고 태자가 어린 것을 걱정하여 기둥에 기대어 울자, 이웃집 부인이 비웃으며 "이는 노나라 대부가 할 근심이거늘, 그대가 무슨 상관인가." 하였다 한다. 《列女傳 卷3 漆室女》

하였습니다.[5]

주자(朱子)가 말씀하기를 "노이빙의 논의가 옳다. 다만 지금 제도가 이와 같으니 감히 어길 수 없다."라고 하였습니다. ○ 이는《가례(家禮)》가 이와 다른 이유입니다.

또 말씀하기를 "상례(喪禮)는 모름지기《의례》를 따르는 것이 옳다. 아버지가 살아 계실 적에 어머니를 위해서 기년복을 입는 것은 어머니에게 박하게 하는 것이 아니고, 단지 그 아버지가 더 높일 대상이 되다 보니 다시 어머니를 높일 수 없기 때문이다."라고 하였습니다.

나라의 제도는 한결같이《의례》를 따릅니다.

강 상국(姜相國)[6]이 일찍이 사계(沙溪) 선생께 여쭙기를,

"'아버지가 살아 계시는데 어머니의 상을 당하였을 경우, 13개월이 지나서 상제(祥祭)를 지낸 뒤에는 궤연을 철거해야 한다.'라는 가르침을 받들었습니다. 다만 지금《퇴계집(退溪集)》을 보니, 김이정(金而精 김취려(金就礪))이 묻기를 '심상 중에 있는

5 노이빙(盧履冰)이……하였습니다 : 이 문장은《통전》권97〈예전(禮典) 흉례(凶禮)〉에 보인다. 노이빙이 당(唐)나라 현종(玄宗) 개원(開元) 5년(717)에 우보궐(右補闕)로서 복제(服制)에 대하여 건의하기를 "예에 따르면 아버지가 생존해 있을 때 어머니를 위해 1년 만에 영좌를 철거한 뒤 심상을 3년 행하였는데 무후(武后)가 비로소 아버지가 돌아가셨을 때와 마찬가지로 삼년복을 입게 하였으니, 옳지 않습니다. 옛날의 법대로 하소서."라고 한 고사가 있다.

6 강 상국(姜相國) : 우의정을 지낸 강석기(姜碩期, 1580~1643)를 가리킨다. 본관은 금천(衿川), 자는 복이(復而), 호는 월당(月塘)·삼당(三塘), 시호는 문정(文貞)이다. 사계 김장생(金長生)의 문인으로 예학에 밝았다.

사람이 조석으로 제사를 지낼 적에 입는 복에 대해, 규암(圭菴 송인수(宋麟壽))은 옥색(玉色)의 단령(團領)을 입는 것은 온당치 못하고 백포의(白布衣)를 입는 것이 마땅하다고 하는데, 그것이 예경의 뜻에 부합하는 것입니까?' 하니, 퇴계가 답하기를 '옥색의 옷을 입는 것은 과연 온당치 못하니, 백포의를 입는 것이 마땅하다.' 하였습니다. 심상 중에 있는 사람은 상제를 지낸 뒤에는 제사를 지내지 않기 때문에 조석으로 제사 지낼 때 입는 옷의 색에 대해 참으로 논해서는 안 되는데, 퇴계 역시 그렇게 말씀하셨습니다. 3년 동안 상식(上食)을 올리는 것도 혹 근거할 만한 예문(禮文)이 있습니까?"

하니, 선생께서 답하시기를,

"상제를 지낸 뒤에는 부묘(祔廟)한다는 것이 예에 명문화되어 있으니, 조석으로 제사 지낼 때 입는 옷에 대해서는 논의할 바가 아니네. 퇴계는 아마도 세속에서 하는 것을 따라서 말하였을 뿐인 듯하네."

하였습니다.

삼가 살피건대 《의례》의 문장은 남북조까지도 여전히 이에 따라 행하였으나 무조(武曌) 때 와서야 비로소 어머니를 위해 3년을 마치도록 하였으니,[7] 이는 경도(經道)와 예에 크게 어긋난

7 무조(武曌)……하였으니 : 당나라 고종(高宗) 원년(674)에 무후(武后)가 표(表)를 올려, 아버지가 살아 계실 적에 어머니를 위하여 삼년복을 마치도록 할 것을 청하니, 그대로 행하도록 조칙을 내린 것을 두고 한 말이다. 《全唐文 第1部 卷97 請父在爲母終三年服表》 무조는 측천무후(則天武后)이다.

일입니다.

안타깝게도 송조(宋朝)에서 그대로 따라 주자가 《가례》에서 감히 어기지 못해 그 고루함을 한 번에 씻어 내지 못했습니다. 그러나 평상시의 의론은 아주 명백했습니다. 더구나 《가례》 장기조(杖期條)에서 "적손(嫡孫)이 조부가 살아 계실 때 조모를 위해 복을 입는다."[8] 하였으니, 주자의 뜻을 더욱 잘 알 수 있습니다. 우리나라의 제도는 한결같이 《의례》를 따라 천년 동안의 오류를 바로잡았으니, 참으로 아름답습니다. 그러나 세상 사람들은 여전히 무조의 제도에 구애됩니다. 이는 무조가 그 어버이에게 효도한 것이 주공(周公)과 주자보다도 도리어 낫다는 것이니, 어찌 이런 법이 있단 말입니까.

《의례》를 감히 어길 수 없다고 하면서 복은 입지 않되 제사는 지낸다면 이는 반쯤 올렸다가 다시 떨어뜨리고 내키는 대로 곧장 시행하는 도입니다.

공자(孔子)께서 자로(子路)에게 말씀하기를 "선왕이 예를 제정한 것은 누구라도 모두 어버이에게 차마 할 수 없는 마음이 있어서였다."라고 하셨습니다.[9]

민자건(閔子騫)이 말하기를 "슬픈 마음이 아직 잊히지 않았습니다마는 선왕이 만든 예라 감히 지나치게 할 수 없었습니

8 적손(嫡孫)이……입는다 : 《가례》 장기조에는 "적손이 아버지가 죽고 조부가 살아 계실 때 조모를 위해 복을 입는다."라고 되어 있다.

9 공자(孔子)께서……하셨습니다 : 자로가 누이의 상을 차마 벗지 못하자 공자가 타이르면서 한 말로, 《예기》 〈단궁 상(檀弓上)〉에 보인다. 누구라도 어버이에게 차마 하지 못하는 마음이 있기 때문에 선왕이 법으로 정해 상복을 벗도록 했다는 뜻이다.

다."라고 하였으니,[10] 어질고 효성스럽고 예를 좋아하는 군자라면 굽히고 나아가는 도리를 알아야 할 것입니다. 어떨지 모르겠습니다.

10 민자건(閔子騫)이……하였으니 : 이 말은 자하(子夏)가 상복을 벗고 공자를 뵈었을 때 한 말인데, 민자건의 말로 착각한 듯하다. 《禮記 檀弓上》

민공서, 민대수, 민지숙에게 답함 경자년(1660, 현종1) 10월 2일
答閔公瑞大受持叔 庚子十月二日

병으로 칩거해 있다 보니 게을러져서 늘 편지로 회포를 풀고 싶었으나 하지 못하고 있던 중에, 이에 춘사(春史)로부터 첨애(僉哀)의 편지를 전해 받았습니다.

지난번에 중씨(仲氏 민정중)가 상중에도 불구하고 찾아와 선세(先世) 두 분의 비갈(碑碣) 문자를 부탁한다고 말씀하여 몹시도 송구했습니다. 이번에 다시 이렇게까지 간곡히 부탁하니 더욱이 뭐라 답해야 할지를 모르겠습니다. 낭조에 맡겠다고 말했던 것은 아니지만 그렇다고 감히 끝내 사양하여 두터운 우의(友誼)를 저버려서도 안 될 일입니다. 다만 병이 낫지 않아 바로 실행에 옮기지 못하고, 아울러 또 같은 일로 멀리서 찾아와 지키면서 독촉을 하는 집이 여럿이라 순서에 차이를 둘 수밖에 없어서 지금까지 미루어지다 보니 밤낮으로 걱정하느라 전전반측하고 있습니다.

정생(鄭生)[11]은 몹시도 애석합니다. 비록 그의 병통이 적지 않지만 그래도 그 맑고 고상하며 공손하고 공경스러움은 실로 오늘날 보기 드문 바였습니다. 그가 세상을 떠나자 그의 부모와 연약한 부인과 어린

11 정생(鄭生) : 정보연(鄭普衍, 1637~1660)으로, 본관은 영일(迎日), 자는 만창(晩昌), 호는 원림(園林)이다. 정양(鄭瀁)의 아들로 민광훈(閔光勳)의 셋째 사위이고, 송시열의 문인이다. 명(明)나라의 멸망을 애통해하며 과거 공부를 하지 않고 태백산(太白山)에 은거하였다. 그가 24세의 젊은 나이로 죽자 송시열이 그의 죽음을 애도하며 〈처사 정군 묘지명(處士鄭君墓誌銘)〉과 〈정만창 만사〔鄭晩昌挽〕〉를 지었다.

아이들이 모두 기로(岐路)의 끝에 서게 되었으니, 이 무슨 일입니까. 듣기로 장지(葬地) 및 뒷일을 모두 첨애에게 처리해 달라고 당부했다고 하니, 이것은 본래 특별하지 않은 일이긴 하지만 친구로서 기쁘고 다행스러운 마음을 어찌 감당할 수 있겠습니까. 이제는 끝입니다만 나로 하여금 눈물을 더하게 할 뿐입니다.

지필묵(紙筆墨)은 삼가 보내 준 수량대로 잘 받았습니다.

초가을에 계애(季哀 민유중)가 보내 준 편지를 잘 받았으나 편지로 답장하기 어려운 점이 있어 미적거리다 지금에 이르렀습니다. 참으로 나의 죄를 잘 알지만 그러면서도 내 본색이 못나고 나약하니, 헤아려 용서해 주리라고 생각합니다.

추위가 닥쳤으니, 삼가 슬픔을 누르고 자애(自愛)하여 멀리서 그리워하는 마음을 위로해 주기를 바랍니다.

민공서, 민대수, 민지숙에게 답함 신축년(1661, 현종2) 1월 22일
答閔公瑞大受持叔 辛丑正月二十二日

그제 춘형(春兄 송준길(宋浚吉))을 통해 연이은 답장을 전해 받고, 우러러 그리워하는 마음이 약속이나 한 듯이 서로 부합함을 알았습니다. 세 번째 편지는 슬퍼하며 위로해 주는 것이 마치 만나 이야기하는 듯하였습니다.

금성(金星)이 물러나자 작은 혜성(彗星)이 이어서 나타나고 태양에 또 무지개가 걸쳐지기까지 하니, 인심이 의혹하고 두려워해 조만간에 무슨 일이라도 있을 것만 같습니다. 복(福)이 변해 화(禍)가 되는 단서가 무엇이길래 재변이 이토록 참혹하단 말입니까. 우러러보고 굽어살펴 볼 적에 마치 백 개의 화살이 심장을 쏘는 것보다도 더 근심스럽고 애가 탑니다. 그러나 우리가 진퇴(進退)한다 해서 그 의리나 형세가 조금도 달라진 적이 없으니, 이 몸을 둘 곳을 정하기로[12] 결단하고 나면 더는 아무 일도 일어나지 않을 것입니다.

항상 범선자(范宣子)의 일[13]을 생각하면서 참으로 오늘의 마음을 다잡긴 하지만 이번에 행해야 할 바를 행하지 못하고 있으니 어쩌면 좋겠습니까. 어쩌면 좋겠습니까. 그러나 나의 병이 해를 넘기고도 낫지

12 이……정하기로 : 죽기로 마음먹는다는 뜻이다. 《우암선생절요집해(尤菴先生節要集解)》 8권에 "죽어서 아무것도 모르게 된다는 말이다."라는 주석이 있다.

13 범선자(范宣子)의 일 : 진(晉)나라 범선자가 나라가 어지러워지는 것을 보고 제사를 주관하며 기도드리는 사람인 축종(祝宗)에게 빨리 죽도록 빌게 하였는데, 과연 죽었다고 한다. 《春秋左氏傳 昭公25年》

않으니, 그를 부러워하지도 못하게 되었습니다.

이러한 때에 첨애(僉哀)는 예제(禮制)를 지키며 상차(喪次)에 있느라 충성을 바칠 수가 없으니, 이 또한 명인가 봅니다.

부탁한 문자(文字)는 나의 병이 이렇다 보니 오래도록 지어 보내지 못하고 있습니다. 부끄럽고 송구합니다.

아들 빈고(賓告)는 전일에 외람되이 중(仲) 자를 고쳐야 한다고 일러 주었는데,[14] 지금 내한(內翰) 유(兪)와 이(李)[15]의 편지를 보니, 두 자를 전부 고치고자 하면서 백송(伯松)[16]의 뜻을 부쳤는데, 그 또한 안 될 것이 없어 보입니다. 사적인 자잘한 일일 뿐인데, 굽어살펴 준 것이기에 그냥 알려 드릴 뿐입니다.

봄 추위가 매우 매섭습니다. 삼가 더욱더 삼가고 보호하여 멀리서 걱정하는 마음에 부응해 주기를 바랍니다. 뜸으로 인한 상처에는 옷을

14 아들……주었는데 : 빈고는 송시열의 양자 송기태(宋基泰)의 자(字)이다. 송시열은 후사가 없어 종형(從兄) 송시형(宋時瑩)의 둘째 아들 송기태를 후사로 삼았다. 송기태의 초자(初字)가 태중(泰仲)이었는데, 송시열의 양자가 되었기 때문에 중(仲) 자를 고쳐야 한다는 의견이 있어 이후 자를 내백(來伯)으로 바꾸었다. 《宋子大全隨箚 卷6》

15 유(兪)와 이(李) : 유명윤(兪命胤)과 이광직(李光稷)을 가리킨다. 신축년(1661) 1월 18일에 보낸 〈이자휘, 유윤보에게 답함〔答李子輝兪胤甫〕〉에 이에 관해 답한 내용이 실려 있다. 《宋子大全 卷69》 자휘는 이광직의 자이고, 윤보는 유명윤의 자이다.

16 백송(伯松) : 제갈량(諸葛亮)의 아들의 자이다. 《통전(通典)》 권69 〈양형제자위후후자생자의(養兄弟子爲後後自生子議)〉에 "촉한(蜀漢)의 제갈량이 아들이 없어 형 제갈근(諸葛瑾)의 아들 교(喬)를 취하여 적자로 삼았다. 교는 본래의 자가 중신(仲愼)이었으나, 뒤에 제갈량이 아들 첨(瞻)을 낳고도 교를 적자로 삼았기 때문에 자를 백송으로 고쳤다."라는 내용이 있다.

벗고 바람을 쐬는 것이 가장 좋다고 하니, 이러한 때에 아울러 유의하기 바랍니다. 이만 줄입니다.

민공서, 민대수, 민지숙에게 보냄 신축년(1661, 현종2) 6월
與閔公瑞大受持叔 辛丑六月

요즘 몹시도 가문데 첨애(僉哀)의 기력이 잘 버텨 주고 있는지 모르겠습니다. 나는 병든 몸을 이끌고 더위를 무릅쓰고 길을 나서 그제 겨우 제천 현아(縣衙)에 도착했고, 내일 회덕(懷德)으로 향할 예정입니다.

오는 길에 정생(鄭生 정보연(鄭普衍))의 무덤과 빈소에 들러 곡하였는데, 보이는 것마다 애통해서 참으로 감내할 수가 없었습니다. 무엇보다 그 집안 형편이 세금을 바칠 땅이라곤 전혀 없으니, 반드시 정로(鄭老)[17]가 읍재(邑宰)가 되어야만 서울에 있을 수 있을 것입니다. 여러 의론을 들으니, 전라도 관찰사가 광주 부윤(廣州府尹)으로 간다고 하던데, 임금께서 정로를 알았더라면 이러한 명을 내리시지 않았을 것입니다. 만약 한 도를 얻어 나가서 다스린다면 혹 몇 년간은 더 머물 수 있을 것이지만 어찌 기약할 수 있겠습니까. 대개 정로에 대한 일은 첨애가 아니면 누가 신경을 써 줄 수 있겠습니까. 그러니 전적으로 힘을 써 주리라 믿을 뿐입니다.

정생을 임시로 안장할 곳이 처음에 그리 나쁜 곳이 아니라고 들었는데, 내 생각에는 그렇지 않은 듯합니다. 그 오른쪽에 쌓아 놓은 돌무더기가 만약 광중(壙中)에서 나온 것이라면 특히나 길하다고 말하기 어렵습니다. 게다가 또 그 무덤에 도랑을 만들어 두었고, 그 뒤는 좌우가

17 정로(鄭老) : 정보연의 부친 정양(鄭瀁, 1600~1668)으로, 본관은 영일(迎日), 자는 안숙(晏叔), 호는 포옹(抱翁)·부익(孚翼), 시호는 문절(文節)이다.

통하면서 용미(龍尾)가 없었으며, 전판(全坂)의 물이 장차 분묘 앞머리로 흘러들게 하였으니, 비록 스며들지는 않는다 하더라도 그 체백(體魄)이 편안할 수 있겠습니까. 정로가 이와 같이 일을 자세히 살피지 못하니 안타깝습니다.

그러나 정로에게 보낸 편지에서는 차마 언급하지 못하였습니다. 내 생각에는 모름지기 바람을 잘 막아 주고 흙이 두터운 곳을 얻어 옮겨 안치했다가 묵(墨)[18]이 장성하면 영원히 안장할 계획을 세우는 것이 좋을 듯합니다. 그러나 이 또한 그다지 쉽지 않으니, 어찌해야 한단 말입니까.

이번에 지나다가 만의현(萬義縣)에 들러 보았는데, 참으로 큰 형국(形局)이나 나반 후맥(後脈)의 흐름이 축방(丑方)을 범하고[19] 수파(水破)[20]에 꺼려지는 점이 있었습니다. 그다음으로는 수원(水源)은 얕고 물이 적어 겨우 혈(穴) 앞을 지나갈 뿐이고, 그 외에는 모두 땅속으로 스며들어 흘러가니, 이것이 큰 흠입니다. 이미 집안의 아우를 보내어 이간(李衎)에게 물어보았는데 그가 뭐라고 했는지는 모르겠습니다.

월탄(月灘)은 이미 병사(兵使) 이인하(李仁夏)가 정해 둔 곳이어서 어찌할 수가 없습니다.

18 묵(墨) : 정보연의 아들 정천(鄭洊)의 소자(小字)이다.

19 축방(丑方)을 범하고 : 묏자리 산세의 흐름이 인방(寅方)과 간방(艮方)의 사이, 즉 1시 30분~2시 사이를 향한 것을 말한다. 이 방향은 낮고 허하여 안정적이지 않다고 본다.

20 수파(水破) : 일반적으로 묏자리의 외부적 환경을 말한다. 즉, 청룡과 백호의 외부, 또는 좌판(坐版)의 주령(主嶺) 밑에서 묏자리의 맨 앞을 흘러가는 물을 말하는데, 물이 흘러오는 방향을 득수(得水)라고 하고, 빠지는 곳을 파수(破水)라고 한다.

내일 회덕으로 가려 하니, 이후로는 서로 만날 기약이 아득합니다. 그저 울적할 뿐입니다.

민공서, 민대수, 민지숙에게 답함 신축년(1661, 현종2) 11월
答閔公瑞大受持叔 辛丑十一月

썰렁한 언덕배기에 살며 두문불출하다 보니 병중에 하는 생각이 무료하기만 하였는데, 갑자기 귀편(貴便)을 통해 정겨운 서한을 차례로 보내 주어 계속해서 펼쳐 보니 갑자기 해묵은 병마가 몸에서 떠난 듯하였습니다. 얼마나 감사하고 기쁜 일입니까.

전에도 누차 멀리서 안부를 물어 주고 가끔 별지(別紙)에 적어 가르침을 주기도 했는데, 어제저녁에는 또 동춘(同春 송준길)을 통해 지숙(持叔 민유중(閔維重))의 소본(疏本)을 진해 와서, 서너 차례 받들어 읽다 보니 진심으로 염려하고 아껴 주는 마음을 느낄 수 있었습니다. 참으로 한 글자 읽을 때마다 한 줄기 눈물이 흐른다고 하겠습니다. 어진 이의 마음이야 본래 이러하거니와 어리석은 내 자신을 돌아보니, 거의 목석(木石)이나 다름없어 나도 모르게 이마에 땀이 흐릅니다.

나의 병이 오래되다 보니 완쾌되지는 않았지만 합병증이 발생하지만 않는다면 그런대로 괜찮을 것 같습니다. 내 자식[21]을 늘 기억하고 걱정해 주니 감사하기 그지없습니다. 그는 그 사친(私親)의 상여(喪輿)를 운구하여 지금 서원(西原 청주)의 선영(先塋)에 당도해 있는데, 내일 그 생부의 묘역을 열고 오는 8일에 합장하려고 합니다. 몹시 슬퍼해 주는 마음에 감격하여 감히 이렇게 번거롭게 알립니다. 추운 겨울에

21 내 자식 : 송기태(宋基泰)이다. 송시형(宋時瑩)의 둘째 아들로서 송시열에게 입양되었다. 송시형은 1638년에 사망하였으므로 이때 당한 것은 친모상이다.

더욱 자애(自愛)하기를 빕니다. 이만 줄입니다.

별지

지난번 별지를 통해 아껴 주고 돌보아 주는 은혜를 더욱 깊이 입었습니다. 만의(萬義)의 일을 두고 구설이 있는 것[22]을 잘 알고 있습니다. 상사(上舍) 박원도(朴原道) 같은 분이 친한 사람에게 글을 보내어 그 잘못된 점을 크게 성토하고 있다는 것을 만의에 있을 때에 이미 들었습니다. 그러나 그 사람들을 일반 백성으로 만들고 그들이 살고 있는 곳을 민간의 집으로 삼는 것[23]은 성세(盛世)에 하고 싶어 하던 일이니, 그들을 높이 받들기만 하고 누구도 감히 어쩌지 못하는 것이 옳은 일인지 모르겠습니다. 더구나 주자(朱子)가 한 일[24]이 있고 채서산(蔡西山)의 경우도 그렇게 하였으니,[25] 이 일에 대해서는 죽는

22 만의(萬義)의……것 : 1661년에 송시열이 자부(子婦) 이씨(李氏)의 상을 당하여 수원(水原) 만의에 장사하였는데 그 지역에는 승사(僧舍)가 있었다. 이 때문에 당시 사람들이 승사를 점탈(占奪)하였다고 무함하였는데, 민공의 편지에서 이를 언급하였기 때문에 송시열이 답한 것이다.

23 그……것 : 그 사람들이란 불교나 노장(老莊)을 숭상하는 승려와 도사를 말하고, 그들이 살고 있는 곳이란 바로 사찰을 가리킨다. 한유(韓愈)가 〈원도(原道)〉의 마지막 대목에서 이단의 폐단을 지적하면서 말하기를 "이단을 막지 않으면 우리의 도가 유행하지 않으며 이단을 저지하지 않으면 우리의 도가 행해지지 않으니, 그 사람들을 일반인으로 만들고 그들의 책을 불태우고 그들이 거처하는 곳을 일반 집으로 만들고서 선왕의 도를 밝혀 그들을 인도하면 홀아비, 과부, 고아, 독신자, 병자 들이 봉양을 받게 될 것이다. 이렇게 되면 또한 거의 괜찮아질 것이다."라고 하였다. 《韓昌黎集 卷11》

24 주자(朱子)가 한 일 : 주희(朱熹)가 자기 아버지 주송(朱松)을 상매리(上梅里) 적력산(寂歷山) 중봉(中峯)의 승사 뒤에 천장(遷葬)하였던 일을 가리킨다. 《宋子大全隨箚 卷6》

한이 있더라도 나는 털끝 하나 까딱하지 않을 것입니다.

오직 영곡(營穀)에 관한 일은 홍 대감의 품계(稟啓)[26]가 반은 맞고 반은 틀립니다. 그러나 전체건 반이건 마찬가지이니 참으로 오십보 백보(五十步百步) 차이일 뿐입니다. 어찌 굳이 그 사이에서 세밀하게 따질 것이 있겠습니까. 그러므로 나의 상소문[27]에서는 다만 뭉뚱그려 말했을 뿐, 억지로 말을 끌어다 붙여 제공(諸公)에게 영합하지도 않았고, 차별화하는 말을 하여 나 자신을 변명한다는 혐의를 취하지도 않았습니다. 그러니 후한 이는 이를 보고서 박하다 하고, 맑은 이는 이를 보고서 탁하다 하여 각기 한쪽으로 치우치는 바람에 양쪽에서 의심을 받게 되리라고는 생각지도 못했습니다. 이는 아마도 내가 고립되어 도움받을 데가 없어서 그런 것이 아닐까 싶습니다. 참 우습습니다.

동춘당(同春堂) 형 같은 이는 일찍이 직불의(直不疑)의 일[28]을 가

25 채서산(蔡西山)의……하였으니 : 채원정(蔡元定)이 도주(道州)로 귀양 갔다가 적소(謫所)에서 죽자 그의 아들 채침(蔡沈)이 도보로 가서 운구해 와 절 곁에 장사 지낸 일을 말한다.《宋子大全隨箚 卷6》

26 영곡(營穀)에……품계(稟啓) : 영곡은 감영(監營)의 곡식이고, 홍 대감이란 홍명하(洪命夏)를 가리킨다. 일찍이 이일상(李一相)이 감영의 쌀을 꾸어 먹고 조(租)로 바꾸어 갚은 일이 있어 지평 이지익(李之翼)이 이를 논핵하였다. 그러자 홍명하가 일찍이 이 고을에서 미곡을 꾸어 먹고 저 고을에다 갚곤 하였던 송시열의 일을 들어 일의 경위가 서로 같다는 뜻으로 상주한 일이 있다.《顯宗實錄 2年 9月 15日》

27 나의 상소문 : 영곡의 일로 조정에서 송시열의 이름이 오르내리자 송시열이 일일이 해명하고 싶지 않아, 대신(臺臣)이 이일상을 영곡에 관한 일로 비판한 것과 비슷한 일을 자신도 했다고 인죄(引罪)하는 소를 올린 일이 있다.《顯宗實錄 2年 11月 5日》

28 직불의(直不疑)의 일 : 직불의는 한(漢)나라 사람으로 성품이 매우 너그럽기로

지고 가르쳐 주었으니, 직공(直公)의 일은 참으로 공손하고 후덕한 도리입니다. 하지만 주 부자(朱夫子)께서는 직불의의 일을 이미 그르다고 여겼으니, 어찌 감히 이 일을 본받겠습니까. 이계우(李季羽 이익(李翊)) 등 여러 벗이 관청에서 외쳐 가며 조목조목 변명하려고까지 했다고 하니, 비록 간절하게 나를 아끼고 염려해 준 것임은 알겠으나, 이 또한 매우 황공하여 감당할 수 없으니 몹시도 두려운 마음에 아무 말도 듣고 싶지 않습니다.

나의 크고 작은 허물을 추려서 기록할 수가 없습니다. 오늘날의 일이 전부 옳다손 치더라도 모재(某宰)의 상태 또한 그저 옅은 검정 정도일 뿐이니,[29] 어찌 따져서 변명할 것이 있겠습니까. 이런 식으로 변명하자면 날이 부족할 것이니 어쩌겠습니까.

그리고 가만히 생각건대 이번 모재의 일로 한집안 내에서 시비가 반으로 나뉘어 거의 칼자루를 만질 정도라 사태를 수습할 수 없으니 나로 하여금 매우 우려하고 한탄하게 합니다. 그러나 시비가 극에 달하면 동지들과 서로 토의하여 결론을 내지 않을 수 없을 것입니다. 이제 어리석은 나의 견해를 대략 서술하여 가르침 받기를 청합니다. 당초의 일은 모두 직접 본 것이 아니고 그저 전해 들은 것이라, 깜깜한 밤중에 코끼리를 더듬고 그 모양을 논하는 격이라 하겠습니다.

유명하였다. 한번은 동사(同舍)에 거처하는 한 동료에게 돈을 훔쳐 갔다는 의심을 받게 되자 그는 아무런 변명도 하지 않고 곧바로 그 돈을 배상해 주었는데, 뒤에 직불의의 소행이 아니라는 사실이 밝혀지자, 처음 그를 의심했던 자가 매우 부끄럽게 여겼다고 한다.《史記 直不疑列傳》

29 오늘날의……뿐이니 : 이일상과 송시열의 일은 실상이 같지도 않거니와 같다 하더라도 대단히 큰 악을 행한 것은 아니라는 뜻에서 한 말이다.

그러나 내가 보기에 이군서(李君瑞 이경운(李卿雲)) 영공(令公)은 평소 강직하다고 자부해 왔고, 또 그와 함께한 자리에서 그의 행실을 자세히 살펴보았지만 일찍이 간사한 태도를 본 적이 없습니다. 그런 그가 이번에 모재를 위하여 소장을 올려서 증인으로 섰기에, 이 일을 두고 이헌(李憲)의 계사(啓辭)[30] 내용에 전혀 의심할 것이 없다고는 못하겠구나 생각하였습니다. 그러나 지난해에는 듣는 대로 논계(論啓)했고 권문대가라고 해서 기피하지 않았습니다. 그러니 설령 사실과는 다른 점이 혹 있다 하더라도 그 강직한 뜻만은 그런대로 가상하다 하겠습니다.

당시에 제공(諸公)이 다만 사실과 다른 풍문으로 돌려 버리고 이헌을 처음처럼 대우했다면 매우 도리에 합당하다 할 것입니다. 그런데 도리어 끝없이 그를 공격하여 사람의 마음을 불편하게 하였으니, 몹시도 생각 없는 처사라 하겠습니다. 더구나 처음에는 끝까지 국문(鞫問)하자고 계청(啓請)한 것을 옳지 않다고 하여 모두 몰아내 놓았다가 오늘날 사태가 매우 부득이해지자 마침내 저들의 말대로 하였으니, 어찌 저들의 웃음거리가 되지 않겠습니까.

그러나 이헌이 남쪽으로 귀양 가던 날 변소(卞疏)[31]가 마침 도착하

30 이헌(李憲)의 계사(啓辭) : 이헌은 사헌부 지평 이지익(李之翼)을 가리킨다. 이지익이 처음으로 미선(米船)에 대한 계를 올리고 그 일을 국문하여 조사할 것을 청하였다. 《顯宗實錄 1年 6月 11日》

31 변소(卞疏) : 1661년 2월 7일 영광(靈光)의 유학 변극휴(卞克休)가 올린 소(疏)를 말한다. 변극휴는 상소하여 대사헌 이일상을 매우 심하게 공격하였다. 이로 인해 이일상이 상소하여 변명하고 사직을 청한 내용이 《현종개수실록》 2년 2월 12일 기사에 보인다.

였는데 변(卞)은 바로 이헌과 표형제 간이니, 이헌이 그 일을 몰랐다고 한들 사주하였다는 비방을 어찌 면할 수 있겠습니까. 이번에 계청한 일도 분한 마음을 품고 꼭 이길 계책을 강구하다 보니 가끔 허실(虛實)이 뒤섞이고 전후(前後)가 모순되는 실수가 있었습니다. 이것은 비록 방관자 입장에서 말하더라도 오히려 한탄스럽고 애석한 마음이 들게 합니다. 오늘날의 급선무는 다만 양편이 서로 단점을 버리고 화평(和平)해지는 귀결점을 찾는 것입니다. 그렇게 하면 아마도 변 장자(卞莊子)가 속으로 웃을 일[32]이 되지는 않을 것입니다. 어떻게 생각하는지 모르겠습니다.

구구한 이런 어리석은 견해가 있어도 이야기할 만한 곳이 없었는데, 이번에 보내온 서신에서 언급했기에 감히 이렇게 번잡하게 말씀드립니다. 부디 다시 적당한 인편을 구해 지당한 가르침을 내려 주기를 바랍니다. 내가 비록 매우 고집스럽고 융통성이 없긴 하나 감히 지난날의 견해를 씻어 버리고 새로운 뜻을 받아들이지 않을 수 있겠습니까.

그러나 이 글은 절대로 다른 사람의 눈에 띄지 않게 해 주십시오. 참으로 죄를 입은 몸으로 더 이상은 시비에 휘말리고 싶지 않습니다.

32 변……일 : 자중지란이 일어날 경우 모두에게 불리해진다는 말이다. 변 장자는 춘추 시대 노(魯)나라의 용사(勇士)로, 소를 잡아먹던 호랑이 두 마리가 서로 많이 먹으려고 싸우다 지치자 칼로 찔러 한꺼번에 두 마리를 잡았다고 한다.

민공서, 민대수, 민지숙에게 답함 신축년(1661, 현종2) 윤월
答閔公瑞大受持叔 辛丑閏月

《예기(禮記)》에 "길사에는 가까운 날을 먼저 점친다.〔吉事先近日〕" 하고, "열흘 안의 날을 '가까운 어느 날'이라고 한다.〔旬之內曰近某日〕" 하였습니다.[33] 그 주(註)에 "길사는 담제(禫祭)이다." 하고, 또 "길제(吉祭)는 정제(正祭)이다." 하였습니다. 3년 동안 제사를 폐하기 때문에 상을 마치면 정제를 지내는 일이 하루가 급합니다. 담제 이후로는 길제가 되니, 담제를 가까운 어느 날에 지내야 온당할 듯합니다. 어떨지 모르겠습니다. 이 외의 뜻은 《문해(問解)》 등 여러 책에 상세히 실려 있으니, 분명 이미 헤아렸으리라 생각합니다.

'제자가 새벽에 사당에 문안드리는 것〔諸子晨謁〕'에 대해서는 《가례(家禮)》에서는 말하지 않고 《격몽요결(擊蒙要訣)》에서만 말하였으니,[34] 종법(宗法)이 매우 엄해서가 아니겠습니까. 그러나 부모가 살아

33 예기(禮記)에……하였습니다 : 《예기》 〈곡례(曲禮)〉에 "무릇 날짜를 점칠 때에는 열흘 밖의 날을 '먼 어느 날'이라고 하고, 열흘 안의 날을 '가까운 어느 날'이라고 한다. 상사에는 먼 날을 먼저 점치고, 길사에는 가까운 날을 먼저 점친다.〔凡卜筮日, 旬之外曰"遠某日", 旬之內曰"近某日". 喪事先遠日, 吉事先近日.〕"라는 말이 보인다.

34 제자가……말하였으니 : 주희가 사당의 제사를 주관하는 종자(宗子)가 새벽에 배알한다는 내용만 《가례》 해설에서 다루었지, 여러 아들이 배알하는 것과 관련한 내용은 다루지 않았다는 말이다. 《가례》 권1 〈통례(通禮) 사당(祠堂)〉의 주인신알어대문지내조(主人晨謁於大門之內條)에 "주인은 이 사당의 제사를 주관하는 종자를 이른다. 새벽에 배알할 때에는 심의(深衣) 차림으로 분향하고 재배(再拜)한다."라고 하였다. 제자가 새벽에 문안드린다는 내용은 《격몽요결》 〈제례장(祭禮章)〉에 보인다.

계실 적을 생각해 보면 제자가 새벽과 저녁에 각자 의식대로 하였고, 또 《가례》에서도 제자가 출입할 때 대문(大門)에 들어서면 고묘(告廟)하는 것은 장자(長子)와 같으나 다만 중문(中門)을 열지 않는 것은 장자와 다르다 하였습니다. 이에 근거해 볼 때 새벽에 사당에 문안드릴 때만 감히 하지 못하는 바가 있다는 것인데, 그 뜻을 알 수가 없습니다. 보내 준 편지에서, 주인이 새벽에 중문 밖에서 배알하는 예는 없으나 출입할 때 첨례(瞻禮)하는 예[35]처럼 한다는 것은 딱 맞지 않는 듯합니다. 예컨대 새벽에 사당에 문안드린다고 하면 의식대로 두 번 절해야 하니, 어찌 첨례만 하고 말 뿐이겠습니까. 하지 않으면 그만이지, 이렇게 더 하고 덜 하는 일은 성덕자(盛德者)가 아니면 감히 할 수 없습니다. 늘 정성을 다해 인정해 주는 뜻에 힘입어 이렇게 모두 다 말씀을 드렸습니다. 이해해 주기 바랍니다.

35 출입할……예 : 첨례는 읍(揖)하는 것이다. 《가례》 권1 〈통례 사당〉의 출입필고조(出入必告條)에 "주인과 주부는 가까운 곳에 나갈 경우 대문 안에 들어가서 첨례를 하고 떠나며, 돌아와서도 그렇게 한다. 하룻밤을 넘기고 돌아올 경우에는 분향한 다음 두 번 절하며, 열흘 이상의 먼 길을 나설 경우는 두 번 절하고 분향한 다음 '아무개가 장차 아무 곳으로 가려고 합니다. 감히 고합니다.' 하고는 또 두 번 절하고 길을 떠난다. 돌아와서도 그렇게 하는데, 다만 '아무개가 오늘 모처(某處)에서 돌아왔습니다. 감히 뵈옵니다.'라고 한다. 한 달을 넘기고 돌아올 경우에는 중문을 열고 계단 아래에 서서 두 번 절하고 동쪽 계단으로 올라가서 분향한 다음 고하고 두 번 절하며, 내려와 제 위치로 돌아가서 두 번 절한다."라고 한 내용이 보인다.

민공서, 민대수, 민지숙에게 답함 임자년(1672, 현종13) 8월
答閔公瑞大受持叔 壬子八月

의정부의 하례(下隷)가 와서 여러분의 편지를 전해 주었고, 이어 백씨(伯氏 민시중) 집사가 보낸 부의(賻儀)[36]를 받들고는 높은 뜻을 흠모하고 이어 감격의 눈물을 흘렸습니다. 중씨(仲氏 민정중)가 별지에 말씀한 내용[37]은 논의가 오가는 중에 나의 견해를 들으려는 것인데, 나는 더욱이 멀리서 정황을 헤아릴 수 없어 다만 논의가 정해질 날을 기다릴 뿐입니다. 그러나 만약 공역(工役)을 감독하는 이에게 내맡겨 둔 채 그가 하는 대로 따르려 한다면 감독하는 사람이 적임자가 아닌 경우 어찌하겠습니까.

신도비(神道碑) 글은 슬프고 괴로워 곡읍(哭泣)한 데다가 문상 온 이들을 응대하느라 바빠 깊이 생각할 겨를이 없었습니다. 그러다 확실한 인편을 만나고 나서야 겨우 이렇게 써서 약속을 지켰습니다만, 마치 촛불 아래에 있는 거자(擧子)의 모습처럼 손발을 허둥지둥 움직였으니 현인을 존경하고 도를 공경하는 뜻이 전혀 아닙니다. 겨우 완성한 것 또한 어찌 쓸 만한 것이 있겠습니까. 책상 앞에서 검토하실 때 안 되겠다 싶으면 말아서 도로 보내기 바랍니다. 혹 그래도 의논할 만한 것이

36 부의(賻儀) : 이해 7월 중형(仲兄) 송시묵(宋時默)의 상을 당했는데, 이때 보내 준 부의이다.

37 중씨(仲氏)가……내용 : 민정중이 송시열에게 보낸 편지에서 말한 내용을 가리킨다. 이 편지에서 율곡 이이의 묘비를 묘도(墓道)에 세울지, 서원(書院)에 세울지 의견이 나뉜 것을 놓고 송시열의 의견을 물었다. 《老峯集 卷6 上尤齋別紙(壬子)》

있다고 한다면 수정한 곳을 일일이 알려 주는 것이 어떻겠습니까?

이징명(李徵明) 군이 일찍이 이 일로 멀리서 찾아왔기에 감히 모른 척할 수 없어 대략 써서 주었는데, 전했습니까? 원래의 초고(草稿)와 함께 보는 것이 어떻겠습니까? 그리고 오늘날 사우(士友) 간에 이 일을 논할 만한 자로는 박화숙(朴和叔 박세채(朴世采)) 등 여러 사람만 한 이가 없을 것이니, 만약 쓰지 않을 생각이 아니라면 모쪼록 그들과 함께 바로잡는 것이 어떨는지요?

제현(諸賢)께서 다시 이 일에 유감이 있다면 이는 바로 옥의 티를 지적하는 것으로, 절로 무부(碔砆)[38]가 될 수밖에 없을 것이니, 두려워하지 않을 수 있겠습니까.

계씨(季氏 민유중)가 보낸 노은비(魯恩碑)[39] 초본은 삼가 받았습니다.

자운서원(紫雲書院)의 묘표석(墓表石)은 전에 그 면액(面額)[40]을 보니 잘못된 곳은 고쳐 써도 될 듯하였고, 음기(陰記)는 고칠 만한 점을 보지 못하였습니다. 다만 하사(下史)로 하여금 그 앞뒤에 새긴 것을 찍어 내도록 하여 보여 주는 것이 어떻겠습니까? 모두 찍어 내기가 어려우면 앞면만 보내도 좋습니다.

나머지는 병으로 어지럽고 바빠 일일이 다 말씀드리지 못합니다.

38 무부(碔砆) : 아름답지만 옥이 아닌 무부가 옥을 어지럽힌다는 뜻의 무부난옥(珷玞亂玉)을 줄인 말이다. 자신의 저술을 겸손하게 표현할 때 쓰는 말이다.

39 노은비(魯恩碑) : 충청남도 홍주(洪州) 노은동(魯恩洞)에 있는 성삼문(成三問)의 유허비(遺墟碑)이다.

40 면액(面額) : 묘갈(墓碣)이나 신도비 등의 이마 부분 전자(篆字)를 새기는 면을 말한다.

민공서에게 답함 병오년(1666, 현종7) 3월 29일

答閔公瑞 丙午三月二十九日

며칠 전 북쪽에서 오는 인편에 편지 한 통을 전해 받고 그에게 성서(城西) 본댁에 편지를 넣도록 하였습니다. 이번에 보내 준 편지를 받았는데 잘 받았다는 말이 없으니, 중간에 분실된 것인지요? 말씀한 내용은 삼가 잘 알겠습니다만 내가 글을 지어 남에게 줄 상황이 아닌 데다가 아울러 또 지난번 편지에서 여쭌 것도 조만간 답을 받아 보고 나서야 지을 수 있습니다. 보내 준 소금은 삼가 잘 받았습니다. 다만 소문에 수령은 덩그러니 편지만 보내는 것을 싫어한다고 하는데, 우리 공서 또한 거기에서 벗어나지 못하는 것입니까. 참으로 우습습니다.

영사(嶺事)는 다만 저들이 미혹되어 판단을 제대로 못 해 다른 사람에게 기만당하는 것을 가련하게 여긴 것이니, 어찌 미워할 필요가 있겠습니까. 별지 내용에 대해 인편을 통해서 다시 답장을 주면 어떻겠습니까? 이만 줄입니다.

별지

앞서 여쭌 내용은 대개 《주자대전(朱子大全)》에 있는, 남양(南陽) 호 문정공(胡文定公)과 제갈 무후(諸葛武侯)가 시대는 달라도 궤를 같이한다는 말에 대한 것입니다.[41]-그 큰 뜻은 이와 같은데 문자로는 자세

41 남양(南陽)……것입니다 : 《회암집(晦庵集)》 권11 〈장남헌문집서(張南軒文集序)〉에 "맹자가 죽은 뒤로 의리의 설이 천하에 밝혀지지 못하였다. …… 남쪽으로 건너

히 적을 수 없습니다.-

문정공이 금나라 오랑캐를 맞아 중국에 들어가 지킬 적에 《춘추전(春秋傳)》을 지어 진어(進御)하면서 말하기를 "천리(天理)는 날로 사그라들고 인욕(人慾)은 날로 자라나서, 이적(夷狄)이 중화(中華)를 어지럽히는 것이 이렇게까지 극에 달했습니다. 성인(聖人)께서 난을 평정하여 바른 데로 돌리시려던 글을 시행할 만합니다." 하였습니다.-여기까지가 문정공의 말입니다. 또한 큰 뜻이 이와 같았습니다.- 문정공도 남양 사람인 데다 주 부자(朱夫子)도 오히려 또 제갈 무후와 같은 조(條)에 놓고 논하였습니다. 또 오늘날의 일은 문정공이 개탄한 바와 서로 부합하니, 원컨대 집사께서 그곳의 제현(諸賢)과 상의하셔서[42] 제갈 무후와 문정공을 함께 배향한다면 일이 매우 좋을 텐데 어떨지 모르겠습니다. 이렇게 되면 그 사당의 일의 체모가 더욱 중대해져서 윤 부사(尹府使)[43]를 배식(配食)하는 일이 매우 엄중해

온 이후로 승상(丞相) 위국(魏國) 장 충헌공(張忠獻公)이 대의(大義)를 제창하고 밝혀 국가의 의론을 결단하고 시독(侍讀) 남양 호 문정공이 성현이 남긴 경전을 강설하여 성학(聖學)을 열어 주니, 그 공언(空言)에 의탁한 것과 행사(行事)에 나타나는 것이 비록 다르긴 하지만 맹자의 말에 있어서는 동중서(董仲舒), 제갈 무후, 정씨(程氏)의 뜻이 모두 이른바 천년 동안 하나의 궤도를 밟아 온 것이 있다."라고 하였다.

42 집사께서……상의하셔서 : 당시 민시중(閔蓍重)이 남양 부사(南陽府使)를 맡고 있었기 때문에 한 말이다.

43 윤 부사(尹府使) : 윤계(尹棨, 1603~1636)로, 본관은 남원, 자는 신백(信伯), 호는 신곡(薪谷)이다. 1636년(인조14) 병자호란이 일어나자 남양 부사로서 근왕병(勤王兵)을 모집하여 남한산성으로 들어가려다 청병에게 잡혔는데, 대항하다가 몸에 난도질을 당하여 죽었다. 시호는 충간(忠簡)이다. 민시중이 남양 부사로 있으면서 충무공(忠武公)과 문정공의 사우(祠宇)를 세우고 윤계를 종향하였다.

질 것이니, 우러러보는 자리에 종향(從享)하는 것이 어떨지 모르겠습니다. 따로 원래의 사당 좌우 빈터에 한 칸을 세워 그만을 제향한다면 더욱 이의를 제기하는 일이 없을 듯합니다. 부디 마음으로 가만히 헤아려 편안한 바를 얻은 뒤에 부중(府中)의 제현에게 의론을 내도록 하는 것이 어떻겠습니까? 나는 못나서 세상 사람들이 소문을 듣고 미워합니다. 아주 좋은 일이라 해도 내가 간여해서 무사히 넘어가는 것을 본 적이 없습니다.-앞서 보낸 편지를 보면 문정공의 일을 자세히 상고할 수 있습니다.-

○ 두 분 신위에 하나의 축문을 쓰는 것에 대해 중의(衆議)가 그르다고 한다면 지금은 비록 못 한다 해도 나중에는 그래도 바꿀 수 있을 것입니다. 오늘날 지을 만한 사람은 정동명(鄭東溟)[44]이니, 모쪼록 사람을 보내 요청하는 것이 어떻겠습니까?

44 정동명(鄭東溟) : 정두경(鄭斗卿, 1597~1673)으로, 본관은 온양(溫陽), 자는 군평(君平), 호는 동명이다. 이항복(李恒福)의 문인으로, 홍문관 제학을 지내고 대제학에 추증되었다.

민공서에게 답함 정미년(1667, 현종8) 12월 13일
答閔公瑞 丁未十二月十三日

망녕되이 채 선생(蔡先生)이 게로기를 먹던 일[45]을 바라며 서산(西山) 꾁대기[46]에 앉아 있다가 갑자기 사한리(沙寒里)에서 전해 온 지난달 23일에 쓴 은혜로운 편지와 별지를 받았습니다. 받들어 읽다 보니 시간이 흘러 산천이 가로막고 있는 것도 잊을 정도였습니다. 얼마 남지 않은 이해를 보내는 정황(政況)은 더욱 좋은지요? 그리운 마음 간절합니다.

말씀한 박 첨정(朴僉正)을 제사 지내는 일은 지난가을 용재(龍宰)가 화양(華陽)을 방문했을 때, 아니나 다를까 나에게 언급해 주었습니다. 비록 말씀해 준 것처럼 상세하지는 못했지만 대개는 이론(異論)을 옳게 여기지 않았습니다. 저들의 일의 체모가 어떠한지는 모르겠으나 용재 같은 이는 이치를 상고하여 계책을 세울 수 있는 향로(鄕老)라 할 수 있으니, 그의 주장이 어찌 중하지 않겠습니까. 널리 자문하여 논의가 결론이 난다면 어찌 상고하지 않고 자문하지 않았다고 하여

45 채……일 : 채 선생은 송유(宋儒) 채원정(蔡元定)이다. 《송사(宋史)》〈유림열전(儒林列傳) 채원정〉에 "서산 꼭대기에 올라가서 배고픔을 참고 게로기를 캐어 먹으며 글을 읽다가, 주희의 명성을 듣고는 그를 찾아가서 스승으로 섬기고자 하였다. 주희가 그의 학문 실력을 시험해 보고는 크게 놀라면서 '이 사람은 나의 오래된 벗이라고 할 것이니, 제자의 반열에 두어서는 안 된다.'라고 하였다."라는 기록이 있다.

46 서산(西山) 꼭대기 : 송시열은 1667년 11월 28일 서산 꼭대기에 있는 서대산암(西臺山菴)으로 옮겨 살았다. 일찍이 시남(市南) 유계(兪棨) 등 제공(諸公)과 서대사(西臺寺)에서 모임을 할 적에 이 암자가 아주 높고 툭 트여 있으며 인적이 드문 것을 좋아하였는데, 이때 와서 책을 가지고 가서 머무른 것이다. 《宋子大全 附錄 卷5 年譜》

다시 외인(外人)과 의논하겠습니까.

말씀하신 책자(冊子)는 용재가 부쳐 보내 준 적이 없습니다.

윤 부사(尹府使)에 대한 문자[47]는 외람되게도 자꾸 독촉을 받게 됩니다. 그러나 근래에 교정보는 일이 매우 바빠 모름지기 선비 하나가 와서 지키고 앉아 종용하기라도 한 뒤에야 다른 잡다한 일을 밀어 놓고 그것을 할 수 있을 것입니다.

건시(乾柹) 50개를 받고 지극한 뜻을 잘 알 수 있었습니다. 일찍이 율곡(栗谷) 선생이 말린 조기 몇 마리를 편지 봉투 안에 끼워 넣어 구봉(龜峯 송익필(宋翼弼))의 채소밭으로 보낸 적이 있어, 늘 선현들의 풍모와 우의(友誼)에 감탄했습니다. 물건이 보잘것없을수록 정은 더욱 두터우니 후세 사람들이 미칠 바가 아닙니다. 그런데 이러한 일을 공서에게서 친히 받을 줄은 생각지도 못했습니다.

수령(受令 민정중)은 이미 관(冠)을 걸고[48] 동쪽으로 갔습니까? 지령(持令 민유중)은 지조를 지킬 뜻을 지키고 있습니까? 감히 묻는 편지를 써서 서로 번거롭게 할 수 없을 뿐입니다.

묵은해가 가고 새해가 밝아 오려 합니다. 오직 더욱 편안하기를 바랍니다. 이만 줄입니다.

47 윤……문자 : 윤 부사는 남양 부사(南陽府使)를 지낸 윤계(尹棨, 1603~1636)를 가리킨다. 《송자대전》 권171에 〈남양 윤공 비문〔南陽尹公碑〕〉이 실려 있다.

48 관(冠)을 걸고 : 관직에서 물러나 은거한다는 뜻이다. 초(楚)나라의 공사(龔舍)가 미앙궁(未央宮)에서 숙직하다가 거미줄에 날벌레가 걸려서 날아가지 못하는 것을 보고는 탄식하기를 "나의 삶도 저와 마찬가지다. 벼슬이란 사람에게 거미줄과 같은 것이다. 어찌 머물러 있을 필요가 있겠는가." 하고는 즉시 관을 나무에 걸어 둔 다음 물러났다는 고사가 있다. 《太平御覽 卷948》

민공서에게 답함 기유년(1669, 현종10) 5월 9일

答閔公瑞 己酉五月九日

이러한 때에 나 같은 사람에게 감히 물어 주니, 영감은 대담한 사람이라 하겠습니다.[49] 이어 영감의 체후가 신의 도움으로 편안하다는 것을 알고 나는 무척 위로가 되었습니다. 더구나 백형(伯兄)과 아우가 서쪽과 남쪽을 나누어 다스려 오랑캐 진영을 평정하고 왜(倭)를 소탕하기를 머지않아 기약할 수 있게 되었으니, 어찌 천년에 한 번 있을 통쾌한 일이 아니겠습니까. 다만 삼전도비(三田渡碑)를 세운 무리[50]는 큰일이 성공한 것을 인정하려 하지 않을 테니, 얼마나 우습습니까.

나는 문을 닫아걸고 잘못을 반성하며 한가로이 옛 책을 읽고 있습니다. 그러다 소인이 나라를 어지럽히고 조정을 그르치는 대목을 보면

49 이러한……하겠습니다 : 이때 영부사(領府事) 이경석(李景奭)이 차자를 올려 성상이 계신 장전(帳殿)에 입조(入朝)하지 않은 것을 두고 송시열을 논척하자, 송시열은 4월 10일 상소하여 대신의 논척을 받은 것을 두고 죄과를 인정하면서 대죄(待罪)하였다.《宋子大全 附錄 卷6 年譜》

50 삼전도비(三田渡碑)를 세운 무리 : 삼전도(三田渡) 비문을 지은 이경석 무리를 가리킨다. 1669년 3월에 임금이 온천에 가면서, 영부사 이경석을 유도 대신(留都大臣)으로 삼고 정사(政事)를 맡겼다. 이때 송시열은 판부사(判府事)로서 병이 들어 고향에 내려가 있었는데 행재소(行在所)에 나아가지 않고, 전의(全義)에서 임금의 행차를 기다렸다. 이경석은 행재소에 차자를 올려 임금이 병을 치료하기 위해 멀리 가는데 문안드리러 오는 사람이 없다며 세태를 비판했다. 그러자 송시열이 곧 차자를 올려 그 일을 발명(發明)하고, 이경석이 삼전도 비문을 지어 청(淸)나라의 환심을 산 것이 송(宋)나라 손적(孫覿)의 일과 같다고 반박하며 소(疏)를 올린 일이 있다.《宋子大全 附錄 卷6 年譜》

나도 모르게 의기(義氣)가 솟구치고 정신이 흥분되니, 참으로 기질이 치우친 것은 변화시키기 어렵고 태양증(太陽症)[51]은 드러나기 쉬움을 알겠습니다.

은혜로이 맛있는 음식을 보내 주어 감사드립니다. 아이가 어제 이미 서쪽으로 갔으니, 외숙[52] 상을 치를 것입니다. 올해 들어 많은 사람이 죽는데, 그중 관계가 중한 사람도 꽤 있습니다. 이 무슨 운기(運氣)인지 모르겠습니다. 통탄하고 통탄할 일입니다.

51 태양증(太陽症) : 남을 굴복시키거나 지배하여야 직성이 풀리는 성벽(性癖)을 말한다. 주희(朱熹)가 여백공(呂伯恭)에게 답한 편지에 "남에게 조그만 실수가 있는 것을 보면 참고서 말하려고 하지 않다가 부득이해서 말하게 되면 입에서 막 나와서 반드시 일을 그르치고야 마니, 이 또한 태양증의 증거이다."라는 말이 나온다. 《晦庵集 卷34 答呂伯恭書》

52 외숙 : 이태연(李泰淵, 1615~1669)으로, 본관은 한산(韓山), 자는 정숙(靜叔), 호는 눌재(訥齋)이다.

민공서에게 답함 경술년(1670, 현종11) 1월 19일

答閔公瑞 庚戌正月十九日

영윤(令胤)께서 생각지도 않게 궁벽한 곳까지 찾아 주셨으니, 어찌 마음이 설레고 기쁠 뿐이겠습니까. 이어 편지를 받으니, 그리운 마음에 매우 위로가 되었습니다. 나는 깊은 산에 푹 파묻혀 지내면서 춥고 배고파 죽는 일을 면할 수 있으니, 이는 매우 분에 넘치는 것으로, 나머지는 말할 필요가 없습니다.

이 충무공(李忠武公)의 위판(位版)에는 마땅히 증직(贈職)과 시호(諡號) 및 본직(本職)을 갖추어 써야 합니다. 그러나 그 아래 신위(神位) 두 글자의 경우는 원사(院祠) 여러 곳을 차례로 둘러보면 쓴 것도 있고 안 쓴 것도 있으니, 쓰든 쓰지 않든 그다지 득실이 없을 듯합니다.

근일에 동춘(同春 송준길(宋浚吉))을 통해서 고(故) 양산 군수(梁山郡守) 조영규(趙英圭)[53]가 임진년(1592, 선조25)에 동래(東萊)에서 순절(殉節)한 사적(事蹟)을 보고, 동래비 끝에 뒤이어 새기기를 청하려고 하였으나 이른바 사적이 전혀 자세하지 않습니다. 바라건대 본군(本郡)에 지시 공문을 보내어 그 전말을 알아내 보여 준다면 짧은 문자를 지어 보내 드리고자 합니다.

○ 양산 군수 조영규의 사적에 "조영규가 송 동래(宋東萊)와 함께하기로 약속하면서, '노모(老母)가 임소(任所)에 있으니, 잠시 군(郡)으

53 조영규(趙英圭) : ?~1592. 본관은 직산(稷山), 자는 옥첨(玉瞻)이다. 무과에 급제한 뒤, 용천 부사(龍川府使)를 거쳐 양산 군수가 되었다.

로 돌아가 군사를 피할 곳을 알려 드린 뒤에 다시 오겠다.'라고 하였다."[54]라고 적혀 있습니다. 그 문자를 비록 다 적을 수는 없으나 대개는 이와 같습니다. 그가 송 동래를 찾아와서 만난 이유가 동래를 절제(節制)하기 위해서인지, 혹 왜구 소식을 듣고 스스로 와서 의논하려고 해서인지, 또 양산과 동래의 거리가 얼마나 되고 왜가 성을 포위하기 전에 왕래할 수 있는지, 혹 이미 성을 포위한 뒤에도 포위를 뚫고 들어갈 수 있는지, 그가 동래에서 양산으로 돌아온 것이 언제인지, 양산에서 동래로 돌아간 것은 또 언제인지 알 수 없습니다. 동래나 양산 사람 중에 정확히 전해 줄 수 있는 자가 있으면 상세하게 물어서 알려 주기 바랍니다.

54 조영규가……하였다 : 송 동래는 동래 부사(東萊府使) 송상현(宋象賢)을 가리킨다. 송준길이 어전에서 "임진란 때에 장성(長城) 무인 조영규가 양산 군수로 있으면서 일 때문에 동래에 갔는데 마침 왜구가 상륙하였습니다. 부사 송상현에게 묻기를 '공은 앞으로 어떻게 할 것인가?' 하니, 송상현이 '한번 죽는 것밖에 무슨 다른 계책이 있겠는가.' 하고 되묻기를 '그대는 앞으로 어떻게 하겠는가?' 하니, 조영규가 '내 이미 여기까지 왔으니, 마땅히 공을 따라 죽어야 한다. 다만 노모가 임소에 있으니, 잠시 돌아가 영결(永訣)하고 피난할 곳을 알려 드리고 오겠다.' 하였습니다. 송상현은 작별을 핑계 대고 살길을 찾아 도망치는 것이라고 의심하였는데, 조영규가 기약한 날짜에 과연 찾아와서 함께 죽었습니다."라고 아뢴 일이 있다. 《顯宗實錄 10年 3月 11日》

민공서에게 답함 경술년(1670, 현종11) 3월 12일
答閔公瑞 庚戌三月十二日

보내 준 편지를 이어서 받들고 보니, 족히 한 방면을 감당할 만하였습니다. 더구나 이번에 비안(比安)에서 보낸 책자는 실로 보고 싶은데 못 보던 것이어서 특히나 다행스러웠습니다. 최생(崔生)[55]은 진퇴가 막혀 있어 늘 그가 죽는 것을 바로 보게 될까 두려웠습니다. 지금 그를 돌보아 주었다는 말씀을 듣고 우러러 높은 의리를 알고 감탄해 마지않습니다.

양산 군수(梁山郡守) 조영규(趙英圭)에 관한 말씀도 참으로 맞습니다. 지난번에 이미 편지에서 말씀드린 적이 있습니다.

봄풀이 돋을 때 소명(召命)에 응하시니, 이마에 손을 얹고 기뻐하는 마음[56]을 참으로 위로해 주었습니다. 그러나 남북 지방이 텅 비게 되는 것[57]은 전야(田野)에 있는 사람이 바라는 바가 아니니, 앞으로 어떻게

55 최생(崔生) : 송시열의 문인 최신(崔愼, 1642~1708)으로, 본관은 해주(海州), 자는 자경(子敬), 호는 학암(鶴庵), 시호는 문간(文簡)이다.

56 이마에……마음 : 이마에 손을 얹는 것은 곧 기쁜 마음을 표시하는 예(禮)이다. 송(宋)나라 사마광(司馬光)이 대궐로 들어가는 길에 백성들이 모두 이마에 손을 얹고 기뻐하면서 "저분이 사마 상공(司馬相公)이다." 하며 길을 가로막고 구경을 하는 바람에 길이 막혀서 말이 갈 수가 없을 정도였다는 고사에서 나온 말이다. 《宋史 司馬光列傳》 민시중이 경상도 관찰사가 된 것을 백성 모두가 기뻐한다는 뜻으로 한 말이다.

57 남북……것 : 한유(韓愈)의 〈송온처사서(送溫處士序)〉에 "백락(伯樂)이 기북(冀北) 땅을 한번 지나가면 말 떼가 텅 비어 버린다."라고 한 데서 온 말이다. 곧 민시중이 조정에 나아가는 것을 가리킨다.

결말이 날지 모르겠습니다.

내가 또 숨기려 하였으나 마음으로는 만약 민(閔)과 김(金) 두 글자를 없애지 않고 돌아온다면 이번에 떠나는 것이 참으로 허사가 된다고 여기고 있습니다.[58]

말세에 험하고 천박한 풍조 때문에 없는 일이 있는 것이 되니, 얼마나 탄식할 일입니까.

청어 젓갈을 보내 주어 감사합니다. 이만 줄입니다.

58 민(閔)과……있습니다 : 《송자대전수차(宋子大全隨箚)》 권6에, 당시에 노봉(老峯) 민정중 형제가 광성부원군(光城府院君) 김만기(金萬基) 집안과 틈이 벌어져 이렇게 말한 것이라고 하였다. 두 집안 사이에 화해를 도모할 것을 청하는 말이다.

민공서에게 답함 경술년(1670, 현종11) 4월 11일

答閔公瑞 庚戌四月十一日

편지를 전하러 심부름꾼이 깊은 산중까지 와 주어 은혜로운 서한을 받고 보니 마주 대한 듯 매우 위안이 되었습니다. 나는 한 달 전에 외손의 죽음에 곡하고 오늘 묻어 주려 하니, 늙은 할아비의 슬픔이 차올라 스스로 감당할 수가 없습니다.

《낙정유고(樂靜遺稿)》[59]에 아직까지도 서(序)와 인(引)이 없으니, 이는 실로 문하 제현(諸賢)의 책임입니다. 그러나 지금 다시 적임자가 아닌 사람에게 부탁을 하니, 또 꼭 이래야만 하는지 모르겠습니다. 다만 후의(厚意)를 감히 저버릴 수 없어 삼가 이렇게 써서 보내니, 수정해서 보여 줄 것이 있으면 충분히 반복하는 것이 어떠하겠습니까.

명아주 화살은 더없이 소중합니다. 당시에 관(官)이나 사가(私家)에서 이렇게 망가지도록 두었지만 봉(鳳)과 황(凰)을 볼 수 있으니, 우리나라 사람들이 실로 이것을 가지고 기준 삼을 수 있는 기쁨을 누리게 되었습니다. 오늘날과 비교해 보았을 때 기상이 어떠합니까. 사적(事迹)을 더듬어 보니, 말할 수 없이 감격스럽습니다.

햇볕에 눈 녹듯이 갈등이 풀어진 것[60]이 과연 보내온 말씀대로라면

59 낙정유고(樂靜遺稿) : 조석윤(趙錫胤, 1606~1655)의 문집이다. 조석윤의 본관은 배천(白川), 자는 윤지(胤之), 호는 낙정(樂靜), 시호는 문효(文孝)이다. 1670년에 문인들이 문집을 간행하였는데, 송시열이 서(序)를 썼다.

60 햇볕에……것 : 《송자대전수차(宋子大全隨箚)》 권6에 김만기(金萬基) 집안과 틈이 벌어진 문제가 풀린 것을 가리키는 듯하다고 하였다.

실로 사림(士林)의 복입니다. 다만 두 집안은 참으로 전과 같이 되리라는 것을 알겠으나 경박하게 일 벌이기를 좋아하는 부류들이 끊임없이 입을 놀릴까 염려됩니다. 농어를 보내 주어 감사합니다.

별지

전에 파주(坡州) 양현(兩賢)의 묘에 배알하였는데, 우계(牛溪)의 묘역은 의물(儀物)을 잘 정비해 두어 더없이 좋았지만 두문리(斗文里)[61]는 몹시도 황량하고 초라했습니다. 파주 유림에 말을 하고 또 조정에 청하여 속히 정비하도록 하였습니다.

지금의 우상(右相)[62]이 병조 판서로 있을 때에 마음을 단단히 먹고 조력하긴 했지만, 오직 중씨(仲氏 민정중) 상서(尙書)가 묘역이 좋지 않다고 보고 먼저 이장한 뒤에 그 나머지를 정비할 수 있다고 하여 그 일이 중지되었습니다. 현재는 이장하는 일은 할 수 없다 보니 더욱 심하게 망가졌습니다. 일찍이 이 일을 가지고 이 안동(李安東)[63]에게 물어보니 선생의 선고(先考) 묘표석이 이미 헐었고, 노 부인(盧夫人)[64] 봉분의 흙도 무너져 내렸다고 하였습니다. 선생 비

61 두문리(斗文里) : 파주 두문리 자운산(紫雲山)에 있는 율곡(栗谷) 이이(李珥)의 묘역을 가리킨다.

62 우상(右相) : 1669년 12월 27일에 우의정에 제수된 홍중보(洪重普)이다.

63 이 안동(李安東) : 《송자대전수차》 권6에는, 이동명(李東溟, 1624~1692)을 가리키는 듯하다고 하였다. 이동명의 본관은 덕수(德水), 자는 백종(白宗), 호는 학정(鶴汀)이다. 율곡 이이의 동생인 이우(李瑀)의 증손이다.

64 노 부인(盧夫人) : 이이의 부인을 가리킨다. 관향이 곡산(谷山)으로, 종부시 정(宗簿寺正) 노경린(盧慶麟)의 딸이다. 1557년(명종12)에 혼인하였는데, 성품이 인자

석 표면의 글자도 잘못되어 있고 신도비도 처마가 없는 데다 또 기울어져 있어 모두 마땅히 서둘러 공사를 해야 합니다. 그런데 이우(李郵)[65]가 변변치 못해 혼자 책임지고 해낼 수가 없으니, 절하(節下)[66]께서 부디 이우를 불러 의논하여 도와줄 수 있는 것은 도와주신다면 그도 덕의(德義)에 힘입어 분발하는 바가 있을 것입니다. 이 안동과 이우에게는 각각 편지를 써서 즉시 전달해야 합니다. 이 안동의 편지 중에 청송(聽松 성수침(成守琛))이 적은 글들이 있는데, 동춘(同春)이 그 필치가 매우 뛰어나다고 말했다 하니, 혹 봉투를 열어 살펴보고 보내 주어도 괜찮습니다.

하고 온화하였다. 임진년(1592, 선조25)에 이이의 신주를 안고 묘소 곁으로 갔다가 적을 만나 꾸짖던 끝에 화를 당했는데, 그 일로 인하여 국가로부터 정려(旌閭)가 내려졌다.

65 이우(李郵) : 《송자대전수차》 권6에 이이의 봉사손(奉祀孫) 이후시(李厚蒔)를 가리키는 듯하다고 하였다.

66 절하(節下) : 부절(符節)을 지닌 사람이란 뜻이다. 이때 민시중이 경상도 관찰사를 지냈기 때문에 이렇게 호칭한 것이다.

민공서에게 답함

答閔公瑞

그리워하던 중에 이렇게 안부 편지를 받았습니다. 말씀한 내용은 잘 알았습니다. 참으로 감사합니다. 매번 궁벽한 골짜기에 명절 선물을 보내 주니, 감사하고 송구합니다.

동래 부사(東萊府使 송상현(宋象賢))의 비석은 회덕에 있을 때 동춘(同春 송준길(宋浚吉))을 방문하였는데도 이에 대해 언급이 없었으니, 의아합니다. 자운서원(紫雲書院) 일은 만약 고상한 의론에 힘입어 처음부터 끝까지 지휘하게 된다면 얼마나 다행이겠습니까. 흑석(黑石)[67]을 구했다는 소식을 듣고는 매우 기뻤습니다. 비록 흉년은 들었어도 일이 매우 간단하니 막히지는 않을 듯합니다.

청원(淸院)[68]에서 도움을 받은 것이 많아, 공경하며 감탄합니다. 거기에 없는 것이야 이곳의 선비들이 어찌 감히 바라겠습니까.

나는 절사(節祀) 후에 이내 화양(華陽)으로 들어와 두문불출하고 피해 지내다 보니, 조금 청량한 맛이 있습니다. 그러나 수많은 백성들이 막 타오르는 화로 위에 있으니, 비록 고기 먹는 부류[69]는 아니지만

67 흑석(黑石) : 비석으로 쓰는 흑요암(黑曜巖)을 말한다.

68 청원(淸院) : 청주의 신항서원(莘巷書院)을 가리킨다.

69 고기 먹는 부류 : 벼슬아치를 지칭하는 말이다. 《춘추좌씨전(春秋左氏傳)》 장공(莊公) 10년 기사에 "고기 먹는 자들이 잘 알아서 할 텐데, 또 뭣 때문에 끼어드는가?"라고 마을 사람이 묻자, 조귀(曹劌)가 "고기 먹는 높은 분들은 식견이 낮아서 원대한 계책을 세우지 못해서라네."라고 대답한 데서 나온 말이다.

자나 깨나 가슴속이 타들어 가는 듯합니다.

두 책에 빠진 편을 보충해 넣어 주니 감사하고 다행한 일입니다. 해인(海印)의 일[70]은 몹시도 의아합니다. 만약 왜(倭)가 사 가기라도 했다면 특히나 놀랍고 애통한 일입니다. 지금 이 일의 득실이 진실로 작은 것이긴 하나 큰일에서 이렇지 않을 줄 어찌 장담하겠습니까. 시축(詩軸)은 아껴 마지않습니다. 우리나라 사람의 시는 참으로 모두가 다 진귀하다고 할 수 없고 중국 사람의 남은 자취를 점점 볼 수 없으니, 이 어찌 천금 같은 보물이 아니겠습니까. 만날 날이 아득합니다. 심한 가뭄에 더욱 보중(保重)하기 바랍니다.

70 해인(海印)의 일 : 일본 사람이 해인사에 보관하고 있는 대장경(大藏經) 인본(印本)을 구한 일과 관련이 있는 듯하다.

민공서에게 답함 경술년(1670, 현종11) 7월 19일

答閔公瑞 庚戌七月十九日

보내온 서신을 받고 나를 비루하게 여기지 않는 은혜를 크게 입었고, 또 산중이 속세와 멀리 있지 않음을 깨달았습니다. 나는 근래 10여 일 사이에 평소 앓던 병이 갑자기 심해져서 스스로 가망이 없겠다 여겼습니다. 그런데 아직까지도 이렇게 목숨을 이어 가고 있으니 혹 고통을 통해 갚아야 할 빚을 아직도 다 못 갚은 것이 있어서가 아니겠습니까.

해상(海上) 소식[71]을 보내온 편지를 통해 잘 알았습니다. 그러나 조씨(趙氏)의 옛 신하가 비록 안남(安南)으로 도망가 있으려 하였으나 애주(崖舟)가 전복되고 말았으니[72] 무슨 소용이 있겠습니까. 다만 죽지 않고

71 해상(海上) 소식 : 민유중이 제주로 표류해 온 명(明)나라 후예들을 보호한 일을 가리킨다. 1667년에 중국의 천주(泉州)와 장주(漳州)의 주민 100여 명이 표류하여 제주도에 닿았는데, 그들은 모두 명나라 의관을 하고 있었으며, 그들의 말에 "황통(皇統)을 지키고 있는 천주, 장주의 사람이다." 하였다. 그런데 조정에서는 그들이 표류해 온 일이 청(淸)나라에 누설될까 두려워서 그들을 포박하여 청나라로 압송했다. 상이 표류해 온 사람들을 어떻게 처리해야 할지를 묻자 우의정 정치화(鄭致和)가 청나라에 비밀로 하기 어려우니 북경으로 압송할 것을 제안하였는데, 민유중은 그들을 청나라로 압송하면 불행해질 것이니, 차마 해서는 안 된다며 일본으로 보낼 것을 제안하였다. 《宋子大全 附錄 卷5 年譜》《顯宗實錄 8年 6月 23日》

72 조씨(趙氏)의……말았으니 : 조씨는 송(宋)나라 왕실을 말한다. 송나라 장세걸(張世傑)이 원(元)의 장홍범(張弘範)과 애산(厓山)에서 싸우다가 패하여 도망하자 송나라 장수 육수부(陸秀夫)는 송의 마지막 황제 조병(趙昺)을 구하려고 그의 배에 올라갔으나 어쩔 수 없게 되어 황제를 등에 업고 물에 빠져 자살하였다. 그 후 장세걸이 돌아와 보니 이미 일이 끝난 후였다. 그래서 안남국(安南國)으로 가려 하는데 마침

초탈해 있으면서 추한 무리가 모습을 드러내 어떻게 하는지를 보고 싶어 했지만 어찌 그리될 수 있었겠습니까. 그러니 회옹(晦翁)이 굴원(屈原)의 〈원유편(遠遊篇)〉을 보고 웃은 것[73]이 당연한 일일 것입니다.

절사(節祀)에 관한 질문에 대해서는 동춘(同春 송준길(宋浚吉))이 왜 주자를 버리고 구준(丘濬)의 의견을 따랐는지 모르겠습니다. 우선 주자가 한 말[74]로 본다면 조고(祖考)에 제사를 지내는 것은 모두 제석(除夕) 전에 행한다 해도 괜찮을 것입니다. 대체로 유가(儒家)의 의범(儀範)은 주자에게서 징험할 수 없게 된 뒤에야 다른 학설로 옮겨 간다면 허물이 적을 듯합니다.

《입암집(立巖集)》[75] 3책은 말씀한 대로 돌려드립니다.

태풍이 불어오므로 태풍을 피하지 않고서 향을 사르면서 하늘에 호소하기를 "내가 조씨를 위하는 마음은 이미 지극합니다. 한 임금이 망하자 다시 한 임금을 세웠는데 지금 또 죽었습니다. 내가 죽지 않은 것은 혹시라도 적이 물러가고 나면 다시 조씨를 세워 종사(宗祀)를 보존케 하려는 것이었는데, 지금 형편이 이와 같으니 이것이 하늘의 뜻이라면 폭풍이 나의 배를 엎어 버리게 하소서." 하자, 배가 드디어 엎어져서 익사했다 한다. 《宋史 忠義列傳 張世傑》

73 회옹(晦翁)이……것 : 회옹은 주희(朱熹)의 호이다. 초(楚)나라 충신 굴원의 〈원유편〉에 "천지(天地)의 무궁함을 생각하니, 인생의 오래도록 수고로움이 슬프도다. 지난 일은 내가 듣지 못했고 미래의 일은 내가 미칠 수 없도다."라고 하였는데, 주희가 이 말을 보고 오래 살면서 세상이 변하는 것을 보고 싶어 하는 자신의 모습을 보고 웃었다 한다. 《宋子大全隨箚 卷6》

74 주자가 한 말 : 《회암집(晦庵集)》 권43 〈답진명중(答陳明仲)〉에 "원단(元旦)이 되면 벼슬자리에 있는 사람들은 조알(朝謁)하는 예가 있어서 제사에만 오로지 정성을 쏟을 수는 없을까 하여, 나의 향리에서는 제석이 되기 사나흘 전에 제사를 지내니, 이것 역시 다시 참작할 만한 점이 있다."라고 한 내용이 보인다.

75 입암집(立巖集) : 민시중의 5대 조고(祖考) 민제인(閔齊仁)의 시문집이다. 민제

묵아(墨兒)[76]의 이름을 짓는 일에 관한 말씀은 슬퍼 눈물을 흘리지 않을 수 없습니다. 다만 홍(鴻) 자를 크다는 뜻으로 보면 좋을 듯하나 지금 자(字)를 강조(江鳥)라고 한다면 이는 새 이름을 취한 것이 되니 매우 천한 듯합니다. 뒤에 말씀한 천(洊) 자가 더 아름다운 듯한데 어떨지 모르겠습니다. 만일 그의 부친(정보연(鄭普衍))이 살아 있을 적에 지은 것이라 고치기가 어렵다고 한다면 내가 그 잘못에 대한 책임을 지겠습니다.

세 가지 책자는 보내 준 대로 잘 받았으니 감사합니다. 다만 《관서문답(關西問答)》[77]은 창졸간에 미처 넘겨 보지 못했고, 또 이곳에는 《남명집(南冥集)》이 없어서 원래의 주해(註解)를 볼 수 없어 무어라고 말하기가 어렵습니다. 유능(幼能 이단상(李端相))의 발문(跋文)은 언뜻 보았는데 그 글이 아주 빛나고 아름다운 것을 아끼면서도 그가 저승에서 다시 살아올 수 없음을 거듭 탄식하였습니다. 그 사이 간혹 알맞지 않은 것이 있으니, 그가 살아 있을 때에 함께 상의하여 확정 짓지 못한 것이 한스러울 뿐입니다.

우리 집의 석물(石物)을 만드는 일은 어제 이미 옥천(沃川) 구룡촌(九龍村)에서 시작하였습니다. 돌을 다듬는 일은 5, 6일 뒤에나 할 텐데 그때에는 꼭 병을 무릅쓰고 가서 문자를 쓸 계획입니다. 돌 다듬는

인이 죽은 지 60년이 지난 1610년(광해군2)에 그의 손자 민여경(閔汝慶)이 유고를 모아 편집하고, 민여임(閔汝任)이 흥해 군수(興海郡守)로 있을 때 6권 3책으로 간행하였다.

76 묵아(墨兒) : 민시중 누이의 아들 정천(鄭洊)이다.

77 관서문답(關西問答) : 이언적(李彥迪)이 황해도에 귀양 가 있을 때 그의 서자(庶子) 이전인(李全仁)이 곁에서 모시면서 그의 문답을 기록한 것이다. 조식(曺植)이 여기에 주해를 달았고 이단상은 이 끝에 발(跋)을 썼다.

일을 이때에 맞출 수 있다면 얼마나 다행이겠습니까.

듣자니 중씨(仲氏 민정중)가 배를 타고 서쪽으로 돌아갔다고 하는데, 사실입니까? 별미를 보내 주어 매우 고맙습니다. 나머지는 아프고 기운이 없어 이만 줄입니다.

민공서에게 보냄 경술년(1670, 현종11) 8월 5일

與閔公瑞 庚戌八月五日

전에 보낸 답장을 받았는지요?

다시 여쭐 말이 있습니다. 《퇴계집(退溪集)》은 원집으로 간행한 것 외에 다시 습유(拾遺) 약간 권이 있습니다. 내가 전에 주부(主簿) 이성철(李誠哲)[78]에게 간청하여 예안(禮安) 한재(韓宰 한성보(韓聖輔))에게 잠시 빌리도록 하였고, 게다가 한재에게 부탁하여 속히 베껴 내도록 하였는데, 다만 바쁜 중에 베껴 내다 보니 잘못된 곳이 너무 많아 볼 수가 없었습니다. 좋은 글과 지론(至論)을 대략 보아도 간행한 글보다 못하지 않은 것이 매우 많아 교정해서 별집을 만들고 싶은 마음이 아주 간절한데, 이 본은 잘못되었고 또 참고할 만한 다른 본이 없습니다. 영남 사람이 또 이 주부가 당초에 다른 사람에게 내준 것을 나무란다면 이후로는 다시 빌려 오기가 쉽지 않을 듯합니다.

오직 집사께서 이를 해결해 주실 수 있으니, 삼가 바라건대 예안의 믿을 만한 사람을 불러서 선생의 말 한 마디, 글자 한 자라도 전하지 않아서는 안 되며 또 지금 비록 그것을 비밀로 하고자 해도 등사본(謄寫本)이 이미 나와 있으므로 더 이상 비밀로 할 수 없다는 뜻을 말씀하십시오. 그리하여 빌려서 속히 한 본을 베낀다면 이 본을 표준으로 삼아 완본을 만들어 사라지지 않게 할 수 있을 것입니다. 부디 잘 생각하여 속히 계획하는 것이 어떻겠습니까? 저쪽 집에서 만약 멀리 영하

78 이성철(李誠哲) : 문순공(文純公) 이황(李滉)의 봉사손(奉祀孫)이다.

(營下)[79]로 책을 빌려주는 것을 난처해한다면 모름지기 베낄 사람 몇 명을 보내어 그 집에 가서 베끼도록 하면 편리할 것입니다. 그 책은 모두 서찰인데 한 책이 백여 장 정도 되고 모두 네 권입니다.

나머지는 병을 무릅쓰고 쓰는 글이라 이만 줄입니다.

79 영하(營下) : 당시 민시중(閔蓍重)이 경상도 관찰사로 있었기 때문에 이렇게 말한 것이다.

민공서에게 답함 신해년(1671, 현종12) 3월 18일
答閔公瑞 辛亥三月十八日

임 비장(林裨將)이 떠날 적에 마침 산중에 있다 보니 감사 인사를 부치지 못한 것이 지금까지도 한스럽습니다. 이번 인편에 다시 안부를 묻는 서찰을 받았으니, 더욱 아껴 주는 정을 입었습니다.

민생에 관해서는 이곳의 일만 보더라도 말씀을 기다릴 것도 없이 알고 있습니다. 굶주려 죽은 시체가 빼곡하여, 서로 베고 있다고 말하기에는 참으로 과장되었다 하겠지만 줄지어 있다고 말하기에는 조금도 부풀림이 없다 하겠습니다. 혜중(惠仲)[80]이 어제 백강(白江)[81]의 편지를 들고 왔는데, 마침 울분에 찬 뜻이 적혀 있었습니다. 언제쯤 조정에 돌아가 이런 실상을 상달하겠느냐고 답하였습니다. 흉년이 들어 백성들이 죽는 것은 본래 건곤(乾坤 임금)이 듣기 싫어하는 바이기 때문에 서로서로 감추다 보니, 이장(里長)들까지도 비위를 맞추는 지경에 이르렀습니다. 십여 년 전의 풍속은 실로 이렇지 않았습니다. 장공(張孔)이 아부를 하여 서한(西漢)이 망하였으니,[82] 이는 매우 두려워할 일입니다.

80 혜중(惠仲) : 이민적(李敏迪, 1625~1673)으로, 본관은 전주(全州), 자는 혜중, 호는 죽서(竹西)이다. 이경여(李敬輿)의 아들이다.

81 백강(白江) : 이경여(1585~1657)로, 자는 직부(直夫), 호는 백강, 시호는 문정(文貞)이다.

82 장공(張孔)이……망하였으니 : 장공은 한(漢)나라 때의 대신 장우(張禹)와 공광(孔光)을 가리킨다. 장우는 후한 성제(後漢成帝)의 사부(師傅)로, 황제의 신임이 두터워 오랫동안 승상으로 있었으나 당시 외척 왕씨(王氏)들의 발호(跋扈)를 막지 못했다.

전지(牋紙)는 감사히 잘 받겠습니다. 이만 줄입니다.

이뿐만 아니라, 당시 재변이 자주 일어나자 여러 신하가 모두 외척인 왕씨가 정권을 전단(專斷)하기 때문이라고 상소를 했는데도, 왕씨들의 위세에 눌려 "재변에 대해서는 공자도 언급이 없었으니 지나치게 염려할 것이 없고 오직 임금이 정사를 잘 닦으면 된다."라는 내용으로 상소하였다. 공광은 공자의 14세 손으로 학문으로 이름이 알려져 원제(元帝), 애제(哀帝) 때에 중용되어 황제의 신임을 받았으나, 평제(平帝)가 즉위하고 왕망(王莽)이 등장하여 실권을 잡자 직간(直諫) 한 번 못 하고 늙고 병들었다 핑계하고 은퇴하였다. 《漢書 匡張孔馬傳》

민공서에게 답함 신해년(1671, 현종12) 7월 6일
答閔公瑞 辛亥七月六日

오랫동안 소식을 접하지 못하다가 보내 준 편지를 받들고 보니 기쁘기 그지없습니다.

말씀하신 효상(爻象 조짐)은 실로 나와 같은 틀에서 나온 것입니다. 나라의 운명이 이어질 가망이 없을 듯하니, 어찌해야 합니까. 어찌해야 합니까. 바로 이러한 때에 외람되이 못난 나에게 나라를 다스릴 임무를 맡기시니, 듣는 사람들이 몹시도 놀라리라는 것을 잘 알 수 있습니다. 다만 성상께서 이미 그러함을 깨달아 더 이상 결말을 내지 않으셨으니, 공적으로나 사적으로나 무엇이 이보다 더 다행스럽겠습니까. 다만 직명이 아직 남아 있다는 것이 두려울 뿐입니다.

서령(徐令)[83]이 자기주장만 막 떠들어 대는 것을 병통으로 여기긴 했어도, 그가 간직한 뜻은 그것대로 우연한 것이 아니었습니다. 그런데 지금 갑자기 세상을 등지니 슬프기 그지없습니다.

근래에 윤간(尹諫)[84]이 올린 큰 단서가 되는 상소를 보았는데, 참으

83 서령(徐令) : 서필원(徐必遠, 1613~1671)으로, 본관은 부여(扶餘), 자는 재이(載邇), 호는 육곡(六谷)이다. 김만균(金萬均)이 호란(胡亂)에 조모가 죽었다 하여 청나라 사신을 접견하지 않으려고 사직소를 올리자, 서필원은 이때 승지로 있으면서 "이는 부모의 원수와는 다르다." 하여 김만균의 사직소를 물리쳤고, 김만균을 신구(伸救)한 송시열까지 배척하였다. 《顯宗實錄 4年 11月 6日, 5年 2月 3日》

84 윤간(尹諫) : 윤경교(尹敬教, 1632~1691)로, 본관은 파평(坡平), 자는 양일(養一), 호는 장호(長湖)이다. 간관(諫官)으로 있으면서 영의정 허적(許積)이 정사를 독

로 매우 곧은 말이 많았습니다. 그러나 모든 일을 대신에게 묻는 것을 그르다고 여겼으니, 대신의 지위를 둔 이상 어찌 그들에게 맡겨 두지 않고 스스로 총명함을 자임할 수 있단 말입니까. 상신으로 둔 사람이 적임이 아닌지를 의논해야지 상신에게 맡긴 임무가 너무 중한 것을 의논해서는 안 됩니다. 이는 《중용혹문(中庸或問)》의 〈구경장(九經章)〉에서 주자(朱子)가 자세히 논했습니다.

이 봉화(李奉化)는 그래도 모자가 모두 구렁에서 뒹구는 처지는 면했다 하니 얼마나 다행인지 모릅니다.[85]

보내 준 맛있는 음식은 잘 받았습니다. 감사드립니다. 《가례회성(家禮會成)》[86]은 삼가 뒤에 오는 인편을 기다릴 뿐입니다.

단한다고 탄핵했다가 1671년 6일 의령 현감(宜寧縣監)으로 좌천되었다. 《承政院日記 顯宗 12年 12月 6日, 11日》

85 이……모릅니다 : 이 봉화는 송시열의 문인으로 봉화 현감(奉化縣監)을 지낸 이석견(李碩堅)을 가리킨다. 자는 성미(聖彌)이다. 《승정원일기》 현종 8년 11월 7일 기사에, 이석견이 사욕(私慾)을 따르고 처결을 잘못하고 상사(上司)를 기만했다는 이유로 나문(拿問)하여 과죄(科罪)할 것을 청하는 형조의 계목이 실려 있는 것으로 보아, 이 일과 관련하여 곤궁한 상황이었던 것으로 보인다.

86 가례회성(家禮會成) : 명(明)나라 학자인 위당(魏堂)이 지은 책이다.

민공서에게 답함 을묘년(1675, 숙종1) 2월 13일

答閔公瑞 乙卯二月十三日

이미 행차를 마쳤다고 들었는데 사명(使命)을 마친 후 어떻게 지내는지요? 심부름꾼을 통해 서찰을 전해 주니, 지극히 위안되고 감사한 마음을 형언할 수 없었습니다. 편지에 말씀한 그들의 사정은 참으로 이른바 노릴 만한 틈이라고 할 수 있습니다. 그러나 오직 나 때문에 거기에만 신경 쓰느라 다른 데 관심을 가질 겨를이 없으니, 이는 실로 늙은 나의 죄입니다.

이곳의 풍토는 남방(南方)과는 완전히 달라 묵은 병이 갑자기 심해져 언제 죽을지 모를 정도로 위태로워 장자후(章子厚)[87]가 어떤 임무를 맡겨 다른 곳에 보내기를 기다릴 것도 없이 스스로 사라지려 합니다.

향긋한 남쪽 지방의 별미를 보내 주니 지극한 뜻을 감사히 받겠습니다. 무슨 말로 감사의 마음을 다 표현할 수 있을지요. 침석(枕席)에 기댄 채 남의 손을 빌려 쓰는 편지라 이만 줄입니다.

별지

보내 준 내용에 저들의 일이 매우 소략하니, 혹 뒤에 올 인편에 상세

87 장자후(章子厚) : 송나라 장돈(章惇, 1035~1106)으로, 자후는 그의 자이다. 폐지된 왕안석(王安石)의 신법(新法)을 다시 시행하면서 이에 반대하는 사마광(司馬光), 문언박(文彦博), 여공저(呂公著), 범순인(范純仁) 등 원우 제현(元祐諸賢)이라 불리는 사람들을 배척하였다. 《宋史 姦臣列傳 章惇》 여기서는 송시열을 배척하는 세력을 비유한다.

하게 적어 보내 주겠습니까? 다만 곽세건(郭世楗)의 세계(世系)처럼 될까 두려우니,[88] 우습습니다.

지난 경자년(1660, 현종1)에 남쪽으로 회덕(懷德)에 내려갈 적에 선부인(先夫人)[89] 지문(誌文) 중에서 모인(某人)[90]의 이름을 삭제하게 하였습니다. 당시에 삼가 뜻을 받들어 한 것이긴 하지만 혹 너무 성급한 것이 아닌가 의심스럽기도 했습니다. 그런데 오늘날 그 사람의 간사함이 이렇게까지 드러났으니, 어쩌면 이토록 선견지명이 뛰

88 곽세건(郭世楗)의……두려우니 : 곽세건(1618~1686)의 본관은 현풍(玄風), 자는 공가(公可), 호는 무위자(无爲子)이다. 진주(晉州)의 유학(幼學)으로, 숙종이 송시열에게 현종의 묘지문을 위촉하자, 상소하여 기해년(1659) 예송(禮訟) 때 송시열이 효종을 서자로 여겨도 좋다는 예론을 주장했다는 점을 들어 묘지문을 다른 사람에게 짓게 할 것을 청하였다. 곽세건의 상소에 대해 대사헌 민시중이, 곽세건은 흉인(凶人) 곽유도(郭有道)의 손자로서 대대로 악한 짓을 물려받아 감히 흉도들을 위하여 버젓이 소를 올렸다고 하며 엄중하게 심문하여 처단할 것을 아뢰었다. 그러자 곽세건은 곽유도가 어떤 흉한 사람인지 알지도 못한다고 하며, 이어 민시중의 선조인 대사헌 민제인(閔齊仁)은 전에 사화(士禍)를 꾸몄는데, 지금 민시중이 다시 대사헌으로서 잇달아 이러한 거짓말을 만들어 대대로 간악한 짓을 하니, 악은 역시 종자가 있는 것이라며 강하게 비판하였다.《肅宗實錄 卽位年 9月 25日》《燃藜室記述 卷32 肅宗朝故事本末》 상대에 대해 알고 있는 정보가 적어 민시중이 곽세건의 조부를 곽유도로 잘못 알고 말한 것과 같은 실수가 있을까 염려스럽다는 뜻에서 이 말을 한 것이다.

89 선부인(先夫人) : 민광훈(閔光勳)의 부인이자 민시중의 어머니인 연안 이씨(延安李氏)를 가리킨다. 부원군(府院君) 이광정(李光庭)의 딸이다.

90 모인(某人) : 윤휴(尹鑴)를 가리키는 듯하다.《송자대전수차(宋子大全隨箚)》 권6에, 민시중에게 어려서 죽은 누이가 있는데 윤휴와 약혼했으나 혼인을 하지 못한 일을 두고 한 말인 듯하다고 하였다.《송자대전》 권187에 실린 〈정부인 연안 이씨 묘지명(貞夫人延安李氏墓誌銘)〉에 "큰딸이 14세에 약혼했으나 일찍 죽었다."라는 구절이 있는데, 아마도 여기에 윤휴의 이름이 있었는데 삭제한 듯하다.

어나단 말입니까. 지혜로움과 어리석음을 견주어 보면 30리보다도 더 차이가 날 것입니다.[91]

중씨(仲氏)가 새로 명을 받았으니,[92] 언제나 일을 끝낼 수 있을지 또한 염려스럽습니다.

91 30리보다도……것입니다 : 사람을 알아보는 안목이 현격하게 차이가 난다는 뜻이다. 후한(後漢) 한단순(邯鄲淳)이 효녀 조아(曹娥)를 위해서 지은 〈조아비(曹娥碑)〉 뒷면에 후한의 채옹(蔡邕)이 절묘호사(絶妙好辭)라는 뜻으로 '황견유부외손제구(黃絹幼婦外孫齏臼)'라는 여덟 글자의 은어(隱語)를 써넣었는데, 후한 말에 조조(曹操)가 양수(楊修)와 함께 길을 가다가 이 글을 보았을 때 양수는 곧바로 알아챘으나 조조는 그 의미를 생각하면서 30리를 더 가서야 깨닫고는, 알고 모르는 것이 30리나 차이가 난다고 탄식했던 고사가 전한다.《世說新語 捷悟》

92 중씨(仲氏)가……받았으니 : 1675년 1월 21일 민정중이 고향에 있다가 이조 판서에 임명되었다.《肅宗實錄 1年 1月 21日》

민공서에게 답함 을묘년(1675, 숙종1) 7월 8일

答閔公瑞 乙卯七月八日

멀리서 혁제(赫蹄)[93]를 전해 준 것만으로도 이미 큰 죄인데, 많은 선물을 보내어 답장을 구하니,[94] 또 매우 두렵습니다. 진실로 지극한 마음이 아니고서야 어찌 이렇게 천 리 밖까지 편지를 보내 줄 수 있겠습니까. 바람에 더위를 씻어 주는 듯한 편지를 보고는 홀연히 극성(棘城)[95]의 무더위가 일시에 시원해짐을 느꼈습니다. 이어 과부가 된 여식의 편지를 받고 눈물을 흘렸습니다.

해도(海島)의 소식[96]은 정신이 번쩍 들게 하였습니다. 지난날 이택

93 혁제(赫蹄) : 옛날에 글씨를 쓰는 데 썼던 폭이 좁은 비단을 말하는데, 종이를 칭하는 말로 전용되어 쓰인다. 여기서는 아주 작은 종이에 작은 글씨로 쓴 글을 말한다.

94 멀리서……구하니 : 갑인예송 이후 1675년 송시열은 함경도 덕원(德源)으로 유배를 갔다. 이때 민정중이 송시열에게 올린 편지에 "천 리를 가는 편지에 저의 그리워하는 정성을 표시할 수가 없어, 오가피차(五加皮茶) 1병, 마른 안주 1그릇, 붓 5자루, 먹 2자루, 편지지 70장을 함께 부치니 삼가 받아 주시기 바랍니다."라고 하였다. 《老峯集 卷6 上尤齋(乙卯)》

95 극성(棘城) : 황해도 황주(黃州)에 있는 진(鎭)이다.

96 해도(海島)의 소식 : 《송자대전수차》 권6에, 이때 황세정(黃世楨)이 윤휴를 논척하였다가 진도(珍島)로 유배를 간 일을 가리키는 듯하다고 하였다. 황세정은 송준길(宋浚吉)과 송시열의 문인인데, 이들이 무함당하자 소(疏)를 지어 변명하였다. 황세정은 이 소에서, 윤휴가 허목(許穆)과 복제(服制)를 강론(講論)하면서 임금을 낮추어 이종(貳宗)으로 한다는 설을 주장하였으면서도 사화(士禍)가 크게 일어난 후에 전혀 반성하지도 않고 구제하지도 않으며 달갑게 여기며 보복하려는 듯한 점이 있다고 그를 비난하였다. 《肅宗實錄 1年 1月 18日》

지(李擇之)의 편지에, 이 군(君)을 언급하면서, 잘 수습했다고 할 만하다 하였는데, 그의 말이 참으로 타당합니다. 이곳의 일은 극도로 곤궁하여 부옹(涪翁)과 같은 기력을 전혀 차릴 수가 없습니다.[97]

어떻게 해야 마음이 그렇게 시원스러울 수 있는지요? 하고 싶은 말이 마음에 맺혀 있지만 중서군(中書君)[98]이 두려워하며 쓰려 들지를 않아 이만 줄입니다.

97 부옹(涪翁)과……없습니다 : 부옹은 부주(涪州)로 귀양 갔던 정이(程頤)를 가리킨다. 정이가 부주로 귀양 갔다가 돌아왔을 때 기색, 용모, 수염, 머리털이 모두 예전보다 낫기에 문인이 까닭을 묻자 정이가 대답하기를 "학문의 힘이다. 무릇 학문이란 환난(患難)과 빈천(貧賤)에 처하는 것을 배워야 하는 법이니, 부귀영달에 처하는 것은 배울 필요가 없다." 하였다. 《心經 卷2》 송시열이 귀양 간 것은 정이와 같으나 그와는 달리 기력이 쇠한 것을 표현한 말이다.

98 중서군(中書君) : 붓의 별칭이다. 한유(韓愈)의 〈모영전(毛穎傳)〉에 "모영의 벼슬이 중서령(中書令)에 올라 황제와 더욱 허물없이 지내게 되었는데, 그에 대해서는 일찍부터 황제가 중서군이라고 불러 오던 터였다."라고 한 데서 유래하였다.

민대수에게 보냄 무술년(1658, 효종9) 6월

與閔大受 戊戌六月

영감이 지방관으로 나간 것은 또한 주어진 것입니까?[99] 갑자기 봉지(鳳池)[100]의 위무(威武)를 거두어 큰 바다의 풍향을 살피게 되었으니, 비록 영감이 아무 기미를 보이지 않지만 공의(公議)를 보면 싫어하지는 않을 것입니다. 언제쯤 서로 만나 일을 도모하게 될지 모르겠습니다. 길이 험하고 어긋나서 서로 만나 이야기할 기약이 없으니, 한스러움이 어떻겠습니까.

나는 화를 피하기 어렵다는 것을 스스로 잘 알아 한번 길을 나서서 다시 벼슬을 하자마자 병을 이유로 면직(免職)을 청하고 처분을 기다립니다만, 영감이 떠나는 것은 십중팔구 뒤집을 수 있는 일입니다. 낯선 데서 외로이 지내는 것을 어찌 나 같은 자가 감당할 수 있겠습니까.

듣자 하니 상주(尙州)의 이무(李堥)[101]는 비솔(裨率) 직첩(職牒)을 받았다 하던데, 이에 대해 듣기는 들었으나 아직 못 들은 것이 있는

99 영감이……것입니까 : 민정중은 1658년 5월 집의가 되었다가 곧 동래 부사(東萊府使)가 되었는데, 이것이 누군가 청해서 이루어진 일인지를 물은 것이다. 《孝宗實錄 9年 5月 28日》

100 봉지(鳳池) : 요직(要職)에서 벼슬한 것을 말한다. 위진남북조(魏晉南北朝) 시대에 금원(禁苑)에 파 놓았던 연못인 봉황지 근처에 임금을 측근에서 보좌하여 중요한 기무(機務)를 관장하는 중서성(中書省)이 있었던 데서 비롯된 말이다.

101 이무(李堥) : 1621~1703. 본관은 전주(全州), 자는 자삼(子三), 호는 낙계(駱溪), 시호는 장정(莊靖)이다.

것입니까? 그 자리에는 마땅히 적임을 두어야 하니, 이렇게 굽히게 해서는 안 될 듯합니다. 부디 사부(士夫) 간에 확인해 우선 그 말을 들어 보고, 지위가 낮은데 인품이 높은 자로 하여금 스스로 뜻을 이룰 수 있도록 한다면 존재에 걸맞게 공평하게 베풀어 주는[102] 도리로 볼 때도 마땅하지 않음이 없을 것입니다.

그 밖에 바라는 것이라곤 다만 길에서 노래하는 일[103]이 한 주(州)에서만 있지 않게 하는 것뿐입니다.

102 존재에……주는 : 《주역》 〈겸괘(謙卦) 상(象)〉에 "여유 있는 곳에서 덜어서 부족한 곳을 보충해 줌으로써, 각 존재에 걸맞게 공평하게 베풀어 준다."라고 하였다.

103 길에서 노래하는 일 : 백성들이 아주 태평스럽게 산다는 뜻이다. 《논형(論衡)》 〈예증(藝增)〉에 "나이 50세가 된 어떤 사람이 길에서 노래를 부르고 있었는데, 이를 본 사람이 말하기를 '위대하도다. 요(堯) 임금의 덕이여.' 하자, 땅을 두드리면서 노래를 하던 사람이 말하기를 '나는 해가 뜨면 일을 하고 해가 지면 쉬면서 우물을 파서 물을 마시고 밭을 갈아서 음식을 먹는데, 요 임금의 힘이 나와 무슨 관계가 있겠는가.' 하였다."라고 한 데서 유래하였다.

민대수에게 보냄 무술년(1658, 효종9) 7월

與閔大受 戊戌七月

이번 길은 어떠했습니까? 장차 찾아가려 하다가 영감의 행차가 이를 것이라는 소식을 듣고, 몹시도 기뻐 신이 났습니다. 급히 한 사람을 달려 보내 연로(沿路)에서 사실인지 알아보게 한 것은 중도에 서로 만나 가르침을 청하고자 해서일 뿐입니다. 지금 도착한 운거(雲擧)[104] 집안의 인편을 멈춘 것도 전적으로 이 때문이었습니다.

영감이 만약 방백(方伯)을 맞이하여 서로 모이게 할 수 있다면 더욱 좋을 것입니다. 내가 비록 서쪽에 있다지만 영감은 갑자기 동쪽으로 가니, 또한 어디에서 만나 이야기하겠습니까. 이 때문에 지금까지도 오히려 계획을 정하지 못하고 있을 뿐입니다.

회옹(晦翁)이 논한 아무 관직을 거쳐 아무 관직을 한다는 말은 명칭은 비록 높아져도 실제로는 그 직임을 잃는 것이니, 참으로 오늘날 괴이하고 의아하게 여기는 일입니다. 비록 영감은 기미를 알아차리지 못했지만 시의(時議)가 어찌 안타까워하지 않겠습니까. 나는 응당 영감이 움직이는 속도를 보아 가며 움직일 것입니다. 반드시 만나고야 말 것이니, 부디 자세히 알려 주는 것이 어떻겠습니까? 마침 상황이 시끄러워 하나하나 다 말씀드리지 못합니다.

104 운거(雲擧) : 이상(李翔, 1620~1690)으로, 본관은 우봉(牛峯), 자는 운거, 호는 타우(打愚)이다. 민정중의 스승인 이유겸(李有謙)의 아들로, 송시열을 통해 김집(金集)의 학통을 이어받았다.

민대수에게 보냄 무술년(1658, 효종9) 7월
與閔大受 戊戌七月

이별한 심정이 몹시 괴롭습니다. 오늘은 그냥 광릉(廣陵)에서 묵었습니까?

등대(登對)할 적에 삼가 용안을 우러르니 평상시와는 아주 달라 엎드려 눈물을 줄줄 흘렸습니다. 탑전(榻前)으로 다가오게 하여 온화하고 자상하게 말씀하시며 모형(某兄 송준길(宋浚吉))의 근황에 대해 대강 물으셨습니다. 다음으로 호서(湖西)의 대동법(大同法)과 연로(沿路)의 가뭄 재해에 대해 물으시고, 말씀하기를 "오랫동안 만나지 못하다가 만나니, 질병이 낫는 것을 확실히 느끼겠다. 부디 서둘러 물러나지 말라." 하셨습니다. 이어 대군(大君)[105]에 대해 말씀할 때도 눈물을 비 오듯 흘리시어 입시한 자가 모두 울먹였습니다. 이어 말씀하기를 "내가 질병으로 경연(經筵)을 열기가 쉽지 않다. 그러나 때때로 세자를 보고 싶으니, 오래도록 강학을 폐했던 만큼 경은 모쪼록 그를 잘 가르쳐 인도하라." 하셨습니다. 나눈 말씀은 많으나 다 적을 수 없을 뿐입니다.

적어 줄 것을 요청하셔서 그냥 《간양전(看羊傳)》[106]을 언급하였는데, 이 책을 가지고 이야기해 보는 것이 어떻겠습니까? 이만 줄입니다.

105 대군(大君) : 인조의 셋째 아들 인평대군(麟坪大君) 이요(李㴭)를 말한다. 1658년 5월 13일에 병으로 사망하였다. 《孝宗實錄 9年 5月 13日》

106 간양전(看羊傳) : 의병장인 강항(姜沆)이 일본에 포로로 잡혀가서 그곳에서 보고 들은 실정을 수록한 《간양록(看羊錄)》을 말한다. 《건거록(巾車錄)》이라고도 한다.

민대수에게 답함 무술년(1658, 효종9) 9월

答閔大受 戊戌九月

지난달 26일 멀리서 보내 준 편지를 받았고, 그제는 또 이달 5일 쓴 편지를 받아 보니, 마치 웃으며 마주 대하는 듯하여 천 리나 멀리 떨어져 있다는 사실을 잊을 정도였습니다.

또 비국(備局)에서 전해 보낸 계본(啓本)을 통해 한두 가지 조치한 내용을 대략 알고 더욱 위로가 되고 마음이 놓였습니다.

나는 이곳에 잘못 왔다가 다만 성상의 체후가 오래도록 회복되지 않는 터라 시일을 끌다가 마침내 큰 낭패를 만나 이러지도 저러지도 못하는 상황이니, 그 어려움을 무어라 표현할 길이 없습니다.

성상의 체후가 점점 회복되기만을 바라던 차에 어제 궐내에서 온 도위공(都尉公)[107]을 만났는데, 성상께서 걸어 다니실 수 있게 되었다고 하므로 기쁜 마음을 참으로 가눌 수 없습니다. 이러한 때에 영감이 계신다면 의논하여 혹 성상의 뜻을 만분의 일이나마 채울 수 있으련만 편지만 기다리며 서로 조율할 수 없으니 어찌한단 말입니까.

이미 두 차례 문자를 들였으니, 마땅히 반드시 뜻을 얻을 수 있기를 기대할 따름입니다. 만에 하나 생각처럼 되지 않는다면 영감이 조정에

107 도위공(都尉公) : 박미(朴瀰, 1592~1645)로, 본관은 반남(潘南), 자는 중연(仲淵), 호는 분서(汾西)이다. 정안옹주(貞安翁主)와 혼인하여 금양위(錦陽尉)에 봉해졌다. 《송자대전》 권163에 송시열이 지은 〈금양군 박공 신도비명(錦陽君朴公神道碑銘)〉이 전한다.

돌아갈 것을 준비해야 합니다. 그래도 또 할 수 없다면 다만 단공(檀公)의 계책[108]이 있을 뿐입니다.

피중(彼中 왜관(倭館))의 일은 조정에서 다만 영감이 편의대로 일을 처리할 수 있게 해 주면 좋겠습니다. 늘 서로 간섭하고 방해하는 것은 역관들의 병통인데도 조정에서는 듣고 의혹되기 쉽습니다. 내 생각에는 모름지기 역관들을 제거하여 풍채(風采)를 크게 세운 뒤에야 일을 성사시킬 수 있다고 보는데, 어떻게 생각하십니까?

충무공(忠武公) 비문(碑文)[109]은 이제야 탈고해서 보냈으니, 고칠 만한 곳은 고쳐 주십시오. 편지로 주고받다 보면 늘상 시간을 허비하게 됩니다.

명(銘)을 이어 쓰고자 하다가 회옹(晦翁)이 이럴 때는 꼭 명을 쓰지 않아도 충분하다고 했고, 한창려(韓昌黎)가 쓴 황릉묘비(黃陵廟碑)[110]

108 단공(檀公)의 계책 : 책임을 내려놓고 달아나는 것을 말한다. 단공은 유송(劉宋) 때의 장군 단도제(檀道濟)로, 지략이 뛰어나서 고조(高祖)를 따라 북벌(北伐)할 때에 누차 공을 세웠다. 그가 만든 삼십육계(三十六計) 중 마지막 계책은 전세가 불리하면 달아나는 것이다. 《南史 王敬則列傳》

109 충무공(忠武公) 비문(碑文) : 송시열이 충무공의 사적을 기록한 〈남해 노량 충무 이공 묘비(南海露梁忠武李公廟碑)〉를 말한다. 이 비문은 《송자대전》 권171에 수록되어 있다. 《송자대전》 권148에 실린 〈이 충무공의 한산 절구에 대한 발문〔李忠武閑山絶句跋〕〉에, 이 비문을 썼다는 소식을 효종대왕이 듣고 급히 초본(草本)을 올리게 하여 읽으시고는, 한 문제(漢文帝)가 조(趙)나라의 현장(賢將) 이제(李齊)가 거록(鉅鹿)에서 싸운 것을 잊지 못한 것처럼 노량대첩에서 충무공이 올린 전공(戰功)을 잊지 못한다고 했다는 기록이 있다.

110 한창려(韓昌黎)가 쓴 황릉묘비(黃陵廟碑) : 황릉묘(黃陵廟)는 순(舜)의 두 비(妃) 아황(娥皇)과 여영(女英)의 사당이다. 당(唐)나라 한유(韓愈)가 일찍이 죄를 짓고 조주(潮州)로 좌천되어 와서, 그곳 해산(海山)의 파무(派霧)와 장독(瘴毒)을 두려

에도 명이 없기에 지금 쓰지 않았습니다. 꼭 썼으면 한다면 나중에 적어서 드리겠습니다.

전후로 두 가지 맛난 음식을 보내 주니, 돌보아 주는 정의(情意)에 깊이 감사드립니다.

위한 나머지, 황릉묘에 제문을 지어 제사를 올리고 재앙을 없애 달라고 기도하면서 쓴 제문이 〈황릉묘비〉이다. 《한창려문집(韓昌黎文集)》 권31에 실려 있다.

민대수에게 답함 무술년(1658, 효종9) 10월

答閔大受 戊戌十月

멀리서 초이튿날 보낸 여러 장의 서신을 받고 몇 번이나 엄숙히 읽다 보니 천 리가 멀게 느껴지지 않았습니다.

나는 처음에 이렇게까지 낭패를 볼 줄은 생각지도 못했습니다. 여섯 번 올린 상소를 하나의 단자로 만들어 올렸는데, 성상의 은총이 그때마다 더해져서 억지로 나아가 사은(謝恩)하였습니다.[111] 얼마 전 처음 정사에 나아가 맨 먼저 이(李)와 유(柳)[112]를 천거하자 한 축은 낙심하였고, 겸직과 원직을 없애자 다른 한 축은 눈을 부릅뜨기에 그때서야 이 일이 크건 작건 간에 매우 쉽지 않다는 것을 알았습니다. 며칠간 마당에 참새조차 내려앉지 않아 이 일을 누구와 의논해야 할지 모르겠으니, 일찌감치 수수방관하다 돌아가는 편이 낫겠습니다. 이런 이유로 더욱 영감이 돌아오기를 바라지만 그렇게 될 수도 없습니다. 그래도 잠깐 머물 수 있다면 장차 청대(請對)하여 불러들이기를 청할 것입니다. 장성(長城)[113]도 그렇습니다.

111 성상의……사은(謝恩)하였습니다 : 송시열은 1658년 9월에 특명으로 자헌대부(資憲大夫)로 승진되고 이조 판서에 제수되었다. 끝내 사양하였으나 허락받지 못해 부득이 직임을 맡았다. 《宋子大全隨箚 卷6》

112 이(李)와 유(柳) : 이유태(李惟泰)와 유계(兪棨)를 가리킨다.

113 장성(長城) : 장성 부사(長城府使) 이상진(李尙眞)을 가리킨다. 이상진의 자는 천득(天得), 호는 만암(晩庵)이다. 승지로 있다 어머니 봉양을 이유로 고을을 맡기를 청하여 장성 부사가 되었는데, 5개월간 재임하였을 때 송시열의 요청으로 불러들여 다시

주자(朱子)의 아홉 글자 경계[114]가 역량을 헤아리고 헤아리지 않는 것에 관한 것이 아닙니까. 평생의 병통이 모두가 제대로 헤아리지 않는 데 있습니다. 오늘날의 일은 다만 확고하게 뜻을 정하지 못해 절로 이 지경에 이른 것이니, 어찌 자신의 역량을 헤아리고 임명을 받아들이는 도리가 있겠습니까. 오늘날 희중(希仲 윤휴)에게 기대하는 것이 어찌 한계가 있겠습니까. 다만 그가 세상일에 참여하는 것을 달갑게 여기지 않을까 두려울 뿐입니다. 만약 영감이 정성껏 애써 권면한다면 혹 마음을 돌릴 수 있지 않을지요?

원인(遠人 왜(倭)) 문제는 일찍이 윤형(尹兄)[115]의 말을 듣고서 역관과 장사치 들이 돈만 있으면 귀신이라도 부릴 수 있을 정도로 농간하는 것을 늘 분하게 여겼습니다. 오늘날 영감께서 다시 어려움을 겪으니, 몹시도 사람을 속 썩이는 부분입니다.

이 충무공에 대한 문자는 다만 장문(狀文)에 근거하여 적었기 때문에 이런 오류가 있었던 것이니, 이제 고친 본을 올립니다.

무중(武仲 유계(兪棨))이 서울로 들어가니 사람들이 모두 이마에 손

승지에 제수하였다. 그러나 이내 모친의 병을 이유로 곧장 완산(完山)으로 돌아갔다.

114 주자(朱子)의……경계 : '양이후입불입이후량(量而後入不入而後量)' 9자를 가리킨다. 《예기》 〈소의(少儀)〉에 "임금을 섬기는 자는 자신의 역량을 헤아리고 임명을 받아들이지, 임명을 받아들이고 나서 자신의 역량을 헤아리지 않는다.〔事君者量而後入, 不入而後量.〕"라는 말이 있는데, 《근사록집해(近思錄集解)》 권7 〈출처(出處)〉에 이를 인용한 주희의 주(註)가 보인다.

115 윤형(尹兄) : 윤문거(尹文擧, 1606~1672)로, 본관은 파평(坡平), 자는 여망(汝望), 호는 석호(石湖)이다. 김집(金集)의 문인이다. 동래 부사(東萊府使)를 지내다 파직되어 돌아온 일이 있다.

을 얹고 바라봅니다.[116] 다만 그의 형적이 다른 사람과 같을 수 없으니, 이것이 가엾습니다. 현재 인재가 적지 않다고 생각하지만 저는 귀머거리나 장님과 같아 관안(官案)을 펴 놓고 하나하나 점검하는 것을 면치 못하니, 매우 답답하고 괴롭습니다. 영감께서 부디 한번 추천해 주면 어떻겠습니까? 산중에 편안히 누워 남은 생을 보내야 하거늘 '천륜(天倫)' 두 글자를 두려워하다 이내 이렇게 스스로 군색해졌으니, 실로 은거하고 있는 자가 배를 잡고 웃으며 스스로 불쌍히 여기고 스스로 비웃는 바가 되었을 뿐입니다.

음식을 더 드시고 자중자애(自重自愛)하여 시대의 여망(輿望)을 위로하기 바랍니다.

116 이마에……바라봅니다 : 매우 인망(人望)이 높은 정승을 공경하는 것을 뜻한다. 364쪽 주56 참조.

민대수에게 보냄 무술년(1658, 효종9) 11월

與閔大受 戊戌十一月

회옹(晦翁)이 벗이 병들었다는 소식을 듣고 마음을 맑게 하고 욕심을 줄인 현자(賢者)가 어쩌다 이렇게 되었을까 하였다는데, 오늘날 내가 감히 이 말씀을 드립니다. 그러나 그런다고 해서 어찌 몹시도 걱정스러운 생각을 떨칠 수 있겠습니까. 이후 날로 나아서 건강해졌는지 모르겠습니다. 이쪽의 일은 말할 만한 것이 없고 그저 천득(天得 이상진(李尙眞)) 같은 이가 오기를 날마다 기다립니다.

지금 듣자니 어버이 병환 때문에 낭패를 보고 있다고 하는데, 공의 거취는 관계된 바가 가볍지 않으니, 몹시도 안타깝습니다. 희중(希仲)이 죽을 노력을 다해 겨우 시강원(侍講院)의 관원에 제수되었는데도 옆에서 보는 자들은 오히려 완벽할 것을 요구하며 나무라니,[117] 마치 힘이 약한 자가 죽을힘을 다해 110근짜리 물건을 드느라 근골이 다 상했는데도 주위에 있는 사람들은 비웃으면서 "너는 어째서 깃털 하나 들듯 빨리 하지 못하느냐."라고 하는 것과 같아 우습고 우습습니다.

이 일로 날마다 집사가 돌아오기를 바라지만 그쪽의 일이 어떠한지도 알 수 없어 홀로 갈림길에 서서 크게 걱정하느라 편치 않습니다.

117 희중(希仲)이……나무라니 : 우재(迂齋) 이후원(李厚源)이, 송시열이 윤휴를 배척하여 이단이라고 하다가 도리어 시강원 관원이 되게 한 것을 두고 세자로 하여금 이단을 배우게 하려는 것이 아니겠냐고 나무란 것을 가리키는 듯하다. 《宋子大全 附錄 卷3 年譜》

오직 수수방관하다 일찌감치 돌아와 여생을 마치고 다시는 시사에 대해 말하지 않으려 합니다.

장공(張公)은 그의 사람됨을 매우 아꼈으나, 다만 종적이 서로 따르기가 어려우니 한스럽습니다. 황림(黃林)은 이미 천거된 지 오래되었습니다.

피중(彼中 왜관)의 일은 비록 크게 변통할 수는 없으나 간사한 말을 하는 자 몇 명을 없애고 돌아올 수만 있어도 영감이 한번 나선 것이 헛되지 않게 될 것입니다.

오늘날의 일은 흡사 여망(汝望 윤문거(尹文擧)) 때와 같습니다. 그러나 여망은 한번 붙어 바로 패했지만 이대(吏對)[118]를 맡은 영감의 경우 어떤 말이건 따르지 않는 것이 없다고 할 만합니다. 이는 성주(聖主)께서 많이 의지하시기 때문에 이러한 때에 참여한 것이니, 여러 재신을 인견(引見)하여 만나신 뜻을 참으로 알 수 있습니다. 이때에 더욱 스스로를 아껴 멀리서 생각하는 마음에 부응해 주기를 아주 간절히 바랍니다.

118 이대(吏對) : 사법 관리가 법률을 검토하여 죄를 논핵하는 일을 말한다.

민대수에게 답함 무술년(1658, 효종9) 11월

答閔大受 戊戌十一月

이별한 지 오래되어 그리움에 목이 멥니다. 어제 지숙(持叔 민유중)이 받아 온 두 통의 편지를 보여 주었습니다. 지금 또 지난달 24일에 쓰신 은혜로운 편지를 받아 두세 차례 반복해서 읽고는 몹시도 마음에 위로가 되었습니다.

여기서는 지치도록 온 힘을 다하지 않는 것도 아니고, 또한 일을 추진하기를 늦추려 하는 것도 아닙니다. 다만 삼전(三殿)께서 계속해서 병환을 앓으셔서 소대(召對)가 거의 열리지 않고 있으며, 또 감히 청대(請對)할 수도 없어 답답한 마음으로 묻혀 지내다 보니 생각이 미치광이같이 날뛰어 몹시도 딱하고 가련합니다. 충무공(忠武公) 비문은 비록 말씀한 내용이 아니라도 이미 보완한 곳이 있어, 지숙을 시켜 보내 드렸는데, 아직 못 받아 보셨으리라 생각합니다.

별지에서 말씀한 내용은 참으로 애정 어린 염려입니다. 논한 바가 참으로 지극한 논의이긴 하나, 다만 스스로를 두고 말한 바는 지나치게 겸손하니, 나를 가르치는 방법이 아닙니다. 그러나 역관 하나 알아서 죽이지 못하고 이와 같이 곤경을 자초하였으니,[119] 비록 본조에서 벼슬하고는 있으나 힘을 쓸 수 있는 일이 그다지 없다고 스스로 말한 것은

119 역관……자초하였으니 : 민정중(閔鼎重)이 1658년 5월 동래 부사(東萊府使)에 제수되어 왜관(倭館)과 결탁해 문제를 일으킨 역관 무리를 진압하고 마침내 이로 인해 파직된 일을 가리킨다.《陶菴集 卷41 左議政老峯閔公墓誌》

과연 빈말이 아닙니다. 우습습니다.

희중(希仲)의 일[120]은 어찌 영감께서 부지런히 말씀하기를 기다리겠습니까. 심력을 다해 재차 정치하는 자리에서 발언하였으나 저지하는 자들 또한 천균(千鈞)을 들 만한 힘이 있으니 어찌하겠습니까. 그러나 반드시 추천하여 세상에 드러내야 하니, 그 출사 여부는 오직 물을 마시는 자 스스로가 물이 어떤지를 알 뿐입니다. 무중(武仲 유계(兪棨))에게는 말씀한 뜻으로 일러 주겠습니다.

천거한다는 말을 이천(伊川)의 말에서 보지는 못하였지만 널리 인재를 논하는 것은 진실로 이천이 사양하지 않은 바입니다.[121] 주자의 경우 시원스러워 구애됨이 없었습니다. 그러니 더구나 오늘날 영감에게 도움을 받지 않는다면 다시 누구에게 도움을 얻겠습니까. 부디 부응해 주기 바랍니다.

보내 준 맛있는 음식을 통해 지극한 뜻을 알 수 있었습니다. 이리해야만 교제하는 것이라 여길 테지만 물건으로 예를 삼지 않아도 됩니다.

충무공 문자는 마땅히 지숙과 상의하여 말씀드리겠습니다. 나머지는 바깥세상의 시끄러운 일에 휘말려 일일이 다 말씀드리지 못합니다.

120 희중(希仲)의 일 : 민정중이 평소 윤휴를 존경하여 당시 이조 판서를 맡고 있던 송시열에게 권하여 윤휴를 진선(眞善)에 의망하도록 한 일을 말한다. 좌이(佐貳) 조한영(曺漢英)·이일상(李一相), 승지 홍중보(洪重普) 등이 반대하였으나 끝내 의망하여 제수하였다.《顯宗改修實錄 1年 5月 3日》

121 널리……바입니다 : 송시열이 민정중에게 인재를 천거해 달라고 요청했는데 민정중이 사양하였기 때문에 이렇게 말한 것이다.

민대수에게 답함 기해년(1659, 효종10) 1월

答閔大受 己亥正月

해가 바뀌고 보니 그립다는 말이 괜히 하는 말처럼 들리지 않습니다. 이러한 때에 멀리서 보내 준 은혜로운 편지를 받아 열어서 소리 내 읽자 흡사 천 리 밖에 있는 풍모를 마주한 듯하였으니, 얼마나 위로되고 후련해졌는지 모릅니다. 나는 공적으로나 사적으로나 보탬은 되지 못하고 낭패만 끼치고 있어 밤낮으로 부끄러워하고 괴로워하며 돌아갈 생각만 날로 재촉할 따름입니다.

영감께서 편찮으시다는 말을 들은 뒤로 특히나 조정으로 속히 돌아오고자 했으나 좌우에서 견제하고 말려 아직도 착수하지 못하였습니다. 어제 또 무중(武仲)에게 부탁하였으나 무중 또한 쉽지 않아 회양(淮陽)의 유직(遺直)[122] 한 사람을 데려오는 일조차 아직 해내지 못하고 있으니, 그 밖의 것은 또 말해 무엇 하겠습니까. 이 때문에 돌아갈 뜻이 날로 커질 뿐입니다.

근래에 또 안으로부터의 풍랑[123]이 평지에서 넘쳐나 어지러워진 것들이 아직도 정리가 안 되었습니다. 이 몸은 구할 수 없고 도리어 그

122 회양(淮陽)의 유직(遺直) : 한 무제(漢武帝) 때 직간(直諫)을 하기로 이름난 회양 태수(淮陽太守)를 지낸 급암(汲黯)을 가리킨다. 유직(遺直)은 옛사람의 풍도가 있는 곧은 사람이란 뜻이다. 이때 동래 부사(東萊府使)로 나가 있던 민정중을 가리켜 말한 것이다.

123 안으로부터의 풍랑 : 《송자대전수차(宋子大全隨箚)》 권6에, 김(金)·이(李) 간의 싸움이라고 하였다. 김은 김광성(金光城)을, 이는 이경억(李慶億)을 가리킨다.

영향을 받기 때문에 늘 대수(大受)가 있다면 틀림없이 구할 수 있을 것이라고 여겼습니다. 그러나 지척에 있는 희중(希仲 윤휴)에게서도 도움을 받을 수 없는데 감히 천 리나 멀리 있는 대수에게 도움을 구할 수 있겠습니까. 참으로 슬프고 가련합니다. 괜히 이런 말을 하자니 답답해져 서글피 탄식하는 일만 늘 뿐입니다.

보내 준 세의(歲儀)에 감사드립니다. 만에 하나도 말씀드릴 수 없으니, 모두 묵묵히 이해해 주기 바랍니다.

민대수에게 보냄 기해년(1659, 효종10) 2월

與閔大受 己亥二月

지난번에 멀리서 보내 준 편지를 받고 풍모를 뵙는 듯하였으니, 얼마나 위로되고 시원해졌는지 모릅니다. 고통받던 여러 증세는 모두 물과 풍토로 인해 생긴 병이리라 여깁니다. 성상께서 진념(軫念)하여 특별히 체차하여 돌아오도록 허락해 주시고, 또 오랑캐가 제멋대로 굴까 염려하여 즉시 전에 내린 명을 바꾸어 이내 관직을 주어 소환하셨으니,[124] 성상의 뜻이 지극하다 하겠습니다. 다만 묘당(廟堂)의 의론이 너무 팽팽하여 조금 느슨하게 하지 않을 수 없기에 마침내 심령(心令)[125]을 대신 보냈으니, 이 영감이 어찌 전임의 행적을 따르기를 싫어하겠습니까.

시남(市南 유계(兪棨))이 비국 당상(備局堂上)이 되었는데 아직도 간언을 해도 행해지지 않고 계책을 내놓아도 따라 주지 않으니, 참으로 어려운 일입니다. 오직 성상께서 밝게 살펴 주시어, 늘 민모(閔某)는 하는 일이 모두 바르니 대신하는 자가 조(曹)가 소(蕭)를 대신한 것[126]

124 전에……소환하셨으니 : 민정중이 동래 부사로 있으면서 왜관의 왜인들을 엄중히 단속하여 폐단을 바로잡았는데 병으로 해임되자, 송시열이 그가 해임되면 적인(敵人)이 비웃고 경멸할 것이라고 하며 경관(京官)으로 불러들일 것을 청하였다. 그러자 상이 그 의견에 동의하여 예조 참의로 소환하였다. 《宋子大全 附錄 卷3 年譜》

125 심령(心令) : 자(字)가 심보(心甫)인 이만웅(李萬雄)을 가리킨다. 당시에 왜노(倭奴)가 노골적으로 요구하는 일을 일삼아 민정중이 역관 무리를 엄히 단속하였는데, 그가 병으로 그만두게 되자, 이만웅이 뒤이어 동래 부사가 되었다. 《宋子大全隨箚 卷6》

처럼 한다면 좋을 것이라고 말씀하시니, 그 말이 지극합니다.

김광성(金光城)과 이경억(李慶億) 사이에 한집에서 다툼이 일어났으나, 누가 전적으로 옳고 누가 전적으로 그르다고 할 수 없습니다. 우리 무리가 부랴부랴 구원해서 둘 다 안정되도록 해야 합니다. 만약 하나는 돕고 하나는 공격한다면 싸움이 번져 나갈까 두렵습니다.

내가 진심을 다해 힘써 떠들었는데도 모두 들어주지 않았습니다. 천득(天得 이상진(李尙眞)) 같은 이는 충실하고 일을 잘 아는 사람인데도 지금 바람을 일으켜 불을 끄는[127] 일을 하였으니, 크게 탄식하지 않을 수 없습니다. 내가 아직까지도 이렇게 미적거리면서 이런저런 쓴맛은 다 본 터라, 다만 가만히 있다 옛날 산림에 있던 때로 돌아갈 생각뿐입니다.

126 조(曹)가……것 : 조는 조참(曹參)을, 소는 소하(蕭何)를 가리킨다. 두 사람 모두 유방(劉邦)을 보좌하여 칭제(稱帝)하게 한 개국 공신으로서 건국 후에 서로 연달아 상국(相國)이 되었다.

127 바람을……끄는 : 문제를 키우는 것을 비유한 말이다. 수(隋)나라 왕통(王通)의 《중설(中說)》〈문역(問易)〉에 "진군(眞君)과 건덕(建德)의 일은 물결을 일으켜 파란을 조장하고 바람을 일으켜 불을 끄는 것일 따름이다."라고 한 말이 있다.

민대수에게 답함
答閔大受

편지를 받고 위로되고 감사한 마음이 들었습니다.

아소(丫疏)[128]를 보여 주어 특히나 다행스러웠습니다. 사람들 사이에 떠도는 말이 오늘에 이르러서는 극에 달했으니 한심하다고 하겠습니다. 총부(摠府)[129]가 이처럼 일이 많은 자리라면 마땅히 고원(鼓院)의 예[130]에 따라 사양하고 물러나야 합니다. 그러나 이 자리는 그저 아무 일도 안 하고 낮잠이나 자는 자리이면서도 금중(禁中)과 가까이 있을 수 있습니다. 그러므로 삼가 회암(晦庵)이 무학박사(武學博士)의 직임을 맡아 효종이 자신 가까이에 둔 뜻에 부응한 것[131]에 의거하여 우선 이렇게 입직한 것입니다.

128 아소(丫疏) : 김익렴(金益廉)의 상소를 가리킨다. 김익렴이 사는 곳을 아(丫), 아연(丫淵), 아계(丫溪)로 불렀다. 《송자대전수차(宋子大全隨箚)》 권6에, 김익렴이 원두표(元斗杓)를 배척한 소(疏)인 듯하다고 하였다.

129 총부(摠府) : 궁궐의 숙위(宿衛)를 담당하는 부서이다.

130 고원(鼓院)의 예 : 정이(程頤)가 조정에 있을 때 설서(說書)로서 판등문고원(判登聞鼓院)을 겸임하도록 하자, 스스로 강독에 전념할 수 없다고 판단해 "들어가 도덕을 이야기하고 나가서 사송(詞訟)을 맡아보도록 하는 것은 사람을 쓰는 체통이 아닙니다."라고 하면서 사양하고 받지 않은 일을 가리킨다. 《二程遺書 附錄 伊川先生年譜》

131 회암(晦庵)이……것 : 송대(宋代)의 무학(武學)은 군사 학교이고 무학박사는 이 군사 학교의 교사이다. 융흥(隆興) 원년(1163)에 효종이 주희를 중용하지 않고, 실직도 없으며 지위가 높지 않고 임기가 짧고 변동이 빈번한 무학박사를 맡겼으나 주희가 이를 맡았던 일을 가리킨다. 《朱子年譜 考異 卷1》

지금 보내온 말씀을 보고 두려움을 금할 수 없으며, 또한 깊이 사랑받고 있음을 느꼈습니다. 앞서 말한 대로 혹 이치에 맞지 않는 것이 있으면 다시 가르침을 주시는 것이 어떨지요?

이 부(府)에는 이른바 구치(丘直)[132]가 있는데, 이것은 감히 받을 수 없습니다. 정문(程門)에도 염원(染院)을 겸하는 것을 나무란 일[133]이 있었으니, 이는 털끝만큼도 그냥 넘겨서는 안 됩니다.

아소는 우선 보류해 두었다가 다시 자세히 이야기하고자 합니다. 이만 줄입니다.

132 구치(丘直) : 구사가(丘史價)의 줄임말로 임금이 종친, 공신, 관아 등에 내려 준 노비인 구사(丘史)에게 지급하는 품값을 말한다. 구사채(丘史債)라고도 한다.

133 정문(程門)에도……일 : 정이가 강관(講官)이 되자 조정에서 그 녹을 후하게 해 주려고 염원을 겸하게 하였는데, 정이는 이것이 도를 행하는 직임이 아니니 받으면 구차하게 녹을 받는 것이 된다고 여겨 받지 않았던 일을 가리킨다. 《二程遺書 附錄 伊川先生年譜》

민대수에게 답함 기해년(1659, 효종10) 4월

答閔大受 己亥四月

보내 준 서찰을 이어서 읽고 나니 마치 만나서 이야기하는 것 같았습니다. 구치에 대한 말씀은 참으로 존명(尊命)과 같으나 다만 기묘년(1519, 중종14)의 현인들도 일절 받지 않았습니다. 여기에는 분명 보내 준 말씀에서 편치 않다고 한 것보다 더 심하게 편치 않은 점이 있어서일 텐데, 어떻게 생각하는지요? 이조(吏曹)에서 총부(摠府)에 이르기까지 모두 갖지 않아도 특별히 지장이 없는 것입니다. 어찌 가졌으나 이쪽에서 모르고 있는 것이겠습니까. 나머지는 기다렸다 만나서 이야기하겠습니다. 이만 줄입니다.

민대수에게 답함 기해년(1659, 효종10) 4월

答閔大受 己亥四月

지숙(持叔 민유중)이 출사한 후 영감을 뵙고 싶은 생각이 더욱 깊어지던 차에 보내 준 편지를 받고 얼마나 위안이 되었는지 모릅니다.

모소(某疏)를 언뜻 보고서, 그가 가리키는 바[134]가 있다고 의심하였는데, 바로 정원에 있는 벗이 보여 준 것을 통해 이자가 그 뒷배인 줄을 알았습니다. 벗의 편지에 또 지숙이 일을 소홀하게 처리했다고 하였는데, 지금 보내온 편지를 보고서야 비로소 그 실상을 알았습니다. 오늘날 인심이 어찌 이 지경에 이르렀단 말입니까. 탄식할 노릇입니다. 그러나 이미 대간(臺諫)이 지척(指斥)한 이상 감히 서로 따질 수는 없다 하더라도 또한 태연히 있어서는 안 되겠기에 지금 숙직을 마치고 나가 정고(呈告)하여 공론이 안정되기를 기다릴 따름입니다. 지숙이 이 중요한 논의를 꺼낸 것은 장차 훌륭한 명예를 타인과 나누려는 것이니, 청렴하다고 할 만합니다. 그러나 겸하여 나뉘는 것[135] 또한 있으니, 어찌한단 말입니까. 몹시 우습습니다. 이만 줄입니다.

134 모소(某疏)를……바 : 《효종실록》 10년 4월 19일 기사에 대사간 조한영(曺漢英)이 사직하기를 청한 상소가 보이는데, 여기에서 민유중이 송시열에게 김육(金堉)의 장사에 그의 아들이 임금의 장례 때에나 쓸 수 있는 수도(隧道)의 예(禮)를 사용했다고 알린 것은 송시열의 힘을 믿고 협박하는 뜻이 있었던 것이라고 하였다.

135 겸하여 나뉘는 것 : 민유중이 수도(隧道)와 관련한 논의를 송시열에게 돌린 것이 훌륭한 명예를 남에게 나누어 준 것이기도 하지만, 민유중과 김육 집안이 배척하게 되었으니 이로 인해 나뉜 것도 있게 되었다고 말한 듯하다.

민대수에게 답함 기해년(1659, 효종10)

答閔大受 己亥

안부 편지를 받고 감사한 마음입니다. 나는 병으로 몹시 고통스럽습니다. 지금 머리를 들자마자 배를 탄 것처럼 어지러우니 걱정스럽습니다.

아소(丫疏 김익렴(金益廉)의 상소)는 비답이 내리지 않은 본이다 보니 감히 그 초본을 구해 볼 수가 없습니다. 그도 감히 도리에서 벗어나지 못할 듯합니다.

비루한 내가 비록 혐의를 피하지 않고자 하나 공적인 자리와 사적인 장소에서 찬송했다는 것은, 귀신도 아무 말 없는데 아무개의 말이 있는 것을 어떻게 알고 찬송했겠습니까.

세금을 다루는 법률은 진(秦)나라 상앙(商鞅)의 법보다도 심하여 나로 하여금 가쁜 숨을 쉬고 두려워 두리번거리게 할 뿐입니다. 다만 오늘날 아상(丫相 김익렴)과 서로 알고 지내는 자를 보면 현저하게 비난을 받다 형적을 숨기니, 이 점이 마음속으로 딱하게 여겨집니다. 그러니 서로 배우고자 하지 않았다 하여, 이것으로 나를 죄준다면 십분 달게 받아들이겠습니다. 도와준 깊은 은혜를 입어 붓 가는 대로 쓰다 이런 말까지 하고 보니 참으로 송구합니다. 부디 다른 사람에게는 말하지 말아 주기 바랍니다. 이만 줄입니다.

민대수에게 답함 기해년(1659, 효종10) 4월

答閔大受 己亥四月

안부 편지를 받고 매우 위안이 되었습니다. 조리하라는 명이 내렸기에, 감히 다시 글을 올릴 수 없어 오늘 소차(小箚)를 들였습니다. 다만 대충 글을 짓다 보니, 감히 형식을 맞추어 조가(朝家)의 체례를 지키지 못하였습니다. 차자를 보신 뒤에 돌려주면 어떻겠습니까?

실로 별지의 내용은 삼가 잘 알았습니다. 다만 생각건대 이 충무공(李忠武公)의 소본(疏本)에 "신이 항구를 떠나면 적은 필시 해안으로 올라와 곧장 서울을 향해 갈 것입니다." 하였습니다. 그가 성공한 것은 전적으로 수군에 의지했기 때문인데, 지금 어찌 모두 없애 더욱 기댈 곳이 없게 할 수 있겠습니까. 다만 그 상소의 내용은 정성이 간절하여 아주 많은 말과 뜻과 생각이 있어 매우 경애할 만하니, 약소국의 대부로서 참으로 눈물을 흘릴 뿐입니다. 나머지는 이만 줄입니다.

민대수에게 보냄 기해년(1659, 현종 즉위년) 5월

與閔大受 己亥五月

무중(武仲 유계(兪棨))이 보내온 편지를 통해 이 영돈녕부사가 소렴(小斂) 때의 일[136]과 관련하려 대죄(待罪)하고자 한다고 들었습니다. 그렇다면 우리도 마땅히 대죄하느라 겨를이 없어야 하니, 어찌 감히 다시 그 밖의 일을 의논하겠습니까. 모든 일이 이 지경에 이르니, 다만 아무것도 알고 싶지 않을 뿐입니다.

136 이……일 : 이 영돈녕부사는 이경석(李景奭)을 가리킨다. 효묘(孝廟)의 대상(大喪) 때 시신에 부기가 있어서 판자를 이어서 현궁(玄宮)을 만든 것을 두고 송시열이 소렴을 잘 진행하지 못해서라고 이경석이 비판한 일을 가리킨다. 《宋子大全隨箚 卷6》

민대수에게 답함 경자년(1660, 현종1) 4월

答閔大受 庚子四月

구구한 이 마음이야 언제고 상을 당한 그대 주변을 오가지 않았겠습니까. 다만 산간에서 궁벽하게 지내다 보니 사람 만나는 일이 끊겨 편지 한 통 적어 놓고 자리에서 일으켜 줄 사람을 기다릴 가망도 없는 상태입니다. 이른바 음식이 안 넘어간다는 것도 오히려 미진한 말입니다. 지금 제천 현감(堤川縣監)[137] 편에 멀리서 상중에 보낸 편지를 받들었으니, 몹시도 감격스럽고 부끄러운 마음 무어라 표현할 수 없습니다. 이어 상중에 잘 버티고 계신다는 것을 알고 또 매우 기쁘고 위로되었습니다.

시간이 하염없이 흘러 5월 4일[138]까지는 20여 일이 남았을 뿐인데 애통한 마음은 더욱 새로워져 참으로 살고 싶지 않습니다. 작년 이때를 추억해 보면 애써 준비한 것이 참으로 부자간이나 부부간과도 같았습니다. 다만 마음에 대고 눈물이 막 흐르는 것 같다고 말했으니 이 애통함을 어찌한단 말입니까. 이 애통함을 어찌한단 말입니까. 그러나 나의 병이 고질이 되어 일어나 앉아 있을 때가 거의 없으니 죽을 날이 얼마 남지 않은 것으로 스스로 위안을 삼을 뿐입니다.

찾아오신다는 말을 듣는 것은 감히 바랄 바가 아니니, 만약 가르쳐

137 제천 현감(堤川縣監) : 이 당시 송시열의 둘째 형 송시묵(宋時默)이 제천 현감을 지냈다.

138 5월 4일 : 효종의 휘일(諱日)이다.

줄 말씀이 있으면 편지로 일러 주는 것이 어떠하겠습니까? 한창 곽란을 앓느라 간신히 쓰다 보니 형식을 갖추지 못합니다.

민대수에게 답함 경자년(1660, 현종1) 6월 3일
答閔大受 庚子六月三日

오랜 병으로 거의 죽게 생겨 인사를 다 폐한지라 편지를 써서 문안할 수는 없었지만 그리워하는 정은 늘 마음에서 끊임없이 오갔습니다. 그러다 인편에 삼가 상중에 계신 그대의 은혜로운 편지를 받고 보니 감격스럽고 부끄러운 마음을 무어라 표현할 수가 없습니다.

선왕께서 승하하신 날이 어느새 다시 돌아와 멀리서 곡하며 우러르니 가슴이 무너지는 슬픔이 배나 더 간절합니다. 어찌 차마 말하겠습니까. 어찌 차마 말하겠습니까. 근래에 나랏일이 무너져 수습할 수가 없으니, 오르내리는 선왕의 영령 또한 어찌 걱정하고 번민하지 않겠습니까. 생각이 여기에 미치니 더욱 창자가 끊어지는 듯 고통스럽습니다.

주자께서 일찍이 당시의 재상에게 보낸 편지에서 말을 알면 사람을 안다는 가르침[139]을 승상께서 유념하시기를 바란다고 말씀하였으니, 오늘날 그 말이 나를 속이지 않았다는 것을 더욱 잘 알겠습니다.

날이 매우 덥습니다. 삼가 상중에 더욱 건강에 유의하시기 바랍니다.

139 주자께서……가르침 : 《논어》 〈요왈(堯曰)〉에 "명(命)을 알지 못하면 군자가 될 수 없고, 예(禮)를 알지 못하면 설 수 없고, 말을 알지 못하면 사람을 알 수 없다."라는 말이 있는데, 주희는 1191년 7월 10일에 보낸 〈여유승상서(與留丞相書)〉에서 "말을 알면 사람을 안다."라는 말로 바꾸어 인용하였다. 《晦庵集 卷28》

민대수에게 답함 임인년(1662, 현종3) 2월

答閔大受 壬寅二月

내가 한 통의 편지로 구구한 심정을 조금 보였는데, 이제 조카 식(栻)을 통해 은혜로운 서찰을 전해 주었습니다. 비록 많은 말씀을 한 것은 아니지만 뜻은 이미 충분히 전해졌습니다.

대저 약한 나무가 큰 집을 지탱하고 있으면 지나는 자들이 모두 애처롭다 하는데, 더구나 눌린 자로서는 그 마음이 어떻겠습니까. 옛사람이 〈출사표(出師表)〉를 읽고 눈물 흘리지 않는 자는 사람의 마음이 없는 자라고 말한 일이 있는데,[140] 나도 오늘 또한 이렇게 말할 뿐입니다. 정로(鄭老 정양(鄭瀁))가 서울에 있으면서 지방관으로 가도록 하는 데 도움을 주지 못한 것도, 공적으로나 사적으로나 편치 않아서가 아닐는지요. 다만 이조에 있으면서 지방관으로 내보내는 것은 말이 나오지 않을 듯한데, 그래도 무슨 곡절이 있는 것인지요?

나는 외딴 마을에 파묻혀 지내며 심심하여 책이나 좀 보면서 근심을 잊기도 하지만, 조금 지나면 게을러져서 그만두니 이젠 늙었나 봅니다. 다시 돌아가 공부할 수 없으니, 서글퍼 탄식할 뿐입니다. 할 말은 많고도 많지만 멀리 보내는 편지에서 많은 말을 할 수가 없습니다. 완연한

140 옛사람이……있는데 : 옛사람은 안자순(安子順)을 가리킨다. 그는 《문장궤범(文章軌範)》에서 "〈출사표〉를 읽고도 눈물을 흘리지 않는 자는 분명 충신이 아니며, 이영백(李令伯)의 〈진정표(陳情表)〉를 읽고 눈물을 흘리지 않는 자는 효자가 아니다."라고 평하였다.

봄날 더욱 보중(保重)하여 바라보며 우러르는 벗의 마음을 안심시켜 주기 바랍니다. 이만 줄입니다.

민대수에게 답함 임인년(1662, 현종3) 9월

答閔大受 壬寅九月

열 번 편지를 보내는 것이 한 번 만나 보는 것만 못합니다. 그러나 이것이라도 없다면 멀리서 그리는 마음을 무엇으로 위로할 수 있겠습니까. 늘 안부 편지를 받들 때마다 내 마음과 눈이 모두 열립니다. 다만 마음 놀라는 일이 있으면 이젠 서신 왕래를 그만두고 싶어집니다. 어찌 이토록 마구 말을 만들어 내리라고 생각이나 했겠습니까.

지숙(持叔)의 일[141]은 탄식할 노릇입니다. 전에 지숙이 북쪽으로 갈 때에 정생(鄭生 정보연(鄭普衍))이 말하기를 "중국 사람이 애뢰(崖雷)[142]에서 귀양살이하면 수도에서 만여 리[143]나 떨어져 있기 때문에 떠나는 자나 남는 자나 모두 슬픔을 면할 수 없지만, 우리나라는 북쪽 끝이라 해도 방 안에 있는 것이나 마찬가지인데도 가련한 얼굴빛을 보이니 우스울 뿐입니다." 하였습니다. 오늘날의 일을 달관한 자에게 말할 수는 없지만, 정생을 볼 수 없는 것을 탄식하자니 눈물이 납니다.

141 지숙(持叔)의 일 : 이조판서 겸 수어사(吏曹判書兼守禦使) 홍명하(洪命夏)의 종사관(從事官)에 임명된 민유중(閔維重)이 사임하고자 여러 차례 갔으나 만나지 못하여 글을 남기고 고향으로 돌아갔는데, 홍명하는 이를 계획적으로 피한 것으로 보고 죄주기를 청한 일을 가리킨다. 《宋子大全隨箚 卷4》

142 애뢰(崖雷) : 애주(崖州)와 뇌주(雷州)의 합칭이다. 지금의 중국 남방의 해남도(海南島)와 뇌주반도(雷州半島)로, 대신이 죄를 지으면 유배를 가던 곳이다.

143 만여 리 : 대본에는 '萬餘'로 되어 있다. 《우암선생서절요집해(尤菴先生書節要集解)》 권4에 근거하여 뒤에 '里'를 보충하여 번역하였다.

영감께서 누차 간언하는 자리에 들어가시니 공을 위해 어찌 기뻐하지 않겠습니까마는 나의 걱정은 몹시 깊어 갑니다.

날씨가 쌀쌀해지니 이러한 때에 더욱 보중(保重)하십시오. 이만 줄입니다.

민대수에게 보냄 을사년(1665, 현종6) 3월

與閔大受 乙巳三月

영감께서 북쪽으로 가시고 나서 지금은 더 이상 친하게 지내는 사람이 없던 차에 뜻밖에 주군(朱君)[144] 둘이서 나란히 찾아왔는데, 영감께서 말씀한 뜻이 또 몹시 간절하고 간곡하였습니다. 저들이야 진실로 호걸한 선비라 할 수 있으니 새가 골짜기에서 나와 높은 나무로 올라가는 것처럼 발전적인 일이라 할 수 있습니다. 그러나 만약 못나고 허물 많은 일개 곤궁한 사람에게 도움을 구한다면 이는 몹시도 잘 살피지 못한 것이라 하겠습니다.

나는 전부터 남들에게 비난을 받는 일이 적지 않은데 지난겨울 변고[145]가 있은 뒤로는 온갖 말들이 난무하였습니다. 아무리 평소에 하는 별것 아닌 말이라 해도 모두가 마음에 돌덩이가 얹힌 것 같았습니다. 하지만 나는 이 모든 것을 수용하여 나의 죄로 삼았습니다. 이런데도 오히려 남과 강론하며 아무 일도 없는 사람처럼 있을 수 있겠습니까.

이런 까닭에 삼가 손을 모으고 공손히 사양했는데, 저들은 스스로 수천 리나 떨어진 먼 곳에서 와서, 소득 없이 돌아가 마을 사람들 대할 면목이 없게 되는 것을 원치 않아 억지로 머물며 떠나지 않았습니다.

144 주군(朱君) : 함경 감사로 있던 민정중의 편지를 전해 준 주씨 성의 함경도 사람 두 명이다. 《송자대전수차(宋子大全隨箚)》 권6에 주생(朱生)은 함흥에 살던 주여규(朱汝奎)라고 되어 있다. 나머지 1명은 미상이다.

145 지난겨울 변고 : 《우암선생서절요집해(尤菴先生書節要集解)》 권4에 "선생의 며느리 유씨(柳氏)가 마음의 병을 앓다 강에 투신해 자살하였다."라는 내용이 있다.

몽둥이를 들고 물리치기까지 하는 것은 너무 지나치기에, 늘 회옹(晦翁)이 하신 말씀처럼 그들을 대할 때마다 스스로 나의 어리석음을 비웃고 저들의 어리석음이 나보다도 심함을 비웃지 않은 적이 없습니다.

그러나 사부(士夫)가 현관(懸棺)하는 것에 대한 논의가 없었다면 어찌 여기에까지 왔겠습니까.[146] 그렇다면 지령(持令 민유중)이 나를 그르친 것입니다. 참으로 우습고도 우습습니다.

멀리서 보내 준 것은 감사히 받겠습니다. 시절을 위해 스스로 아끼기를 기원합니다. 별이 변고를 보이고 가난한 백성이 승려가 되는 것은 감히 걱정할 수도 없으니, 또 어찌 감히 말할 수 있겠습니까. 이만 줄입니다.

별지

그곳에 사당을 세워 제사 지내는 것과 관련한 논의[147]가 분명 교화 속에서 흥기되었을 것입니다.

시남(市南)의 말절(末節)[148]에 대해서는 비록 혹 사람들이 비난한

146 사부(士夫)가……왔겠습니까 : 《송자대전수차》 권6에, 가난한 사람이 장사 지낼 때 예를 갖추지 않고 관에 새끼줄을 매어 내리는 것에 관한 논의를 말한다고 하였다. 《예기집설대전(禮記集說大全)》 〈단궁 상(檀弓上)〉의 주에 "관에 새끼줄을 달아서 손으로 관을 내리고, 관을 내리는 데 쓰는 돌이나 동아줄을 설치하지 않는 것이다." 하였다. 송시열은 세상의 눈총을 받는 것이 실로 민유중이 수도(隧道)를 논한 데서 말미암았다고 여겨 이렇게 말한 것이다.

147 그곳에……논의 : 《송자대전수차》 권6에, 외재(畏齋) 이단하(李端夏)가 북평사(北評事)에 제수되어 북막(北幕)에 있을 때 당시 평안 감사로 있던 민유중과 함께 정문부(鄭文孚)와 유계(兪棨)의 사당을 설치하는 것을 의논한 일을 가리킨다고 하였다.

148 시남(市南)의 말절(末節) : 《송자대전수차》 권6에, 현종 초 송시열과 송준길이

다 하더라도 한 가지 허물이 있다 해서 그 큰 부분을 덮어서는 안 됩니다. 이는 계주(季周 이단하(李端夏))의 말로 확실한 주장이라 할 수 있는데, 집사의 뜻이 어떠한지 모르겠습니다.

무엇보다도 중봉(重峰)이 몇 년간 길주(吉州)에 귀양 가 있었는데도,[149] 아직까지도 이에 대해 아무런 말이 없으니, 이것이 몹시도 한스럽습니다. 전에 이 일을 두고 지숙(持叔 민유중) 영공에게 대략 언급한 적이 있는데, 전달되었는지 모르겠습니다.

나는 김성일(金誠一)이 일본으로 사신 갔을 때 올린 상소[150]로 인해 하늘에는 두 개의 태양이 있을 수 없고 땅에는 두 임금이 있을 수 없다고 여겼습니다. 일통(一統)을 크게 밝히는 때[151]에 저 오랑캐가 참람된 칭호를 사용하니 사신을 보내서는 안 됩니다. 저들이 황제라고 칭하는 것을 그만둔 뒤에 사신을 보내더라도 늦지 않습니다. 이는 참으로 춘추대의(春秋大義)로 고금천지에 통하는 이치이니, 북인(北人)들에게 일깨워 주지 않아서는 안 됩니다. 어떻겠습니까. 어떻겠습니까.

모두 참소를 당해 도성을 떠나 있을 적에 유계만이 홀로 관직에 있다 결국 서울에서 사망한 것을 두고 누군가는 유공의 진퇴지절(進退之節)을 의심한 적이 있는데 이 일을 가리키는 듯하다고 하였다.

149 중봉(重峰)이……있었는데도 : 1589년(선조22) 4월에 조헌(趙憲)이 만언소(萬言疏)를 올렸다가 선조의 분노를 사서 길주로 유배되었다. 《重峰集 附錄 卷2 行狀》

150 김성일(金誠一)이……상소 : 임진년(1592)에 김성일이 직접 일본에 갔는데도 적정(賊情)을 제대로 파악하지 못한 채 보고한 상소이다.

151 일통(一統)을……때 : 즉위하여 왕업을 닦는 초기를 가리킨다.

민대수에게 보냄 을사년(1665, 현종6) 5월

與閔大受 乙巳五月

삼가 날이 더워지고 있는 요즈음 영감의 체후가 편안하고 안보를 맡아 다스리는 가운데 정돈되고 여유로운지요? 낮이나 밤이나 마음이 내달립니다. 나는 상화(喪禍)를 당한 이후로 더욱 세상일에 뜻이 없어 그저 책 상자 몇 개를 들고 산방에 눌러 지내고 있습니다. 죽을 쑤어 승려와 함께 먹으며 생활하면서 자못 간소함을 느끼니, 모르는 사람들이 볼 때는 괴상하다고 여기지 않을 수가 없을 것입니다. 그러나 그런 대로 그냥 내버려 둔 지 이미 오래입니다.

지난달 대가(大駕)가 남쪽으로 순행하신다는 말을 듣고 즉시 길가에 있는 절집으로 나왔으나 감히 대뜸 행조(行朝)에 나아갈 수가 없었습니다. 이는 근래의 종적이 그렇게 하지 않을 수 없어서이기도 하지만, 경외(京外)에서 의심하고 비방하여 마치 무슨 큰 죄라도 있는 것처럼 소란스러워져 나를 몹시도 황공하게 하는 것을 견딜 수 없어서였습니다. 전에 애써 정성스럽게 말씀하시는 성상의 하유가 그동안 거듭 내려와 지숙(持叔 민유중) 영공이 가만히 앉아 있어서는 안 된다고 누차 면려하기에 다시 조금 앞으로 나아가 여론이 어떠한지를 들으려 합니다.

주군(朱君) 두 명은 아주 아낄 만했습니다. 그러나 그들이 온 뜻에는 부응해 줄 만한 것이 없어 그들을 대할 때마다 회옹(晦翁)이 "벗은 먼 곳에서 온 것을 부끄럽게 여긴다."라고 한 구절[152]을 외고, 또 저들의

152 회옹(晦翁)이……구절 : 주희(朱熹)의 〈제복건고정서원(題福建考亭書院)〉 시

어리석음이 나보다 심하다고 말하면서 웃었습니다. 투철하여 막힘이 없는 고명(高明)께서 사람이 누를 끼치는 것을 생각지 않고 그들에게 권하여 오게 하신 것이 유독 괴이쩍을 뿐입니다. 다만《가례(家禮)》와 《근사록(近思錄)》 및《향음주례(鄕飮酒禮)》 등의 책을 가르쳐 주어 한번 고을의 수재들과 돌아가며 서로 강론하게 하여 그 행할 만한 것을 행해 보도록 하는 것이 어떻겠습니까?

일찍이 종이를 보내 주며 분에 넘치게도 졸필을 구하기에 시험 삼아 써 보았으나, 이내 마음에 들지 않아 바로 없애 버렸습니다. 지금 다른 종이로 바꾸어 22장을 부끄러움을 무릅쓰고 올립니다. 이는 참으로 부처가 있는 곳에서 존자(尊者)라 칭하는 격이니, 그 분수를 헤아리지 못하는 것이 매우 가소롭습니다.

만나서 이야기할 기회가 없습니다만 덥고 비 내리는 시기에 더욱 보중하기 바랍니다.

○ 행조 소식을 들었습니다. 지숙 영공이 막 편지를 보냈는데, 분명 자세히 알 것이라 생각해서 다시 언급하지 않았을 뿐입니다. 22장에 쓴 글은 격치(格致)와 존양(存養)과 주경(主敬)과 행서(行恕)에 관한 것입니다. 모든 일에 옳은 것을 구하는 것이 춘추대의(春秋大義)이니, 회옹의 정법(正法) 및 검속(檢束) 두 가지가 그것입니다. 글씨는 즉시 장독 덮개로나 쓴다면 매우 다행이겠습니다.

에 "도는 옛 성인의 집에서 헤매게 되고, 벗은 먼 곳에서 온 것을 잘못한 일로 여긴다."라는 구절이 있다. 송시열이 멀리서 자신을 찾아온 두 명의 주군에게 도움이 되지 못해 부끄럽다는 뜻을 표현하기 위해 이 구절을 인용한 것이다.

민대수에게 답함 을사년(1665, 현종6) 8월

答閔大受 乙巳八月

수일 전 충청 감영에서 전해 온 전월 2일에 쓰신 수찰을 받아 보고는 처음에는 놀랍고 의아해서 나도 모르게 인간 세상을 벗어난 것만 같았습니다. 더구나 사신의 수레가 번개처럼 달려 8000리 산하를 돌아보았다 하니, 글에서 장관이 펼쳐진다는 것이 과연 그렇다고 말할 수 있을 것입니다.

맷돌에 붙어 기어가는 개미[153]를 볼 때 돌아가는 맷돌을 벗어나지 못하면서 세상이 끝없이 멀다고 여기고 있으니, 대방지가(大方之家)[154]에게 비웃음을 사 마땅합니다. 또 처음 꾀한 계책이 뛰어나지 못해 비장(裨將)의 적(籍)에 이름을 둠으로써 꼬리에 붙어 천 리를 갈[155]

153 맷돌에……개미 : 원래는 해와 달이 천구(天球) 상에서 운행하는 것을 비유한 말인데, 송시열이 치우친 곳에서 지내는 자신의 처지를 비유하는 말로 썼다. 《진서(晉書)》〈천문지 상(天文志上)〉에 "하늘은 맷돌질하는 것처럼 수평으로 돌아가되 왼쪽으로 운행하고, 해와 달은 오른쪽으로 운행하지만 하늘을 따라 왼쪽으로 돈다. …… 개미가 맷돌 위를 걸어가는 것에 비유하자면 맷돌은 왼쪽으로 돌고 개미는 오른쪽으로 가는데 맷돌은 빠르고 개미는 느리기 때문에 개미도 맷돌을 따라 왼쪽으로 돌게 되는 것과 같다."라고 한 데서 유래하였다.

154 대방지가(大方之家) : 시야가 트인 대가(大家)를 뜻한다. 《장자(莊子)》〈추수(秋水)〉에서 하백(河伯)이 자신이 다스리는 하수(河水)의 물이 불어나자 의기양양해하다가 북해(北海)에 이르러서는 그 끝없이 펼쳐진 물을 보고는 그만 탄식하면서 "내가 길이 대방지가에게 비웃음을 사겠다."라고 한 말에서 유래하였다.

155 꼬리에……갈 : 파리가 천리마의 꼬리에 붙으면 천 리를 갈 수 있다는 것으로,

수 없는 것을 한탄할 뿐입니다. 오늘날 신인(神人)의 경사는 모름지기 길보(吉甫)의 맑은 바람[156] 같은 글을 기다려야 만분의 일이라도 칭송될 수 있을 것이니, 이것이 잠시나마 죽지 않고 있으면서 비는 첫 소원입니다. 다만 천신(賤臣)의 죄가 더 무거워 누차 스스로 탄핵하는 글을 올리는데도 성상께서는 한결같이 은혜를 내려 주시니 참으로 어떻게 처신해야 할지 모르겠습니다.

춘형(春兄 송준길)이 벼슬을 그만두기가 쉽지 않으니 조정의 관리들이야 어찌 서로 기뻐하지 않겠습니까마는, 낙애(洛涯)[157]가 텅 비게 되면 어찌 내 마음에 유감이 없을 수 있겠습니까.

주군(朱君) 두 명이 떠난 뒤에 매우 그리웠습니다. 만약 향음(鄕飮) 의식 등이 물고기나 자라가 사는 물가[158]에서 행해진다면 참으로 주(周)나라의 예가 노(魯)나라에 있는 것입니다. 다만 쇠하고 게을러져

어진 이를 따름으로 해서 자신의 성가(聲價)가 높아짐을 뜻한다. 《사기(史記)》 〈백이열전(伯夷列傳)〉에 "안연(顔淵)이 비록 학문에 독실했으나 공자(孔子)라는 천리마의 꼬리에 붙은 덕분에 더욱 이름이 드러났다."라고 한 데서 유래하였다.

156 길보(吉甫)의 맑은 바람 : 만물을 길러 내는 맑은 바람처럼 그 온화한 덕이 풍겨 나오는 멋진 글을 표현하는 말이다. 《시경》 〈대아(大雅) 증민(烝民)〉에 "길보가 노래를 지으니, 온화하기가 맑은 바람과 같다."라는 구절이 나온다.

157 낙애(洛涯) : 낙동강이 있는 상주(尙州) 일대로 송준길이 문장공(文莊公) 정경세(鄭經世)를 뵙고 활동하던 곳이다.

158 물고기나……물가 : 신분이 비천한 사람들이 사는 곳을 비유한 말이다. 《후한서(後漢書)》 〈양종열전(楊終列傳)〉에 "광무제는 서역국과 단절하였으니, 이는 물고기나 자라 때문에 우리의 의상을 바꾸지 않으려는 것입니다." 하였는데, 이현(李賢)의 주석에 "물고기나 자라는 먼 오랑캐를 비유하니, 그 사람들이 물고기나 자라와 차이가 없기 때문이라는 뜻이다."라는 내용이 있다.

그 가운데 있으면서 읍양(揖讓)할 수 없을 뿐입니다.

두죽(豆粥)[159]과 강주(江柱)[160]는 들어는 보았어도 직접 보지는 못하였는데 지금 멀리서 은혜로이 보내 주었으니, 이 어찌 회북(淮北)에서 귤(橘)을 보는 것[161]에 비할 뿐이겠습니까. 비록 물에 잠겨 있어 그 빛깔은 볼 수 없지만 그 풍미는 대강 느낄 수 있었습니다. 다만 두죽은 기묘년(1519, 중종14) 현인들을 죽게 한 적이 있으니, 어찌 온 도의 인력을 총동원해 그 뿌리를 모두 뽑아 버리지 않을 수 있겠습니까. 그렇게 한다면 내가 기어서라도 가서 도울 것입니다.

계주(季周)는 몹시도 딱하게 되었습니다.[162] 편지를 보내고 싶어도 다시 누가 될까 감히 보내지 못할 뿐입니다. 더없이 자중자애(自重自愛)하시길 바랍니다. 이웃 중에 그쪽으로 가겠다는 사람이 있어 몇 자 써서 부치니, 그가 돌아올 적에 계주의 안부를 알려 준다면 매우 다행이겠습니다. 이만 줄입니다.

159 두죽(豆粥) : 고원 지대에서 자라는 낙엽 관목인 들쭉을 한자로 표기한 것이다. 들쭉나무 열매는 모양과 맛이 포도와 비슷한데, 날로 먹기도 하고 음료와 술을 만들기도 하며 말려서 정과를 만들기도 한다.

160 강주(江柱) : 북청(北靑)과 홍원(洪原)에서 많이 나는 살조개로 강요주(江瑤柱)라고도 한다. 살이 연하고 맛이 좋으며 고려 때에는 원(元)나라의 요구에 따라 모두 바쳐서 국내에서는 먹을 수 없었다고 한다. 《惺所覆瓿藁 卷26 屠門大嚼》

161 회북(淮北)에서……것 : 몹시도 귀한 물건을 받은 것을 강조하기 위해 한 말이다. 회남(淮南)의 귤을 회북으로 옮겨 심으면 탱자가 된다는 귤화위지(橘化爲枳)의 고사를 비유하여 말한 것이다. 《周禮 冬官考工記序》

162 계주(季周)는……되었습니다 : 이단하(李端夏)가 1664년부터 1665년까지 북평사로 함경도 지방에 나가 있었던 것을 안타깝게 여겨 한 말이다.

민대수에게 보냄 을사년(1665, 현종6) 9월
與閔大受 乙巳九月

북녘땅은 일찍부터 추워지는데 영감의 건강은 어떠한지 모르겠습니다. 그리워하는 마음이 날이 갈수록 더합니다. 주생(朱生)이 보낸 편지를 통해 향음례(鄕飮禮)를 행하려 한다는 소식을 들었습니다. 준자(遵者)[163]의 뒤에 나아가고, 그 사이에서 읍양(揖讓)하고 진퇴(進退)하지 못하는 것이 한스럽습니다.

또 듣자니 《가례비요(家禮備要)》 등의 책을 간행하려 한다고 하니, 북방의 학자들이 이제 수수(洙水)와 사수(泗水)에서 다투는 모습[164]을 면할 수 있게 되었습니다. 가만히 흠모와 감탄을 금할 수 없습니다. 일찍이 계주(季周)의 편지에 시남(市南 유계(兪棨))의 사당을 세우는 논의에 관한 내용이 있었는데,[165] 나는 이것이 조주(潮州)의 한유(韓

163 준자(遵者) : 향음주례(鄕飮酒禮)나 향사례(鄕射禮)에서 향대부나 향선생 중 노인을 가리킨다. 《의례》 〈향사례〉에 "대부 중에 만약 준자가 있으면 문의 왼쪽으로 들어온다."라고 하였는데, 이에 대한 정현(鄭玄)의 주에 "이 향(鄕)의 사람 가운데에 대부가 된 자를 이른다. 이를 일러 준자라고 한 것은 예악을 가지고 백성을 교화할 적에 그를 따라 본받게 하고자 해서이다."라고 한 내용이 보인다.

164 수수(洙水)와……모습 : 노(魯)나라의 수수와 사수를 건너는 자들 사이에 과거에는 장유(長幼)의 예절이 있었는데, 도가 쇠해지자 장유의 질서가 무너져 서로 다툰다는 데서 인용한 말로, 도가 쇠퇴한 모습을 뜻하는 말로 쓰였다. 《史記 魯周公世家》

165 계주(季周)의……있었는데 : 이단하가 1664년부터 1665년까지 북평사(北評事)가 되어 함경도 지방을 순찰하였는데, 이때 지역의 선비들과 협력하여 종성(鍾城)에다 서원을 설립하는 일을 논의했던 것으로 보인다. 이에 따라 1666년에 종산서원(鍾山書

愈)나 유주(柳州)의 유종원(柳宗元) 경우와 차이가 없다고 생각합니다.[166] 만약 낙정(樂靜)[167]과 함께 제향한다면 어찌 북인들이 모범으로 삼는 데 도움이 되지 않겠습니까.

주생(朱生)이 문옹(文翁)의 감화를 깊이 입었으니, 몹시 기쁘고 다행스럽습니다. 나는 죄를 지은 몸이라 감히 사람들 많은 곳에서 편히 있을 수가 없어 책을 들고 산으로 들어온 지 이미 여러 날이 되었습니다. 남은 생을 하는 일 없이 죽이나 먹는 중처럼 보낸다 해도 안 될 것이 없습니다.

○ 함산(咸山) 사람 영이(英伊)라는 자가 일찍이 어떤 사람의 수건과 빗을 가시고 있었는데, 그 사람이 서울에서 죽어 괴산(槐山)으로 돌아가 장사를 치르자 영이가 의리에 따라 분상(奔喪)하고 이어 궤전(饋奠)을 올리고 조석으로 슬피 곡하였습니다. 죽은 이의 친족들이 함께 가상히 여겨 도와주고자 하였으나 북관(北關)에 막혀서 도와줄

院)이 창건되어 기준(奇遵), 유희춘(柳希春), 정엽(鄭曄), 조석윤(趙錫胤), 유계(兪棨) 등이 배향되었다.《韓國文集叢刊解題3 畏齋集》《新增東國輿地勝覽 卷50 咸鏡道 鍾城都護府》

166 조주(潮州)의……생각합니다 : 원화(元和) 14년(819) 한유는 〈논불골표(論佛骨表)〉를 올렸다가 헌종의 노여움을 사서 광동(廣東)의 조주 자사로 좌천되었다. 한유는 그곳 백성들로부터 대단히 추앙을 받아, 그가 죽은 뒤에도 조주 사람들은 사당을 세우고 그를 제사 지냈다.《東坡全集 卷86 潮州韓文公墓碑》 유종원은 중국 광서(廣西) 지방 유주로 좌천되었다가 그곳에서 죽었는데, 그곳에 그의 사당이 있다.《韓昌黎文集 卷31 柳州羅池廟碑》 유계의 사당을 세우는 것을 조주와 유주의 백성이 한유와 유종원의 사당을 세운 것에 견주어 볼 때 차이가 없다고 한 것이다.

167 낙정(樂靜) : 조석윤(趙錫胤, 1605~1655)으로, 본관은 배천(白川), 자는 윤지(胤之), 호는 낙정재(樂靜齋)이다.

길이 없었습니다.

가만히 생각건대 예양(豫讓)이 비록 범씨(范氏)와 중항씨(中行氏)를 섬겼지만 군자는 이것을 가지고 훗날 숯을 삼킨 의리를 과소평가하지 않았습니다.[168] 부디 이에 대해 넉넉하게 상을 내리는 뜻을 대략 보여 주는 것이 어떻겠습니까? 만약 이번 겨울까지로 한하여 그렇게 해 준다면 떠나는 사람과 남는 사람 사이의 정에 아주 잘 부합한다고 하겠습니다. 그 사람이란 일찍이 안찰관(按察官)을 지낸 김씨입니다.

168 예양(豫讓)이……않았습니다 : 예양은 전국 시대 진(晉)나라의 자객이다. 일찍이 진나라의 범씨와 중항씨를 섬기다가 지백(智伯)이 그 두 집을 멸하자, 다시 지백을 섬겼다. 그 뒤에 지백이 조 양자(趙襄子)에게 죽음을 당하자, 예양은 주군의 원수를 갚기 위하여 숯을 삼켜 벙어리가 되고 몸에는 옻을 칠하여 문둥병 환자로 가장하고 조 양자를 암살하려고 하였다. 그러나 사전에 발각되어 조 양자에게 잡혀갔다. 조 양자가 "너는 범씨와 중항씨를 죽인 지백을 섬기더니 왜 나한테는 원수를 갚으려 하는 것인가?"라고 하니 예양이 답하기를 "범씨와 중항씨는 나를 보통 사람으로 대우하였으므로 나도 보통 사람으로 보답하였고, 지백은 나를 국사(國士)로 대우하였으므로 나도 국사로 보답하는 것이다."라고 하고는 죽음을 당하였다. 《史記 刺客列傳 豫讓》

민대수에게 답함 을사년(1665, 현종6) 11월

答閔大受 乙巳十一月

주생(朱生 주여규(朱汝奎))이 다시 와서 무탈한지 물은 뒤 바로 편지를 전해 주었습니다. 집사께서 이 일[169]에 마음을 다해 주는 것이 대단합니다. 세상에 이름난 학자가 없으니 누가 손을 써서 도와줄 수 있겠습니까. 이것이 한스러울 뿐입니다. 그러나 주 부자(朱夫子)의 설을 보니, 장산(鄣山) 왼쪽 기슭에선 절강(浙江)이 솟아나는데 산은 깎아지른 듯하고 물이 기세게 흐르기 때문에 그 기운을 받고 그 땅에서 나는 것을 먹은 자는 지나치게 강하고 싸우기를 좋아하지 않을 수 없다고 하였습니다.[170] 지금 북쪽의 풍속 또한 그러한데 지금 집사의 가르침으로 인해 한 번 변화하여 도에 이르게 될 것이니, 어떤 선(善)이 이처럼 훌륭하겠습니까. 반드시 그 기질과 습관으로 선을 행하는 데 힘써 용감하게 의(義)를 행하고 강직하게 예(禮)를 지켜야 할 것입니다. 만약 혹 여기에 이르지 못하고 다만 문약(文弱)하고 내실 없는 것에 젖어 있게 된다면 이는 참으로 한단(邯鄲)에서 걸음걸이를 배우는 격[171]이

169 이 일 : 《우암선생서절요집해(尤菴先生書節要集解)》 권4에 "학교를 일으키는 일을 말한다."라고 되어 있다.

170 주……하였습니다 : 신안도원(新安道院)이 있는 곳의 지역적 특징과 그곳 사람들의 기질에 대해 기술한 내용이 《회암집(晦庵集)》 권80 〈휘주휴녕현청신안도원기(徽州休寧縣廳新安道院記)〉에 실려 있다.

171 한단(邯鄲)에서……격 : 자기의 본분을 버리고 맹목적으로 남의 행위를 본뜨기만 하면 두 가지 모두를 잃고 실패한다는 뜻이다. 《장자(莊子)》 〈추수(秋水)〉에 옛날

될 것이니, 국가가 굳건한 웅도(雄都) 하나를 잃게 되는 안타까운 일입니다. 집사께서는 이 점에서 그 기틀을 잘 생각하여, 기필코 문왕(文王)과 같이 조화로운 정치에 이르게 하셔야 합니다.[172]

나는 병중이라 번거롭게 시끌벅적한 시골 골목에서 지내는 것을 감당할 수 없어 서리 내린 뒤로는 속리산 북쪽 기슭에 들어앉았으나 이제 춘형(春兄 송준길)이 내려왔다는 소식을 듣고는 한번 나가서 그가 곤경을 당한 것을 위로하지 않을 수 없었습니다. 그런 다음 북쪽 선비와 편한 거처를 논의해 정하였습니다.

나를 아껴 붓 열 자루와 말린 생선 두 마리를 보내 준 데 대해 깊이 감사드립니다. 앞 편지에서 말씀한 그 사람은 아직 오지 않았으니, 이상한 일입니다.

○ 계주(季周 이단하(李端夏))가 살아서 옥문관(玉門關)에 들어간 것[173]이 매우 기쁩니다.

연(燕)나라 소년이 조(趙)나라의 서울 한단에 가서 그곳 사람들의 걸음걸이를 본받다가 충분히 배우지 못한 채 고향에 돌아와 보니 한단의 걸음걸이도 안 되고 원래의 걸음걸이도 잊어버리고 말았다는 고사가 실려 있다.

172 문왕(文王)과……합니다 : 문왕이 문교(文敎)를 써서 800년 왕업의 기초를 세웠으므로 문왕의 가르침을 숭상할 것을 당부한 말이다.

173 살아서……것 : 무사히 고향으로 돌아오는 것을 말한다. 후한(後漢) 때 반초(班超)가 오랫동안 변방에서 지방관으로 있다가 늙어서는 고향 생각이 나서 상소하기를 "신이 감히 주천군(酒泉郡)을 바라지는 않으나, 단지 살아서 옥문관을 들어갈 수 있기를 원합니다."라고 한 데서 유래하였다. 《後漢書 班超列傳》

민대수에게 보냄 을사년(1665, 현종6) 12월

與閔大受 乙巳十二月

지난달 초 주생(朱生)을 통해 답장을 올렸는데, 바로 받아 보았는지요? 한 해가 다 가는 지금 안보를 맡아 다스리는 여가에 침식(寢食)을 잘 챙기고 건강한지요? 몹시도 그립습니다.

나는 오랫동안 산중에서 그저 책 읽는 소리로 졸졸 흐르는 시냇물 소리에 답하고 있으니, 노년을 보내는 일이 이러할 따름입니다. 어제 연말을 맞아 산소를 찾았습니다. 10여 일이 지나면 곧 60세가 됩니다. 지난 세월을 돌아보니 참으로 아까운 시간을 헛되이 보냈습니다.

주생과 박생(朴生)[174]은 질박하고 성실하여 글을 볼 때 대충 보지 않아 의견을 나누기가 아주 좋으니, 계속해서 이렇게 해 나간다면 기대를 걸 만합니다. 다만 길이 멀어 오가는 데만도 걸핏하면 열흘이나 한 달이 걸리니 차질을 빚을까 두렵습니다. 그러나 이미 절하(節下)[175]께서 분발하도록 한 공이 있으니, 나로 하여금 몹시도 공경하여 우러르게 합니다.

그 밖에 새해를 맞아 더욱 보중하기 바랍니다. 이만 줄입니다.

174 주생과 박생(朴生) : 《송자대전수차(宋子大全隨箚)》 권6에, 함흥에 사는 주여규(朱汝奎)와 영흥에 사는 박호경(朴虎卿)이라고 하였다.

175 절하(節下) : 군사를 거느리는 장수에 대한 경칭(敬稱)으로, 이때 민정중이 함경도 관찰사를 지냈기 때문에 이렇게 호칭한 것이다.

민대수에게 답함 병오년(1666, 현종7) 1월 25일

答閔大受 丙午正月二十五日

이달 초에 섣달 14일에 보내 준 편지를 받았습니다. 편지지에 가득 적어 준 말씀이 시원시원하여 참으로 천 리 길이 멀다고 느껴지지 않았습니다. 봄이 시작되는 지금 건강은 좋으신지요? 나는 말해 무엇 하겠습니까. 영남 70주(州)의 유생들은 오로지 윤휴의 설만 가지고 나를 죄주고 있는데, 그 통고문에 적서(嫡庶)를 분별하여 종통(宗統)을 밝히고 인심을 바로잡는다고 말하였습니다. 장차 다음 달 9일에 상소를 올릴 것이니, 이것이 신년 소득일 뿐입니다.

편지에서 말씀한 그곳에 사당을 세우는 것에 관한 논의[176]는 나의 마음을 매우 위로해 줍니다. 무사(武事)가 정교해진 것은 비록 습속 때문이기는 하지만 또한 진성(晉城)의 정치[177]가 그렇게 만든 것이 아니겠습니까.

옛날 성고(聖考 효종)께서 천신(賤臣)에게 하신 말씀을 기억해 보니, 국가 유사시에는 서북 사람에게 의지해야 한다고 하였습니다. 지금 보내 준 말씀을 보노라니 흐르는 눈물을 주체할 수 없습니다. 그러나 오늘날의 악장(岳張)[178]이 되는 일을 장차 다른 사람에게 양보하겠습니

176 그곳에……논의 : 419쪽 주147 참조.

177 진성(晉城)의 정치 : 백성들을 교화하고 그들이 서로 도울 수 있도록 해 주는 정치를 말한다. 북송(北宋)의 유학자 정호(程顥)가 택주(澤州)의 진성 영(晉城令)이 되었을 적에 주민을 효제충신(孝悌忠信)으로써 교화하고 오보(伍保)를 만들어 상부상조하게 한 데서 나온 말이다. 《二程文集 卷12 明道先生行狀》

까. 북쪽으로 중원을 평정한다는 말씀은 나로 하여금 산처럼 기운이 솟게 합니다. 오늘날 절하(節下)가 아니고서 감히 이런 금기어를 말할 자를 찾기는 어려울 것입니다. 그러나 이른바 "칼을 만지고 손뼉을 치는[179] 데 있지 않다."라고 한 것은 참으로 지극한 논의입니다. 집사께서는 근본의 자리로 서둘러 돌아가 정성을 다하시기 바랍니다. 죽을 때가 다 된 늙은 이 사람은 늘 애간장이 녹는 것을 견딜 수 없습니다.

이곳에 온 유생들은 참으로 순수하고 성실하여 아낄 만합니다. 그들이 이렇기 때문에 일반 총민한 사람보다 배나 더 글 뜻을 잘 이해합니다. 기삼백(朞三百)[180]과 율려(律呂),[181] 〈홍범(洪範)〉[182]과 혼천(渾天)의 수(數)와 의(儀)에 대해 알지 못하는 것이 없으니, 만약 이 몇 사람

178 악장(岳張) : 송(宋)나라 때 무장(武將) 악비(岳飛)와 충신 장준(張浚)을 합한 말로, 훌륭한 장수를 상징한다.

179 칼을……치는 : 무력을 쓰는 일을 계획하는 것을 말한다. 《사문유취(事文類聚)》〈명검저장(鳴劍抵掌)〉에 "장궁(藏宮)과 마무(馬武)의 무리는 칼을 만지고 손뼉을 치며 이오(伊吾)의 북쪽에서 뜻을 드날렸다."라고 한 구절이 보인다. 장궁과 마무는 후한 광무제(後漢光武帝) 때의 무신(武臣)으로, 서북방 이민족과의 전투에서 공을 세웠다.

180 기삼백(朞三百) : 《서경》〈요전(堯典)〉에 나오는 "기는 366일이다.〔朞三百六旬有六日〕"에서 끝수를 생략하고 쓴 말로, 월력(月曆)을 만드는 기본이 되는 기록이다.

181 율려(律呂) : 음악을 뜻한다. 원래는 성음(聲音)을 조정하는 관(管)을 말한다. 중국 고대 황제(黃帝) 때의 영륜(伶倫)이 대나무를 끊어 만든 것으로, 관의 장단에 따라 성음의 청탁(淸濁)과 고저가 생기게 된다. 양률(陽律)인 황종(黃鍾)·태주(太簇)·고선(姑洗)·이칙(夷則)·무역(無射)·유빈(蕤賓), 음려(陰呂)인 대려(大呂)·협종(夾鍾)·중려(仲呂)·임종(林鍾)·남려(南呂)·응종(應鍾) 등 모두 12가지로 되어 있다. 《漢書 律曆志》

182 홍범(洪範) : 《서경》 편명(篇名)으로서 천하를 다스리는 정치 도덕의 아홉 가지 원칙이 제시되어 있다.

으로 하여금 돌아가며 서로를 일깨워 주게 한다면 그 효과가 없지 않을 듯합니다.

여관(女冠)은 우리 집에서 쓰던 것을 이산(尼山) 윤씨[183]에게 빌려주었는데, 어제 사람을 보내 물었더니 이롭지 않게 되었습니다. 앞으로는 응당 말씀에 부응하겠습니다. 드릴 말씀은 많고 많지만 새벽 등불 밑에서 쓰고 있어, 이만 줄입니다.

183 이산(尼山) 윤씨 : 충청도 이산에 살던 명재(明齋) 윤증(尹拯)을 가리킨다.

민대수에게 보냄 병오년(1666, 현종7) 2월

與閔大受 丙午二月

영남 사람들이 올린 상소[184]를 두고 처음에는 필시 새로운 견해가 있으리라고 여겼으나 얼핏 보니 한 차례 웃을 거리도 못 되고, 그저 김수홍(金壽弘)과 윤휴(尹鑴)가 논의하고 남은 것을 주워 모아 놓은 것이었습니다. 맨 먼저 백읍고(伯邑考)와 무왕(武王)의 일[185]을 근거로 제시했는데, 백읍고가 죽었을 때 문왕(文王)이 기어이 그를 위해 복을 입지 않아 왕통이 끊어졌습니다. 이는 세자가 되지 못한 것이라 하겠습니다.

우리 인조대왕(仁祖大王)이 소현세자(昭顯世子)에 대해 참최복(斬衰服)을 입어야 하는 의리가 있긴 하지만, 다만 《대명률(大明律)》에 따라 복을 낮추어 입었던 것이니, 이는 백읍고의 일과는 전혀 관련이 없습니다.[186] 옛사람이 무왕을 "성서탈적(聖庶奪嫡)[187]한 임금"이라고

184 영남……상소 : 1666년 3월에 영남 유생 유세철(柳世哲) 등 1000여 명이 연명으로 올린 상소를 말한다. 이 상소에서 《예기(禮記)》 〈증자문(曾子問)〉의 "천자와 제후의 상에는 모두 참최복을 입고 기년복(朞年服)은 없다."라는 설을 인용하면서 송시열, 송준길 등이 기해년(1659) 예송에서 주장한 기년복이 잘못된 복제라고 극력 비판하고, 윤휴, 허목(許穆) 등이 주장한 삼년복을 지지하였다. 소가 정원에 당도하자, 승지 김수홍 등이 "주상의 마음을 놀라게 하고 동요시키어 선한 사류를 일망타진하려 합니다."라고 아뢰니, 왕이 "소의 뜻이 온당하지 못하니 물러가 업을 닦으라."라고 비답하고, 이어서 뭇 신하를 모아 이를 의논하게 하였다.

185 백읍고(伯邑考)와 무왕(武王)의 일 : 문왕은 적자(嫡子)인 백읍고에게 왕위를 물려주지 않고 차자(次子)인 무왕에게 물려주었으며 그 뒤 주나라 왕통이 무왕의 후손들에게 세습된 것을 말한다.

하였습니다. 어째서 '성(聖)'이라고 하느냐 하면 무왕이 성덕(聖德)을 지녔기 때문입니다. 어째서 '서(庶)'라고 하느냐 하면 비록 문모(文母) 소생이라지만 오히려 차적(次嫡)이 되기 때문입니다. 어째서 '탈(奪)'이라고 하느냐 하면 본래의 분의(分義)로는 응당 임금 자리에 설 사람이 아니기 때문입니다. 어째서 '적(嫡)'이라고 하느냐 하면 문왕의 적통(嫡統)을 계승하였기 때문입니다. 이쪽에서 저들을 공박하는 논의를 들어 보니, 이번에도 이런 사실로 저들을 공박하지 못하고 지엽적인 문제에만 얽매여 있었습니다. 가만히 듣고 있자니 또한 탄식을 금할 수 없을 뿐입니다.[188]

186 인조대왕(仁祖大王)이……없습니다 : 인조대왕이 소현세자에 대해 참최복을 입지 않은 것을 두고, 인조의 적장자(嫡長子)인 소현세자의 아들 석견(石堅)이 살아 있는 상황에서 효종(孝宗)이 왕위에 올라서도록 한 것으로 연결 지어 해석하는 것은 온당치 않다고 말한 것이다.

187 성서탈적(聖庶奪嫡) : 성서(聖庶)는 성인 즉 제왕의 덕을 갖춘 서자라는 뜻으로, 서자라도 천자나 제후와 같은 통치자의 지위에 오르면 적실(嫡室)의 대종(大宗)이 그에게 돌아간다는 말이다. 《漢書 梅福傳》

188 뿐입니다 : 《현종개수실록》 7년 3월 25일 기사에, 관학 유생 홍득우(洪得禹) 등이 올린 상소가 실려 있는데, 그 안에 본 편지 내용을 인용하였다. 이 상소에는 이 뒤에 "기해년(1659) 5월 6일에 영상이 궐중(闕中)에서 나를 불러 《대명률》과 국가의 제도를 보여 주고는 기년(朞年)의 복제로 단정(斷定)하였던 것이니, 영남의 상소에서 '온 나라에 말썽이 그치지 않으니까 그제야 《대명률》을 끌어댔다.'라고 한 것 역시 무함한 말입니다."라는 말이 더 실려 있다.

민대수에게 답함 병오년(1666, 현종7) 3월 20일
答閔大受 丙午三月二十日

회령(會寧) 최생(崔生 최신(崔愼))이 와서 은혜로운 편지를 전해 주었습니다. 회령 사람이 절하(節下)가 아니고서야 어찌하여 이 누추한 곳까지 오겠으며, 이 누추한 곳이 절하가 아니고서야 어떻게 이렇게 멀리서 온 손님을 맞이하겠습니까. 산간에서 석고대죄하는 일은 실로 고금에 드문 일이라 여겼는데, 석고대죄하는 중에 이런 일이 있으니 특히나 드문 일 중에서도 아주 드문 일입니다.

말씀한 내용에 기상(沂上)[189] 운운하셨는데, 이러한 때는 아무리 광자(狂者)가 이런 경우를 당했다 하더라도 두문불출하며 대죄(待罪)할 것이니, 대뜸 목욕하고 바람 쐴 기분이 들 수가 없을 것입니다. 또 나의 죄안(罪案)은 중국의 법을 적용하자면 바로 사형에 해당합니다. 그렇다 보니 산속의 새들도 뜰에 내려와 앉으려 하지 않는데, 관자(冠者) 5, 6인과 동자(童子) 6, 7인을 어디에서 오게 할 수 있겠습니까. 참으로 우습습니다.

연약(煉藥)을 나누어 보내 주었으니, 지극한 뜻에 참으로 감사드립니다. 지난 섣달에 지령(持令 민유중) 또한 조금 보내 주었기에 답하는

189 기상(沂上) : 기수(沂水)의 물가란 뜻으로, 마음이 자연스러워 일상생활을 즐기며 천지 만물과 함께하려고 하는 뜻을 나타낸다. 공자가 여러 제자에게 각기 자기의 뜻을 말해 보라고 했을 때, 증점(曾點)이 대답하기를 "늦은 봄에 봄옷이 만들어지면 관을 쓴 자 대여섯 사람과 동자 예닐곱 사람과 함께 기수에서 목욕하고 무우(舞雩)에서 바람을 쐰 다음 읊조리며 돌아오겠습니다."라고 한 데서 온 말이다. 《論語 先進》

편지에 "방서(方書)에 보면 이 약은 반드시 옥황상제에게 먼저 바친 뒤에 복용해야 한다고 되어 있으니, 이 어찌 누구라도 먹을 수 있는 것이겠습니까. 매우 걸맞지 않은 듯합니다."라고 하였습니다. 그런데 지금 다시 이 약을 받으니, 병이 낫기 전에 화가 닥칠까 내심 걱정스럽습니다. 그러나 온 세상 사람이 죽이려 해도 존형제(尊兄弟)만은 살리고자 하니, 참으로 한공(韓公)이 말한 "경상(卿相)의 지위를 하찮게 여기고 누추한 골목에서 나물국이나 먹는 것을 달게 여기는 사람"[190]이라 하겠습니다.

최생(崔生)은 참으로 아낄 만합니다. 그러나 그가 멀리서 온 뜻에 부응할 만한 것이 없어 주인으로서 참으로 부끄럽습니다. 계주(季周)가 이곳에 살면서[191] 아주 잘 돌보아 주고 있습니다. 그 사람을 아끼는 마음이 몹시도 높이 살 만합니다.

붓과 어물(魚物)과 나물 모두 감사히 잘 받았습니다.

여기 두 봉(封)의 책자가 있는데, 《의례(儀禮)》 및 《의례경전통해(儀禮經傳通解)》[192] 및 《의례도(儀禮圖)》[193]입니다. 주여규(朱汝奎)와 박호경(朴虎卿)에게 꼭 전해 주면 어떻겠습니까?

190 한공(韓公)이……사람 : 한공은 당(唐)나라 문장가 한유(韓愈)를 가리킨다. 그가 쓴 〈여최군서(與崔群書)〉에 "사람 중에는 본래 경상의 관직과 천승(千乘)의 지위를 하찮게 여기고 누추한 골목에 살면서 나물국을 먹는 것을 달게 여기는 사람이 있다."라는 내용이 보인다. 《韓昌黎文集 卷17》

191 계주(季周)가 이곳에 살면서 : 1664년부터 1665년까지 이단하(李端夏)가 북평사(北評事)가 되어 함경도 지방을 순찰하였는데, 이때 이들을 돌보아 준 것으로 보인다.

192 의례경전통해(儀禮經傳通解) : 주희(朱熹)가 《의례》를 중심으로 《예기》와 경사(經史)에 있는 예설(禮說)과 선유(先儒)들의 학설을 모아 편찬한 책이다.

193 의례도(儀禮圖) : 송나라 양복(楊復)이 《의례》를 배우면서 황간(黃榦)과 함께 지은 저서이다.

민대수에게 답함 병오년(1666, 현종7) 9월

答閔大受 丙午九月

늙어 가면서 드는 정회(情懷)가 가을 이후로 더욱 깊어졌습니다. 지금 천 리 밖 멀리서 온 편지를 받고 보니, 더없이 기쁘고 위로되는 마음을 어찌 이루 다 표현할 수 있겠습니까. 다만 듣기로 조정에서 북쪽 지역 사람들을 위하여 구순(寇恂)을 빌려준다[194] 하니, 매우 너그러운 일입니다. 함께하지 못하는 것이 못내 아쉽습니다.

나는 처음으로 낙산(洛山) 서쪽으로 들어온 뒤에 고요하고 편안하게 지내는 맛이 있음을 잘 알게 되었습니다. 더욱 깊은 곳으로 옮겨 와 띠를 엮고 서까래를 놓아 집을 지어 여기에서 생을 마칠 계획을 세웠는데, 조물주가 다시 마귀 장난이나 하지 않을지 모르겠습니다.

복야공(僕射公)[195] 묘도문은 진실로 귀댁을 통해 그 사라진 일들을 드러낸다고는 생각지 않지만 제사를 받는 이에게 중함을 돌리는 점은 있다고 봅니다. 옛날에 글을 짓는 사람은 이렇게 하지 않은 적이 없습니다. 자손이 조상 덕에 귀해지고, 조상이 자손으로 인해 드러나는 것 또한 이치상 당연합니다.

194 구순(寇恂)을 빌려준다 : 구순이 영천 태수(潁川太守)로 있다가 뒤에 금오(金吾)에 임명되었는데, 임금을 수행하여 영천을 지날 적에 고을 사람들이 길을 막고 구순을 빌려 달라고 간청하자 1년 동안 머물면서 백성들을 위로하게 한 일이 있다. 《後漢書 寇恂列傳》 민정중이 함경도 관찰사에 잉임(仍任)된 것을 두고 한 말이다.

195 복야공(僕射公) : 여흥 민씨(驪興閔氏)의 시조인 고려 호부 원외랑 증 검교상서 좌복야(戶部員外郎贈檢校尙書左僕射) 민의(閔懿)를 가리킨다.

예서(禮書)와 심의(深衣) 및 몇 가지 맛있는 음식은 감사히 잘 받았습니다. 다만 심의는 알맞지 않은 것이 아닌지요? 속수(涑水) 선생이 이 옷을 입고 독락원(獨樂園)에 거처할 때,[196] 아이들과 주졸(走卒) 모두가 사마 온공(司馬溫公)을 칭송하였습니다. 나는 국통(國統)을 몰래 빼앗았다는 대죄까지 더해졌으니, 의복이 신분에 걸맞지 않아 생긴 재앙[197] 가운데 이보다 큰 재앙은 없을 것입니다. 두렵고 두렵습니다.

○ 붓 자루와 큰 붓을 보내 주니, 너무도 고맙습니다. 주군(朱君)이 북쪽의 유생들과 가르침을 나눈 것도 참으로 아름다운 일인데, 육진(六鎭)에서 스승을 청한 것은 특히나 칭찬할 만한 일입니다. 새봄에 찾아오겠다는 말씀에서 고헌(高軒)[198]이 장난을 즐긴다는 것을 자못 느낄 수 있었습니다. 지금 몸시도 힘든 상태이니, 산수를 유람할 힘은 있다 해도 어찌 경륜의 솜씨를 끌어올 수야 있겠습니까.

196 속수(涑水)……때 : 속수 선생은 송(宋)나라 신종(神宗)과 철종(哲宗) 때 학자 사마광(司馬光)을 말한다. 그가 《예기(禮記)》 〈옥조(玉藻)〉와 〈심의(深衣)〉에 실린 옛 제도를 모방해서 처음으로 심의를 만들어 독락원에서 한가로이 거처할 때에 입었다 한다.

197 의복이……재앙 : 춘추 시대 정(鄭)나라 자장(子臧)이 송나라로 망명 갔을 때 물총새 깃털을 모아 만든 관(冠)을 좋아하였는데, 정나라 문공(文公)이 이 소문을 듣고 미워하여 자객을 보내 죽이게 하였다. 이에 대해 군자(君子)가 말하기를 "복장이 걸맞지 않은 것은 몸의 재앙이다. 《시경》에 '저 사람이여, 그 의복이 걸맞지 않았다.'라고 하였으니, 자장의 복장이 자신에게 걸맞지 않았도다."라고 하였다. 《春秋左氏傳 僖公24年》

198 고헌(高軒) : 높은 사람이 타는 수레인데, 여기서는 상대를 높여 부르는 말로 쓰였다.

민대수에게 보냄 정미년(1667, 현종8) 1월

與閔大受 丁未元月

내가 들은 바에 공자께서 "얼룩소 새끼가 색이 붉고 또 뿔이 제대로 났다면 비록 쓰지 않고자 하나 산천의 신이 어찌 그것을 버리겠는가."[199] 라고 하셨고, 주자(朱子)는 금(金)이 되고 철(鐵)이 되는 것은 본디 정해진 형태가 있거늘[200] 후인들이 바꿀 수 없게 된 지가 오래되었다고 하였습니다. 한가로운 심력을 허비하는 것[201]이 지난 일에 보탬이 되지 않을 뿐만이 아니니, 바른 견해를 막아 앞으로 올 일에 해를 끼칠까 참 두렵습니다. 장기 두는 사람이 "차(車)를 죽이고 졸(卒)을 얻는 것은 국수(國手)가 아니다."라고 하였습니다. ○ 아픔이 서로 관계된 바

199 얼룩소……버리겠는가 : 《논어》 〈옹야(雍也)〉에 보이는 말로, 사람을 판단할 때에 그 출신이 어떠한지를 상관하지 않는다는 뜻이다.

200 금(金)이……있거늘 : 주희가 남송(南宋)의 학자 진량(陳亮)에게 보낸 편지에서 학문이 끊겨 허다한 쓸데없는 말들이 나오는 것을 개탄한 말이다. 주희는 "성인은 금(金) 중의 금이고, 요순을 배웠는데 이르지 못한 사람은 금 중에 아직 철(鐵)이 있는 것과 같고, 사리에 맞게 마음을 쓰고 일을 행한 한 고조와 당 태종은 철 중의 금이고, 조조(曹操)나 유유(劉裕)의 무리는 철일 뿐이다."라고 하면서 시대가 내려오면서 제왕의 도가 행해지지 않고 비루한 말들이 나오게 되었다고 보았다. 《晦庵集 卷36 答陳同甫》

201 한가로운……것 : 실제로 자신의 수양에 긴요하지 않은 일로 심력을 허비하는 것을 말한다. 송나라의 학자 상채(上蔡) 사양좌(謝良佐)가 권세가에게 잘 보이지 않겠다는 의지를 표시하면서 "내가 만약 확고한 신념이 없다면, 바람이 불면 풀이 눕듯이 곧 두려워하고 근심하고 기뻐하는 마음이 생겨나게 되어, 그릇되게 한가로운 공부를 하거나 한가로운 심력을 허비하게 될 것이다."라고 하였다. 《上蔡語錄 卷1》

라 이처럼 간절하게 말씀드리니, 참으로 송구합니다.

또 가만히 드릴 말씀이 있습니다. 지난겨울 윤길보(尹吉甫 윤선거(尹宣擧))와 절에 모여서 묵을 때, 길보가 "어째서 북백(北伯)[202]에게 보낸 편지에서 그 이웃[203]을 준엄하게 공격해서 그로 하여금 절교하도록 했습니까?"라고 하였습니다. 내가 깜짝 놀라 "어떻게 들었습니까?" 하자, 길보가 "형은 어째서 생각지 못하십니까? 어떤 사실이 있는데 말을 하지 않는 자를 형은 본 적이 있으십니까?" 하였습니다. 나는 일어나 앉아서 나의 죄를 인정하였습니다. 그러나 회옹(晦翁)이 친구에게 보낸 편지에 자주 다른 사람에게 누설하지 말라는 말을 하였으니, 이 도리는 전적으로 틀리지는 않을 듯합니다. 길보는 그대 이웃 사람의 외씨(外氏)로 골육지친(骨肉之親)보다도 친한 사이입니다.[204] 회옹은 아성(亞聖)인데도 원수가 될까 두렵다고 경계한 일이 자주 있었으니, 더구나 금세(今世)에야 어떻겠습니까. 이런 말까지 하고 보니 더욱 송구합니다. 비록 그러하나 지난해의 일[205]은 만세의 죄인이 될 수밖에

202 북백(北伯) : 함경 감사를 맡고 있던 민정중을 가리킨다.

203 그 이웃 : 윤휴(尹鑴)를 가리킨다.

204 길보는……사이입니다 : 윤휴의 손위 처남인 권준(權儁)의 부인이 윤선거의 누이이므로, 이들의 관계가 친척 이상으로 매우 각별하다고 말한 것이다.

205 지난해의 일 : 《송자대전수차(宋子大全隨箚)》 권6에, 허적(許積)이 주상에게 죄를 돌려, 벌금을 바치도록 결정하게 한 것을 가리키는 듯하다고 하였다. 1666년 7월에 청나라 사신이 와서 조선인이 청나라에서 몰래 염초(焰硝)를 매입한 일과 청나라에 포로가 되었다가 도망쳐 나온 안추원(安秋元)이라는 사람을 감추어 준 일을 문제 삼아 조선의 대신(大臣)을 사율(死律)로 다스리려고 하자, 현종이 모든 책임을 자신에게 돌려 벌을 감하게 해 달라고 하였다. 그리하여 그해 9월에 허적이 진주사(陳奏使)로 청나라에 파견되어 대신의 감죄(減罪)를 주선하였는데, 청나라에서는 감죄의 대가로

없을 것입니다. 그러나 듣건대 그 무리가 영공(令公)의 아우님에게 말한 내용도 처음 생각을 고쳐 정계(停啓)하는 것이 옳다고 했다고 하니, 어찌 이런 이치가 있단 말입니까. 원통하고 원통합니다. 이 편지는 즉시 없애 주면 매우 다행이겠습니다.

벌금을 바치도록 하였다. 그러자 대간(臺諫)들이 합계(合啓)하여 임금 혼자 잘못을 책임지고 나라가 치욕을 당하는 지경에 이르도록 한 영의정 정태화(鄭太和), 좌의정 홍명하(洪命夏), 우의정 허적을 처벌할 것을 요구하였다. 그러나 현종은 내막도 자세히 모르면서 함부로 대신을 탄핵했다고 하여 7명의 대간을 모두 원찬(遠竄)하였다.《顯宗改修實錄 8年 1月 29日》

민대수에게 보냄 정미년(1667, 현종8)

與閔大受 丁未

탐라의 일은 지숙(持叔)을 몹시도 존경하여 탄복할 만합니다.[206] 그들이 일단 명나라 후예라고 하니, 허실(虛實)을 따지기 전에 어찌 이렇게 대하지 않을 수 있겠습니까.

대저 일에는 성패(成敗)가 있는 법인데 비밀리에 국맥(國脈)을 부지하고, 암암리에 도를 깊이 탐구하는 자가 있으니, 전일에 쫓겨난 여러 간신(諫臣)[207]이 그들입니다.

그런데 지금의 일이 관련된 바는 어찌 그 정도일 뿐이겠습니다. 향리(鄕里)의 일반 사람들도 듣고 눈물 흘리는 자가 있으니, 사람의 마음을 속일 수 없음을 알 수 있습니다. 이는 성고(聖考) 및 여러 조정의 현신들이 덕을 배양한 효과입니다.

전년에 어진 정승 한 분이 사직을 청하는 상소에서 그의 선조가 사화(士禍)를 입어 죽은 일을 거론한 것[208]을 기억합니다. 이 일로 징계를

206 탐라의……만합니다 : 민유중이 제주로 표류해 온 명나라 후예들을 보호한 일을 두고 한 말이다. 371쪽 주71 참조.

207 전일에……간신(諫臣) : 집의 이숙(李翿), 장령 박증휘(朴增輝)·신명규(申命圭), 지평 유헌(兪櫶)·이하(李夏), 헌납 김징(金澄), 정언 조성보(趙聖輔)를 가리킨다. 442쪽 주205 참조.

208 어진……것 : 1650년(효종1) 우의정 김육(金堉)이 사직 상소를 올리면서 기묘년(1519, 중종14) 사화에 걸린 그의 고조(高祖) 김식(金湜)과 광해군 때에 귀양지에서 죽은 족조(族祖) 김권(金權)을 언급하며 한족(寒族)으로서 외람되이 태사(台司)에 올

받게 될 것 같았는데도 지금 그 어진 자손은 도리어 그 선조가 죽게 된 까닭과 관련한 논의를 꺼냈으니, 몹시도 놀랍고 두렵습니다. 성인께서 말씀하기를 "군자는 은미함도 알고 드러남도 안다."[209] 하였고, 또 《주역(周易)》에는 3일 동안 먹지 못해 떠나는 형상을 보고 주인이 나무라는 말을 하는 것에 대해 말하였습니다.[210] 오늘날의 일은 다만 지숙과 영령(永令 김만기(金萬基))이 하루가 다하기를 기다리지 않고[211] 서둘러 기미를 보고 신속하게 행동을 취하는 것을 최선으로 삼았으나, 고인을 기준으로 말한다면 그 또한 이미 늦은 것입니다. 고인에는 비록 미치지 못한다 해도 근일의 윤 상서(尹尙書)[212]나 이유능(李幼能)[213] 같은 이는

라 근심과 두려움이 더하다고 했던 일이 있다. 《潛谷遺稿 卷4 辭右議政疏 第五疏》

209 군자는……안다 : 《주역》 〈계사전 하(繫辭傳下)〉에 "군자는 기미를 알고 드러남을 알며 유순함을 알고 강함을 아니, 만민의 인망을 받는다."라는 말이 보인다.

210 주역(周易)에는……말하였습니다 : 기미를 보고 빨리 떠나야 함을 말한 것이다. 《주역》 〈명이(明夷)〉에 "초구(初九)는 명이에 날 때에 날개를 늘어뜨림이니, 군자가 떠나감에 3일 동안 먹지 못하여 가는 바를 두니, 주인이 나무라는 말을 하도다."라는 말이 보인다.

211 하루가……않고 : 《주역》 〈계사전 하〉에 "군자는 기미를 보고 떠나면서 하루가 다하기를 기다리지 않는다."라는 말이 보인다.

212 윤 상서(尹尙書) : 윤강(尹絳, 1597～1667)으로, 본관은 파평(坡平), 자는 자준(子駿), 호는 무곡(無谷), 시호는 문숙(文肅)이다. 이조 판서를 지냈으나 대관(臺官)이 정석(政席)에서 있었던 일을 가지고 지적하여 체차되자 바로 안산(安山)으로 가서 띠를 엮어 만든 집에서 거하면서도 편안하게 여기고 시사에 대해서는 일절 말하지 않았다. 계속해서 관직을 제수하는 명이 내렸으나 끝내 벼슬에 나아가지 않았다.

213 이유능(李幼能) : 이단상(李端相, 1628～1669)으로, 본관은 연안(延安), 자는 유능, 호는 정관재(靜觀齋), 시호는 문정(文貞)이다. 1655년에 사가독서(賜暇讀書)를 한 뒤 대간에 들어갔으나 효종이 죽자 학문에만 전념하였다. 1664년에 입지권학(立志勸學)에 관한 조목을 상소하고 관직을 떠났으며, 송준길(宋浚吉) 등이 경연관에 추천하였

여유 있게 스스로 이루는 바가 있었으니, 어찌 저들이 할 수 있는 것을 다른 사람들은 유독 할 수 없단 말입니까.

옛날 조원기(趙元紀)[214]라는 분은 정암(靜菴 조광조(趙光祖))이 이름을 떨칠 때에 서둘러 그를 일깨우는 말을 하였으니, 이는 몹시도 사랑했기 때문에 그를 깊이 걱정하고 미리 걱정한 것입니다. 오늘날은 아무 생각 없이 함부로 말을 입 밖에 내니, 어찌 이와 같겠습니까. 이런데도 믿지 못한다면 또한 서로 일을 도모할 방도를 알 수 없을 것입니다.

전에 영령에게 매우 절실하게 이야기하였는데도 받아들여지지 않았으나, 이제는 그가 내 말에 대해 대략 생각해야 할 것입니다. "어찌 저 사람은 그것을 할 수 있는데 나는 못 하겠는가."라는 것은 주 부자(朱夫子)가 일찍이 스스로 개탄한 말입니다. 오늘날 사람들이 이 말에 따라 스스로 힘쓴다면 만 길 낭떠러지로 물이 쏟아지듯 거침없어질 것입니다.

으나 양주 동강(東岡)으로 은퇴하였다. 1669년에 부제학으로 서연관을 겸하다가 역시 곧 사양하고 물러났다.

214 조원기(趙元紀) : 1457~1533. 본관은 한양(漢陽), 자는 이지(理之), 호는 돈후재(敦厚齋), 시호는 문절(文節)이다. 조광조의 숙부로, 조카의 명성이 지나치게 높아지자 근심하며 편지를 보내 경계한 일이 있다.

민대수에게 보냄 정미년(1667, 현종8) 11월

與閔大受 丁未十一月

조정에 돌아온 지 얼마 안 되어 이내 벼슬을 그만두고 은거하려던 본래의 뜻을 찾으셨으니, 아마도 천장인(泉漳人)[215]에 관한 일 때문이겠지요? 형제가 벼슬을 그만두어 몹시도 개탄스럽지만 훌륭한 명성을 수립하여 쇠퇴한 흐름을 격동시키는 것이 꼭 아침부터 밤늦게까지 지치도록 일하는 것보다 유익하지 못한 것만은 아닙니다.

늙어 가면서 겁이 더욱 많아져서 보고 듣는 것을 다 막고 지낸 지 오래되었습니다. 그러다 지금 다시 망발을 하니, 허발(許勃)이 비록 성인은 아니지만 참으로 미칠 수 없는 수준임을 알겠습니다.[216]

나는 처음에는 단교화상(斷橋和尙)[217]을 본받아 궁벽한 산에서 말라 죽어 갈 계획이었으나 이내 손자 하나가 장가들고 세 아이가 천연두를

215 천장인(泉漳人) : 1667년 중국의 천주(泉州)와 장주(漳州)에서 표류해 탐라에 온 명나라 사람들을 가리킨다. 371쪽 주71 참조.

216 허발(許勃)이……알겠습니다 : 《회암집(晦庵集)》 권48 〈답여자약(答呂子約)〉에, 정자(程子)가 허발이 마음을 모아 집중한 나머지 아들이 옆방에서 책 읽는 소리도 듣지 못한 것을 두고 "어찌 이런 성인이 있었겠는가."라고 나무라고, 좌선(坐禪)하여 입정(入定)하는 것이 잘못되었음을 극력 저지했다고 한 내용이 보인다. 송시열이 허발처럼 주위의 말들을 듣지 않으려 해도 그 또한 쉽지 않다는 것을 말하여 자신의 난처한 심정을 토로한 것이다.

217 단교화상(斷橋和尙) : 왕래를 끊고 칩거한 승려를 가리킨다. 《송자대전수차(宋子大全隨箚)》 권4에 "옛날에 어떤 승려가 다리를 끊고 참선하였기에 단교화상이라 칭하였다."라고 한 구절이 있다.

앓는 탓에 회덕(懷德)으로 돌아와 정신없이 세월을 보내고 있습니다. 들로 산으로 다니는 것도 오히려 어려운 일이 되니, 집사께서 맹분(孟賁)[218]보다도 훨씬 더 용맹함을 더욱 잘 알겠습니다. 우습습니다.

세자 저하(邸下)께서 보내 주신 것을 삼가 공경히 받고도 천연두로 꺼려지는 것이 있어 감히 단자를 올리지 못하였으나 그렇다 해도 모르는 척 가만히 있어서는 안 될 것입니다. 집사께서 아직 출발하지 않았다면 부디 액정서(掖庭署)의 하례(下隷)를 불러서 그 이유를 말씀해 주는 것이 어떻겠습니까? 더욱 보중하기를 매우 간절히 빕니다.

218 맹분(孟賁) : 전국 시대 제(齊)나라의 역사(力士)로, 매우 용맹하다는 명성이 있었다. 대단한 완력과 용기를 지니고 있어서 소의 생뿔을 잡아 뽑아낼 수 있었고, 물속에서는 교룡(蛟龍)을 피하지 않고 뭍에서는 호랑이를 피하지 않았다고 한다. 《天中記 卷27》

민대수에게 보냄 정미년(1667, 현종8) 11월
與閔大受 丁未十一月

근황이 어떠한지를 물었다가, 근래에 송담(松潭 송남수(宋柟壽))의 유생을 매우 강하게 거부하였다고 들었습니다. 옛사람은 그렇지 않아 삼공(三公)에게서 듣지 않고 한 선비한테서 들었다고 하였습니다. 더구나 한 선비뿐 아니라 여러 선비가 거부당했다고 하니, 천한 이 몸의 말은 분토(糞土)처럼 여기실 것을 압니다. 그러나 그래도 감히 가만히 있을 수 없는 것은 옛사람 중에 악기 소리를 듣기 싫어하고 소나무에 부는 바람 소리를 좋아하는 자도 있었기 때문에 감히 악곡 너머의 음을 듣는 자와 서로 어울리려는 것일 뿐입니다. 이만 줄입니다.

민대수에게 답함 무신년(1668, 현종9) 6월

答閔大受 戊申六月

답장을 받고 기뻤습니다. 작법(作法)을 잃지 말라는 말씀에 배를 잡고 웃지 않을 수 없었습니다. 나에게 작자의 수완이 있다면 오늘날 어찌 위축되어 감히 나서지 못하는 것을 괴로워하겠습니까. 오직 만들어 내라고 요구하는 자가 악천추(鄂千秋)와 위무지(魏無知)[219]가 받은 상을 받기를 바랄 뿐입니다. 그 작법을 잃지 않은 자는 조만간 자연히 모일 일이 있을 텐데, 저는 아마도 그들 안에 있지 않을 것입니다. 참으로 우습습니다.

오늘날 풍습은 참으로 분부대로 하겠다는 것입니다. 그러나 옛 가르침에 "아는 것이 이미 치료할 수 있는 약이다."라고 하였는데, 영감이 아는 것이 이와 같으니, 매우 다행입니다. 자세한 것을 만나 이야기할 길이 없군요. 장마철 건강에 더 유의하기 바랍니다. 이만 줄입니다.

219 악천추(鄂千秋)와 위무지(魏無知) : 악천추는 한 고조(漢高祖)가 천하를 얻은 후 논공행상(論功行賞)을 할 적에, 소하(蕭何)를 제1인자로 추천하여 공평하고 원만하게 일이 이루어졌고, 이 공로로 안평후(安平侯)에 봉해졌다. 《漢書 蕭何傳》 또 위무지는 진평(陳平)을 한 고조에게 천거하여 천하를 통일하는 사업을 돕게 하였다. 이 일로 진평은 호유후(戶牖侯)에 봉해졌고 위무지도 상을 받았다. 《漢書 陳平傳》 여기서는 자신을 추천한 사람을 가리키는 말로 쓰였다.

민대수에게 보냄 무신년(1668, 현종9)

與閔大受 戊申

전에 안부 편지를 받고 즉시 답장을 하지 못했는데, 이는 누가 되고 싶지 않아서였습니다. 전에 병을 핑계 댄 지가 매우 오래되어 참으로 시사(時事)로 인해 감히 기뻐하지 못했으니, 오늘날의 기쁨은 참으로 나를 위해서가 아닙니다. 다만 나는 조정의 명을 어긴 지 이미 석 달이 넘었으니, 바로 회암(晦庵) 주 부자(朱夫子)께서 죄를 더해도 할 말이 없을 것이라고 말씀하신 경우입니다. 집사께서 출사하신다고 들은 뒤로 귀를 기울여 소식을 기다렸는데 지금까지도 감감무소식이니, 어찌 일찍이 회암의 책을 숙독하지 않았단 말입니까.

내가 만약 병든 몸을 애써 일으킬 수 있다면 황이(黃李)[220]가 탄핵하는 것을 참아 가며 재차 벼슬하러 나가 집사를 천거하여 나를 대신하도록 하고 싶은데, 정승의 일이 참으로 한가하지 않아 그리할 수 없으니, 스스로 탄식할 뿐입니다. 이는 우스갯소리인 것 같지만 실로 진심에서 나온 말입니다. 만날 기약이 없으니, 시절을 위해 더욱 건강에 유의하시기 바랍니다. 이만 줄입니다.

220 황이(黃李) : 황연(黃壖)과 이석복(李碩馥)을 가리킨다. 유학(幼學) 황연은 1667년 2월 26일 상소하여, 송시열과 송준길(宋浚吉) 등이 논의가 맞지 않고 색목(色目)이 같지 않다는 이유로 허목(許穆)과 윤휴(尹鑴) 등의 남인을 물리쳤다고 비난하였고, 유학 이석복은 같은 해 5월 11일 상소하여 당파만을 앞세운다고 서인 세력을 비판하였다.《顯宗實錄 8年 2月 26日》《顯宗改修實錄 8年 5月 11日》

민대수에게 보냄 무신년(1668, 현종9) 10월
與閔大受 戊申十月

성곽을 나서면 세속 일 적다[221]는 말이 바로 오늘을 두고 한 말입니다. 어쩌면 그리도 성은(聖恩)은 어디서든 하늘과 같단 말입니까. 선묘(先墓) 일은 오늘 저녁에 마칠 테니 모레는 다시 맑은 강에 있겠지만, 다만 나그네의 시름을 녹일 수 있을지 모르겠습니다.

회옹(晦翁)이 수지(受之)에게 동래(東萊)를 따라 산으로 들어가게 했으니,[222] 참으로 선현다운 모습입니다. 그러나 나는 집안 살림을 때려 부수는 거칠고 포악한 기질을 바꾸지 못했으니,[223] 그저 인재를 망칠

221 성곽을……적다 : 두보(杜甫)의 〈복거(卜居)〉 시에 "완화(浣花)의 시냇물 서쪽가, 숲과 못 그윽한 곳에 주인이 살 곳 정하였네. 성곽 나오니 세속 일 적음은 진즉에 알았거니와, 거기에 맑은 강 있어 나그네 시름을 녹일 줄이야."라고 한 데서 온 말이다. 《杜少陵詩集 卷9》

222 회옹(晦翁)이……했으니 : 수지는 주희의 장남 주숙(朱塾, 1153~1191)의 자이다. 주희가 아들 주숙을 자신의 친구 여조겸(呂祖謙)에게 보내어 배우게 한 것을 가리킨다. 《宋元學案 卷49 晦翁學案下》 이때 민정중이 송시열에게 아들을 보내 수업하게 하였으므로 이 말을 한 것이다.

223 집안……못했으니 : 송시열이 자신은 여조겸과 달리 단점을 고치지 못해 제자를 가르칠 만하지 못하다고 말한 것이다. 《심경부주(心經附註)》 권1 〈징분질욕장(懲忿窒慾章)〉에 주희가 친구인 여조겸에 대해서 "전에 여백공(呂伯恭)을 보았는데, 그가 말하기를 '젊었을 적에 성질이 거칠고 사나워서 음식이 마음에 안 들면 언짢게 여겨 집안의 살림살이를 때려 부수곤 하였는데, 뒷날 오래도록 병을 앓으면서 단지 《논어》 한 책을 가지고 조석으로 익히 보다가 「자기를 책망하는 것은 후하게 하고 남을 책망하는 것은 관대하게 한다.」라는 대목에 이르러 홀연히 마음속 생각이 한순간에 평온해짐을 깨달았

까 두렵습니다.

삼가 성상께서 상대를 대하실 적에 각자에게 맞도록 하여, 나처럼 미록(麋鹿) 같은 성정을 지닌 사람은 한가하고 고요한 곳에 스스로 풀어놓게 하고, 대감 같은 이는 또 잠시라도 한가하게 지내지 못하게 함으로써 일반 백성이 제 터전을 잃는 일이 없도록 하시는 것을 보았습니다.

비록 유신(有莘)의 들판에서 이윤(伊尹)이 나오더라도 장차 그 도를 베풀 곳이 없을 것인데, 만세토록 태평함을 송축하는 노래를 그 누가 지을 수 있겠습니까.

고, 그 뒤로는 죽을 때까지 분노를 폭발하는 일이 없었다.'라고 하였다. 이는 기질을 변화시키는 법으로 삼을 만하다."라고 평한 말이 실려 있다.

민대수에게 답함 무신년(1668, 현종9) 10월

答閔大受 戊申十月

두 차례에 걸쳐 쓴 편지가 한 번에 모두 도착하였습니다. 그저 샘물 소리나 듣고 산 빛이나 보고 있는 나와는 시제(詩題)가 너무도 맞지 않으니, 소동파(蘇東坡) 같은 영성을 지니고서 이태백(李太白)처럼 구는 것이 아니겠습니까.

나의 이번 걸음은 참으로 은둔을 배우고자 함입니다. 늘 좋은 산수를 찾을 때면 문득 화양(華陽) 생각이 떠오릅니다.

호서백(湖西伯)[224]이 보내 준 당귀주(當歸酒)가 실로 내 마음을 사로잡았습니다. 강연(講筵)에 입시할 적에 만약 문왕(文王)의 뜻을 본다면 집사에게는 다른 사람보다 배나 더 발전이 있을 것입니다.

보내 준 편지 내용은 나로 하여금 눈물짓게 할 뿐입니다. 이번 걸음에는 선방(禪房)에서 많이 묵다 보니 나물에 맛을 들였는데, 지존(至尊)께서 드신 것을 이 산간에까지 보내 주시는 은혜를 입었습니다. 옛날에 양이 채소밭을 밟았다[225]는 기발한 고사가 있었는데, 지금 물고

224 호서백(湖西伯) : 충청 감사를 지낸 민유중(閔維重)을 가리킨다.

225 양이 채소밭을 밟았다 : 채소만 먹다 고기를 먹게 된 것을 익살맞게 표현한 말이다. 《송자대전》 권42 〈임계방에게 답함〔答任季方〕〉에 "두 마리 물고기는 매우 감사합니다. 다만 정강성(鄭康成)이 아침저녁으로 채소만 먹는데 그 고을 태수(太守)가 양고기를 주니 사례하기를 '양이 채소밭을 밟는다.' 하였으니, 이것이 이미 기발한 말이지만, 지금 나의 채소밭은 물고기가 헤엄치는 것을 보았으니, 정강성보다도 더하다고 하겠습니다."라고 하였다.

기가 뛰는 것을 보니, 더더욱 기이한 정도일 뿐이 아닙니다.

어제 도봉서원(道峯書院)에서 참배한 후 이어 영윤(令胤)을 비롯한 생도들과 뜰에 나누어 서서 읍례(揖禮)를 행하였습니다. 읍하고 강당에 올라 영윤에게 〈정암선생전(靜菴先生傳)〉을 한번 읽게 하고 이어서 당시의 사실을 말하였으니, 평생에 남을 속 시원한 일입니다. 참으로 이번 여행이 헛되지 않았습니다.

오솔길에서 기다릴지도 모르나[226] 저물녘에야 성 밖에 도착할 것입니다. 우선 이만 줄입니다.

226 오솔길에서 기다릴지도 모르나 : 당(唐)나라 맹호연(孟浩然)의 시 〈숙업사산방대정대부지(宿業師山房待丁大不至)〉에 "그 사람 자러 온다고 기약했기에, 거문고 하나 들고 담쟁이 오솔길에서 기다리노라."라고 한 표현을 인용한 말이다.

민대수에게 보냄 무신년(1668, 현종9) 11월

與閔大受 戊申十一月

지난번에 짧은 상주문을 성상께 올렸는지요? 내쳐지지는 않겠는지요? 지금 이른 아침부터 늦은 밤까지 일하는 가운데 건강은 괜찮은지요?

근자에 성균관 관원이 서반당재(西泮堂齋)의 기문(記文)을 부탁하면서 대감의 지시를 받들고 왔다고 하였습니다. 내가 비록 감당할 수는 없습니다만 또한 감히 사양할 수도 없습니다. 다만 먼저 당호(堂號)를 정한 뒤에야 그 뜻을 풀이할 수 있는데, 대감은 뭐라고 이름 지으려 하는지 모르겠습니다. 주자(朱子)께서 일찍이 불사(佛寺)를 없애고 유궁(儒宮)을 세우면서 일거양득(一擧兩得)이라고 한 것이 기억납니다. 거기에서 일양(一兩), 혹은 양득(兩得)이라는 이름을 취하면 어떻겠습니까? 혹 전아(典雅)한 맛이 없어서 꺼려진다면 정자(程子)께서 물리침이 있은 뒤에야 도에 들어갈 수 있다고 한 말에서 벽입(闢入), 혹은 입도(入道)라고 이름 짓는 것이 어떻겠습니까? 또 모두 마음에 들지 않는다면 맹자(孟子)께서 "나도 인심을 바르게 하고 사설(邪說)을 그치게 하여 세 성인을 계승한다."[227]라고 하신 말을 취하여 정식(正息)

227 나도……계승한다 : 공도자(公都子)가 맹자에게 변론을 좋아하는 이유를 묻자, 맹자는 자신이 변론을 좋아해서가 아니라 부득이한 것임을 말하면서 "나 역시 사람의 마음을 바르게 하고자 하여 사설을 그치게 하고 피행을 물리치며 음사를 내침으로써 세 성인을 계승하는 사람이다."라고 하였다. 《孟子 滕文公下》 세 성인은 곧 우왕(禹王), 주공(周公), 공자(孔子)를 말한다.

혹은 승삼(承三)이라고 이름 짓는 것이 어떻겠습니까? 제생(諸生)과 의논하여 알려 주기 바랍니다. 이만 줄입니다.

민대수에게 보냄

與閔大受

주자(朱子)께서 일찍이 주청(奏請)하시기를,

"선왕의 예의를 가르치는 학궁(學宮)과 이단(異端)의 귀교(鬼教)를 가르치는 장소 중 어디가 올바르고 어디가 사특하며, 삼강오상(三綱五常)의 가르침과 군주와 부모를 부정하는 설 중에서 어느 것이 이롭고 어느 것이 해롭습니까? 그런데도 지금 노불(老佛)의 집은 온 천하에 가득하여 큰 군(郡)에는 천여 곳이 넘고, 작은 읍(邑)에도 수십여 곳이 넘는데도 공적으로나 사적으로나 늘려 나가 그 형세가 끝나지를 않습니다. 반면에 학교 같은 경우 일군(一郡), 일현(一縣)에 겨우 한 곳이 설치되어 있습니다. 삼가 바라건대 자애로운 성상께서 신의 이 편지에서 청한 바를 특별히 따라 주어 선인의 뜻을 받들고 많은 이들의 마음을 열어 주십시오. 또 '치국(治國)의 큰 원칙을 크게 밝혀서〔以丕闡大猷〕' 부정한 일을 누르고 바른 일을 도와 가는 모습을 분명히 보여 주신다면 실로 천하 만세에 다행일 것입니다."

하였습니다.

서반당재(西泮堂齋)는 지난번에는 승삼(承三)이나 일양(一兩)이나 벽입(闢入) 중에서 정하고자 한다고 말씀드렸는데, 지금 또 주자의 설이 이와 같으니 승삼이나 일양 대신 다시 비천(丕闡)을 취하는 것은 어떻겠습니까? 의논하여 알려 주기 바랍니다. 혹 천유(闡猷)라고 이름 지어도 무방합니다. 어떠한지요?

민대수에게 보냄 무신년(1668, 현종9) 11월

與閔大受 戊申十一月

근황이 어떠합니까? 그립고 그립습니다. 나는 질병이 낫지 않아 아직도 성상의 뜻에 우러러 부응할 수가 없어 낮이나 밤이나 황송하고 근심스러울 뿐입니다.

계복(啓覆) 날짜가 정해졌다고 들었는데, 지혜로우신 성상의 흠휼(欽恤)하는 덕을 도와서 완성하리라 여깁니다.[228] 변후립(邊後立)[229]의 일은 일찍이 대감을 통해 들었습니다. 우연히 《백주집(白洲集)》[230]을 보니 끌어다 쓸 만한 예가 있었는데, 그 책의 18편 19판에서 "궐내에 수직(守直)하는 병졸……"이라고 한 것[231]이 딱 이와 같은 경우였습니

228 계복(啓覆)……여깁니다 : 계복은 사형받을 죄인을 재심(再審)할 것을 임금에게 아뢰는 일이다. 매년 추분 이후 동지 이전에 길일을 골라 거행하며 시임 대신, 의정부의 동벽(東壁)·서벽(西壁), 육승지, 육조의 장관, 형조의 참판과 참의가 참석한다.《銀臺條例 刑攷 啓覆》이때 민정중이 호조 판서로서 참여하기 때문에 이와 같이 당부한 것이다.

229 변후립(邊後立) : 《승정원일기》 현종 9년 12월 13일 기사에, 죄인 변후립(邊厚立)에 대해 특별히 사형을 감해 주어 정배(定配)하라는 전교가 실려 있는데, 이와 동일 인물인 듯하다.

230 백주집(白洲集) : 이명한(李明漢, 1595~1645)의 문집이다. 이명한의 본관은 연안(延安), 자는 천장(天章), 호는 백주(白洲)이다.

231 궐내에……것 : 이 내용은 《백주집》 권18에 실린 〈좌찬성정공시장(左贊成鄭公諡狀)〉에 보인다. 좌찬성 정공은 정대년(鄭大年)이다. 그가 형조에 있을 적에 궐내에 수직하는 병졸이 궐문이 닫힌 뒤에 몰래 수문(水門)을 통해 들어오다 문지기한테 잡혔는데, 법으로는 마땅히 죽여야 하나 사정을 알고는 가엽게 여겼다. 얼마 후 사헌부 지평이 되자 계복하는 데 참여하여 반복해서 진달하여 죽음을 면할 수 있게 해 주었다.

다. 명종조의 일인 듯한데, 부디 한마디 해서 "과실을 용서하는 데에는 큰 것이 없다."[232]라는 의리를 부쳐 주기를 바랍니다.

신생(愼生)[233]은 늘 대감께서 염려해 주는 뜻에 감사하여 계신 곳에 나아가서 눈물로 감사 인사를 드리고 싶어 대략 편지를 통해 이 말씀을 드립니다.

송시열이 민정중에게 성상께 계복할 적에 과거 정대년이 그랬던 것처럼 죄인을 살리는 방향으로 애써 줄 것을 당부하기 위해 이 말을 인용하였다.

232 과실을……없다 : 모르고 저지른 과실은 비록 크더라도 용서해 준다는 뜻이다. 《서경》〈대우모(大禹謨)〉의 "고요(皐陶)가 말하기를 '순(舜) 임금께서는 모르고 저지른 과실은 크더라도 용서해 주고, 알면서 일부러 저지른 죄는 작더라도 처벌하였다.' 하였다."라는 구절을 인용하였다.

233 신생(愼生) : 생을 조심한다는 뜻으로 송시열 자신을 지칭한 말이다. 《심경부주(心經附註)》 권3 〈우산지목장(牛山之木章)〉에 "생을 조심하여 뜻을 마음대로 하지 않는다.〔愼生不恣意〕"라고 한 말에서 나왔다.

민대수에게 답함 무신년(1668, 현종9) 12월

答閔大受 戊申十二月

답장을 해 주어 매우 감사합니다. 내가 비록 주자서(朱子書)를 읽고도 조금도 배운 바가 없긴 하나, 오직 난진이퇴(難進易退)[234] 넉 자만은 마음에 새기고 있습니다. 지난날 물러나기를 아주 쉽게 했으니, 오늘날 나아가기를 어렵게 여기는 것도 응당 이와 같아야 합니다. 이미 한 통의 소(疏)를 갖추어 다시 사정을 아뢰었는데, 성상의 비답에서 여전히 물러나는 것을 허락하지 않으시니, 삼가 나아가서 사은해야 할 뿐입니다.

수직(守直)하는 병졸이 살 수 있었으니[235] 참으로 다행입니다.

손자가 과거를 치르러 도성에 들어갔습니다. 나 자신은 관직을 사양하면서 자손은 벼슬에 나아가는 것을 허락하니 어찌 된 일일까 생각하며 늘 가만히 혼자 웃습니다. 아마도 음관(蔭官)으로서 기죽어 지낼까 경계해서이겠지요. 참으로 우습고 우습습니다. 이만 줄입니다.

234 난진이퇴(難進易退) : 벼슬에 나아가기는 어렵게 하고 물러나기는 쉽게 한다는 말로 주희가 일생 동안 중시했던 말이다. 《예기(禮記)》〈표기(表記)〉에 "임금을 섬길 적에, 나아가기는 어렵게 하고 물러나기는 쉽게 한다면 자리에 질서가 잡힐 것이요, 반면에 나아가기는 쉽게 하고 물러나기는 어렵게 한다면 문란해질 것이다. 따라서 군자는 세 번 읍을 한 다음에야 나아가고 한 번 사양하고는 곧바로 물러남으로써 문란해지는 것을 예방한다."라는 말이 나온다.

235 수직(守直)하는……있었으니 : 사형을 감해 주어 변후립(邊後立)이 정배(定配)된 것을 가리키는 듯하다. 459쪽 주229 참조.

민대수에게 보냄 무신년(1668, 현종9) 12월

與閔大受 戊申十二月

어제 도성 안으로 들어왔는데, 이 이후의 일이 장차 어찌 될는지요? 비록 스스로를 그르치고 남을 그르친 자라고 말했지만 그렇다고 어찌 내 마음이 편안하겠습니까.

간곡히 청할 말씀이 있습니다. 곡식이 떨어지면 굶주리게 되니 끝까지 사양할 수 없다손 치더라도 고기를 먹는 데에까지 가는 것은 분에 넘치는 일입니다. 계속해서 고기를 먹는다는 말을 어찌 오랫동안 들리게 할 수 있겠습니까. 더구나 음(陰)이 끝나고 일양(一陽)이 생겨나는 지금 같은 동짓달에 이유 없이 살아 있는 쇠잔한 목숨이 때에 순응하는 도가 결코 아니니, 바라건대 부디 앞으로는 보내지 않는 것이 어떻겠습니까? 내가 이미 말을 한 이상 결코 감히 그대로 받을 수 없습니다. 부디 헤아려 주기 바랍니다. 이만 줄입니다.

민대수에게 보냄
與閔大受

지난번에 오셔서 이비(吏批)를 사양하고 계시다 하니 어찌 된 일입니까? 전날 대감의 말씀은 매우 옳았고, 원회(元會 김징(金澄)) 또한 그렇게 여겼습니다. 그러므로 아들이 계주(季周 이단하(李端夏))에게 답한 편지에서 선불리 나아가겠다고 해서는 안 된다고 말하였습니다. 그런데도 지금 갑자기 어찌 된 일인지 또 삼대(三臺 정승)에 첫 번째로 의망되었습니다. 모두가 먼 곳에 있는 사람들인 데다 원회는 도리어 전라감사로 내려가 있어 급사(給舍 승지)로서 간하지 못했으니, 이는 주자께서도 크게 근심하시던 바입니다. 주상께서 본래 진언한 신하를 멀리하여 스스로 내려가게 하였다가 또 이렇게 맞으시니, 이는 매우 적절치 않은 일입니다. 다른 사람은 말할 것 없고 계주가 매우 애석하게 되었으니, 부디 속히 그를 구제해 주기를 바랍니다.

이런 좋지 못한 행태는 분명 누군가 몰래 주도하는 자가 있을 텐데, 대감께서 혹 짚이는 데가 있는지요? 시사(時事)가 이와 같이 어지러우니 궁촌(宮村)에서 함께 자며 이야기한 것[236]이 나를 잘못되게 한 것은 아닐지요. 이만 줄입니다.

236 궁촌(宮村)에서……것 : 송시열이 광주(廣州) 궁촌으로 물러나 있던 1669년(현종10)에 민정중(閔鼎重)이 "성상께서 만일 오랑캐에게 복수할 뜻이 있으시다면 송시열이 반드시 당장 들어올 것입니다."라고 아뢰자 효종이 민정중에게 송시열을 잘 타일러 함께 올 것을 명한 일이 있다. 《宋子大全 附錄 卷19 記述雜錄 尹鳳九》

민대수에게 답함 기유년(1669, 현종10) 2월

答閔大受 己酉二月

배 안에서 나중에 보내 준 편지를 받아 읽고서 헤어질 때의 섭섭했던 마음을 보상받을 수 있었습니다. 내가 임금의 은혜를 저버리고 차마 종남산(終南山)[237]에서 점점 멀어질 수 없었는데 질병까지 심해지니, 이 무슨 시절이란 말입니까. 오늘 삼가 선왕의 능에 배알하였는데 용안을 영원히 뵐 수 없고 그 말씀을 들을 길이 없어 피눈물이 옷을 적시니, 애통해하고 그리워한들 무슨 소용이 있겠습니까. 이어 여러 능을 두루 살필 수 있었는데, 기상(氣象)이 모두 깊고 그윽했습니다. 그러니 기해년(1659, 효종10)의 일[238]은 살피지 않고 대충 정한 것이 아닌지요? 조보(朝報)는 돌려드리겠습니다. 대계(臺啓)는 나로 하여금 곧장 땅이라도 파고 들어가고 싶게 하였습니다. 손자가 은혜를 입은 데 대해 더없이 감사하는 마음입니다. 이후로도 서신 왕래가 있기를 바라 마지않으나, 그의 아비는 병세를 전혀 알 수 없으니, 믿을 수가 없습니다.

237 종남산(終南山) : 임금이 계신 도성 가까이를 말한다. 당(唐)나라 때 노장용(盧藏用)이 진사에 급제한 뒤 뜻대로 벼슬길이 트이지 않자 종남산에 은거하였는데, 종남산은 서울 가까이에 있어 소문이 궁중에 쉽게 전해지는 까닭에 오히려 소명(召命)을 받아 벼슬길에 나가게 되었다는 고사가 있다. 《新唐書 盧藏用列傳》

238 기해년의 일 : 기해년은 1659년 효종이 승하한 해이다. 이때 효종의 능인 영릉(寧陵)은 태조(太祖)의 능인 건원릉(健元陵)의 서쪽에 조성되었는데 석물에 틈이 생겨 봉분 안으로 빗물이 흘러들 염려가 있다는 문제가 제기되어 1673년(현종14)에 세종(世宗)의 능인 영릉(英陵) 동쪽으로 천릉(遷陵)하였다. 《承政院日記 顯宗 14年 6月 7日》

민대수에게 답함 기유년(1669, 현종10) 2월

答閔大受 己酉二月

사행(使行)이 북쪽으로 향한다는 소식을 받고는 매우 서글픈 마음으로 바라보게 되었습니다.

나는 고향으로 돌아왔으니 응당 잘 지내야 합니다만, 신하와 군주 사이에 틈이 없어야 하는데 뜻이 먼저 어긋나다 보니 한밤중에 생각해 보아도 한탄을 금할 수가 없습니다. 이번에 사관(史官)이 돌아가는 길에 처음에는 한두 말씀을 아뢰어 이러한 마음을 밝히고 싶었습니다. 그러나 마고공(痲姑公)[239]이 쉬지 않고 논계하고 있다고 들었고, 또 마음이 화평하지 못하면 표현도 분명 튀어나오는 대로 말하다 누군가에게 해를 끼칠까 두려웠습니다. 그래서 다만 따분한 몇 마디 말만 하였으니, 회옹(晦翁)이 말한, 가슴속이 여전히 끓어오른다는 것[240]이 바로 오늘의 일입니다. 하고 싶은 말은 많고도 많지만 일일이 말씀드리지 않겠습니다.

239 마고공(痲姑公) : 자신의 주장을 비판하는 논계를 올린 사람을 가리킨다. 앞서 송시열이 효종 때에 공물(貢物) 징수와 관련한 개선책을 시행하려 하다 서필원(徐必遠)이 반대하여 뜻대로 되지 않아 호중(湖中)으로 돌아오게 되었는데, 이때 이경석(李景奭)이 지인에게 보내는 편지에서, 산인(山人)이 떠나가니 마고 선녀(痲姑仙女)가 등을 긁어 주는 것같이 시원하다고 말한 일이 있었기 때문에 이렇게 말한 것이다. 《宋子大全 附錄 卷19 記述雜錄 尹鳳九》

240 회옹(晦翁)이……것 : 주희가 상소의 초고를 불태운 뒤에 유덕수(劉德修)에게 보낸 편지에서 쓴 말로, 가슴속에 분노가 가득한 것을 표현한 것이다. 《晦庵集 別集 卷1 劉德修》

민대수에게 답함 기유년(1669, 현종10) 2월

答閔大受 己酉二月

고향에 돌아온 뒤로 슬픔과 괴로움이 날로 심해지는 데다, 또 북쪽으로 대궐을 바라보니 그리운 마음이 간절합니다. 요즘 망연자실하여 몹시도 견디기 어렵던 차에 홀연 길에서 혜찰(惠札)을 받았고, 그제야 오늘날 낭패를 당한 것이 전적으로 한강 가에서 나란히 누워 잤던 일[241]이 빌미가 되어서임을 알게 되었습니다. 이제부터는 반드시 얼굴을 돌리고 앉아야겠습니다.

요사이 나도 모르게 속이 타들어 가던 차에 기쁘고 위로되는 마음이 배나 더하니, 사람 마음이 쉽게 변하는 것이 우습습니다. 손자 주석(疇錫)의 편지를 받고 그의 병에 차도가 있음을 알게 되었습니다. 기쁘고 다행스러운 나의 마음을 무어라 표현해야 할지 모르겠습니다.

대감께서는 언제쯤 북쪽으로 돌아가는지요? 서로 다소 멀리 떨어져 있어 만나서 인사할 길이 없으니, 안타깝습니다. 봄기운이 완연합니다. 시대를 생각하여 더욱 보중하여 멀리서 생각하는 마음을 위로해 주기 바랍니다.

241 한강……일 : 민정중(閔鼎重)이 광주(廣州) 궁촌(宮村)으로 가서 송시열을 만난 것을 가리킨다. 463쪽 주236 참조.

민대수에게 답함
答閔大受

지신(知申)이 탑전에 들어갈 때마다 충성스러운 말이 간절하여 조금도 척리(戚里)의 인연 때문에 어물어물하는 태도가 없으니, 감화받은 본바탕이 있기 때문에 이처럼 남들과는 다른 것이라고 여깁니다.[242] 이번에 편지에서 말씀한 내용을 받들고 특히나 감탄하였습니다. 다만 여러 부마의 제택(第宅)이 규제를 벗어났다고 하니,[243] 먼저 스스로 법대로 하였다면 더욱 좋았을 테고, 여러 부마가 스스로 잘 대처할 수 있었다면 더욱 좋았을 것입니다.

어공(御供)을 변통하는 일[244]을 과연 성상의 하교대로 한다면 군국(軍國)의 일에 크게 이익이 있을 뿐만 아니라 성상의 뜻이 굳게 정해짐을 더욱 잘 볼 수 있을 것이니, 이 얼마나 기쁘고 경사스러운 일이겠습니까.

242 지신(知申)이……여깁니다 : 지신은 이때 도승지를 지낸 장선징(張善澂)을 가리킨다. 장선징은 효종의 국구(國舅)인 신풍부원군(新豐府院君) 장유(張維)의 아들로, 효종 비 인선왕후(仁宣王后) 장씨의 오빠이므로 이렇게 말한 것이다.

243 여러……하니 : 1669년(현종10) 1월 21일 조참(朝參)에서 송시열이 익평위(益平尉) 등 여러 부마가 거처하는 집은 선왕이 잠저(潛邸) 때 계셨던 곳이므로 신하로서 거하기에 부적합하다는 의견을 올린 일이 있다.《承政院日記 顯宗 10年 1月 21日》

244 어공(御供)을 변통하는 일 : 1669년 1월 20일에 민정중이 호조 판서로서 입시하여 어공하는 각 관사의 공물(貢物)을 보고하는 일에서 문서가 많아 제때에 맞추어 보고할 수 없다는 고충을 아뢰었고, 이에 대해 송시열도 긴하지 않은 것은 가려내어 보고하도록 변통하는 방안을 건의한 일이 있다.《承政院日記 顯宗 10年 1月 20日》

다만 삼조(三朝)의 기구(耆舊)[245]에게 궤장(几杖)을 내려 편안하게 해 주기까지 하셨는데, 나의 말[246]이 혹 행해질 수 있다면 그 복어처럼 주름진 등이 수천수만 마리 벼룩과 이가 기어 다니는 것처럼 가려울 테니, 이 점이 매우 안됐습니다.[247] 반드시 군미(君美 이경휘(李慶徽)) 형제로 하여금 재이(載邇 서필원(徐必遠))에게 권하여 그 손톱을 더욱 날카롭게 하여 시원하게 긁어 달라 할 것입니다.[248] 참으로 우습습니다.

245 삼조(三朝)의 기구(耆舊) : 세 조정에서 임금을 섬긴 이경석을 가리킨다. 이경석은 1659년(효종10) 영돈녕부사가 된 뒤 기로소(耆老所)에 들어갔고, 1668년에 궤장을 하사받았다.

246 나의 말 : 《송자대전수차(宋子大全隨箚)》 권6에, 이경석이 극구 저지했던 신덕왕후(神德王后) 부묘(祔廟)에 관한 주장을 가리키는 듯하다고 기록되어 있다. 신덕왕후는 태조의 둘째 부인인 곡산 강씨(谷山康氏)로, 능호(陵號)는 정릉(貞陵)이다. 태종(太宗)에 의해 사후에 후궁(後宮)의 지위로 격하되어 종묘(宗廟)에 부묘되지 못하였다. 선조(宣祖) 때 조정에서 신덕왕후를 부묘하자는 설이 일제히 제기되었으나, 선조가 어렵게 여겨 중지되었다. 그러다 1669년 1월 27일 송시열이 다시 건의함에 따라 조정에서 논의가 활발하게 전개되었다. 《顯宗實錄 10年 1月 27日》

247 복어처럼……안됐습니다 : 이경석이 지인에게 보내는 편지에서 송시열이 조정을 떠나니 마고 선녀가 등을 긁어 주는 것같이 시원하다고 말했던 것을 두고, 송시열 자신의 주장이 통했을 때 그가 다시 불편해지리라 생각해 이렇게 말한 것이다.

248 군미(君美)……것입니다 : 전에 수찬(修撰) 김만균(金萬均)이 할머니가 호란(胡亂)에 죽었다는 이유로 청사(淸使)와 면대(面對)할 수 없다며 사직소를 올렸는데, 당시 승지로 있던 서필원이 할머니의 원수는 부모의 원수와는 다르다는 이유로 김만균의 상소를 가로막고 올리지 않았다. 이때 송시열이 김만균의 요청은 당연한 것이라 하며 복수는 5대손까지 할 수 있다는 주희의 말을 인용하여 서필원의 의론을 공격하였다. 그런데 이때 이경휘와 이경억(李慶億) 형제가 서필원의 의론을 극력 두둔한 일이 있었다. 그렇기 때문에 이와 같이 말한 것이다. 《宋子大全 附錄 卷7 年譜》《顯宗實錄 5年 1月 20日》

나의 손자는 전적으로 염려해 준 덕분에 오늘 같은 날이 있게 되었으니, 참으로 이른바 죽다 살아나고 뼈만 남아 있다 다시 살이 차오른 경우라 하겠습니다. 온 집안이 은혜에 감사하고 있으니, 무어라 다 표현할 수 있겠습니까.

거취에 대한 말씀은 물을 마시는 자가 차가운지 뜨거운지를 알 수 있는 문제에 해당하니, 일률적으로 논할 일이 아닙니다.[249] 그러나 만약 대감께서 다시 도성을 떠난다면 참으로 영사(領事 이경석(李景奭))의 등을 긁어 주는 일이 될 것입니다. 비록 시사(時事)로 보면 근심스러운 일이지만 이 역시 노인을 편안하게 하는 한 가지 방법은 되겠군요.

249 거취에……아닙니다 : 민정중이 송시열에게 자신의 출사(出仕) 거취 문제를 언급한 데 대해, 물을 마시는 자가 그 온도를 잘 알듯이 스스로 처신할 바를 잘 아니 일률적으로 이래라저래라 할 수 있는 문제가 아니라고 말한 것이다. 1669년 10월 민정중이 동지사(冬至使)로 청(淸)나라에 갈 때 친구인 전라 감사 김징(金澄)에게 표피(豹皮)로 만든 갖옷을 전별 신물로 받았는데, 후임 전라 감사 오시수(吳始壽)가 1670년 6월 6일에 상소를 올려 김징이 전라 감영에 있던 표피를 사사로이 쓴 것을 문제 삼았다. 이와 관련해 민정중이 자책하며 사직을 청한 일이 있는데 이 일과 관련해 한 말이다. 《老峯集 卷4 待罪疏》

민대수에게 답함 기유년(1669, 현종10) 3월
答閔大受 己酉三月

막 손자 상을 치르고 슬픔과 고통 속에 시간을 보냈는데, 이러한 때에 보내 준 서찰을 받들고 보니, 위로되고 감사하기 그지없습니다. 나는 그저 네모난 못에 물이 차오르고 매화와 버들이 봄을 두고 다툴 때 홀로 서창(書窓)에 앉아 있으니, 한가로운 정취가 조금 있습니다.

주유(侏儒)는 배불러 죽을 지경이고 동방삭(東方朔)은 배고파 죽을 지경인 것[250]은 스스로 개의치 않지만 다만 전날 한 번의 경거망동으로 허다한 사람을 망친 것이 한스러우니, 이것이 마음에서 잊히지 않을 뿐입니다. 때를 기다려 물러나고자 한다는 말을 들었는데, 고어(古語)에 "군자는 나아가는 것은 함께하지 않고 물러나는 것은 함께하며, 소인은 나아가는 것은 함께하고 물러나는 것은 함께하지 않는다."[251]라고 하였습니다. 대감이 나와 함께 물러나지도 않았는데 국가의 일까지

250 주유(侏儒)는……것 : 정당한 대우를 받지 못한 것을 가리킨다. 한(漢)나라 동방삭이 무제(武帝)에게 "주유들은 배가 불러 죽을 지경인데, 신은 배가 고파서 죽을 지경입니다. 신의 말이 쓸 만하다면 좀 더 예우를 잘해 주어야 하고, 쓸모가 없다면 바로 파직해서 장안의 쌀을 축내지 말게 해야 합니다."라고 호소한 일화가 있다. 《漢書 東方朔傳》

251 군자는……않는다 : 범중엄(范仲淹)이 섬서 안무초토사(陝西安撫招討使)에 임명되어 나갈 적에 전에 좌천된 자신을 변호하다 함께 좌천된 구양수(歐陽脩)를 종사관으로 임명하자, 구양수가 사양하면서 한 말이다. 그는 "예전의 일이 어찌 자신의 이익을 도모하기 위해서 한 것이겠는가. 물러나는 것은 함께해도 좋지만 나아가는 것은 함께하지 않는 것이 좋다."라고 말하였다. 《宋史 歐陽脩列傳》

그르치고 나면 누가 군자라 여기겠습니까. 오직 두 가지 모두가 잘못될까 두려울 뿐입니다.[252] 우습습니다.

정창(疔瘡)을 아직까지 치료하지 못했는데, 이미 피부 깊숙이 침투해 아무리 좋은 약제를 써도 듣지 않으니, 스스로는 치료할 수 없습니다. 이런 작은 일로 대처(大處)에서 손써 주기를 바라니, 몹시도 어리석은 줄을 알겠습니다. 조보(朝報)는 돌려드리겠습니다. 이만 줄입니다.

252 대감이……뿐입니다 : 민정중이 당시 호조 판서로서 송시열과 함께 공물(貢物)을 줄이는 것을 의논하다 크게 원망을 산 것을 두고 한 말이다. 이때 송시열은 고향으로 돌아왔으나 민정중은 조정에 남아 있었으므로, 함께 돌아오지도 못한 데다 일도 성공시키지 못한다면 둘 다 실패한 것이 되리라고 우려한 말이다.

민대수에게 보냄 기유년(1669, 현종10) 4월

與閔大受 己酉四月

성상께서 도성으로 돌아가실 날이 얼마 남지 않아 보잘것없는 신하는 우러러 그리워하며 눈물이 쏟아질 것만 같습니다.[253] 귀한 서찰 또한 이제 끊기게 되었으니, 아울러 슬픈 마음을 금할 수 없습니다.

소본(疏本)은 어제 균사(均使)[254] 집사께 보냈는데, 정본(正本)과 꽤 차이가 있습니다. 대개 말은 완곡하게 하면서도 그 뜻을 분명히 드러내려 힘썼지만 그런데도 그것을 보는 자가 노하게 함을 면치 못했으니, 치우친 기질을 바꾸기가 참으로 어렵습니다. 할 말은 많고도 많지만 이만 줄입니다.

253 성상께서……같습니다 : 이때 상이 온궁(溫宮)에 임어(臨御)하였는데 환궁할 날이 임박했는데도 송시열이 묵은 병이 도지고 또 집에 꺼리는 병이 있어 명을 받들 수 없는 상황이라 이렇게 말한 것이다. 《宋子大全 附錄 卷6 年譜》

254 균사(均使) : 민정중이 경기 균전사(京畿均田使)를 지냈으므로 이렇게 지칭한 것이다.

민대수에게 답함 기유년(1669, 현종10) 4월
答閔大受 己酉四月

말씀한 내용을 보고 잘 알았습니다. 정상(貞相 이경석(李景奭))이 등이 가려운 것은 긁었으나 혀는 긁어 줄 사람이 없자 스스로 이와 같이 혀를 놀렸습니다.[255] 대성(臺省)의 제공(諸公)이 서계(徐啓)를 조금 늦추어 서필원(徐必遠)으로 하여금 등을 거쳐 혀까지 긁어 주게 하지 못한 것이 몹시도 안타까우니,[256] 참으로 우습고도 우습습니다. 그러나 나로서는 앞으로 죄를 청하는 것을 그만두어서는 안 될 듯한데, 환궁할 때가 임박했는지 아니면 며칠 더 남아 있는지 모르겠습니다. 헤아려 알려 주면 고맙겠습니다.

일찍이 고인(古人)의 말을 들으니, 명을 받고 달려가는 자는 이익을 좋아하는 자라고 하였습니다. 그가 스스로 이익을 얻는 데 익숙해지자 다른 사람도 본받게 하고자 하니, 그도 참 일이 많다 하겠습니다. 그러나 그가 삼전도비(三田渡碑) 비문을 지으면서 심지어 적노(賊奴)를

255 정상(貞相)이……놀렸습니다 : 현종이 온양(溫陽)에 거둥하였을 적에 소명(召命)을 내렸으나 송시열이 나아가지 않은 것을 두고, 1669년 4월 10일 영중추부사 이경석이 차자를 올려 장전(帳殿)이 가까이 계시는데도 입조(入朝)하는 사람이 없으니 분의(分義)에 이렇게 해서는 안 된다고 하고, 의리를 어기고 조정의 기강을 문란하게 하였다는 말로 논척한 것을 두고 한 말이다. 《宋子大全 附錄 卷6 年譜》

256 대성(臺省)의……안타까우니 : 서계는 《송자대전수차》 권6에 서필원을 논핵한 계사를 가리키는 듯하다고 되어 있다. 서필원을 논핵하는 일을 조금 늦추었다면 서필원이 분명 송시열을 논척했을 것이니, 그랬다면 이경석으로서는 가려운 데를 긁어 주는 것처럼 시원함을 느꼈을 텐데, 그렇게 해 주지 못해 안타깝다고 조소(嘲笑)한 것이다.

하늘에 비유하기까지 하고도 적노의 노여움을 사 이어 백마산성(白馬山城)에 감금된 일이 있었으니,[257] 그렇다면 그는 이익을 얻는 일에도 그다지 익숙지 않은 것입니다. 그러나 이마저도 없다면 대책이 없다 하겠습니다. 이만 줄입니다.

257 적노(賊奴)를……있었으니 : 적노는 청 태종(淸太宗)을 가리킨다. 이경석이 삼전도 비문을 지을 때 그를 지나치게 찬양했음에도 불구하고 효종 1년(1650)에 김자점(金自點)의 밀고로 효종의 북벌 계획이 청나라에 알려져 추궁당했을 때, 스스로 책임질 것을 자청하였다가 청나라에 의해 백마산성에 감금당했는데, 이를 두고 한 말이다. 《孝宗實錄 1年 3月 9日, 13日》

민대수에게 보냄 기유년(1669, 현종10) 4월

與閔大受 己酉四月

글을 써서 올린 상소는 참으로 주자(朱子)가 말한 대로 늙고 기력이 쇠해서 그런 것이니, 스스로 가련할 뿐입니다.[258] 그러나 그가 만약 다시 뭐라고 운운한다면 부득이 통렬하게 말하지 않을 수 없습니다. 계곡(谿谷)은 비문을 지을 적에 말을 조절하였는데, 그는 더없이 아첨을 해 차마 똑바로 볼 수가 없었습니다.[259] 지금 내가 처신도 형편없는데 게다가 의리 문제로 그에게 견책까지 당한다면 무슨 면목으로 사부(士夫)의 사이에 설 수 있겠습니까. 나의 뜻이 이러하니 비록 만번

258 글을……뿐입니다 : 삼전도비(三田渡碑) 비문을 지은 이경석(李景奭)이 상소에서 송시열 자신을 두고 함부로 말했는데도 이를 두고 변론한 말이 완곡한 것을 아쉽게 여긴다는 뜻이다. 송시열은 이때 대죄(待罪)하며 올린 상소에서, 이경석을 송 흠종(宋欽宗)이 정강(靖康)의 난 때 금(金)에 잡혀 있을 적에 금인(金人)이 항복하는 글을 받으려 하자 오랑캐에 아첨하는 글을 지은 손적(孫覿)에 비유하며 에둘러 비난하였다. 《宋子大全 卷13 因留都大臣李景奭箚待罪疏》

259 계곡(谿谷)은……없었습니다 : 병자호란 직후 청나라가 승첩비를 세우려고 조선에 비문을 지으라 강요하였을 때, 장유(張維)가 제술관으로서 인조(仁祖)가 남한산성(南漢山城)에서 당하였던 일을 담은 비문을 지었는데, 초왕(楚王)이 정(鄭)나라를 침범하여 그 수도를 함락시키자 정백(鄭伯)이 옷을 벗어 윗몸을 드러낸 채 양을 끌고 가서 맞이한 고사를 적었다. 그러자 청나라에서는 이는 열국(列國) 간에 서로 주고받는 말이지 번신(藩臣)의 말이 아니라고 하여 고쳐 지을 것을 독촉하였다. 이에 왕명에 따라 이경석이 다시 비문을 지었는데, 장유가 부득이해서 지은 것과는 달리 그 내용이 청나라 황제의 비위를 맞추기 위해 과할 정도로 덕을 칭송한 것이었다. 《仁祖實錄 16年 2月 8日》《肅宗實錄 29年 12月 7日》

주벌을 당하더라도 후회하지 않을 것입니다.

손자의 편지를 받고 매우 기뻤습니다.

민대수에게 답함 기유년(1669, 현종10) 5월

答閔大受 己酉五月

빗속에서 그저 청산을 바라보면서 소선(蘇仙)의 큰 술잔을 받게 될까 두려워하고 있었습니다.[260] 그러던 차에 작은아들이 홀연 호조 판서(민정중)의 편지를 전해 주어 처음에는 봉투도 뜯지 않고 그대로 돌려보내려 했으나, 나도 모르게 바삐 손을 놀려 펼쳐 보았습니다. 과거의 잘못을 거울삼아 다시는 잘못을 저지르지 않는 것이 몹시도 어렵습니다. 《맹자》 교정지[261]는 이미 본현의 현감에게 제출해 달라고 부탁하였는데, 아직 전달되지 않았는지요?

옛 가르침에 "너에게서 나온 것이 너에게로 돌아간다."[262] 하였습니다. 내가 대감이 궁촌(宮村)에 온 것으로 인해 곤란을 겪으니, 대감 또한 어찌 이로 인해 곤란을 겪지 않을 수 있겠습니까. 참으로 우습고

260 소선(蘇仙)의……있었습니다 : 산림에 있으면서 세상일에 대해 관심을 갖는 것으로 인해 벌을 받을까 두렵다고 자신의 심경을 말한 것이다. 소식(蘇軾)의 〈증손신로(贈孫莘老)〉 시에 "아, 나와 그대는 오랫동안 무리를 떠났기에, 아무 일도 듣지 않아 귀와 맘이 다 식었네. 만일 청산을 대하여 세상일을 말한다면, 의당 큰 술잔 들어 그대에게 벌주를 마시게 하리."라고 한 데서 온 말이다.

261 맹자 교정지 : 《송자대전수차》 권6에, 1668년에 민정중이 경연에서 교정청을 설치하고 문학하는 선비를 뽑아 경서를 교정보도록 할 것을 성상께 건의하여 송시열이 이 일에 참여하였다는 내용이 있다.

262 너에게서……돌아간다 : 선과 악은 자신이 남에게 베푼 대로 자신에게 돌아온다는 뜻이다. 《맹자》 〈양혜왕 하(梁惠王下)〉에 "증자가 말하기를 '경계하고 경계하라. 너에게서 나온 것이 너에게로 돌아간다.' 하였다."라고 하였다.

도 우습습니다.

양전(兩殿)이 내려 주신 절선(節扇)을 삼가 공경히 받았으나 마침 병으로 인해 지수 단자(祗受單子)를 제대로 작성하지 못하고 삼가 두 종이에 서명하여 들였습니다. 다시 사관에게 명하여 정서(淨書)해서 올리도록 하는 것이 어떻겠습니까?

윤길보(尹吉甫 윤선거(尹宣擧))의 일은 애통하고 애석하기 그지없습니다. 이 친구는 뜻을 세운 바가 매우 볼 만했으니, 오늘날 어디에서 이런 사람을 구하겠습니까. 백강(白江 이경여(李敬輿))에 대해 운운한 것은 정신이 어두워 살피지 못했습니다. 행여 뒤에 오는 인편에라도 그 대강을 대략 알려 주십시오. 할 말은 많지만 병든 몸으로 간신히 쓰는 것이라 이만 줄입니다.

민대수에게 보냄 기유년(1669, 현종10) 7월

與閔大受 己酉七月

여름 장마철에 건강하게 지내는지요? 적이 여쭐 일이 있습니다. 듣기로 북로(北路)에 상신(相臣) 김종서(金宗瑞)의 사당이 있고, 그곳에 김응하(金應河) 장군을 배향했다고 하던데, 그렇습니까? 김 장군의 충절(忠節)은 화이(華夷)에 진동하여 황제로부터 봉작(封爵)과 증직(贈職)을 받기까지 하였는데, 그가 어찌 김상(金相)만 못해 배향하는 자리에서 따르게 한난 말입니까. 내 말이 틀리지 않는다고 여긴다면 행여 지금이라도 바로잡아 줄 수 있는지요?

깊은 산중에 있는데 큰 장마가 휩쓸어 세상과 단절되었습니다. 듣자하니 미대(美台)가 세상을 떠났다고 하던데 사실입니까?[263] 사실이라면 놀랍고 처참한 마음을 금할 수가 없습니다.

263 미대(美台)가……사실입니까 : 1669년 4월 미촌(美村) 윤선거가 죽리(竹里)에서 병으로 졸하였다.

민대수에게 답함 기유년(1669, 현종10) 7월

答閔大受 己酉七月

칠석날 보내 준 편지를 받고 기쁘기 그지없었습니다. 나 또한 교정청 인편을 통해 답장을 부쳤습니다.

김응하(金應河) 장군은 이미 북로(北路)의 관원을 거쳤으니, 어찌 그를 제향하는 일이 없을 수 있겠습니까. 상신 김종서(金宗瑞)를 제향하는 일이 비록 공로에 보답하는 데 근본을 두고 있지만 타인을 함께 제향한다 해서 공이 없는 것이 되지 않으니, 서로가 빛내 줄 때 빛남을 더욱 잘 볼 수 있습니다. 더구나 김 장군이 대의(大義)를 바로 세워 우리 동방으로 하여금 천하 후세에 할 말이 있게 한 공이 어찌 작다고 하겠습니까. 내 의견은 이러한데 부디 헤아려 가르쳐 주기 바랍니다.

장차 먼 길을 떠난다는 소식을 들으니 내가 섭섭해집니다. 비문을 쓰는 일은 모두 현임(現任)이 고쳐서 정하는 대로 해야 되니, 물을 필요 없습니다. 전에 올린 교정지 중에 〈순전(舜典)〉에 대해 여쭌 것이 있었는데, 혹시라도 교정청의 여러 분과 바로잡아 알려 주면 고맙겠습니다.

민대수에게 보냄 기유년(1669, 현종10) 8월

與閔大受 己酉八月

나는 질병으로 인해 건강이 상했고 또 왕래하는 사람도 없어, 길주(吉州) 문자[264]는 아직까지도 뜻에 부응해 짓지 못하고 있으니 부끄럽고 죄송할 뿐입니다. 지금 초안을 잡아 이번에 사관이 가는 길에 부치려 하는데, 몹시 바쁜 가운데 쓰다 보니 엉성하고 잘못된 부분이 틀림없이 많을 것입니다. 또 중순의 정일(丁日)에 맞추지 못할까 하여 특히나 안타까움이 더합니다. 만약 파발을 통해 보낸다면 거의 맞출 수 있지 않을지요?

방금 정청(庭請)한 데 대해 윤허를 받았다고 들었습니다. 천리(天理)를 밝히고 대륜(大倫)을 바르게 하고 중대한 예를 숭상하고 정중한 의식을 행하는 것이 이로부터 시작되었습니다. 이는 모두 하늘이 내신 성덕(聖德)이 백왕(百王)을 넘어서기 때문이지만 그렇다 해도 어찌 여러 현인이 충성을 다한 결과가 아니겠습니까. 지극히 공경하여 우러르는 마음을 적이 가눌 수 없습니다. 나머지는 일일이 다 말씀드리지 못합니다.

264 길주(吉州) 문자 : 중봉(重峰) 조헌(趙憲) 선생의 충절과 덕행을 기려 봉안하기 위해 중봉서원을 세우면서 길주 유생들이 송시열에게 〈중봉서원기문(重峰書院記文)〉을 써 줄 것을 건의하였는데, 이를 가리킨다. 《鶴庵集 卷2 華陽聞見錄 語錄》

민대수에게 답함 기유년(1669, 현종10) 8월

答閔大受 己酉八月

병중에 두 차례 보내 준 편지를 받고 한없이 위안이 되었습니다. 나는 질병이 끊이지 않으니, 가을 더위가 금방 사라지듯이 오래 살지 못하리라는 것을 스스로 알겠습니다. 무엇보다도 대감께서 사행 가실 날이 머지않았는데, 사행을 마치기 전까지 조물주가 얼마나 되는 시간을 남겨 주어 다시 만나게 해 줄지 모르겠습니다.

교정지는 다시 스스로 역량을 헤아려 보지 않아 참람함으로 인해 비답에서 분에 넘치는 짓을 했다고 꾸짖으시더라도 할 말이 없게 되었으니, 일이 없는 가운데 일을 만든 격이라 또한 우스울 뿐입니다. 그러나 전일에 마음 쓸 데가 없던 것에 비하면 유익한 바가 있음을 아주 잘 알겠습니다.

홍 전적(洪典籍)[265]의 견해가 점점 더 정밀해지니 조정에서 처음부터 끝까지 이 일을 전적으로 맡긴다면 실로 공적으로나 사적으로나 다행스러울 것입니다.

265 홍 전적(洪典籍) : 《송자대전수차》 권13에 "이름은 기(覬)이다. 문과에 급제하여 정랑(正郎)을 지냈고, 본관은 남양(南陽)이다. 현종 무신년(1668)에 노봉(老峯)이 경연에서 성균관에 교정청을 설치하고 문학의 선비를 선발하여 경서의 문자를 교정하기를 건의하였는데, 홍공(洪公)이 정랑으로 그 일을 주관하여 사서(四書)로부터 삼경(三經), 《춘추(春秋)》, 《예기(禮記)》 등에 이르기까지 모두 그 잘못을 바로잡아 다시 간행하였다. 또 송시열과 토론하여 2권을 편집하고 《경서의오강해(經書疑誤講解)》라고 이름을 붙였는데, 송시열이 이 책의 서문을 지었다."라고 한 내용이 있다.

《논어요의(論語要義)》와 《맹자요의(孟子要義)》는 석대(錫台 김석주(金錫冑))가 실행하여 이미 시작해 두었다고 하니, 전에 해 둔 것을 참고하여 마침내 완성한다면 다행스럽겠습니다.

○ 편지에서 모상(某相)[266]과 상의했다고 운운한 것은 참으로 우습습니다. 그렇다면 어찌하여 정상(貞相 이경석(李景奭))이 정각(丁閣) 건립을 막는 데 찬동하였단 말입니까? 그러나 군자는 앞으로 나아가는 것은 인정해 주고 지난 일은 잊는 것이 옳습니다. 오늘날은 아무리 정상이라 하더라도 그가 새로운 것을 도모하여 그 아름다움을 이루는 것은 장려하는 것이 좋습니다.

266 모상(某相) : 《송자대전수차》 권6에서는 이때 좌의정이었던 허적(許積)으로 추측된다고 하였다.

민대수에게 답함 기유년(1669, 현종10) 10월

答閔大受 己酉十月

지난달 죽령(竹嶺)으로부터 안부를 묻는 편지와 붓이 든 봉투가 와서 여정(旅程)에 연풍(延豐)을 잠깐 거쳐 간다는 것을 알았는데, 약속을 잡아 만나서 벽지(僻地)의 절간에 앉아 멀리 떠나보내는 정을 펴지 못하는 것이 한스러웠습니다. 그 후로도 질병이 계속해서 이어진 데다 구석진 산중에서 지내다 보니 지금까지도 답장을 보내지 못하고 있었는데, 이제 또 8일에 보내 준 편지를 받고 떠날 날이 임박한 것을 알았습니다. 앞으로 얼마나 소식이 막힐지 햇수로 세야 할 텐데 분주히 임무를 수행할 광경을 상상해 보건대 연릉(延陵)이 주(周)나라를 돌아볼 때와는 경우가 다를 것이니,[267] 특히나 서로 슬퍼할 만하다 하겠습니다.

그러나 "이적(夷狄)에 있을 적에는 이적의 풍습대로 행한다. 어디서든 자득하지 못함이 없다."[268]라는 성인의 밝은 가르침이 있으니, 바로

267 연릉(延陵)이……것이니 : 이번 사행에서 다른 것은 돌아볼 여유가 없다는 뜻이다. 민정중은 1669년 10월 18일 동지 정사(冬至正使)로 청나라에 갔다가 다음 해 윤2월 8일 귀국하였다.《顯宗實錄 10年 10月 18日, 11年 閏2月 8日》연릉은 춘추 시대 오(吳)나라 공자(公子)인 연릉 계자(延陵季子) 계찰(季札)이다. 그는 노(魯)나라에 사신으로 가 주(周)나라의 음악을 살펴보고 열국(列國)의 치란 흥망을 알았다고 한다.《史記 吳太伯世家》

268 이적(夷狄)에……없다 : 처한 현실에 맞게 행하는 것이 유가의 도리라는 말이다.《중용장구(中庸章句)》제14장에 "부귀에 처해서는 부귀를 누리고, 가난에 처해서는 가난하게 지내며, 이적에 있을 적에는 이적의 풍습대로 행하고, 환난에 처해서는 환난에 맞게 행한다. 군자는 어디서든 자득하지 못함이 없다."라고 하였다.

오늘날 가법(家法)으로 수용할 만합니다. 그러니 비단 역관들을 다잡아 단속하고 물화(物貨)를 지휘하는 것만으로 족하다고 여겨서는 안 됩니다. 만 리 길에서 바람을 쐬다 보면 근골이 약해지기 쉬우니, 음식을 더 챙겨 드시어 멀리서 걱정하는 마음을 위로해 주기 바랍니다. 이만 줄입니다.

별지

이로(二虜)가 분쟁의 씨를 만든다[269]는 말을 들으니, 참으로 변장자(卞莊子)처럼 손을 쓰기에 딱 좋습니다.[270] 부디 속히 돌아와 나의 일을 맡아 수십시오.

혹 이번에 떠날 적에 소매에 비수를 감춘 자를 데리고 가는 것도 괜찮기는 하나 주자(朱子)는 이를 두고 도자(盜刺)라고 썼으니, 어찌하겠습니까.[271] 몹시도 우습습니다.

269 이로(二虜)가……만든다 : 당시 몽왕(蒙王)과 청나라 임금이 사이가 나빠진 것을 가리킨다. 《宋子大全隨箚 卷6》

270 변장자(卞莊子)처럼……좋습니다 : 변장자는 춘추 시대 노(魯)나라 변읍(卞邑)의 대부이다. 그는 소를 잡아먹던 범 두 마리가 서로 많이 먹으려고 싸우다 지치자, 칼로 찔러 한꺼번에 범 두 마리를 잡았다고 한다. 《史記 張儀列傳》 몽고와 청나라가 싸우다 두 나라 모두 힘이 약해질 때를 기다려 볼 만하다는 뜻이다.

271 소매에……어찌하겠습니까 : 자객을 데려갈 수도 없는 노릇이라는 뜻이다. 전국 시대 자객 형가(荊軻)가 연(燕)나라 태자 단(丹)의 부탁을 받고 진왕(秦王)을 죽이려 한 것을 주희가 《자치통감강목(資治通鑑綱目)》에서 '도자진왕(盜刺秦王)'이라고 기록했으니, 차마 도적이 될 수 없기에 자객을 데리고 갈 수는 없다고 말한 것이다.

민대수에게 보냄 경술년(1670, 현종11) 윤월

與閔大受 庚戌閏月

생선을 삶는 이에게 솥을 씻어 준다는 것[272]은 시인이 바로 오늘을 위해 준비한 말 같습니다. 여정(旅程)에 관해서는 물을 겨를도 없고, 그곳에서 들은 말을 듣고 싶을 뿐입니다. 산중에 있을 적에는 아무 소식도 못 들었는데, 어제 회덕(懷德)에 왔더니 김(金)과 민(閔)[273] 두 자를 꽤나 말하는 바람에 내가 몹시도 놀라고 머리가 아파졌습니다. 아마도 이른바 "현명한 사람도 어리석지 않은 이가 없다."[274]라는 경우이겠지요. 그러나 이 말을 타파하지 못한다면 설령 뜰을 갈아서 밭으로 만들고 칼을 씻을 기회[275]가 온다 하더라도 어찌할 수 없을 것입니다. 이때

272 생선을……것 : 《시경》 〈회풍(檜風) 비풍(匪風)〉의 "누가 생선을 삶는가? 작은 가마솥과 큰 가마솥을 씻어 주리라. 누가 장차 서쪽으로 돌아갈까? 좋은 목소리로 위로하리라."라는 구절에서 인용한 것으로, 1670년 윤2월 사신 갔다 돌아온 민정중을 위로하는 뜻을 보인 것이다.

273 김(金)과 민(閔) : 《송자대전수차(宋子大全隨箚)》 권6에, 당시에 노봉(老峯) 형제가 광성부원군(光城府院君) 김만기(金萬基) 집안과 틈이 벌어져 이렇게 말한 것이라고 하였다.

274 현명한……없다 : 현명한 사람도 난세에는 상도(常道)에 어긋나지 않는 사람이 없다는 말이다. 《시경》 〈대아(大雅) 억(抑)〉에 "치밀한 위의는 덕의 단면이로다. 사람들도 말하기를 현명한 사람도 어리석지 않은 이가 없다고 하네. 중인(衆人)들의 어리석음은 또한 기질의 병통 때문이지만, 철인의 어리석음은 상도에 어긋나서라네."라고 한 데서 온 말이다.

275 뜰을……기회 : 적의 세력을 물리치고 권력을 장악할 기회를 뜻한다. 뜰을 갈아서 밭으로 만든다는 것은 흉노를 멸망시킴을 비유한 말로, 《한서(漢書)》 〈흉노전(匈奴

에 그것을 타파할 책임이 어찌 다른 사람에게 있겠습니까. 벼슬에서 물러나 엎드려 있는 몸으로서 조정의 지체 높은 분[276]께 글을 쓰면서 어찌 껄끄러운 줄을 모르겠습니까. 더구나 이런 일은 특히나 감히 거론할 수 없는 것인데도 감히 운운하니, 이는 성덕(盛德)과 아량을 믿고서 그러는 것이 아니겠습니까. 그러나 절대로 다른 사람에게는 말하지 마십시오.

《논맹집의(論孟集義)》는 결국 입수하였는지요? 홍 원외(洪員外)가 근래에 《혹문(或問)》 내용으로 질문을 해 왔는데, 이 책이 없어 멍하니 무어라 말해야 할지 몰랐습니다. 이만 줄입니다.

傳)〉에 보인다. 칼을 씻는다는 것은 인조반정(仁祖反正)을 앞두고 김류(金瑬), 이귀(李貴) 등이 거사를 모의한 다음 창의문(彰義門) 밖 차일암(遮日巖)에서 칼을 씻은 일을 가리킨다.

276 조정의……분 : 1670년 윤2월에 민정중이 대사헌이 되었다.

민대수에게 답함 경술년(1670, 현종11) 4월 3일

答閔大受 庚戌四月三日

집사가 돌아올 때까지 모두 두 차례 보내 준 편지를 받았습니다. 나 역시 짧은 서신으로 여행길 안부를 여쭌 적이 있는데, 중간에 사라지지는 않았겠지요? 힘들면 편안해지기를 생각하는 것이 보통 사람의 일반적인 심정이니, 집사가 동쪽[277]으로 가고자 하는 마음을 잘 알겠습니다. 그러나 지금은 있던 자가 모두 나가고 멀리 있던 자가 모두 들어오니, 집사가 떠나기 어렵겠다는 것을 또 알겠습니다.

숭정황제(崇禎皇帝) 어필(御筆)은 받들어 볼 때마다 피눈물을 흘리니, 내가 해외 접역(鰈域)에 있다는 사실도 모를 정도입니다. 집사가 이 서폭을 구할 수 있었던 것 또한 보이지 않는 가운데 서로 감응하여서일 것입니다. 발문(跋文)은 삼가 절하고 머리를 조아리고서 쓰도록 하겠습니다.

우북평(右北平)[278] 비액(碑額)의 글씨 또한 보는 사람으로 하여금 그 웅장한 풍모를 상상하게 하니, 구원(九原)에서 그를 불러와 오랑캐의 넋을 쏙 빼놓지 못한 것이 한스러울 뿐입니다.

연도(沿道)에서 구한 세 권의 책은 펼쳐서 살펴보니 좋았습니다.

277 동쪽 : 《송자대전수차(宋子大全隨箚)》 권6에, 민정중이 북경에 사신 갔다 돌아와 동북쪽 고향으로 돌아가고자 한 것을 말한다고 하였다.

278 우북평(右北平) : 한 무제(漢武帝) 때의 명장 이광(李廣)을 말한다. 그가 북평태수(北平太守)로 부임하자, 흉노가 "한(漢)나라 비장군(飛將軍)이 왔다."라고 하면서 모두 피하고 몇 년 동안이나 침입하지 않았다고 한다. 《漢書 李廣傳》

그중 장담(壯談) 한 조목은 절름발이도 일으켜 세울 만하여, 그것이 허황한 말이라 하더라도 40년 동안 귓가에 들리는 것이 없던 나에게는 이 또한 무척이나 재미있었습니다. 《논맹정의(論孟精義)》는 이번 사행길에서도 구하지 못하였으니, 앞으로 천고의 한이 될 것입니다.

하고 싶은 말은 많고도 많지만 글로 다 쓸 수 있는 것이 아니니, 묵묵히 이해해 주기 바랍니다.

민대수에게 답함 경술년(1670, 현종11) 4월

答閔大受 庚戌四月

북창(北窓)에서 신음하던 차에 홀연 안부 편지를 받고는 몸에 병이 깊은 것도 싹 잊었으니, 위안되는 마음 무어라 말할 수 없습니다. 다만 동춘(同春 송준길(宋浚吉))이 남쪽으로 떠났다고 들었고 집사도 동쪽으로 돌아가려 하니, 무슨 불안한 사단(事端)이라도 있는 것인지요? 그로 인해 크게 탄식합니다.

《본말(本末)》[279]과 《유문(遺聞)》[280] 두 권의 책이 와서 빌려 볼 수 있게 되었으니, 특히나 더없이 감격스럽고 다행스럽습니다. 유건(儒巾)과 복대(腹帶)[281]를 마침내 보여 준다면, 이곳의 유생들로 하여금 본떠서 착용하게 하고자 합니다. 《논맹정의(論孟精義)》는 모쪼록 나중에 가는 사람을 통해 안군(顏君 안봉자(顏鳳姿))에게 묻는 것이 어떻겠습니까? 이 사람은 연공(兗公 안연(顏淵))의 후예가 아닙니까.

《본말》을 지은 자는 참으로 안타깝습니다.[282] 황 장계(黃長溪)가 관

279 본말(本末) : 민정중이 사신 갔다 돌아오면서 가지고 온 《명사기사본말(明史紀事本末)》로, 청나라 곡응태(谷應泰)가 편찬한 80권의 역사서이다.

280 유문(遺聞) : 추의(鄒漪)가 1657년에 완성한 《명계유문(明季遺聞)》을 말한다. 1631년 4월 이자성(李自成)의 반란부터 1650년 12월 남명 정권의 몰락까지 명나라가 멸망하던 당시의 일을 기록한 야사(野史)이다.

281 유건(儒巾)과 복대(腹帶) : 《송자대전수차(宋子大全隨箚)》 권6에, 민정중이 중국에서 만난 복건성(福建省) 지현(知縣) 안봉자에게 물어서 옛 제도를 알게 된 것이라고 하였다.

백 전하(關白殿下)라고 한 것과는 전혀 다르지 않겠습니까.[283]

나의 병이 날로 더욱 심해지니, 이치로 보나 형세로 보나 그럴 수밖에 없습니다. 다만 젊은 시절 아까운 세월을 허송하여 오늘날 그저 쇠락한 처지가 되었으니, 스스로 깊이 후회하고 탄식하며 더 이상 할 말이 없을 뿐입니다.

282 본말을……안타깝습니다 : 《송자대전수차》 권6에, 《명사기사본말》을 지은 곡응태가 오랑캐를 황제로 높였기 때문에 안타깝다고 한 것이라고 하였다.

283 황……않겠습니까 : 황 장계는 종계변무(宗系辨誣)의 공으로 광국 공신(光國功臣) 1등에 책훈(策勳)되어 장계부원군(長溪府院君)에 봉해진 황정욱(黃廷彧, 1532~1607)을 말한다. 자는 경문(景文), 호는 지천(芝川), 시호는 문정(文貞)이다. 그가 임진왜란 때 올린 장문(狀文)에서 왜(倭)를 관백 전하라고 높여 부른 일이 있었는데, 이는 겉으로 높여 부름으로써 노여움을 사지 않으려 한 것이다. 송시열은 곡응태가 오랑캐를 황제로 높인 것은 명분이 없다는 뜻에서 이렇게 말하였다. 《宋子大全隨箚 卷6》

민대수에게 답함 경술년(1670, 현종11) 5월

答閔大受 庚戌五月

보내 준 편지는 두루 다 편안하다는 일반적인 소식일 뿐이 아니고, 또한 아무도 찾지 않는 곳에 사람의 발자국 소리가 들리는 정도로 기쁠 뿐만이 아니었습니다.

집사께서는 아직 직임을 벗지 못한 상태에서 이미 임하인(林下人)이 되었으니, 직임을 벗느냐 못 벗느냐는 모두 자신과는 상관없는 일일 것입니다. 다만 가뭄으로 인한 피해가 이토록 심각하여 수없이 많은 백성이 모두 타들어 가는 가마솥더위 속에 있으니, 하늘이 아마도 어진 사람이 한가한 가운데 수수방관하고 있도록 허락하지 않을 것입니다.

나는 이따금 짧은 글을 보는 데에도 심력이 소진되어 소책자를 망망대해 보듯 하니, 스스로 깊이 가련해하며 탄식할 뿐입니다. 《정의(精義)》와 유복(儒服)은 밤낮으로 우두커니 기다립니다. 만날 날이 아득한 이때에 무더위만 더욱 심해지고 있습니다.

16일에 보낸 편지는 받아 보았는지요? 이만 줄입니다.

별지

《의례문해(疑禮問解)》에서 〈증자문(曾子問)〉의 내용[284]을 인용하

284 증자문(曾子問)의 내용 : 《예기(禮記)》 〈증자문〉에, 증삼(曾參)이 "대부의 제사에 정조를 진설하고 변두를 진설하였는데 예를 갖추지 못하고 폐하는 것은 몇 가지가 됩니까?"라고 묻자, 공자가 "아홉 가지이다."라고 대답하였다. 다시 묻자 "천자가 붕어

면서 대부(大夫)는 자최(齊衰), 대공(大功)에 제사를 폐하고 그 외의 상은 자최 이하로 제사를 지낸다고 한 것과 사(士)는 시마(緦麻) 상에 제사 지내지 않는다고 운운한 것이 모두 정조(鼎俎)와 변두(籩豆)를 이미 진설해 놓고 제사를 지내려 하다 상을 만난 경우를 말합니다. 그러니 제사를 지내려던 참이 아닌 경우에도 응당 이와 같이 하는지는 모르겠습니다. 또 후세에 상례(喪禮)와 제례(祭禮)가 모두 사와 대부를 구분하지 않는데, 유독 여기에서만 구별하니 어떤지 모르겠습니다. 율곡의(栗谷儀)[285]에 "시마나 소공(小功) 상에 성복(成服) 전에는 제사를 폐한다."라고 하였고, 그 주에 "오복(五服)은 성복 전이면 기제(忌祭)도 지내지 않는다."라고 하였으니, 여기에 근거하면 보내온 책에 인용한 것이 딱 맞지는 않는 듯합니다. 게다가 묘제(墓祭)는 기제와 다르니, 혹 성복 후를 기다렸다 날을 잡아 성묘하는 것이 더욱 합당하지 않을는지요?

부인(婦人)으로서 상중에 시댁으로 돌아가는 자가 주자(朱子)의 설에 따라 그 의복을 바꿔 입는다면 아마도 단지 늘 최질(衰絰)을 착용하지는 않을 것입니다. 참색(黲色)은 상복을 벗은 후에 입는 옷이라 예(禮)에서 상고할 내용이 없습니다.

했을 때, 왕후의 초상, 군(君)이 훙(薨)했을 때, 부인(夫人)의 초상, 군의 태묘에 불이 났을 때, 일식, 삼년상, 자최, 대공에 모두 폐한다."라고 대답하였다.

285 율곡의(栗谷儀) : 《율곡전서(栗谷全書)》 권27 〈제의초(祭儀鈔) 상복중행제의(喪服中行祭儀)〉를 가리킨다.

민대수에게 보냄 경술년(1670, 현종11) 8월

與閔大受 庚戌八月

전에 보낸 편지는 받아 보았는지요? 가을 날씨가 쌀쌀해지니 그리운 마음 배나 더 절절합니다.

성현 우승(省峴郵丞)이 나아가 뵐 것이라고 하니, 어느 정도 말씀을 드릴 것입니다. 그 가운데 무엇보다도 두문리(斗文里)[286] 묘소의 일은 매우 잘 다스려야 할 일입니다. 지난해 조정 진신(搢紳)에게 의논할 것을 고하여, 머지않아 일을 시작하려 하였으나 집사의 뜻이 넓고 원대하여 반드시 먼저 이장(移葬)한 뒤에야 모든 것을 의논할 수 있다고 보았기 때문에 그에 따라 결국 정지하였습니다. 그런데 지금은 집사가 조정에 없어서 두 가지가 장차 이루어지지 못하게 되었습니다. 그러나 이 우승의 뜻도 집사의 뜻과 부합하니, 모름지기 그와 의논하면 어떻겠습니까?

황조(皇朝)의 유복(儒服)은 반드시 한번 보아 이곳의 유생들로 하여금 그것을 그대로 본떠 착용하게 하고자 하니, 부디 시종 뜻을 따라 주면 어떻겠습니까?

오늘날의 새로운 의론을 듣건대, 은을 받은 것[287]에서 잘못되었으니

286 두문리(斗文里) : 파주(坡州)의 지명으로, 율곡(栗谷) 이이(李珥)의 묘가 있는 곳이다.

287 은을 받은 것 : 민정중이 1669년 10월에 동지사(冬至使)로 청(淸)나라에 갈 때 친구인 전라 감사 김징(金澄)에게 표피 갖옷과 함께 은을 받은 것을 두고 한 말이다. 《老峯集 卷4 待罪疏》

더 이상 은을 두고 말해서는 안 된다고들 합니다. 그러나 이는 표피(豹皮) 갖옷을 받은 것과는 차이가 있으니, 혐의스러워할 필요가 없습니다. 참으로 우습고 우습습니다. 이만 줄입니다.

민대수에게 답함 경술년(1670, 현종11) 9월

答閔大受 庚戌九月

영남에서 온 파발을 통해 전월 21일에 보내 준 편지를 받고 말씀한 내용을 잘 알게 되었습니다. 다만 남산의 안개도 잡을 수 없으니, 고개 위 구름을 어찌 쫓을 수 있겠습니까. 전에 어느 벗과 장난삼아 "회옹(晦翁)이 일찍이 공자를 승상(丞相)이라 한 적이 있으니,[288] 그렇다면 맹자는 응당 참정(參政)이 될 것입니다. 그런데 맹자도 노자로 쓰라고 주는 금을 받은 적이 있으니,[289] 회옹이 그를 참정에 의망한 것은 사정(私情)을 쓴 것입니다."라고 말하였습니다. 이 말이 참으로 무례하고 공손하지 못하나 또한 한번 웃을 거리는 될 것입니다.

비문에 새로 넣을 한 대목을 별지에 갖추어 적어 올리니, 부디 다시 의논하여 처리해 주기 바랍니다.

유복(儒服)은 밤낮으로 오기만을 우두커니 기다리고 있습니다. 오늘날은 주(周)나라의 예가 노(魯)나라에 있다 할 수 있는데[290] 그 실상

288 회옹(晦翁)이……있으니 : 《회암집(晦庵集)》 권10 〈호사근(好事近)〉에 "승상의 공 천년토록 이루어져 황하의 물결 맑게 비추네."라는 구절이 있는데, 이를 두고 한 말인 듯하다.

289 맹자도……있으니 : 《맹자》 〈공손추 하(公孫丑下)〉에 "송(宋)나라에 있을 적에 장차 먼 길을 떠날 일이 있었는데, 임금이 길을 떠나는 사람에게는 반드시 노자를 주는 법이라 '노자로 드린다.'라고 하면서 주니, 내 어찌 받지 않겠는가. 설(薛)나라에 있을 적에 경계하는 마음을 품고 있었는데, 임금이 '경계하고 있다는 말을 들었으니 호위하는 데 쓰십시오.'라고 하면서 주니, 내 어찌 받지 않겠는가."라고 하였다.

은 영성하니, 이는 작은 일이 아닙니다.

나는 절사(節祀)를 지내러 서쪽으로 돌아왔다가 이제 산으로 들어가 거기서 겨울 석 달간 눌러 있을 계획입니다. 단지 다람쥐와 도토리를 두고 다툴 테니, 그 또한 한가하고 조용한 정취는 아닐 것입니다. 세모(歲暮)에 더욱 자애(自愛)하기 바랄 뿐입니다. 이만 줄입니다.

290 주(周)나라의……있는데 : 《춘추좌씨전(春秋左氏傳)》 소공(昭公) 2년 조에 보이는 말이다. 조선이 중화의 명맥을 이었다고 보아 이렇게 말하였다.

민대수에게 답함 경술년(1670, 현종11) 9월

答閔大受 庚戌九月

앞에 보내 준 편지에 답장을 하기도 전에 뒤에 보낸 편지가 이어 당도하였으니, 누가 편지가 직접 만나는 것만 못하다 하겠습니까.

다만 계주(季周 이단하(李端夏))의 만류를 받았다는 말씀을 들었는데, 이는 집사께서 백이(伯夷)를 배우지 못했으니 유하혜(柳下惠)라도 배우시려는 것입니까?[291] 계주가 이미 스스로 공야장(公冶長)이 되었으니,[292] 그 말이 이러한 것이 당연합니다. 참으로 우습고도 우습습니다.

별지(別紙) 내용은 삼가 잘 알았습니다. 이것이 비록 작은 일이긴 하지만 연관된 바가 매우 큽니다. 가장(家狀) 및 비문(碑文) 모두 대충 써서는 안 되기에 이미 존백씨(尊伯氏 민시중(閔蓍重))에게 요청해 두었습니다. 나머지는 이만 줄입니다.

291 집사께서……것입니까 : 《송자대전수차(宋子大全隨箚)》 권6에, 백이의 청렴함을 배우지 못해 은과 표피 갖옷을 받긴 했지만 유하혜처럼 붙잡아 만류하면 그치는 것을 배우려고 계주의 만류를 받았느냐고 우스갯소리를 한 것이라고 하였다.

292 계주가……되었으니 : 이단하가 공야장처럼 구금된 상태에 있다는 뜻이다. 이때 상이 김징(金澄)의 처음 공초 내용에 숨긴 것이 많다고 보아 다시 김징을 심문하였는데, 김징이 자신을 구원하는 상소를 올리려던 이단하를 만류했다며 변명하자, 상은 죄인과 서로 내통하였다고 보고 이단하를 의금부에 가두었다. 《顯宗實錄 11年 5月 27日》

민대수에게 답함 경술년(1670, 현종11) 10월

答閔大受 庚戌十月

시냇가 바위 위에 앉아 있다가 갑자기 심부름꾼을 통해 나에게 보내준 편지와 별지를 받아 보았습니다. 봉투를 열어서 읽고는 하마터면 눈물이 떨어질 뻔했습니다. 은거하는 것도 아니고 벼슬에 나아가는 것도 아닌 상태로 삼가고 두려워하는 처지에 놓인 것이 즐거운 바가 아님을 잘 압니다. 하지만 성인이 구삼(九三)의 상(象)을 덕을 진보시키고 학업을 닦는 것으로 풀이하였고,[293] 주자도 이렇게 시간적 여유를 두는 것을 기뻐한다는 말[294]을 하였으니, 집사께서 오늘날 곤경에 처하신 것이 혹 훌륭한 인격을 완성하는 바탕이 될지 어찌 알겠습니까. 오직 더욱 경전을 깊이 연구하여 스스로 노력하여 학문적 진전을 이루어 용사(用捨)의 도[295]를 지극히 하기를 기다리는 것이 어떻겠습니까?

293 성인이……풀이하였고 : 공자가 《주역》〈건괘(乾卦) 문언(文言)〉 구삼(九三)에서 학문하는 방법을 설명하면서 "군자는 덕을 진보시키고 학업을 닦는다. 충신(忠信)은 덕을 진보시키는 방법이요, 말을 닦아서 그 성실함을 세움은 공업을 지니는 방법이다."라고 하였다.

294 주자도……말 : 주희가 왕 상서(汪尙書)에게 보낸 편지에서, 식견 있는 선비들이 과거 시험이 끝난 후 왕 상서의 일 처리가 늦다고 걱정하지만 자신은 그가 천하의 의리에 대해 좀 더 검토하려고 이렇게 시간적인 여유를 두는 것 같아 기쁘다고 말한 일이 있다. 《晦庵集 卷24 與汪尙書書(己丑)》

295 용사(用捨)의 도 : 세상에 쓰일 때는 나가서 자기의 도를 행하고, 버림을 받았을 때는 물러나서 숨는 도리를 뜻한다. 공자께서 안연(顔淵)에게 이르기를 "써 주면 도를 행하고, 버리면 은둔하는 것을 오직 나와 너만이 가지고 있다.〔用之則行, 舍之則藏,

선고(先考)의 비명(碑銘)에 언급한 이사룡(李士龍)에 관한 사항[296]은 지난번에 이미 영남 감영에 소상히 알렸는데, 집사께서 지금 보내오신 초본(草本)에 찌를 붙여 돌려드리니, 부디 헤아려 조처해 주시는 것이 어떻겠습니까?

명나라 유복(儒服) 제도를 마침내 은혜로이 알려 주니 더없이 다행스럽습니다.[297] 그러나 이 어찌 왕안(王顏)[298]만이 눈물 흘릴 바이겠습니까. 참으로 몹시도 서글픈 심정을 가눌 수 없습니다. 응당 뜻을 같이

惟我與爾, 有是夫.]"라고 한 데서 유래하였다. 《論語 述而》

296 선고(先考)의……사항 : 이사룡은 성주(星州) 사람으로 1638년(인조16)에 청나라에서 명나라를 치기 위해 조선에 군사를 요구해 오자 징발된 인물이다. 민광훈(閔光勳)이 성주 목사로 있으면서 그를 전송했는데, 당시 그가 낯빛과 말투에 분개를 드러내면서 호궤(犒饋)와 노자를 받지 않자, 민광훈은 그가 장차 무언가 일을 내겠다고 여겨 "진정한 의사(義士)이다."라고 하고, 그를 대우해 준 일이 있다. 《老峯集 卷8 先考通政大夫……行狀》

297 명나라……다행스럽습니다 : 민정중이 왕공탁(王公濯)에게 명나라 때 사인(士人)의 관(冠), 의복, 띠, 신발에 관한 제도를 하나하나 알려 주면 조선에서 준용하겠다고 하자, 왕공탁은 "수재(秀才)는 두건(頭巾)을 쓰고 남색 적삼〔藍衫〕을 입었는데, 푸른 깃〔青領〕에 소매에는 푸른 가선이 빙 둘러 있고, 남색 실끈〔藍絛〕과 조화(皁靴)를 착용했습니다. 거인(擧人)은 두건을 쓰고 푸른 원형 깃〔青圓領〕을 하고, 남색 실끈과 조화를 착용했습니다. 태학생 역시 이와 같았습니다."라고 답하였는데, 민정중이 이 유복 제도를 송시열에게 편지로 알려 준 것으로 보인다. 《老峯集 卷10 王秀才問答》

298 왕안(王顏) : 민정중이 사행에서 만난 왕공탁과 안군(顏君)을 말한다. 《현종개수실록》 11년 윤2월 8일 기사에, 서장관 신경윤(愼景尹)이 중국에서 보고 들은 것을 아뢴 내용 가운데 왕공탁에게 영력황제(永曆皇帝)의 일에 대해 묻자 영력황제가 면전국(緬甸國)으로 도망갔는데 면전 사람들이 청나라 군대가 공격할 것이라는 말을 듣고는 그를 죽여서 청나라에 바쳤다고 한 이야기가 있다. 왕안이 눈물 흘릴 일이라고 한 것은 이를 두고 말한 듯하다.

하는 자와 연구하여서 집사께서 석과(碩果)로 여기신 깊은 뜻[299]을 저버리지 않도록 하겠습니다. 두문리(斗文里)의 일은 다행히 요즘같이 아무 일도 없을 때에 유생들을 불러 모아 의논하는 것이 어떻겠습니까? 한 문공(韓文公)이 여덟 가지 진미(珍味)와 도시락 하나라고 한 표현[300]이 참으로 좋은 비유입니다.

마침 지주(地主)가 방문해 와 어수선해서 일일이 다 말씀드리지 않겠습니다.

299 석과(碩果)로……뜻 : 석과는 《주역》 〈박괘(剝卦) 상구(上九)〉에 나오는 석과불식(碩果不食)을 인용한 말이다. 박괘에서 아래 다섯 음효(陰爻) 위에 마지막 하나 남은 양효(陽爻)를 석과에 비유하여 양(陽)이 없어지지 않고 다음 복괘(復卦)의 초구(初九)로 다시 이어지는 원리를 말하였는데, 민정중이 명나라 유복 제도를 전해 준 것이 명나라가 다시 국권을 회복하기를 바라는 깊은 뜻에서 나왔다고 보아 이렇게 말한 것이다.

300 한……표현 : 당나라 한유(韓愈)가 정여경(鄭餘慶)에게 맹교(孟郊)를 추천하면서 쓴 〈천사(薦士)〉라는 시에 "죽어 가는 한 사람을 구하려 할 때 각종 진미를 갖추기보다는 바로 먹을 수 있는 도시락 하나를 보내는 것이 낫다."라고 한 데서 온 말로, 지나치게 형식을 갖추려 힘쓰다 일을 그르치기보다는 실제로 효과를 볼 수 있는 일에 중점을 두어 늦지 않게 처리하는 것이 낫다는 뜻이다.

민대수에게 답함

答閔大受

보낸 편지에서 며느리를 들일 때는 응당 가법(家法)을 보아야 한다고 한 말씀이 지당합니다. 만약 가법이 크게 잘못되지 않았다면 그 밖의 것들은 모두 대충 보아 넘겨도 됩니다. 이것을 기준으로 구한다면 아마도 그다지 어렵지 않을 것입니다. 오늘날 영감 형제가 아니면 이 일을 누구에게 기대할 수 있겠습니까.

화복(禍福) 운운한 것은 이 일을 끊어 낸 지 오래라 또한 일이 줄어든 것을 느낍니다. 그러나 이미 끊어 냈다 해도 한가로이 홀로 지내다 보면 자연스레 눈물이 흘러 옷을 적십니다. 이는 또 어찌해서 그렇겠습니까? 대개 근래의 일은 실로 제현(諸賢)이 무엇이 음(陰)이고 무엇이 양(陽)인지를 구분하는 일을 그다지 엄격하게 다루지 않아, 저들의 형세는 날로 성해지고 이쪽의 기운은 날로 쇠해진 데서 말미암은 것입니다. 또 저들이 누군가를 통해 우리의 본원(本源)을 엿보고 마침내 제멋대로 해를 끼치니, 만약 진요옹(陳了翁)[301]으로 하여금 보게 한다면 분명 제현에게 불만을 표했을 것입니다. 어찌한단 말입니까. 벗에게 편지를 쓰려 붓을 잡고 종이를 펼치고 보니, 입에서 튀어나온 말이 끝내 여기에까지 이르렀습니다. 이것이 종전에 감히 편지를 쓸 수 없었던 이유입니다.

301 진요옹(陳了翁) : 진관(陳瓘, 1060~1124)으로, 자는 영중(瑩中), 호는 요옹, 시호는 충숙(忠肅)이다. 송(宋)나라 철종(哲宗)에서 휘종(徽宗) 때의 문신으로 우사원외랑 겸 권급사중(右司員外郎兼權給事中) 등을 지내면서 직간(直諫)을 잘했다고 한다.

민대수에게 답함

答閔大受

혼례(婚禮)에 관한 말씀을 통해 깊이 생각해 주는 은혜를 특별히 입었습니다. 그러나 이미 산악 같은 큰 죄를 지었으니, 거기에다 주먹만한 돌 하나를 더하거나 뺀다고 해서 어찌 다시 무거워지거나 가벼워지겠습니까. 그러니 부디 그대의 뜻에 편안한 바를 택하고 나의 죄가 보태지는 것은 염려하지 마십시오. 다만 그대가 먼저 기세를 잡으면 이우(李友)가 더 이상 어찌해 볼 여지가 없게 될 것이니, 이것은 생각해 보는 것이 마땅할 듯합니다.

모상(某相)의 손자는 그 일을 스스로 진술하였으니, 얼마나 괴이한 일입니까. 그런데 그가 조정에서 강무(講武)한 것이 북방을 막기 위해서가 아니었다고 말했다 하니, 그렇다면 장차 어디에 쓰려고 했단 말입니까.

문생(門生)이 달려가지 않았다고 운운한 말은 이쪽에서 참으로 함부로 발설한 자가 있어 이미 여러 사람의 귀에 들어갔으니, 아무리 없애고자 한들 되겠습니까. 몹시도 한탄스럽습니다. 그러나 이 또한 어찌 인력으로 되는 일이겠습니까. 백씨(伯氏)와 계씨(季氏)에게는 따로 편지를 쓰지 않습니다.

상여(喪餘)[302]에 대해 운운한 것은 이우의 논설(論說)도 일리가 있는

302 상여(喪餘) : 상사(喪事)의 여분(餘分)이라는 뜻으로, 보통 삼년상 뒤에 지내는 기제(忌祭)를 가리킬 때 쓰는 말이다.

듯합니다. 다만 내가 젊었을 적에 보니, 선배들이 먼 곳에서 상여를 만나면 지방(紙榜)을 놓고 제사를 지내기도 하였고, 《가례(家禮)》의 소주(小註)에도 이러한 뜻이 있는 듯합니다. 신독재(愼獨齋) 어른이 일찍이 말씀하시기를 "가직(家直)[303]이 율곡(栗谷)의 기일이 되면 늘 제사를 지내는데, 율곡이 평소에 소고기를 드시지 않았기 때문에 제찬(祭饌)을 마련하는 일을 너무 어려워했다.……"라고 하였으니, 이 말에 의거하면 비록 출가한 딸이라도 지방을 가지고 제사를 올릴 수 있는 것입니다. 그러나 제각기 형편이 다른 점이 있어, 일괄적으로 논의해서는 안 될 듯하니, 어찌해야겠습니까?

강왕(康王) 시대의 일에 대해서는 소동파(蘇東坡)도 오히려 미진하다고 여겼으니,[304] 유(類)를 미루어서 의리의 지극함에 이르는 것으로는 화담(花潭)의 설[305]에도 일리가 있는 듯합니다.

303 가직(家直) : 소실(小室)을 말한다. 신독재 김집(金集)의 소실은 이이(李珥)의 서녀(庶女)이다.

304 강왕(康王)……여겼으니 : 주 성왕(周成王)이 죽자 강왕이 상복을 입었다가 다시 길복(吉服)으로 갈아입고 즉위식을 하고 군신(群臣)의 예물과 축하를 받은 다음 다시 상복으로 갈아입었다. 그런데 이에 대한 주(註)에서 소식(蘇軾)은 성왕이 죽어 장례도 치르기 전에 군신(君臣)이 모두 길복을 입는 것은 예(禮)가 아니요, 변례라고 할 수도 없으며, 삼년상 안에 상복을 벗고 길복을 입는 것은 어느 때이든 타당할 수 없으니, 주공(周公)이 살아 있었다면 반드시 이렇게 하지는 않았을 것이라고 하였다. 《書經 康王之誥》

305 화담(華潭)의 설 : 화담 서경덕(徐敬德)은 강왕 시절에는 주나라가 은나라를 대신한 지 오래되지 않았고, 큰 나라와 강한 번국(藩國) 들이 모여 함께 조문을 왔기 때문에 성대한 예로 그들을 대하지 않을 수 없었던 것이라 하며, 이를 본받아서는 안 된다고 주장하였다. 《花潭集 卷2 擬上仁宗大王論國朝大喪喪制不古之失疏》

지은이 **송시열(宋時烈)**

1607(선조40)~1689(숙종15). 자는 영보(英甫), 호는 우암(尤菴)·우재(尤齋)·파옹(巴翁)·화양동주(華陽洞主) 등이며, 시호는 문정(文正), 본관은 은진(恩津)이다. 부친은 송갑조(宋甲祚)이고, 모친은 선산 곽씨(善山郭氏)이다. 사계(沙溪) 김장생(金長生)과 신독재(愼獨齋) 김집(金集)을 사사하여 기호학파의 종장(宗匠)이자 노론의 영수로 활동하면서 조선 후기 학문과 정치에 큰 발자취를 남겼다. 효종의 즉위 이후 청나라에 대한 복수설치(復讎雪恥)를 역설한 《기축봉사(己丑封事)》를 올려 북벌론을 제시하였고, 학문적으로는 주자성리학을 정통으로 삼아 남인 학자인 윤휴(尹鑴)와 대립하였다. 이후 남인, 소론과 갈등이 깊어지다가 효종의 천릉(遷陵), 왕실 복제를 둘러싼 예송(禮訟)으로 논핵을 받아 삭탈관직되고 덕원(德源), 장기(長鬐), 거제도(巨濟島)에서 유배 생활을 하였다. 1689년 원자 책봉 문제로 제주(濟州)에 유배되었다가 서울로 압송되던 중 정읍(井邑)에서 사사(賜死)되었다. 1756년(영조32) 문묘(文廟)에 배향되고 영의정에 추증되었다. 저서로 《송자대전》, 《주자대전차의(朱子大全箚疑)》, 《정서분류(程書分類)》, 《주자어류소분(朱子語類小分)》, 《논맹혹문정의통고(論孟或問精義通考)》 등이 있다.

옮긴이

정문채(鄭文采)

1984년 부산에서 태어났다. 부산대학교 국어국문학과를 졸업하고 서울대학교 국어국문학과 석사과정을 수료하였으며 한국고전번역원 부설 고전번역교육원 연수과정을 졸업하였다. 현재 한국고전번역원 고전번역실 번역위원이다.

김정기(金正基)

한림대학교 부설 태동고전연구소와 강원대학교 국어국문학과 박사과정을 수료하였다. 현재 한국고전번역원 고전번역실 번역위원이며, 한국국학진흥원 영남선현문집번역 객원연구원이다.

하승현(河承賢)

대학에서 국문학을, 대학원에서 문예창작콘텐츠학을 전공하고, 한국고전번역원 교육원에서 한문을 공부하였다. 현재 한국고전번역원 고전번역실 책임연구원으로 근무하고 있다. 《승정원일기》, 《창계집(滄溪集)》, 《소재집(穌齋集)》, 《잠(箴), 마음에 놓는 침》, 《화담집교주(花潭集校注)》, 《후설(喉舌)》, 《생각, 세 번》, 《눈 셋 달린 개》 등의 책을 냈다.

송자대전 12

송시열 지음 | 정문채 김정기 하승현 옮김

2023년 12월 31일 초판 1쇄 발행

발행인 김언종 | 발행처 한국고전번역원
등록 2008. 3. 12. 제25100-2018-000049호
주소 (03310) 서울시 은평구 진관1로 85
전화 02-350-4800 | 팩스 02-350-4994 | 홈페이지 www.itkc.or.kr

연구총괄 정영미 | 연구책임 장희성 | 연구기획 강지원 | 자문 정선용

책임편집 이선주 | 편집진행 신진호 서윤이
교정 박현진 서세영 | 조판 정효진 | 제작 조은지
디자인 씨디자인 | 인쇄 명일인쇄

값 20,000원
ISBN 978-89-284-1095-8 94810
978-89-284-0619-7 (세트)